CLAUDE LÉVI-STRAUSS

OBJETIVA

PATRICK WILCKEN

CLAUDE LÉVI-STRAUSS
O poeta no laboratório

Tradução
Denise Bottmann

OBJETIVA

Copyright © 2010 by Patrick Wilcken

Todos os direitos desta edição reservados à
Editora Objetiva Ltda.
Rua Cosme Velho, 103
Rio de Janeiro — RJ — Cep: 22241-090
Tel.: (21) 2199-7824 — Fax: (21) 2199-7825
www.objetiva.com.br

Título original
Claude Lévi-Strauss – The Poet in the Laboratory

Capa
Adaptação de Pronto Design sobre design original de Sarah Greeno

Imagem de capa
Henri Cartier-Bresson/ Magnum Photos/ Latinstock

Revisão
Joana Milli
Ana Julia Cury
Fatima Fadel

Editoração eletrônica
Abreu's System Ltda.

CIP-BRASIL. CATALOGAÇÃO-NA-FONTE
SINDICATO NACIONAL DOS EDITORES DE LIVROS, RJ

W659c
    Wilcken, Patrick
      Claude Lévi-Strauss: o poeta no laboratório / Patrick Wilcken; tradução Denise Bottmann. - Rio de Janeiro: Objetiva, 2011.

      Tradução de: *Claude Lévi-Strauss : the poet in the laboratory*
      Inclui índice
      389p.   ISBN 978-85-390-0289-4

      1. Lévi-Strauss, Claude, 1908-2009. 2. Antropólogos - França - Biografia. 3. Antropólogos - Brasil - Biografia. 4. Antropologia estrutural. 5. Etnologia. I. Titulo.

11-4691.   CDD: 923
                                    CDU: 929:316

Para Andreia e Sophia

Sumário

Mapa		8
Introdução		9
1	Os Primeiros Anos	23
2	Arabesco	52
3	A Linha Rondon	82
4	Exílio	116
5	Estruturas Elementares	148
6	No Divã do Xamã	177
7	Memória	198
8	Modernismo	221
9	"Mind in the Wild"	244
10	A Nebulosa do Mito	269
11	Convergência	300
Epílogo		331
Notas		337
Leitura Adicional		367
Agradecimentos		373
Índice Remissivo		375

Introdução

> Alguns poderiam perguntar se não fui movido por uma espécie de quixotismo durante toda a minha carreira [...] um desejo obsessivo de encontrar o passado por trás do presente. Se porventura algum dia alguém quiser entender minha personalidade, ofereço-lhe essa chave.
>
> Claude Lévi-Strauss, Didier Eribon, *De Perto e de Longe*, 1991

Em 1938, às vésperas de completar 30 anos, Claude Lévi-Strauss estava no Brasil, conduzindo uma tropa de mulas ao longo de uma linha de telégrafo semidestruída. Os postes tortos, os fios enferrujados e os transformadores de porcelana se estendiam pelos sertões rústicos do estado do Mato Grosso. De barba, queimado de sol, usando calças de brim encardidas, um capacete de estilo colonial, botas de couro de cano alto, Lévi-Strauss liderava uma expedição etnográfica para estudar os nhambiquaras — designação vaga dos grupos nômades que vagueavam pelo planalto, nus, usando apenas plumas no nariz, braceletes e faixas na cintura. Subindo a linha Rondon, conforme o cerrado se transformava em selva e a equipe se transferia para canoas, Lévi-Strauss encontrou outras tribos acampadas em clareiras da floresta equatorial — os sobreviventes das culturas arauaque, caribe e tupi. A equipe era composta de especialistas, entre eles Dina, a primeira mulher de Lévi-Strauss, o especialista em doenças tropicais dr. Jean Vellard e um antropólogo brasileiro, Luiz de Castro Faria, numa missão que se tornou famosa e ao mesmo tempo controversa.

As fotografias do trabalho de campo de Lévi-Strauss parecem antigas, mesmo para a época. Animais de carga transportando caixas de equipamentos pela vegetação, homens com capacetes de cortiça junto com índios praticamente nus, a troca de miçangas e tecidos por arcos, flechas e objetos rituais, canoas carregadas e acampamentos na selva. Numa delas aparece a carcaça esfolada de uma jiboia de 7 metros de comprimento, estendida perto de uma dúzia de filhotes em embrião, sua progênie natimorta espalhada no solo. "Precisou de muitos tiros", comentou Lévi-Strauss, "pois esses animais são insensíveis a golpes no corpo e têm de ser atingidos na cabeça".[1] Tudo possui a aura de alguma grandiosa expedição científica do século XIX.

O efeito é duplamente deslocado. Seguindo o famoso trabalho de campo do antropólogo polonês Bronislaw Malinowski nas Ilhas Trobriand, na costa da Nova Guiné, onde ele estudou as trocas rituais no arquipélago, a etnografia já passara a ser intimamente associada a uma imersão cultural solitária. Nos anos 1930, era mais frequente que as imagens de campo mostrassem uma simples tenda montada bem perto de alguma tribo, uma mesa de cavalete forrada de cadernos de notas, uma mochila com provisões, e possivelmente algum gravador ou máquina fotográfica dentro de uma sacola. Esperava-se que a vigília solitária do antropólogo viesse a render resultados positivos somente depois de anos de assimilação. Em vez disso, a equipe de Lévi-Strauss percorreu de uma vez só mais de mil quilômetros, raramente ficando mais do que algumas semanas no mesmo local. Essa expedição seria uma das últimas desse gênero — uma jornada antiquada por um rincão remoto do Brasil.

No final de 1938, o grupo se dissolveu, Castro Faria descendo do Amazonas com destino ao Rio de Janeiro, Vellard e Lévi-Strauss pegando um pequeno vapor para subir o rio Madeira, e depois tomando um avião anfíbio para Cochabamba, na Bolívia.[2] Tinha sido, no máximo, uma experiência aos retalhos. As notas de campo de Lévi-Strauss, agora conservadas na Bibliothèque nationale em Paris, têm um ar de desorganização. Ele intercalou listas do vocabulário básico de diferentes grupos indígenas, misturando diagramas de parentesco, ilustrações das técnicas de tessitura e desenhos de animais, rostos e lanças, com inventários das enormes quantidades de suprimentos necessários para a expedição.

Somando-se a um breve período em campo com os caduveus e os bororos mais ao sul, a viagem foi a iniciação de Lévi-Strauss como antropólogo, mas de maneira peculiarmente difusa. Em vez da análise em profundidade de um único grupo, Lévi-Strauss fez um rápido levantamento de meia dúzia de culturas indígenas diferentes, espalhadas no interior do Brasil. Que tenha sido este o ponto de partida de sua carreira, talvez tenha sido até apropriado. Com os fragmentos — um arabesco pintado num rosto caduveu maltratado pelo tempo, as ocas dos mundés na floresta, em formato de iglu, as músicas rituais com flautas dos nhambiquaras — Lévi-Strauss construiu um corpo de trabalho que refletia não as complexidades de uma só tribo, mas traços comuns a todas as culturas.

A grande ironia foi que sua expedição ao estilo oitocentista acabou se prestando para uma das obras mais vanguardistas nas ciências humanas. Com *Tristes Trópicos* (1955), livro de memórias narrando a expedição, escrito cerca de 15 anos depois de suas experiências no Brasil, Lévi-Strauss colocou no mapa a incipiente disciplina da antropologia. Com os fragmentos de suas notas de campo, ele montou um autorretrato do antropólogo nos meados do século XX: um pioneiro racionalista procurando sair dos limites da cultura ocidental para conhecer outro mundo, outro modo de ser; um eterno forasteiro condenado a vaguear pelas fronteiras culturais, sempre errante, "psicologicamente mutilado"[3] por um sentimento crônico de falta de raízes; um viajante desesperançado, inspecionando as ruínas culturais nas margens da expansão europeia. Ao mesmo tempo, ele escreveu a partir de uma nova abordagem teórica. Os grupos heterogêneos dos nhambiquaras, perambulando pelas estações de telégrafo abandonadas, surripiando bugigangas e restos dos missionários, as aldeias nas florestas que mal conseguiam se sustentar, o calor, a poeira — tudo isso, de certa forma, se cristalizou numa imagem altamente estilizada da cultura indígena. O modelo recebeu o nome de estruturalismo — abordagem que procurava desvendar as simetrias ocultas que se encontram sob todas as culturas. Lévi-Strauss, em *Tristes Trópicos*, cativou os leitores com os primeiros esboços deste método, ao mesmo tempo dando uma coerência inesperada à aparente confusão desordenada das ideias e práticas indígenas.

"De modo geral, e considerando todas as coisas, a entrevista é um gênero detestável", disse Lévi-Strauss certa vez (numa entrevista), "ao qual a pobreza intelectual da época obriga a pessoa a se submeter com mais frequência do que gostaria". No entanto, conforme sua fama aumentava com o sucesso de *Tristes Trópicos* e o avanço posterior do estruturalismo, ele falava regularmente a jornalistas e colegas acadêmicos. Nos anos 1960 e 1970, apareceu muitas vezes na televisão francesa, participou em numerosos documentários e, depois de se aposentar, permitiu que o escritor e filósofo Didier Eribon tivesse um acesso extraordinário à sua pessoa, resultando numa longa entrevista, publicada em livro com o título *De Perto e de Longe* (1988).

Mas, quanto mais lemos, mais difícil parece conseguirmos captar a pessoa por trás das palavras e das imagens. Na letra impressa e na imagem filmada, Lévi-Strauss era ao mesmo tempo acessível e esquivo. Ao longo dos anos, criou muitos detalhes, mas pouco conteúdo. Ficamos com a impressão de uma forte imagem de superfície — uma vividez sem profundidade. Seus traços semitas anódinos (ele veio de uma família judaica, oriunda da Alsácia) foram incansavelmente fotografados na mesma atitude reservada. As fotos posadas — Lévi-Strauss na frente de carreiras de fichários de metal num arquivo de Paris, por exemplo, ou de paletó com um papagaio pousado no ombro — parecem destoar de sua personalidade, como se Lévi-Strauss fosse refratário aos artifícios da publicidade. Em 1970, o fotógrafo da *Vogue* Irving Penn fez uma pose de Lévi-Strauss enfiado num sobretudo, com as lapelas artisticamente erguidas em volta do rosto, os óculos levantados na testa, a face esquerda desaparecendo na sombra. Em comparação ao retrato que Penn tirou de Picasso na mesma pose — no qual o único olho visível do pintor, destacando-se do resto da fisionomia, fita o observador com um olhar penetrante —, é difícil interpretar a expressão de Lévi-Strauss. Nem mesmo a intimidade fabricada da fotografia de celebridades, tendo alguém tão talentoso como Penn atrás da câmera, foi capaz de trazer à tona sua identidade interior.

O apagamento era em parte deliberado: "Compartilho a posição antibiográfica expressa por Proust em *Contre Sainte-Beuve*", disse Lévi-Strauss ao antropólogo francês Marc Augé em 1990. "O que importa é a obra, não o autor que por acaso veio a escrevê-la; eu diria antes que ela se escreveu através dele. O indivíduo não passa de um meio de transmissão e sobrevive na obra apenas como resíduo."[4] No caso de Lévi-Strauss, porém, esse resíduo se fazia sentir com intensidade. Sua prosa é imediatamente identificável e inimitável; sua abordagem do tema é tão idiossincrática que, durante boa parte de sua carreira, desafiou qualquer crítica sistemática.

Nos filmes, Lévi-Strauss tinha um ar descontraído e benevolente. Ele apareceu em transmissões como *Apostrophes*, um programa cultural semanal francês que passou nos anos 1970 e 1980, explicando os detalhes de suas teorias. As apresentações eram fluentes, às vezes monótonas, às vezes mais animadas, quando ele se saía com alguma tirada intelectual ou usava a frase mais famosa de alguma história já bastante conhecida. Um humor cortante e um certo encanto gaulês rebrilhavam entre as pacientes explicações dos enigmas antropológicos. Foi esta a imagem que se consolidou na consciência popular francesa — Lévi-Strauss como um amado tesouro nacional, o pai (agora talvez o avô ou mesmo o bisavô) da antropologia francesa, um ícone de uma era em que os intelectuais da França eram festejados internacionalmente.

Voltemos o calendário, e surge um outro Lévi-Strauss. Numa entrevista televisiva a Pierre Dumayet, para o programa *Lectures pour tous* (Leitura para todos) em 1959, vemos uma figura muito mais séria, parecendo um empresário.[5] Usando um terno escuro e colete, ele mostra uma outra faceta, uma ponta de arrogância ao responder às perguntas factuais muito diretas de Dumayet sobre a etnografia norte-americana; sua fisionomia é mais marcada, com traços mais definidos, o discurso é fluente e sem nenhum humor. Aqui temos o intelectual em seu apogeu, prestes a ingressar no prestigioso Collège de France, instituição de elite que o rejeitara duas vezes nos últimos dez anos; um homem que já tinha "soltado"[6] seu verbo em várias ocasiões, respondendo causticamente aos críticos.

Recuando ainda mais, temos vislumbres fascinantes de Lévi-Strauss em campo. Fotos do Brasil mostram outro tipo de expressão, que parece menos confiante, mais hostil. Tendo ao fundo os cerrados brasileiros, um jovem cosmopolita devolve o olhar à câmera, empoeirado e cheio de picadas de pulgas. No Brasil, Lévi-Strauss era um *philosophe* pouco à vontade entre a nudez descontraída dos índios; um francês constrangido tomando banho no rio, disputando o sabão com meninas nhambiquaras às risadinhas; um aventureiro enfrentando não tanto o desconforto físico, e sim a privação intelectual. Em rápidas aparições nos filmes, ele parece distanciado — um espectador, um observador, nunca um verdadeiro participante.

"Meus estados emocionais não eram tão importantes para mim", disse ele mais tarde a Didier Eribon, quando este lhe perguntou se manteve um diário pessoal do trabalho de campo.[7] Taciturno e cortês, Lévi-Strauss também podia ser distante — "frio, formal, no estilo acadêmico francês", como anotou o antropólogo Alfred Métraux em seu diário, ao conhecer nos anos 1930 o colega com quem travaria uma amizade duradoura.[8] Embora Lévi-Strauss tenha se abrandado com a idade, nunca perdeu a fama de manter a tradicional reserva francesa. "[...] além da família e dos amigos de escola, haveria quem tratasse Lévi-Strauss com a forma mais coloquial do *tu*? Duvido", comentou Françoise Héritier, sua sucessora no Collège de France, após sua morte.[9]

Encontrei Lévi-Strauss pela primeira vez em 2005, no Laboratoire d'anthropologie sociale, um instituto de pesquisas no 5º *arrondissement* de Paris, fundado em 1960. O bairro está repleto de referências a séculos de erudição, desde as ruas que se chamam Descartes, Pascal, Cuvier, Buffon, até as instituições de elite que têm formado os espíritos mais criativos da França — o Lycée Henri-IV, a École Normale Supérieure e o Collège de France. A leste do bairro, como um monumento parisiense dos anos 1980 à política de inclusão, o Institut du Monde Arabe, com seus mosaicos com aberturas de metal que se dilatam e se contraem para filtrar a luz, destaca-se como uma relíquia prematuramente envelhecida de outros tempos; ainda mais adiante, distribuem-se estufas mexicanas, jardins de inverno *art déco* e um velho zoológico seguindo os lotes geométricos do Jardin des Plantes seiscentista.

O escritório de Lévi-Strauss ficava no alto de uma escadinha em espiral, que levava a um mezanino, situado numa parte do telhado reformado de um anfiteatro do século XIX. De um lado, havia chapas de vidro sobre as luminárias de metal que pendiam de uma viga central; embaixo ficavam os pesquisadores e bibliotecários trabalhando em escrivaninhas manchadas, digitando em seus laptops ou pesquisando os fichários. A parede dos fundos era estampada com flores estilizadas, estranhos escudos e armaduras medievais em bordô, dourado e castanho-claro. O escritório não tinha quase nenhum objeto exótico — máscaras, plumas e coisas do gênero —, apenas livros e teses de doutorado de encadernação meio frouxa. Lévi-

-Strauss parecia uma versão fiel das imagens de décadas anteriores, apenas um pouco mais frágil e enrugado. Usava um paletó de tweed que agora ficava ligeiramente folgado para ele, caindo meio frouxo. Era cortês e alerta; apenas um tremor acentuado, quando pôs a mão no bolso do paletó para pegar sua agenda de endereços, traía sua idade avançada. Já com mais de 90 anos, Lévi-Strauss ainda ia ao escritório todas as terças e quintas, embora quase não escrevesse mais. A conversa, que se concentrou no Brasil, foi uma estranha mistura das histórias que eu tinha lido em algum lugar, fielmente reproduzidas palavra por palavra, e um sentimento que eu não esperava: um niilismo ácido e irônico.

Começamos discutindo *Tristes Trópicos*, as memórias de seu trabalho de campo no Brasil que lhe trouxeram fama nos anos 1950. Continua a ser seu único livro não acadêmico, escrito num estilo literário que apenas insinua-se em suas obras mais formais. Perguntei-lhe por que tinha abandonado esse gênero, para nunca mais retornar a ele. "Eu tinha um contrato para escrevê-lo, e precisava do dinheiro", foi a resposta franca, embora decepcionante. (Foi atípica. Em outras ocasiões, ele tinha dado longas respostas complicadas à mesma pergunta, discorrendo detalhadamente sobre suas motivações e aspirações literárias naquela época.) Conversamos sobre os povos indígenas do Brasil contemporâneo. "Quais são as perspectivas deles?", indaguei. Ele desconversou: "Em minha idade, não se pensa no futuro." Mas a seguir comentou que os povos indígenas, apesar do crescimento populacional, das demarcações de reservas e, em alguns casos, de uma maior autonomia dentro do Estado brasileiro, tinham se empobrecido culturalmente, esmagados pelos mecanismos da expansão ocidental.

Fiquei intrigado com a reação de Lévi-Strauss a Brasília, a capital modernista que nem sequer existia na época de seu trabalho de campo, mas que ele visitou rapidamente nos anos 1980, durante uma visita oficial com o presidente Mitterrand. Estava curioso para saber se a cidade se harmonizava com sua sensibilidade estética, com o formalismo de sua abordagem teórica estruturalista, com seu interesse por padrões e modelos. "Não houve tempo suficiente e a visita estava com uma programação muito apertada", lamentou ele, "mas seria um grande equívoco associar minha obra ao modernismo" — resposta que, desde então, tem retornado continuamente à minha lembrança, à luz das múltiplas interligações visíveis entre o movimento modernista e o estruturalismo lévi-straussiano. Lévi-Strauss não se mostrou muito disposto a falar de suas teorias. Quando perguntei sobre o legado de sua obra, se outras pessoas estavam dando continuidade a suas ideias, se ele pensava que suas teorias iriam sobreviver, fiquei desorientado com a rispidez da resposta: "Não sei e não me importa." Quando eu me preparava para ir embora, o clima ficou mais leve e ele comentou entusiasmado a exposição *Brésil Indien*, no Grand Palais de Paris, insistindo que eu deveria ir e vê-la pessoalmente.[10]

Na semana seguinte, percorri a mostra deslumbrante de cocares de penas. Havia plumas em azuis e vermelhos muito vivos; cabeças de onças, aves e peixes que pareciam feitas em papel machê, montadas em armações de vime; urnas funerárias de cerâmica com 1,20 metro de altura, encontradas na ilha de Marajó. As coleções de Lévi-Strauss fechavam a exposição. Num mostruário de vidro, estavam as plumas de nariz dos nhambiquaras, as urnas com desenhos geométricos dos caduveus, os ornamentos rituais dos bororos cujas descrições eu tinha lido em *Tristes Trópicos*. Belas fotos em preto e branco, que Lévi-Strauss havia tirado com sua Leica, decoravam a sala. Os curtas que ele tinha rodado em campo eram projetados nas paredes. A filmagem, de imagens mudas e estouradas, um pouco tremidas e intercaladas de legendas em português, era um híbrido dos noticiários de antigamente e filmes caseiros. Numa sequência inesquecível, uma velha caduveu com um vestido florido esfarrapado desenhava motivos geométricos no próprio rosto — desenhos que fascinaram Lévi-Strauss durante toda a sua carreira. Poucas coisas ligavam a imagem do jovem de barba que tremulava na parede ao homem que eu acabara de conhecer. O grande abismo cavado pelo tempo parecia intransponível, e a montanha de trabalhos que Lévi-Strauss havia desenvolvido naquele ínterim apenas acentuava a sensação de distância, a sensação de que aquelas imagens espectrais estavam relacionadas com outra existência, vivida numa outra era completamente diferente.

Num segundo encontro na casa dele, no 16º *arrondissement*, Lévi-Strauss estava muito mais à vontade. No intervalo entre os dois encontros, tínhamos trocado correspondência regularmente, e Lévi-Strauss respondia de maneira muito atenciosa a minhas perguntas sobre suas experiências no Brasil. Ele morava em um apartamento espaçoso, próprio da alta burguesia

— sólido, confortável, de extremo bom gosto. As paredes eram enfeitadas com uma mistura eclética de belas-artes e artefatos indígenas — uma vasilha de madeira da Colúmbia Britânica, um tapete antigo, o retrato romântico de uma jovem com moldura dourada ornamentada. Conversamos em seu escritório, um casulo com um sólido assoalho de madeira e porta à prova de som, uma escrivaninha maciça com pernas grossas primorosamente entalhadas de frente para um sofá preto modular. Ele pegou meu casaco e o pendurou no vestíbulo — operação executada com os lentos movimentos da idade muito avançada.

Discorreu sobre sua vida em frases lentas, parando de tempos em tempos para retomar o fôlego. Perguntei sobre suas experiências no Brasil, a fuga da França sob ocupação nazista, seus anos de formação como imigrante judeu em Nova York nos anos 1940, onde convivia com artistas surrealistas exilados como André Breton e Max Ernst. Em seguida, avancei para seu retorno à vida acadêmica em Paris, e o adiamento de sua carreira nos anos 1950, quando ele pensou em abandonar totalmente a antropologia e se dedicar ao jornalismo. De início ele foi loquaz, mas, quando passamos para questões teóricas e o surgimento do estruturalismo, ele começou a se cansar, dando respostas cada vez mais curtas.

Terminamos com uma questão contemporânea — a polêmica em torno da inauguração do projeto grandioso de Jacques Chirac, o Musée du Quai Branly. Instalado num edifício coberto de vegetação em frente ao antigo Musée de l'Homme, descrito ora como um intestino gigante, ora como uma nave suspensa, o projeto gerou atritos entre os puristas etnográficos e os curadores profissionais, entre o ranço acadêmico e o exibicionismo estético. Quando surgiu a proposta inicial do museu, foi um tumulto no Musée de l'Homme. Dizia-se que os curadores tinham escondido objetos valiosos em suas salas de estar, para não precisar cedê-los aos pós-graduandos de belas-artes encarregados de organizar as mostras do Quai Branly.

O acervo, organizado na penumbra cavernosa das entranhas do museu, possui alguns dos artefatos brasileiros de Lévi-Strauss; no subsolo do museu fica o Auditório Lévi-Strauss. Quando comentei com ele a crítica de que o museu poderia criar uma aura de exotismo em torno das culturas que tinham seus objetos em exposição, ele se animou outra vez. "A antropologia é uma ciência etnocêntrica por excelência", retrucou; "se o Musée du Quai

Branly está expondo objetos fora de contexto, o que dizer do Louvre e de toda a arte religiosa que está lá?". E perguntei então se seria possível abordar a arte indígena de um ponto de vista puramente estético. "Se quiser", replicou ele. Pareceu esgotado com a reflexão, e interrompemos a entrevista. Tirei duas fotos de Lévi-Strauss devolvendo um olhar vazio para a câmera — a mesma expressão que aparece em dezenas de fotos recentes.

Lévi-Strauss se mostrara receptivo, e até ansioso em me ajudar, em completar os detalhes, em recontar (sem dúvida pela enésima vez) histórias do passado. Pude distinguir relances de uma personalidade muito definida, pequenas fendas na fronte estudada, mas também senti uma espécie de vazio, um isolamento. O encanto social era acompanhado por uma reticência interior. Ao final, a máscara só se movera muito levemente. Mais tarde, quando avancei em terreno pessoal, perguntando numa carta sobre seu segundo casamento e a doença e a morte do pai, Lévi-Strauss foi educado, mas fechou a porta com firmeza.

Lévi-Strauss vinha de uma época quando as universidades abrigavam elites minúsculas, quando os ramos das humanidades estavam apenas parcialmente profissionalizados. A antropologia engatinhava, a pesquisa de campo era reserva de poucas dúzias de acadêmicos trabalhando nos limites dos impérios europeus ainda restantes. A geografia do mundo tinha sido mapeada, mas culturalmente havia regiões inteiras em branco. Os etnógrafos percorriam o mundo não em busca de nascentes, istmos ou desfiladeiros desconhecidos, mas sim de cosmologias, rituais e artes. Estavam explorando os limites da experiência humana, documentando as ricas alternativas que surgiam das sombras do preconceito oitocentista.

Autodidata, Lévi-Strauss percorreu os clássicos, tanto os anglo-americanos quanto os franceses — Edward Tyler, Robert Lowie, Sir James Frazer, Marcel Granet, Marcel Mauss —, basicamente por conta própria. Como um dos raros antropólogos franceses de sua geração que não assistiu aos famosos seminários de Mauss sobre o trabalho de campo, ele organizou sua própria expedição etnográfica, escolhendo deliberadamente uma região que fosse a mais remota possível. A tese de doutorado, depois publicada em 1949 como *As Estruturas Elementares do Parentesco*, não teve orientador, e foi redigida na Biblioteca Pública de Nova York, quando estava exilado durante a ocupação nazista da França. (De volta a Paris, ele teve de procurar um orientador para a tese já pronta, para poder apresentá-la a uma banca.) Inicialmente impedido de entrar para a elite do Collège de France, ele passou grande parte da década de 1950 questionando seu futuro como antropólogo. O que resultou foram ideias realmente inovadoras, independentes do pensamento dominante num ambiente crítico formal.

Inspirando-se no surrealismo, na linguística, na estética e na música, Lévi-Strauss abriu uma nova senda entre as ciências humanas. Ao longo da carreira, submeteu o parentesco, o mito e o pensamento religioso indígena a reinterpretações iconoclastas. Foi um antropólogo na acepção mais ampla possível do termo, alternando-se entre as minúcias do detalhamento etnográfico e os universais culturais, entre tribos isoladas e as leis da mente. Uma obra que começou com análises etnográficas altamente técnicas terminou com reflexões sobre o nascimento do romance, a evolução da música ocidental e o declínio irreversível das artes visuais.

Em seus contatos com o linguista russo Roman Jakobson durante seu exílio em Nova York, Lévi-Strauss assimilou uma das mudanças mais fundamentais no pensamento do século XX — a transferência do sentido para a forma, do eu para o sistema. Seu fundamento filosófico, seu objetivo de "compreender o ser em relação a si mesmo e não em relação a mim" ("*de comprendre l'être par rapport à lui-même et non point par rapport à moi*"),[11] que definia o projeto estruturalista, anunciava uma guinada modernista tardia nas ciências sociais. Foi por intermédio de Jakobson que Lévi-Strauss descobriu as ideias do linguista suíço Ferdinand de Saussure e começou a aplicá-las em suas pesquisas. A partir daí, a linguagem se tornou *a* metáfora para a análise cultural; seguindo Saussure, a cultura começou a ser vista como um sistema de elementos em contraste, como os fonemas na linguagem.

Lévi-Strauss também prenunciou a revolução cognitiva nas ciências sociais, com a insistência de que a maneira como se organizava a cultura estava em última análise radicada no funcionamento cerebral. Seu sonho era uma convergência entre áreas de conhecimento separadas desde longa data: as ciências sociais e as ciências exatas, a cultura e a natureza. Contra as correntes filosóficas dominantes, ele se dedicou a estudar o intelecto em lugar do indivíduo, o pensamento abstrato em lugar da experiência subjetiva — uma ruptura radical numa atmosfera intelectual então dominada pelas filosofias introspectivas, o existencialismo e a fenomenologia.

Lévi-Strauss é o único antropólogo que alcançou fama mundial. (Ocorre-nos o nome de Margaret Mead, mas, à diferença de Lévi-Strauss, sua popularidade se limitava basicamente a um público anglo-americano.) Dos meados dos anos 1960 em diante, ele passou a ser figura constante na imprensa francesa, dando entrevistas a publicações como *Le Monde*, *Le Figaro*, *Le Nouvel Observateur* e *L'Express*. Fora da França, a *Vogue* americana publicou um ensaio fotográfico de Henri Cartier-Bresson sobre ele; apareceu na televisão americana e foi entrevistado para a revista *Playboy*. Saíram artigos nas páginas do *New York Times*, *Washington Post*, *Newsweek* e *Time*, apresentando suas análises estruturais do "pensamento selvagem" como uma revolução nas ciências sociais — um momento copernicano em que a cultura humana finalmente se rendia ao método científico. Na Inglaterra, ele foi entrevistado pela BBC, aparecia regularmente nas páginas do *Times Literary Supplement* e nos jornais. Sua morte em novembro de 2009 ocupou as manchetes de todo o mundo.

Muitas vezes a celebridade nos meios de comunicação é imerecida, mas no caso de Lévi-Strauss ela se baseava em realizações concretas. Freud causou um abalo na disciplina moribunda da psiquiatria com sua revolução psicanalítica. Duas gerações mais tarde, Lévi-Strauss teria o mesmo efeito sísmico na antropologia. Como Freud, sua influência se alastrou para as disciplinas próximas, ao se tornar o ponto de referência de um novo estilo de pensamento. Foi por sua influência que o mundo do imediato pós-guerra ocupado por Albert Camus, Jean-Paul Sartre e Simone de Beauvoir cedeu primazia às tendências de Michel Foucault, Roland Barthes e Jacques Lacan nos anos 1960, num processo que foi acelerado pelo incisivo ataque de Lévi-Strauss a Sartre no último capítulo de *O Pensamento Selvagem*. Embora a geração seguinte rejeitasse o estilo grandioso de teorização de Lévi-Strauss, ela ainda estava travando os debates filosóficos a que ele dera início. Os principais teóricos de hoje, como o esloveno Slavoj Žižek, o francês Alain Badiou e o italiano Giorgio Agamben, só podem ser entendidos pelo prisma da decisiva reorientação dada por Lévi-Strauss na metade do século XX.

Como figura no centro crítico do pensamento do século XX, Lévi-Strauss olhava tanto para trás quanto para a frente. Ele acompanhou a nova onda em sua rápida paixão inicial pela vanguarda. Foi seduzido pelas promessas da tecnologia após a Segunda Guerra Mundial e pelas possibilidades que poderia abrir para a futura pesquisa antropológica. A computação, a cibernética, a física atômica e a matemática pareciam oferecer novos caminhos para penetrar nos mundos sociais e culturais dos povos indígenas, de baixa tecnologia, mas alta complexidade. Por mais que Lévi-Strauss tentasse negar, as técnicas modernistas — a justaposição, a colagem, a descontinuidade narrativa — se tornaram elementos constantes de sua obra.

Mas ele era igualmente fascinado por imagens de uma era anterior: a sala de espelhos, o caleidoscópio, as cartas de baralho, os hieróglifos, os relógios e as máquinas a vapor que reaparecem constantemente como metáforas em sua obra. Na meia-idade, o século XIX exerceria uma grande atração com a música de Wagner, as marinhas românticas de Joseph Vernet e os romances de Balzac e Dickens. Lévi-Strauss rejeitou a arte abstrata e reformulou seu interesse anterior pelo surrealismo — o surrealismo que o atraíra não eram as paisagens oníricas bizarras de sexo e morte, derrubando tabus, e sim uma vertente mais distinta e elegante que remontava aos simbolistas. Na época em que se aposentou, Lévi-Strauss disse que perdera em larga medida o interesse pela música do século XX, nunca ia ao cinema e que os únicos romances que lia tinham mais de cinquenta anos.[12]

Este livro é um balanço — uma biografia da longa vida intelectual de Lévi-Strauss. Acompanha-o de Paris a São Paulo e ao interior do Brasil. Segue seus anos turbulentos durante a guerra — a fuga da França de Vichy para Nova York e o posterior retorno a Paris — em busca do "resíduo" que tornou seu pensamento tão característico e sedutor. Não é um relato pormenorizado de sua carreira, o qual, aliás, não seria muito mais do que um arrolamento, depois da guerra, de cursos, publicações de livros, conferências e prêmios. E tampouco tenta investigar sua vida pessoal. Francês tradicional, Lévi-Strauss guardava reserva sobre seus três casamentos — dois relativamente efêmeros (Dina Dreyfus e Rose-Marie Ullmo) e um duradouro (Monique Roman) — que geraram dois filhos: Laurent, do casamento com Rose-Marie Ullmo, e Matthieu, do casamento com Monique Roman. O que há de interessante em Lévi-Strauss não são os detalhes de sua vida, e sim como essa figura ascética, o próprio avesso do intelectual carismático ao estilo de Sartre, conseguiu ocupar o primeiro plano na teoria e nas ideias num momento particular do século XX. Para alguém que desenvolveu uma obra geralmente muito técnica e difícil, Lévi-Strauss fez vibrar uma corda profundamente sensível dentro e fora da academia.

Na primeira metade do livro, examinei mais detalhadamente o período formador e mais movimentado da vida de Lévi-Strauss, rastreando o germinar de seu pensamento desde os dias de campo no Brasil e os anos de exílio nos Estados Unidos até a publicação de *Tristes Trópicos*. Nos meados dos anos 1960, sua vida se assentou, quando ele se retirou para seu mundo pessoal de mitos, máscaras e arte indígena. "Não tenho vida social. Não tenho amigos. Passo metade de meu tempo no laboratório, e o resto em meu escritório", afirmou a um jornalista de *Le Monde* no começo dos anos 1970, numa declaração que, embora exagerada por uma questão de efeito, mostra o progressivo isolamento de seus anos mais avançados.[13]

A segunda metade do livro deixa os aspectos biográficos e aborda as ideias de Lévi-Strauss. Reexaminando seus livros e principais artigos, procurei seguir um caminho entre a mera rejeição de alguns críticos e a reverência que ele ainda inspira na França e no Brasil. Uma coisa é ficarmos maravilhados com a produção de um intelecto excepcional, outra coisa muito diferente é aceitarmos sem piscar um projeto que às vezes podia ser quixotesco, e que ademais tomou uma direção cada vez mais idiossincrática com o avançar dos anos. O sucesso de Lévi-Strauss nos anos 1960 fala de uma época mais solta, talvez mais criativa — um tempo em que grandes ideias experimentais podiam alçar voo, em que o fluxo de consciência de uma única mente podia imprimir uma profunda marca cultural. A grande longevidade de Lévi-Strauss significa que sua vida acabou remontando ao passado, seguindo uma linha intelectual vital ao longo do século XX. O que quer que tenha se tornado a análise estrutural, o pensamento de Lévi-Strauss se destaca como um promontório importante na paisagem intelectual de nossa época.

I
Os Primeiros Anos

> O "retorno ao primitivo" era o retorno à comunidade, mas também um retorno ao sagrado, e até talvez o retorno dos deuses.
> Marcel Fournier, *Marcel Mauss*, 2006

Numa curva do Sena, quando o rio toma a direção sul antes de dar a volta num meandro que circunda o Bois de Boulogne, dois pavilhões de pedra se estendem em arco ladeando uma plataforma de pedra. Foi aqui que Adolf Hitler e Albert Speer, em 1940, posaram com largos sorrisos para fotos na frente do Palais de Chaillot, tendo ao fundo a Torre Eiffel, no outro lado do Sena. Um ano antes da invasão, Lévi-Strauss, então um jovem antropólogo que acabava de voltar do trabalho de campo no Brasil, estava trabalhando no Musée de l'Homme, instalado fazia pouco tempo no Palais, catalogando os enfeites de plumas, cabaças e flechas que trocara por miçangas no sertão do Mato Grosso, para uma exposição que nunca se realizou.

O local guarda ressonâncias não só para a história da antropologia na França, como também para a evolução da arte de vanguarda na primeira metade do século XX. Fundado em 1938, o Musée de l'Homme marcou o início das exposições etnográficas modernas e profissionais na França. Ao olhar para a encarnação anterior do museu, o Musée de l'Ethnographie no Palais du Trocadéro, temos a impressão de recuar no tempo e no espaço e entrar num outro mundo museológico. Construção extravagante em estilo mourisco e bizantino no mesmo terreno do Musée de l'Homme, o Musée de l'Ethnographie abrigava basicamente artefatos pré-colombianos, mas depois absorveu os espólios do império francês que se expandia na África — lanças, tambores e máscaras que os comerciantes coloniais apregoavam nos portos de cima a baixo da costa ocidental africana. Os objetos eram classificados por tema, e não por região ou tribo. Os encarregados do museu amontoavam tecidos num canto e instrumentos musicais no outro; havia corredores inteiros de estatuetas de madeira, salões ao fundo atulhados de símbolos de fertilidade, tudo exposto sem nenhum ou quase nenhum contexto.

"Quando fui lá pela primeira vez, por insistência de Derain, o cheiro de bolor e umidade grudou na minha garganta", lembrava um jovem Pablo Picasso em 1907, comentando uma visita ao labirinto de corredores mofados e pouco iluminados do museu. "Aquilo me deprimiu tanto que eu quis sair rápido dali, mas fiquei e examinei." Foi por instinto estético que Picasso se sentiu atraído por aquela miscelânea de artefatos do museu. Alguns anos antes, ele tinha comprado uma máscara da África Ocidental, que estudou não como um fetiche arcaico ou um retorno aos tempos de outrora, e sim como expressão artística em si. Mas foi no interior do Palais du Trocadéro que Picasso teve sua epifania. O que o impressionou não foram apenas as formas plásticas, as distorções e as liberdades poéticas, mas a percepção de que a arte não precisa ser um exercício de reprodução da realidade. Em termos etnográficos, ela poderia ter um papel "mágico" de capturar e controlar terrores e desejos, de imobilizá-los em cores e formas. Disse Picasso mais tarde: "No dia em que entendi isso, encontrei meu caminho."[1]

Uma fotografia famosa, tirada um ano depois dessa revelação — na verdade, no ano em que nasceu Lévi-Strauss —, mostra Picasso aos 27 anos, sentado em seu ateliê no Bateau-Lavoir em Montmartre, tendo a um lado duas estátuas de madeira africanas e o que aparenta ser uma caveira de porco, e no outro lado uma estante cheia de estatuetas pré-colombianas. Tinham desaparecido as referências à antiguidade clássica, aos ícones cristãos, ao Renascimento. Os artistas de uma nova geração procuravam inspiração fora do ambiente cultural imediato. Mais ou menos na mesma época da epifania de Picasso, artistas como André Derain, Maurice de Vlaminck e Juan Gris se lançaram com gosto à arte tribal do Daomé e da Costa do Marfim, e o colecionador Paul Guillaume comprava todas as esculturas africanas que lhe passavam pela frente. Na época em que foi exposta a feérica *Colonée sans fin* (Coluna sem fim) (1918) de Brancusi, parecendo um poste totêmico, toda uma corrente de arte moderna tinha praticamente se confundido com os artefatos indígenas.

Em algum lugar entre os corredores decadentes do Musée de l'Ethnographie e as galerias profissionalizadas do Musée de l'Homme, nasceu a antropologia francesa moderna. Nos anos de infância e puberdade de Lévi-Strauss, floresciam as pesquisas sociológicas de rituais e religiões, criando uma modalidade muito fecunda de investigação antropológica. Os acadêmicos que haviam se reunido em torno de *L'Année sociologique* — importante periódico fundado por Émile Durkheim no final do século XIX para divulgar a abordagem sociológica — ramificavam seus estudos, investigando o totemismo, o sacrifício e o pensamento religioso "primitivo". A nova disciplina se beneficiou e ao mesmo tempo contribuiu para a moda do exótico. Entremesclou-se com a vanguarda — principalmente com o incipiente movimento surrealista, que também havia criado uma forte ligação com a ideia do primitivo —, mesmo quando começou a tomar um rumo mais acadêmico.

O sobrinho de Durkheim, Marcel Mauss, foi uma figura central daqueles primórdios. Na virada do século XX, ele ocupara uma cadeira no curso de História das religiões dos povos não civilizados (*Histoire des religions des peuples non civilisés*), na quinta seção da École Pratique des Hautes Études (que Lévi-Strauss ocuparia meio século depois), num período de especulações intensas sobre as origens da religião moderna. Mauss havia acumulado um conhecimento enciclopédico, reunindo tudo o que se sabia sobre as sociedades tribais naquela época, a partir dos relatos de funcionários coloniais, missionários e exploradores, e também dos primeiros estudos etnográficos profissionais vindos da Inglaterra e dos Estados Unidos. Ao longo de toda a sua carreira, ele garimpou esses materiais, desenvolvendo uma série de sínteses estranhas, mas brilhantes: sobre a personalidade, a reza, os movimentos do corpo, a sugestionabilidade da morte. Escreveu apenas um breve clássico, *Ensaio sobre a Dádiva* (*Essai sur le don*), no qual mais tarde Lévi-Strauss se basearia maciçamente, mas também deixou uma pilha enorme de obras inacabadas.[2]

Mauss tinha clara consciência de que, embora *L'Année sociologique* avançasse no terreno da antropologia, a França estava muito atrás da Inglaterra e dos Estados Unidos em termos institucionais. Seu sonho era criar um "setor, instituto ou departamento, como queiram chamá-lo, de etnologia", para unificar uma área de estudos que estava dispersa em várias instituições — a École Coloniale, o Muséum National d'Histoire Naturelle e sua própria faculdade, a quinta seção da École Pratique des Hautes Études. Mas demorou um bom tempo desde a morte do tio e de vários integrantes talentosos de *L'Année sociologique*, durante a Primeira Guerra Mundial, até Mauss finalmente conseguir respaldo para criar o Institut d'Ethnologie, que começou a funcionar na rue Saint-Jacques em 1926.[3]

Mauss, de físico atlético, olhos penetrantes, barba cheia e "voz cavernosa", dava aulas improvisadas fascinantes no instituto, lecionando não só para os estudantes de antropologia, mas também para missionários e funcionários da administração colonial. Entremeava suas apresentações com minúcias culturais do mundo inteiro, indo do sensacionalismo antropológico — canibalismo, sacerdotisas prostitutas e circuncisões bizarras — à celebração do prosaico: "Um caneco de lata caracteriza nossas sociedades melhor do que a mais suntuosa joia ou o mais raro selo."[4] Ao mesmo tempo, dava aos alunos conselhos práticos para o trabalho de campo — revelem logo o filme, anotem em fichas a relação dos objetos, mantenham um diário de campo, "não sejam crédulos, não se surpreendam, não percam a calma" — e sugestões para temas de estudo: tipos de armas, métodos de preparar o alimento (cru, defumado, seco, cozido, assado, frito), variedades de tecidos. A ironia era que Mauss detestava viajar, mesmo pela Europa, e, tirando um curto período no Marrocos, nunca fez pessoalmente nenhum trabalho de campo significativo.

As ideias de Mauss repercutiram não só entre os interessados em estudar as culturas indígenas, como também entre diletantes, filósofos e artistas. Intelectuais em busca de novas ideias, como o escritor Georges Bataille, escavavam os ricos e variados veios que percorriam os registros etnográficos. O que antes ficara relegado a uma atividade antiquarista agora era considerado o suprassumo do moderno. O trânsito se dava nas duas direções. Fora da classe, Mauss e seus alunos se reuniam e conversavam até tarde da noite no terraço do Café de Flore, ponto favorito de artistas e poetas de vanguarda. Aos sábados, iam ver a dançarina afro-americana Josephine Baker no Bal Nègre, na rue Bonnet.

Na Paris dos anos 1920, a África — ou uma versão metropolitana francesa — tinha se tornado uma pedra de toque cultural. Antes os cabarés parisienses da Belle Époque, como o Folies Bergère, o Casino de Paris e o Théâtre des Champs-Elysées, abrigavam uma mistura heterogênea de programas de variedades, peças teatrais e números de dança burlescos e sensuais. Agora, nos anos 1920, estavam repletos de grupos de jazz, formados por soldados afro-americanos que tinham ficado na cidade depois de terminada a Primeira Guerra Mundial. O etnógrafo e escritor surrealista Michel Leiris, sete anos mais velho do que Lévi-Strauss, comentou como se sentiu arrebatado pela experiência: "o jazz foi uma convocatória, uma bandeira orgiástica nas cores da época". E relembrava: "Foi a primeira manifestação dos *negros*, o mito dos édens de cor que iria me levar à África e, além da África, à etnografia".[5]

Embora a antropologia francesa ainda não passasse de um sugestivo conjunto de ideias e influências, a renovação do interesse pelas culturas indígenas levou a se repensarem as coleções empoeiradas do Palais du Trocadéro. Em 1928, o sociólogo Paul Rivet assumiu a direção do museu e, com a assistência do curador e jazzista amador Georges-Henri Rivière, pôs mãos à obra. Desocuparam salas e abriram espaço para exposições, examinaram cuidadosamente as pilhas de artefatos, organizaram os objetos em armários de metal e montaram uma galeria envidraçada semicircular no primeiro piso. Com o auxílio de voluntárias da alta sociedade — senhoras abastadas com tempo livre —, modernizaram e ampliaram a biblioteca e começaram a classificar e a etiquetar os objetos expostos. Rivet instalou a coleção que tinha trazido do México e tentou dar alguma ordem ao enorme acúmulo de peças exóticas do século XIX.

Rivet e Rivière eram muito práticos e desenvoltos, com faro para as ocasiões de publicidade e levantamento de fundos. Intermediaram acordos com o governador-geral da Argélia e funcionários coloniais do Norte da África para montar a *Exposition du Sahara*, com artefatos etnográficos de toda a região, numa mostra que teve imenso sucesso. Na inauguração do salão Oceania, convidaram as grandes modelos de moda de Paris para desfilar pelas galerias. Num evento para angariar fundos, organizaram uma luta entre o "africano" (na verdade panamenho) Al Brown, campeão peso-pena, e o próprio Marcel Mauss em pessoa.[6]

Lévi-Strauss se tornaria uma das figuras mais importantes a surgir desse fértil cruzamento entre arte e teoria — uma tensão entre o objeto estético e o artefato etnográfico que percorre toda a tradição francesa, recentemente reaflorado nos debates sobre a inauguração do Musée du Quai Branly.[7] Entre a primeira leva de antropólogos franceses, Lévi-Strauss foi um dos poucos que não assistiu às aulas de Mauss, mas teve uma formação com grande peso artístico, e quando jovem conheceu muitos integrantes do movimento surrealista, entre eles André Breton. Com o passar do tempo, Lévi-Strauss veio a renegar suas raízes modernistas, mas a textura dessas primeiras influências está presente em toda a sua obra. Ele chegaria à antropologia por vias sinuosas. Como muitos outros que ingressaram no campo, Lévi-Strauss enveredou por um caminho pouco explorado, que se desviava da estrada principal da filosofia — basicamente ainda a grande rota no sistema acadêmico francês —, e seguiu em frente.

Lévi-Strauss foi criado numa família judia laica, descendendo da Alsácia pelos dois lados, num apartamento na rue Poussin, no fim do 16º *arrondissement* de Paris. Encravada entre o Bois de Boulogne e o Sena, a área não era inteiramente urbanizada; havia pequenas chácaras no final da rua, além de lojinhas de antiguidades e ateliês de aluguel barato, numa região de Paris que, na época, era relativamente pobre. O prédio de apartamentos tinha sido construído poucos anos antes de seu nascimento. Hoje em dia, a única coisa que o diferencia das filas e filas de prédios dos meados do século XIX que se estendem por Paris são alguns detalhes neogóticos: duas vinhas de ferro fundido preto decorando as portas de ferro e vidro na entrada da frente, e a folhagem ornamental, moldada em concreto, que sustenta as sacadas semicirculares do edifício.

Embora a família fosse de recursos modestos, Lévi-Strauss cresceu ouvindo histórias de um idílico passado oitocentista perdido — um mundo aristocrático de orquestras e belas-artes. Seu bisavô Isaac Strauss havia se mudado de Estrasburgo para Paris em 1826, aos 20 anos de idade, e estudara violino no Conservatório de Paris. Iniciando como violinista no Théâtre-Italien, veio a fazer nome como maestro, compositor e diretor de orquestra, conduzindo a orquestra do balneário de Vichy sob Napoleão III e regendo conjuntos nos bailes imperiais das Tulherias e no Ópera de Paris.

Ele trabalhou com Offenbach e seu nome chega a aparecer de passagem nas memórias de Berlioz. Nas viagens que fazia pela Europa, Isaac Strauss comprava móveis e objetos de arte, mais tarde se concentrando em peças rituais judaicas — candelabros para o Sabbath, caixas de especiarias e pergaminhos de Esther — com que povoou a "Villa Strauss" em Vichy. Atualmente, os objetos remanescentes da coleção se encontram na Salle Strauss, no Musée de Cluny em Paris.

Na geração seguinte e com o declínio econômico dos anos 1880, as riquezas da família se desvaneceram. O pai de Lévi-Strauss, Raymond, foi obrigado a seguir um caminho mais prosaico, estudando na École des Hautes Etudes Commerciales e vindo a conseguir um emprego humilde na Bolsa de Paris. Ele se casou com uma prima de segundo grau, Emma Lévy (parece que foi nessa época que a grafia passou para "Lévi"), filha de um rabino, que fora enviada a Paris para aprender datilografia e taquigrafia. Homem sensível, apaixonado pelas artes, Raymond não conseguiu se adaptar à vida de pequeno funcionário. Descontente com seu emprego na Bolsa, tomou uma decisão ousada: matriculou-se na École des Beaux-Arts e começou a pintar retratos para se sustentar. "Seu ídolo era Maurice Quentin de la Tour", comentaria depois Lévi-Strauss, referindo-se ao retratista rococó do século XVIII. "Ele fez muitos pastéis e era evidente que não estava em sintonia com a época."[8] Foi quando Raymond estava pintando um retrato de encomenda em Bruxelas, em 28 de novembro de 1908, que Emma deu à luz seu filho único, Gustave Claude Lévi-Strauss. Este guardou até o final da vida uma das pinturas paternas, mostrando a vista da janela do quarto onde nasceu, como um *"objet mémoire"*. Raymond continuou a pintar várias telas com a imagem do filho, uma delas em que ele aparece ainda menino, de bata listrada, num cavalinho de balanço, e outra em que já é rapaz, feita a pastel suave.

Não se pode propriamente dizer que Lévi-Strauss tenha crescido na pobreza, mas a carreira escolhida pelo pai significava que sempre seria uma família de classe média baixa, lutando para viver, e não um lar de classe média solidamente estabelecida. Raymond e Emma criaram o filho no estilo burguês clássico, passando as férias de verão nas praias da Normandia e da Bretanha, e nos anos 1920 até conseguiram comprar uma propriedade abandonada no sul da França, nas Cévennes, onde passavam o verão. Mas volta e meia enfrentavam problemas financeiros — os meses de desespero em que as encomendas de retratos se evaporavam. Nesses períodos, contavam com o auxílio dos parentes, com os quais mantinham laços próximos. Como os pais de Lévi-Strauss eram primos de segundo grau, as famílias eram unidas — tão unidas que "seria mais correto falar numa família só, em vez de em duas", como diria ele mais tarde.[9] Reuniam-se todas as semanas na casa de Léa Strauss, sua avó pelo lado paterno. Uma vez por ano, ela retirava os panos dos móveis na sala de jantar e todos os parentes almoçavam juntos. Depois do almoço, percorriam os cemitérios de Paris, visitando os túmulos dos antepassados.

Quando eclodiu a Primeira Guerra Mundial, o pai de Lévi-Strauss foi convocado e, devido à saúde frágil, ficou na posição relativamente segura de assistente de ambulância. Emma, temendo que Paris fosse invadida, partiu com o filho, então com 5 anos de idade, para a Normandia e depois para a Bretanha, indo encontrar as irmãs e os sobrinhos. Quando o perigo diminuiu, o grupo desceu do norte da França para ficar no enorme casarão do rabino Lévy em Versalhes, perto de onde estava estacionado o pai de Lévi-Strauss.

Em Versalhes, Lévi-Strauss viveria as primeiras experiências contraditórias de suas raízes judaicas. De um lado estava o avô, o rabino — homem tímido e profundamente religioso. A casa espraiada era um misto de residência e local de culto. Em *Tristes Trópicos*, Lévi-Strauss menciona a sensação de angústia que tinha na infância, ao descer por uma passagem interna que levava à sinagoga, saindo do calor do profano para o frio do sagrado. Evoca o espaço morto daquele aposento, que só revivia temporariamente durante as orações do avô, e as poucas referências enigmáticas à religião que pontuaram o período que passou lá: o avô rezando silenciosamente antes de cada refeição, a avó jejuando no Yom Kippur, um rolo sagrado na parede da sala de jantar que dizia: "Mastiga bem o alimento para uma boa digestão."[10]

Guardava outras lembranças da mãe, a qual, embora filha de rabino, tinha sido educada com as irmãs numa escola de freiras católicas. Ela distribuía sub-repticiamente *sandwichs jambon* (sanduíches de presunto) no parque, que Lévi-Strauss e primos devoravam agachados atrás das estátuas para que o avô não visse e não se enfurecesse. Do lado paterno, a herança judaica era mais estranha. Um dos tios, obcecado com a exegese bíblica, tinha se matado quando Lévi-Strauss estava com 3 anos de idade; outro, num gesto de revolta, foi ordenado padre, mas acabou trabalhando num emprego subalterno no setor de gás e energia.

Quanto aos pais de Lévi-Strauss, a religião era apenas um som de fundo numa vida familiar laica. Não guardavam os dias santos, "mas costumavam conversar sobre eles".[11] Quando estavam em Versalhes, fizeram o bar mitzvah de Lévi-Strauss, em grande parte por consideração ao avô. No fundo, eram patriotas franceses — em Versalhes, incentivado pelos pais, o pequeno Lévi-Strauss deu o dinheiro da mesada para o esforço de guerra. Na época do armistício, ele lembra que o pai o levou para assistir aos desfiles da vitória, no alto de um edifício perto do Ópera. Mesmo assim, a identidade judaica vagamente assumida da família desempenhou um papel decisivo até o final da vida deles. Lévi-Strauss logo aprendeu o que significava ter um sobrenome que soava judeu numa cultura ainda profundamente antissemita. Na escola, os colegas o molestavam, chamando-o de "judeu sujo". "Como o senhor reagia?", perguntaram-lhe numa entrevista para *Le Magazine littéraire* nos anos 1980. "Com um soco" (*"le coup de poing"*), respondeu ele. O bullying se transformou em perseguição na guerra seguinte, quando sua família perdeu tudo e ele teve de fugir para se salvar.

Lévi-Strauss era filho único, de imaginação rica, e vivia na confusão do lar-ateliê da rue Poussin. O apartamento era um depósito de matérias-primas intelectuais e artísticas — cavaletes, telas, tubos de tinta, um quarto escuro improvisado onde o pai revelava fotos das pessoas que ia retratar, antiguidades, estantes de livros. "Meu pai e dois tios meus eram pintores" (entre eles o famoso pintor da Belle Époque, Henry Caro-Delvaille). "Minha mãe e duas irmãs se casaram com pintores, e eu nasci e cresci em ateliês de artistas. [...] Longe de qualquer formação acadêmica. [...] Tinha lápis e pincel na mão quando comecei a aprender a ler e escrever", comentou ele mais tarde.[12]

Em meio àquele bricabraque cultural do pai, o menino construía suas ecléticas fantasias pessoais. Ouvia discos de *spirituals* americanos no gramofone da família e gastava a mesada em miniaturas de móveis japoneses que comprava numa loja na rue des Petits-Champs. Dispondo as pecinhas delicadas numa caixa forrada com tecido japonês estampado, que seu pai lhe dera, Lévi-Strauss montou uma versão em miniatura de uma sala do Extremo Oriente. Ficou obcecado com uma versão condensada do *Dom Quixote* de Cervantes, de capa cor-de-rosa, que diz ter lido e decorado aos 10 anos de idade. Os pais entretinham as visitas dizendo que abrissem o livro ao acaso e começassem a ler: então Lévi-Strauss continuava a recitar o trecho, sem nenhuma hesitação.[13] Nos almoços na casa dos avós, ele se sentava num canto, lendo às risadinhas as peças de vaudeville de Eugène Labiche, do século XIX.[14]

Apesar dos meios escassos, Raymond Lévi-Strauss deu ao filho uma invejável base cultural. Comprava os assentos mais baratos no teatro, onde a visão não era muito boa, e desde cedo apresentou o filho ao repertório wagneriano. Todas as semanas, assistiam aos concertos de música clássica de Colonne e Pasdeloup no Théâtre de Châtelet, passavam longas horas à tarde no Louvre, e na adolescência Claude teve aulas de violino no Ópera. Os amigos do pai — um grupo animado de críticos, escritores e artistas — apareciam no apartamento à noite e nos finais de semana. Muitos davam atenção ao menino, atendiam à sua curiosidade, recomendavam livros, quadros e músicas.

Incentivado pelo pai, o jovem Lévi-Strauss experimentou todas as artes. "Trabalhando com tocos de pastéis que ficavam espalhados pelo ateliê, comecei a desenhar o que imaginava que seriam obras cubistas. [...] Ainda consigo ver minhas composições ingênuas — tudo era plano, bidimensional, sem nenhum esforço para transmitir volume."[15] Na adolescência, fotografava e revelava, criava roteiros de filmes e compôs trios para dois violinos e piano. Desenhava figurinos e cenários de teatro e até começou a trabalhar num libreto, que deixou de lado depois de escrever o prelúdio.

Após a Primeira Guerra Mundial, Lévi-Strauss se matriculou no Lycée Janson de Sailly, a poucos quilômetros de casa, onde ficou até se formar. Em contraste com o ambiente boêmio da rue Poussin, o ensino em Janson era rigoroso, a atmosfera da sala de aula imbuída de uma velha formalidade. Um toque de tambor anunciava o começo e o fim das aulas; as redações eram escritas "com angústia", e o professor, acompanhado pelo assistente, lia solenemente os resultados diante da turma, "deixando-nos deprimidos ou cheios de alegria". A indisciplina era punida com rigor.[16] Na parte da tarde, Lévi-Strauss passeava por Paris, explorando os bairros vizinhos a pé, "como Jalles e Jarphanion nos romances de Jules Romains".[17] Saltava nos ônibus e ia nas plataformas abertas de trás, enquanto davam voltas pela cidade. Mais crescido, saía com os amigos para expedições nos subúrbios ao redor da cidade, chegando até as pedreiras de gipsita em Cormeilles-en--Parisis, a cerca de 16 quilômetros de distância do 16º *arrondissement*.

Enquanto Lévi-Strauss avançava para a maioridade, a vanguarda florescia. Numa das primeiras apresentações de *As Núpcias* de Stravinsky no Châtelet, ele ouviu as abstrações descarnadas, os intercâmbios velozes e agitados entre coro, percussão e piano que escandalizaram as plateias parisienses na estreia em 1923. Lévi-Strauss estava com 14 anos, e se sentiu perplexo. Ficou tão impressionado com a apresentação que voltou na noite seguinte. Anos depois, escreveu em suas memórias que a experiência "trouxe o desmoronamento de meus pressupostos musicais anteriores".[18] Na meia-idade, como escreveu em *O Cru e o Cozido*, ele ainda sentia o impacto "estilhaçante" que sentiu ao ouvir *As Núpcias* e a ópera simbolista de Claude Debussy, *Peléas e Mélisande*.[19]

Lévi-Strauss começou com uma peregrinação até a galeria de Rosenberg na rue La Boétie no 8º *arrondissement*, que sempre expunha o último Picasso em suas vitrines. Mais tarde, disse que ver as naturezas-mortas de Picasso dos meados dos anos 1920 equivalia a "ter revelações metafísicas".[20] Quando Louis Vauxcelles, importante crítico de arte e amigo da família, lhe sugeriu que escrevesse um artigo para uma revista que estava para lançar, Claude propôs como tema "a influência do cubismo na vida cotidiana".[21] Ao fazer suas pesquisas para o artigo, Lévi-Strauss entrevistou o artista Fernand Léger. "Ele me recebeu com extrema gentileza", comentou ele. "O artigo chegou a ser publicado? Não lembro."[22]

O que era novo, irreverente e intelectualmente instigante para o jovem Lévi-Strauss significava a ruína para seu pai. Raymond Lévi-Strauss ficara chocado com o que viu nos salões de arte, voltando de Versalhes após a guerra. Naquele meio-tempo, a arte moderna tinha saído das margens da vanguarda e entrado nas galerias mais famosas do circuito parisiense. Telas ininteligíveis de formas estilhaçadas e cores conflitantes eram arrebatadas por colecionadores como Daniel-Henry Kahnweiler, que Raymond conhecera quando trabalhava na Bolsa. Nos anos 1920, a mudança do gosto e o surgimento da fotografia de massa significavam que a demanda por retratos realistas se retraía rapidamente, e a fonte de renda de Raymond Strauss, já precária, começou a secar. Só lhe restava improvisar, muitas vezes com a ajuda do filho, recorrendo a uma série de aventuras comerciais mais ou menos desesperadas, como lembrou Lévi-Strauss anos mais tarde:

> Durante algum tempo, a casa inteira se dedicou a estampar tecidos. Entalhávamos blocos de linóleo e passávamos cola. Usávamos para imprimir desenhos em veludo que polvilhávamos com purpurina de várias cores. [...] Numa outra época, meu pai fez mesinhas em estilo chinês com imitação de laca. Também fez lâmpadas com estampas japonesas baratas coladas no vidro. Qualquer coisa que ajudasse a pagar as contas.[23]

De inteligência precoce, Lévi-Strauss começou a ler os grandes pensadores desde cedo. Quando ainda estava em Janson, descobriu Freud por intermédio do dr. Marcel Nathan, pioneiro da psicanálise freudiana na França e pai de um de seus colegas de escola, Jacques. Foi por recomendação dele que Lévi-Strauss leu as primeiras traduções francesas de *Introdução Geral à Psicanálise* e *A Interpretação dos Sonhos*. Seria uma influência profunda e duradoura. Na primeira metade de sua carreira, Lévi-Strauss revisitou muitas das áreas de interesse teórico de Freud — o tabu do incesto, o mito de Édipo e o totemismo; um livro da fase mais adiantada, *A Oleira Ciumenta*, viria a ser um longo diálogo com Freud, a quem admirava e criticava em igual medida.

No verão de 1925, quando estava com 16 anos, outro elemento veio se somar à sua vida: a política. Foi então que Lévi-Strauss conheceu Arthur Wauters, militante do Partido Operário Belga, por intermédio de amigos da família. Quando Lévi-Strauss lhe pediu que explicasse suas ideias, Wauters tomou o rapaz sob suas asas, "como um irmão mais velho", apresentando-o ao cânone socialista, de Karl Marx e Friedrich Engels a Jean Jaurès e Pierre-Joseph Proudhon.[24] Providenciou que Lévi-Strauss passasse duas semanas na Bélgica como convidado do partido, e lá ele aprendeu como o partido funcionava em termos institucionais e viu os ideais socialistas em ação nas alianças do partido com os sindicatos operários. Mais tarde, referiu-se a essa experiência como "uma revelação total" — um "novo mundo estava se revelando a mim, intelectual e socialmente".[25] De volta a Paris, leu *O Capital*, enquanto estudava filosofia no liceu. "Não entendia nada daquilo. Na verdade, o que eu descobri em Marx foram outras formas de pensamento também novas para mim: Kant, Hegel..."[26]

Da teoria política à vanguarda e aos clássicos, suas leituras se multiplicavam, misturando clássicos franceses, como Rousseau e Chateaubriand, com Dickens, Dostoiévski e Conrad. Não se intimidava diante dos enormes volumes literários, e a certa altura se fixou em *A Comédia Humana* de Balzac — 17 volumes de histórias interligadas, que funcionavam como uma espécie de etnografia literária da França entre a revolução e o reinado de Luís Filipe. Leu a obra do começo ao fim — dez vezes. Outra grande influência foi *Paludes* de Gide, uma sátira literária do movimento simbolista, pelo qual Lévi-Strauss também se sentiria atraído.

Lévi-Strauss estava se demonstrando um onívoro intelectual por natureza, um transumante em constante movimento, percorrendo as vastas planícies da cultura ocidental, da literatura francesa à filosofia e ao modernismo, passando pelas artes. Sua inteligência era evidente, capaz de absorver teorias, novas ideias e culturas numa época de intensa criatividade e transformação em Paris. Mas, conforme se aproximava o final dos estudos no liceu, não era tão evidente o rumo que seu espírito inquisidor tomaria. "Eu era desorganizado demais", admitiu mais tarde.

No outono de 1925, depois de concluir o nível médio, Lévi-Strauss tomou a via rápida que levava à elite intelectual na França. Passou de Janson para o *hypokhâgne* do Lycée Condorcet, curso preparatório para os exames de ingresso na prestigiosa École Normale Supérieure. Fundada após a Revolução Francesa na rue d'Ulm, no 5º *arrondissement* de Paris, ela era a Grande École das humanidades. Os que lá se formavam — conhecidos como *normaliens* — ocupavam as posições mais altas na elite cultural francesa. Os acadêmicos mais ambiciosos, os dirigentes de editoras, os diretores de museus ou os nomeados pelo governo para os primeiros escalões do magistério eram, em sua imensa maioria, integrantes de um clube exclusivo da École Normale Supérieure.

Lévi-Strauss teria de passar dois anos no Condorcet, estudando um amplo leque de assuntos para alguns dos exames mais difíceis do sistema educacional francês, mas depois do primeiro ano ficou em dúvida. Disse mais tarde que se sentia apavorado com os colegas, intimidado com a ideia de estar cercado de futuros *normaliens*. E comentou: "Eu tinha a sensação de que nunca conseguiria estar na classe deles."[27] Em termos mais práticos, ele se sentia incapaz de concorrer academicamente. Tinha dificuldades com a matemática e não gostava de grego: duas matérias obrigatórias para o exame de ingresso. Num interessante vislumbre da inteligência de Claude Lévi-Strauss aos 18 anos de idade, seu professor de história e geografia Léon Cahen anotou a respeito dos progressos — ou falta de progressos — do rapaz:

> Tem valor, irá se desenvolver. Sabe muito. Inteligência aguda, penetrante. Mas essas qualidades são muitas vezes prejudicadas por um rigor que, de regra, é quase sectário, afirmação de teses absolutas, sem matizes, e às vezes o pensamento se alia a um estilo bastante banal, sem precisão nem nuances.[28]

Na primavera de 1926, a conselho de seu professor de filosofia André Cresson, Lévi-Strauss desistiu de entrar na École Normale Supérieure. Inscreveu-se na faculdade de direito, nos edifícios neoclássicos de colunatas na place du Panthéon,[29] enquanto fazia em paralelo o curso de filosofia na Sorbonne. Foi lá que conheceu a futura esposa, Dina Dreyfus, uma judia francesa de origem russa, que antes havia passado alguns anos na Itália. Mulher introspectiva e de caráter forte, Dina, tal como Lévi-Strauss, era estudante de filosofia e socialista ardorosa.

Mais tarde, Lévi-Strauss explicou que escolheu a filosofia porque era mais fácil e mais permeável a seus outros interesses: "Eu gostava de pintura, música, antiguidades — tudo isso mais ou menos se casava com o estudo de filosofia, melhor do que outra especialidade que me obrigaria a compartimentar minha existência e minha curiosidade."[30] Havia também um elemento mais prático — naquela época, a filosofia era "a única maneira para um jovem intelectual burguês ganhar a vida", preocupação premente em vista das finanças precárias da família.[31] Mas, depois de toda a inquietação dos anos de infância e puberdade na rue Poussin, os anos de universidade foram insípidos, lendo mecanicamente grossos volumes de direito, engolindo fórmulas filosóficas sem entender realmente o que significavam, aprendendo e praticando uma forma de exposição que soava sofisticada, mas no fundo era mecânica e vazia.

Ele preencheu o vazio deixado pelo academicismo parisiense com uma fase de intenso engajamento político, na mesma época em que se formava a Esquerda francesa moderna. Na esteira da Revolução bolchevique de 1917 e da catástrofe da Primeira Guerra Mundial, que muitos atribuíam a rivalidades capitalistas, a Esquerda se tornara uma força expressiva na política francesa. O Parti Communiste Français foi fundado em 1920, mas Lévi-Strauss se inclinava para a mais moderada Seção Francesa da Internacional Operária, a SFIO. Quando Lévi-Strauss começou a participar do movimento estudantil, a SFIO provava o gosto do poder participando do *Cartel des gauches*, aliança de esquerda que, nos meados dos anos 1920, detinha a maioria na Chambre des Députés, a assembleia legislativa francesa.

Incentivado por Georges Lefranc, líder de um grupo estudantil de esquerda no Louis-le-Grand, outra escola preparatória para a École Normale Supérieure, Lévi-Strauss começou a participar do *Groupe socialiste interkhâgnal*, com perfil variado, congregando socialistas, comunistas e membros do movimento cristão La Jeune République. Todas as quintas-feiras de tarde, eles se reuniam na Société de Géographie na Rive Gauche, para palestras e seminários sobre as condições de trabalho nas fábricas, as cooperativas operárias, os sindicatos e o colonialismo. Convidavam oradores de prestígio, entre eles os expoentes franceses Marcel Déat e Léon Blum, que conferiam ao fórum um peso e uma credibilidade muito além de um simples grêmio estudantil. Mais tarde, Lefranc definiu a associação como uma espécie de "universidade paralela", dirigida por "economistas e políticos autodidatas".[32] Lévi-Strauss se mostrou ativo desde o começo, contribuindo para os debates, intervindo da plateia e fazendo discursos. Sua primeira publicação é dessa época — um ensaio elogioso sobre Gracchus Babeuf, escritor, agitador e igualitarista radical da Revolução Francesa. Escrito originalmente como dissertação para Léon Cahen no Lycée Condorcet, o texto foi publicado em *L'Eglantine*, o jornal interno do Partido Operário Belga, com o título de "Gracchus Babeuf e o comunismo" — texto que Lévi-Strauss futuramente desqualificaria como "um acidente", "que preferiria esquecer".[33]

Nesse período, Lévi-Strauss se alternou entre as aulas áridas na Sorbonne e o empolgamento das reuniões políticas na Société de Géographie. Assistia aos cursos de psicologia, ética e sociologia, lógica e história da filosofia; na place du Panthéon, frequentava as aulas de direito civil, penal e constitucional. No tempo livre, lia publicações socialistas e se debatia com a leitura de Marx. Reunindo seus interesses variados, Lévi-Strauss decidiu escrever sua dissertação sobre "Os postulados filosóficos do materialismo histórico, com referência específica a Karl Marx", sob a orientação do sociólogo e futuro diretor da École Normal Supérieure Célestin Bouglé. Este, socialista e colaborador central do projeto *L'Année sociologique* de Durkheim, aceitou o tema, radical numa época em que as ideias de Marx ainda não estavam bem sedimentadas na França, sob a condição de que Lévi-Strauss também escrevesse uma dissertação sobre Saint-Simon, pensador mais clássico e mais seguro. Lévi-Strauss já alimentava grandes ideias. Via-se como potencial filósofo da Esquerda, criador de uma síntese entre o pensamento clássico e o pensamento radical:

> A ideia de construir uma ponte entre a grande tradição filosófica —
> refiro-me a Descartes, Leibniz e Kant — e o pensamento político, tal
> como era representado por Marx, era muito sedutora. Ainda hoje entendo como pude ter sonhado com ela.[34]

Conforme avançava na universidade, seu engajamento político amadurecia. Em 1928, Lévi-Strauss se tornou o secretário-geral da Fédération des Étudiants Socialistes, que reunia *normaliens* de cinco escolas normais superiores. No mesmo ano, ele organizou o Terceiro Congresso dos Estudantes Socialistas da França e começou a contribuir para a revista da federação, *L'Étudiant socialiste*. Para se sustentar, lia o boletim da Agência Internacional dos Operários para a Rádio Tour Eiffel, num porão do Grand Palais nos Champs-Elysées. No ano seguinte, conseguiu um emprego como secretário do carismático deputado da SFIO, Georges Monnet. Sua função era cuidar do escritório, datilografar projetos de lei, assistir aos debates na Chambre des Députés e redigir artigos. Em 1930, quase no final dos cursos, foi presidente de uma espécie de grupo de estudos e reflexões de esquerda, o chamado *groupe des onze*, cujo objetivo era discutir maneiras de mobilizar a Esquerda em escala mundial, por meio de sindicatos, cooperativas e programas de seguro social. Ele estava com apenas 21 anos. Nessa altura, parecia que Lévi-Strauss poderia seguir uma carreira política promissora, na vanguarda da nova Esquerda.

"O senhor pregava a revolução na SFIO?", perguntaram-lhe nos meados dos anos 1980, numa entrevista sobre aquele período. "Depende do que se entende pelo termo", respondeu diplomaticamente. "Eu não era um leninista, então rejeitava a transformação social violenta. Em vez disso, um pequeno grupo de militantes, do qual eu fazia parte, formou um movimento — hoje diríamos 'tendência' [*tendance*] — que se chamava 'Revolução Construtiva'." A ideia, como Lévi-Strauss explicou mais tarde, era a transformação gradual, porém completa:

> Se nos empenharmos, dia após dia, em criar instituições de espírito socialista, aos poucos elas crescerão, devido à sua superioridade, como uma crisálida num casulo capitalista, que acabará caindo como um invólucro seco e morto.[35]

Embora dedicasse cada vez mais tempo à política, Lévi-Strauss nunca perdeu de vista seus interesses culturais mais amplos, incutidos pelo pai. Continuou a ler muito, a visitar galerias e a refletir sobre arte e estética. Por acaso, durante um curto período trabalhou como assistente do prolífico romancista Victor Margueritte, que conheceu por intermédio de outro romancista, André Chamson, o qual então trabalhava num escritório ao lado do de Monnet. Lévi-Strauss foi chamado para divulgar o romance pacifista de Margueritte, *La Patrie humaine* (A pátria humana), entregando em mãos exemplares com dedicatória a uma centena de parisienses importantes e redigindo e enviando releases para a imprensa e demais meios de comunicação. Margueritte, então um excêntrico septuagenário, era primo do poeta simbolista Stéphane Mallarmé, e durante toda a vida frequentara a elite literária de Paris. Em seu suntuoso apartamento no 17º *arrondissement*, regalava seu assistente com anedotas familiares em que compareciam Balzac, Zola, os Goncourt e Victor Hugo.

A nova seção "Livres et revues" (Livros e revistas) de *L'Étudiant socialiste*, que Lévi-Strauss editava e para a qual contribuía sistematicamente desde 1930, também lhe ofereceu um canal mais literário. Foi lá que ele escreveu sobre o prazer que sentia ao ler a prosa de Trótski (embora não concordasse com suas posições), fez o elogio de Dostoiévski e saudou Conrad como "o maior romancista do século XX". Entre os vários livros que resenhou estavam *Crime passionnel*, romance *pulp-fiction* americano de Ludwig Lewisohn, *Banjo*, romance escrito por um afro-americano, e *Viagem ao Fim da Noite* de Louis-Ferdinand Céline.[36] O pessimismo profano de Céline permaneceria na imaginação de Lévi-Strauss, reaflorando nos relatos de sua viagem distópica pelo Brasil em *Tristes Trópicos*.

Um de seus primeiros textos mais interessantes foi "Picasso e o Cubismo", artigo que escreveu em nome de Georges Monnet para *Documents*, a efêmera revista vanguardista de Bataille. Numa abordagem pouco convencional, Lévi-Strauss criticou o cubismo enquanto multiplicava os elogios a Picasso. Segundo ele, o cubismo não era a ruptura radical do impressionismo que a crítica imaginava — fazia parte de uma longa tradição de estilos artísticos burgueses oferecidos à diversão de um grupo seleto de conhecedores. O cubismo havia apenas transferido o foco do jogo visual para o jogo intelectual. Tal como o impressionismo, era uma maneira engenhosa de codificar a experiência, "uma arte aristocrática, similar à antiga arte religiosa". Mas Picasso era diferente. Era um gênio estético. Tinha um olho incrível e o dom da espontaneidade. Penetrava até o cerne da realidade e dali extraía sua intensidade. Picasso conseguia evocar "a vergonha dolorosa da mais completa nudez, como um homem que, ao tirar a camisa, arranca junto a própria pele". As mulheres apareciam como "placas de carne" que, de alguma maneira, ganhavam eloquência no pincel de Picasso. Mesmo objetos prosaicos — garrafas, copos, cachimbos — eram expressivos, cheios de suspense, "imersos na atmosfera parada, apreensiva, que antecede acidentes, tumultos e desastres".[37]

Com esse artigo, Lévi-Strauss esbarrou num meio que iria interessá-lo cada vez mais com o passar do tempo. *Documents* era o exemplo típico das estranhas fusões que então percorriam a cultura francesa de vanguarda. Na vida efêmera de seus 15 números, a revista misturava artefato etnográfico e arte moderna, cultura popular e bizarro. Máscaras africanas, escritos astecas, Picassos, capas de romances baratos dividiam as páginas com fotos de matadouros, o close de um dedão do pé, ensaios sobre a poeira e a saliva.

Michel Leiris definiu *Documents* como uma "publicação Jano", com uma das faces voltada "para as altas esferas da cultura [...] a outra para um deserto selvagem onde a pessoa se aventurava sem mapas nem passaportes".³⁸ Entre os colaboradores estavam Mauss, Leiris e o etnomusicólogo André Schaeffner. O editor Georges Bataille compartilhava muitos interesses com a antropologia e mantinha amizade próxima com o antropólogo suíço-francês Alfred Métraux, futuro colega e amigo íntimo de Lévi-Strauss.

Na mesma época, deu-se outro contato fortuito com sua futura profissão, quando Lévi-Strauss ajudou o pai a decorar o pavilhão malgaxe da *Exposition coloniale*. "Ele me levou como se fazia nos ateliês renascentistas", relembrou Lévi-Strauss, "onde todos atendiam ao trabalho do momento — parentes, aprendizes e assim por diante".³⁹ Eles trabalhavam nas salas do Musée de l'Ethnographie no Trocadéro, que Rivet já começara a reformar e logo se tornaria o Musée de l'Homme. Com 30 metros lineares de paredes para cobrir, todos se lançaram ao trabalho. Lévi-Strauss posou para algumas das figuras no mural e preencheu partes dos enormes planos de fundo, enquanto o pai fazia o trabalho mais complicado de pintar grupos de funcionários coloniais e moças malgaxes.⁴⁰ Não se sabe bem como Lévi-Strauss reagiu à ideia da exposição em si. Com sua réplica gigantesca do templo Angkor Wat no Bois de Vincennes, imitações de aldeias africanas e indochinesas e, numa estranha guinada, a americana Josephine Baker, do Missouri, se apresentando como "a rainha das colônias", a *Exposition coloniale* foi um tremendo sucesso, mas não ficou isenta de críticas.

Alguns integrantes da vanguarda e da Esquerda começavam a se mobilizar contra o colonialismo. Um grupo de surrealistas, incluindo André Breton e Yves Tanguy, que depois Lévi-Strauss iria conhecer pessoalmente, escreveu um manifesto chamado *Ne visitez pas l'Exposition coloniale* (Não visitem a Exposição Colonial). O manifesto denunciava as atrocidades da França no exterior e exigia "a evacuação imediata das colônias e o julgamento em tribunal dos generais e administradores responsáveis pelos massacres em Annam [Vietnã do Norte], Líbia, Marrocos e África Central". Um dos signatários, o poeta e romancista Louis Aragon, organizou uma antiexposição com esculturas e obras de arte da África, da Oceania e das Américas num pavilhão remanescente da feira Art Déco de 1925.

Naquela época, a posição de Lévi-Strauss em relação ao colonialismo era muito menos radical. "Por colonização, entendemos a subordinação pela força de grupos menos evoluídos, do ponto de vista social e econômico, a grupos mais evoluídos", escreveu ele num número especial de *L'Étudiant socialiste* dedicado ao tema. Sua linha era paternalista: aceitava em larga medida a necessidade do colonialismo, mas defendia que os lucros deveriam ser aplicados para ajudar as populações indígenas, que ficariam sob o controle de um protetorado socialista internacional.[41] Era exatamente esta visão eurocêntrica do mundo que Lévi-Strauss iria recusar mais tarde. Grande parte de sua obra viria a ser uma crítica retórica do colonialismo, cujos efeitos resultantes logo conheceria por experiência própria.

Mesmo sendo um leitor voraz, Lévi-Strauss ainda não conhecia o que, na época, era chamado de etnologia na França. "Eu não sabia nada de antropologia", escreveu em suas memórias. "Nunca tinha assistido a nenhum curso e, quando Sir James Frazer [autor de *O Ramo de Ouro*] fez sua última visita à Sorbonne para apresentar uma conferência memorável — em 1928, penso eu —, nunca me ocorreu ir assistir, embora soubesse dela."[42] Ele acabou se arrependendo muito de perder a oportunidade de ver Frazer, cuja obra, aliás, iria reavaliar criticamente em anos posteriores.

Depois de regurgitar grandes bocados de livros jurídicos e fazer malabarismos filosóficos diante dos examinadores, Lévi-Strauss recebeu seus diplomas de direito e de filosofia. Adiante estava o ordálio da *agrégation* — uma série de exames eliminatórios que habilita os graduados a lecionar no ensino médio e, finalmente, vir a dar aulas na universidade. A *agrégation* incluía uma bateria de provas escritas e orais, e apenas uma pequena porcentagem dos candidatos era aprovada. Como parte do processo, Lévi-Strauss voltou por três semanas ao Janson, ministrando aulas em caráter de experiência. Seus colegas de estágio eram outros dois futuros gigantes intelectuais: a escritora Simone de Beauvoir e o filósofo Maurice Merleau-Ponty, ambos (como Lévi-Strauss) com 20 e poucos anos. Lévi-Strauss guardou Beauvoir na lembrança: "Muito jovem, com pele fresca e brilhante, como uma pequena camponesa. Tinha um lado firme, mas doce, como uma maçã corada."[43] Ele prestou a *agrégation* em julho de 1931, junto com Ferdinand Alquié (futuro professor de filosofia na Sorbonne e orientador do filósofo Gilles Deleuze) e a atormentada escritora e filósofa Simone Weil. Pode parecer uma coincidência que tantos grandes nomes do futuro se encontrassem juntos no mesmo curso na mesma época. Mas, na verdade, isso indica como o sistema intelectual francês era elitista, fechado, centrado em Paris, fato que só começaria a se atenuar nos anos 1960.

Os temas de Lévi-Strauss cobriam desde "O conceito de causalidade na obra de Hume" a "Deve-se ver a filosofia de uma perspectiva atemporal ou histórica?" — tópico que iria revisitar várias vezes ao longo de sua carreira. Para a *grande leçon* — uma apresentação oral de 45 minutos diante de uma banca de examinadores —, coube-lhe o tema "Existe algo como psicologia aplicada?". Depois de ser conduzido até a biblioteca da Sorbonne para as sete horas que teria para se preparar para a questão de psicologia aplicada, Lévi-Strauss tomou um frasquinho de remédio que o médico da família lhe dera para enfrentar a tensão. Foi imediatamente tomado de náuseas e passou todo o tempo de preparação deitado, estendido entre duas cadeiras. "Sete horas de enjoo!", recordava ele. "Compareci diante da banca parecendo quase morto, sem ter conseguido preparar nada, e improvisei uma apresentação que foi considerada brilhante e na qual creio que só falei de Spinoza."[44]

Lévi-Strauss fora aprovado já na primeira tentativa, ficando em terceiro lugar — proeza significativa em sua idade, principalmente para alguém com sérias dúvidas sobre os cursos que tinha feito, e que mantinha atividades intensas fora da universidade. Num gesto de desafio, no dia em que soube do resultado, saiu e comprou um livro de astrologia — "Não que eu acreditasse, mas como uma espécie de desforra e para provar a mim mesmo que não tinha perdido a independência de espírito."[45] Mas a comemoração durou pouco. Em casa, o clima era melancólico. A Grande Depressão finalmente cobrara seu tributo à riqueza dos parentes, acabando com os investimentos de seu tio em ações, que tinham aliviado a situação dos pais de Lévi-Strauss durante suas constantes crises financeiras. Logo o jovem começaria a dar aulas, mas boa parte de seu módico salário iria para o orçamento doméstico.

Depois de concluir o serviço militar — quatro meses como soldado raso em Estrasburgo, e depois transferido a Paris como operador de radiotransmissão —, ele recebeu duas propostas de emprego no magistério, para escolher entre Mont-de-Marsan e Aubusson. Lévi-Strauss optou pelo Lycée

Victor-Duruy em Mont-de-Marsan, cidadezinha enterrada no extremo sudoeste da França, na orla da grande floresta de Landes. Em setembro de 1932, às vésperas de assumir a vaga, casou-se com Dina Dreyfus. Ambos com interesses intelectuais, ambos com 20 e poucos anos, partiram para a carreira no ensino médio, com a possibilidade de vir a lecionar algum dia na universidade. Dina ainda precisava prestar os exames de *agrégation*, mas foi aprovada no ano seguinte. "Foi ao mesmo tempo meu primeiro emprego e minha lua de mel", comentou Lévi-Strauss sobre a ida para a Aquitânia.[46]

O breve período em Mont-de-Marsan foi uma época feliz. Ele acabava de se casar, tinha um novo emprego, explorava uma região da França que lhe era totalmente desconhecida. Dar aulas ainda era uma novidade, e ele se entregava com entusiasmo à tarefa de preparar seus cursos a partir do zero. Também tinha espaço para prosseguir em suas atividades políticas, criando uma vida social agitada graças ao contato com grupos socialistas locais. Ele concorreu a um cargo no *conseil général* durante as eleições locais, mas a campanha terminou num fiasco quando, dirigindo sem habilitação, derrapou e saiu da estrada num Citroën 5CV, que lhe tinha sido dado pelo amigo de infância Pierre Dreyfus.[47] No ano seguinte, Lévi-Strauss foi transferido para Laon, na Picardia, perto de Paris. A esposa foi nomeada para Amiens, e assim o casal voltou para a rue Poussin, viajando até seus respectivos *lycées* e marcando as aulas para os mesmos dias.

Quando começou a trabalhar na Picardia, Lévi-Strauss logo se sentiu insatisfeito. O contexto estava longe do ideal — nos dias de aula, tinha de se hospedar num hotel ordinário perto do liceu. Mas a ansiedade era mais psicológica. Começava a se dar conta de que teria de repetir sempre os mesmos cursos. Em outubro de 1933, Lévi-Strauss esboçou algumas tentativas para voltar à carreira universitária, matriculando-se num programa de doutorado em filosofia, mas isso também lhe parecia repetitivo. Fora do ensino e da academia, seu interesse em política também definhava. Na primavera de 1934, ele saiu do *groupe des onze*, em protesto contra a radicalização e o endurecimento da posição do grupo frente ao SFIO. Essa decisão, na verdade, pôs fim a seu engajamento político — oito anos de reuniões, discursos e publicações, de indignação juvenil e ardor idealista.

* * *

Embora geralmente sem dinheiro, o pai de Lévi-Strauss tinha recebido nos meados dos anos 1920 um bom pagamento pela encomenda do pavilhão de Madagascar. Por 5 mil francos, ele comprara uma herdade abandonada, de criação de bicho-da-seda, em Valleraugue nas Cévennes. "Estava em ruínas, e a única coisa que fazíamos era acampar lá, mas foi muito importante para mim, pois era adolescente. E foi quando entendi o que podia ser a selva."[48] Quando rapaz, Lévi-Strauss se distraía dos rigores de sua vida em Paris caminhando pelas montanhas dos arredores. Deixando as trilhas, ele seguia as falhas naturais daquelas belas paisagens acidentadas, margeando as faldas de calcário, escalando as escarpas e arriscando-se na descida pelas encostas de seixos lisos, registrando mentalmente as formações geológicas.

Fora de Paris, seu pensamento sintetizava-se. Em formas diversas, sempre lhe retornava a mesma ideia, que adotou desde cedo e nunca abandonou. Para Lévi-Strauss, sempre existiram dois níveis: a realidade e uma espécie de subtexto analítico. Muitas vezes, via-se que a relação entre eles era complexa e escapava à intuição imediata: pedregulhos espalhados aleatoriamente, fendas denteadas atravessando a superfície da rocha, um cerrado que se transformava em floresta — tudo isso era uma manifestação externa de movimentos tectônicos, das marés dos oceanos, do aquecimento e do resfriamento de eixos subterrâneos. A superfície de uma paisagem não era senão um mar de fragmentos, transformações e analogias de um "sentido mestre" (*maître-sens*) geológico oculto — o que um autor chamou de "uma espécie de mente inconsciente do mundo".[49] A grotesca distorção da distribuição econômica, o decorrente descontentamento social e político: isso era uma realidade. Seu correlato analítico eram os esquemas abstratos engenhosos de Marx — as teorias do valor, da mais-valia, da alienação do trabalho, do fetichismo da mercadoria. Uma paciente se apresenta com sentimentos irracionais de histeria e frigidez; ela conta sonhos estranhos sobre um incêndio doméstico, a recuperação de uma caixa de joias, uma ida frustrante até uma estação de trem, uma mata fechada. Aqui também a resposta estava num outro nível de análise, nas relações freudianas entre o ego, o superego e o id.

Mais tarde, Lévi-Strauss iria dizer que a geologia, o marxismo e a psicanálise foram suas *trois maîtrisses* ("três mestras" ou "amantes", recatadamente traduzidas para o inglês como "três fontes de inspiração")[50] — as musas que o guiaram em sua vida intelectual. Sob a influência do filósofo Henri Bergson, seus professores na universidade estavam presos em suas próprias percepções, debatendo-se com o problema de nosso acesso à realidade — a mecânica da percepção, do sentido e da razão. Lévi-Strauss se rebelava sistematicamente contra essa posição. Auxiliado por suas três "mestras", ele descobriu que podia atravessar as aparências enganadoras da realidade. Do outro lado estava a perspectiva fascinante de descobrir os princípios organizadores que ele passaria a vida tentando decifrar.

Enquanto procurava uma carreira, Lévi-Strauss tinha uma vaga ideia de que estava surgindo um novo campo de estudos na periferia das humanidades — "Naquela época, sabia-se entre os *agrégés* de filosofia que a etnologia oferecia uma porta de saída [*porte de sortie*]", disse mais tarde.[51] Nos anos 1930, finalmente iniciava-se na França a pesquisa etnográfica, décadas depois das primeiras incursões dos antropólogos anglo-americanos. Houve uma grande publicidade em torno da expedição Dacar-Djibuti, um vasto percurso de dois anos subindo o rio Níger, atravessando uma série de possessões coloniais sobretudo francesas, até a Etiópia. Liderada por um ex-piloto, Marcel Griaule, estando Michel Leiris incumbido de registrar as notas de viagem, a equipe de nove pesquisadores tinha como tarefa "estudar algumas populações negras e suas atividades variadas" e "preencher as lacunas no Musée d'Ethnographie" — missão que cumpriram com a coleta de 3.500 artefatos. Quando a expedição Dacar-Djibuti se encerrou, a primeira geração de estudantes a assistir aos cursos de Mauss sobre as técnicas do trabalho de campo estava se espalhando pelo mundo. Jacques Soustelle, um *agrégé* de filosofia como Lévi-Strauss, tinha ido para o México, para estudar a civilização asteca; Alfred Métraux voltara para a Argentina, onde crescera, para fundar um instituto de etnologia; outros foram para lugares tão distantes e variados como a Groenlândia, a Indochina francesa e os estados malaios.

A ideia da etnologia se fortaleceu graças às conversas com o escritor Paul Nizan, casado com uma das primas de Lévi-Strauss. Nizan tinha acabado de publicar seu primeiro livro, *Áden Arábia* (1931), uma narrativa de sua formação em Paris e a ida para Áden, com matizes que ressurgiriam décadas depois no relato do próprio Lévi-Strauss, *Tristes Trópicos*. Como muitos pensadores de esquerda daquela época, Nizan se decepcionara com a academia francesa tradicional. Em *Áden Arábia*, ele se referia à École Normale Supérieure, onde estudara, como instituição "ridícula" e "detestável", e criticava a filosofia clássica que lá aprendera, denunciando-a como fraude vazia e sem conteúdo. Devido à sua formação de elite, escrevia Nizan, aos 20 anos ele se vira arremessado a um "mundo impiedoso" sem nada além de "algumas elegantes qualificações — grego, lógica e um amplo vocabulário".[52] Radical inquieto, Nizan sentia uma certa autenticidade na antropologia e comentou com Lévi-Strauss que talvez ela se adequasse a seu temperamento. Na mesma época, Lévi-Strauss estava lendo o livro de Robert Lowie, *Primitive Society* (Sociedade primitiva) — texto bastante árido para servir de inspiração, convenhamos —, e ficou impressionado com o frescor da obra. O livro de Lowie mostra um trabalho intelectual que não consistia em malabarismos com velhas concepções surradas, mas vinha carregado de referências externas a si mesmo — as experiências do antropólogo em campo. O fascínio do trabalho de campo era grande. Unia viagem e intelecto, teoria e prática; na tradição francesa, incluiria até filosofia e arte. Instigante em termos intelectuais, a antropologia também poderia libertar Lévi-Strauss da rotina do ensino médio e lhe permitiria sair pela primeira vez da Europa.

"O Brasil foi a experiência mais importante de minha vida", disse Lévi-Strauss numa entrevista a *Le Monde* em 2005, "não só por causa da distância, do contraste, mas também porque determinou minha carreira. Tenho uma profunda dívida para com aquele país".[53] Mas, como admitiu, o local era arbitrário — se a proposta tivesse sido para o Pacífico Sul ou a África, ele teria aceitado sem hesitar. Quando Bouglé telefonou numa manhã de outono de 1934, para dizer que o psicólogo Georges Dumas estava reunindo acadêmicos para dar aulas na Universidade de São Paulo, recém-criada, Lévi-Strauss já estava com as malas mentalmente prontas, ainda que sem rumo definido. Até a própria escolha da antropologia foi um tanto arbitrária. Antes do telefonema de Bouglé, ele escrevera a Marcel Mauss para se aconselhar, dizendo que queria viajar, mesmo que não fosse como antropólogo. Aventou, curiosamente, a profissão de jornalista como possível alternativa.[54]

Bouglé seduziu Lévi-Strauss com uma imagem de São Paulo pelo menos um século desatualizada, dizendo-lhe que ainda havia índios perambulando nos arredores da cidade. Com a imaginação repleta de folhas de palmeiras, "quiosques e pavilhões de desenhos bizarros" e os perfumes ardentes dos trópicos (mais tarde, numa alusão a Proust,[55] ele explicou que essa associação derivava das similaridades entre as palavras *"Brésil"* e *"grésiller"* [crepitar]), Lévi-Strauss entrou em contato com Dumas, que lhe ofereceu a cadeira de sociologia.[56]

Lévi-Strauss partiu no segundo dos três grupos de estudiosos franceses enviados para dar credibilidade cultural europeia à incipiente universidade. Iam também Fernand Braudel, na época um promissor historiador, o filósofo Jean Maugüé e o especialista em literatura portuguesa e brasileira Pierre Hourcade. À exceção de Braudel, todos eram professores em liceus do interior, nos níveis mais baixos da escala acadêmica. Maugüé ficou muito surpreso ao receber uma carta totalmente inesperada de Dumas, tentando aliciá-lo com um cargo em que "o clima de Nice" se somava a uma "remuneração substancial".[57] Mesmo para Braudel, a viagem foi de caráter acidental: "Eles estavam procurando um professor na Sorbonne, e não estavam encontrando. Eu era professor auxiliar na Sorbonne, nível pouco acima do de zelador — então finalmente chegaram até mim."[58]

Nos preparativos para a viagem, os jovens acadêmicos franceses foram a um jantar de despedida numa casa vazia na avenue Victor-Emmanuel (hoje avenue Franklin Roosevelt), oferecido pelo Comité France-Amérique. Na atmosfera bolorenta do edifício abandonado, os organizadores limparam um espaço, montando uma pequena mesa no centro de um salão enorme. Dumas tentou deixá-los à vontade, explicando que, como embaixadores da cultura francesa, esperava-se que travassem relações com a elite brasileira, frequentando clubes, cassinos e corridas de cavalos — perspectiva surreal para professores em início de carreira, levando uma vida modesta em pequenas cidades interioranas. Ele terminou oferecendo um conselho paternal. Sempre se apresentem bem-vestidos, aconselhou ele, recomendando A la Croix de Jeannette, loja nos Halles onde, na juventude, costumava comprar ternos de boa qualidade.[59]

Ainda em Paris, Lévi-Strauss procurou se informar sobre um país do qual não sabia praticamente nada. Apresentaram-no ao embaixador brasileiro, Luís de Sousa Dantas, que lhe disse, contrariando Bouglé, que os povos indígenas do Brasil já tinham sido exterminados — amarrados à boca de canhões e explodidos — por bárbaros colonizadores portugueses do século XVI. (A ironia era que o próprio embaixador tinha ancestrais indígenas.) Lévi-Strauss se inscreveu na Société des Américanistes e começou a ler sobre o país, misturando obras de antropólogos norte-americanos — Franz Boas, Alfred Kroeber e Robert Lowie —, narrativas impressionistas de exploradores, relatos de náufragos e dos primeiros visitantes no Brasil, como as memórias do soldado alemão Hans Staden quando foi feito prisioneiro pelos tupinambás nos anos 1500, e as descrições do historiador francês André Thévet sobre a malograda colônia francesa de Villegagnon no Rio de Janeiro, a *França Antártica*.[60]

Mas o livro que realmente cativou sua imaginação foi *Viagem à Terra do Brasil*, de Jean de Léry. Léry era um seminarista que tinha passado oito meses na França Antártica, morando na colônia e estudando os nativos ao redor da baía. Publicado como uma retificação da obra de Thévet, o livro de Léry era um expressivo ensaio de protoetnografia. Trazia descrições líricas dos índios tupis, povo ainda robusto e saudável que sobrevivera à calamidade colonial. Como um dos retratos de primeira mão mais vívidos dos indígenas brasileiros, o livro de Léry se harmonizava com a atração que Lévi-Strauss sentia pelo conceito romântico do "nobre selvagem" na tradição de Rousseau — ideia a que continuaria ligado, mesmo depois de testemunhar a destruição cultural da fronteira brasileira. "Ler Léry me ajudou a escapar de meu século e a retomar contato com o que chamarei de surreal", comentou Lévi-Strauss mais tarde, " — não o surreal de que falam os surrealistas: é uma realidade mais real do que a que eu havia presenciado".[61]

Quem era Lévi-Strauss às vésperas de embarcar para o Brasil? Um professor do ensino médio, recém-casado, de recursos modestos, que ganhara a feliz oportunidade de ensinar no exterior. Como muitos jovens antes e depois dele, seu idealismo político tinha desaparecido logo depois de concluir seus estudos na universidade. Havia passado por uma série de instituições francesas, frequentando um liceu parisiense famoso, estudando na Sorbonne, prestando o serviço militar e iniciando o magistério na província. Como temperamento, tinha a severidade dos jovens intelectuais parisienses da época, abrandada por um humor sardônico. Simone de Beauvoir via a atitude do jovem Lévi-Strauss como uma espécie de falsa seriedade: "O ar impassível [dele] me intimidava bastante, mas ele costumava tirar partido disso. Eu achava muito engraçado quando expunha à nossa audiência a loucura das paixões em tom distante e uma expressão imperturbável no rosto."[62]

Sob a superfície já se acumulava uma soma de ideias e influências. Culturalmente, Lévi-Strauss se sentira atraído pela vanguarda, mas a ruptura modernista sempre se manteve ambivalente para ele. Na metade do século XIX, seus antigos parentes tinham integrado a elite cultural; nos anos 1920, seu pai lutava para sobreviver, fazendo móveis na sala de estar, confiando na ajuda que lhe daria o filho recém-formado, seu ofício praticamente extinto com a onda do modernismo. As experiências iniciais de Lévi-Strauss se equilibravam entre essas duas eras, uma mescla da nostalgia paterna pelos teatros de ópera e salões de baile da Terceira República e seu fascínio pessoal pelos precários ateliês dos artistas da nova fase. Com a idade, a influência paterna iria se fortalecer, mas, mesmo quando Lévi-Strauss veio a repudiar o modernismo nas artes, alguns elementos da vanguarda continuaram impressos para sempre em seu estilo de pensamento.

Desde o início, ele foi fascinado pelas artes, sobretudo pela música. "Sempre sonhei, desde a infância, em ser compositor ou, pelo menos, maestro", disse ele, mas não era para acontecer. Suas primeiras composições experimentais mostravam uma limitação fundamental — "algo faltando em meu cérebro".[63] Em compensação, ele iria injetar uma sensibilidade artística em seu trabalho acadêmico, tanto na forma como no conteúdo, com o recurso a colagem de textos e alusões literárias aos constantes paralelos que traçava entre os artefatos culturais indígenas e a arte e a música clássicas.

Lévi-Strauss comentou várias vezes que, quando estudante, se revoltava contra a "atmosfera claustrofóbica, como um banho turco... da reflexão filosófica" presente no sistema universitário francês. No entanto, foi nesse mesmo estilo de pensamento que ele alicerçou suas bases. Apesar do frequente desprezo que manifestava diante dos jogos intelectuais filosóficos, ele se movia com desenvoltura entre argumentos abstratos e conceitos metafísicos, e toda a sua obra subsequente conservaria ressonâncias filosóficas. O curso de direito, apesar de seu desinteresse, ensinou-o a dar um tratamento sistemático — às vezes dogmático — aos argumentos teóricos. Nas discussões com adversários intelectuais, em anos futuros, Lévi-Strauss adotaria algumas vezes uma abordagem contundente, como um advogado demolindo uma testemunha.

Lévi-Strauss era, sem dúvida, de uma inteligência excepcional, mas não deixava de apresentar algumas deficiências. Absorvia as ideias de maneira rápida e concisa, mas no processo retirava-lhes o conteúdo, convertendo-as numa espécie de taquigrafia intelectual. Depois de devorar uma quantidade enorme de materiais, ele os depurava até obter um sedimento de axiomas e reflexos intelectuais. Suas "três mestras" — Freud, Marx e a geologia — tinham se reduzido a princípios simples: a realidade de superfície é enganosa e a verdade se encontra num arcabouço abstrato subjacente. Vale a pena rever brevemente algumas das palavras que Léon Cahen usou em sua avaliação: "sabe muito", "espírito agudo, penetrante", um "rigor" que é "quase sectário", uma tendência a defender "teses absolutas, sem matizes" e ausência de "nuances" — avaliação dura, talvez, mas na qual podemos reconhecer a produção intelectual de Lévi-Strauss sobretudo em seus primórdios.

Foi uma grande sorte que Lévi-Strauss logo tivesse a oportunidade de dar uma certa perspectiva a seus múltiplos interesses. Preparando-se para ir ao Brasil, depois de passar anos confinado no sistema universitário francês, o Novo Mundo lhe acenava. No começo ele ficou desconcertado com o que encontrou por lá. Foi apenas com a lenta elaboração da descoberta intelectual — mais de uma década de leituras e reflexões — que finalmente Lévi-Strauss viria a captar sua importância.

2
Arabesco

> Minha memória os relembra pelos nomes — caduveus, bororos, nhambiquaras, mundés, tupi-kawahib, moghs e kukis; e cada um me recorda um lugar na terra e um momento de minha história e da história do mundo... São minhas testemunhas, o elo vivo entre minhas concepções teóricas e a realidade.
>
> Claude Lévi-Strauss, *Antropologia Estrutural*, vol. I, 1968 [1958]

No começo de fevereiro de 1935, acompanhado pela esposa Dina, Lévi-Strauss embarcou no navio *Mendoza*, no porto de Marselha. Em *Tristes Trópicos*, ele lembra o instante como um nevoeiro de sensações, que na verdade era uma soma de recordações dos diversos embarques para as Américas que faria posteriormente. Quando o navio alcançou o mar aberto, os odores oleosos do porto se dissolveram no ar marinho. Ora cochilando, ora acordado, ele sentia a mistura de cheiro de sal, de tinta fresca e da comida sendo preparada na cozinha do navio, enquanto ouvia "a pulsação das máquinas e o murmúrio da água contra o casco".[1] Tinha 26 anos de idade, saindo da Europa pela primeira vez, com destino ao Brasil.

Lévi-Strauss viajava de primeira classe com alguns outros passageiros no vapor cargueiro de duas chaminés, de 8 mil toneladas, que cruzava o Atlântico fazendo frete de carga. Em liberdade para andar pelo convés vazio, ele e os colegas faziam longas refeições nas salas de jantar e de fumar, que tinham o tamanho de um salão de baile, e passavam horas lendo nas cabines espaçosas. Garçons de bigodes serviam porções enormes de *suprême de poularde* e *filets de turbot*; marinheiros com blusas azuis limpavam os corredores vazios e passavam tinta nas hastes dos ventiladores enquanto o *Mendoza* deslizava pelo Mediterrâneo. Da perspectiva dos passageiros, era um luxuoso navio fantasma, cujas amplas dimensões e comodidades Lévi--Strauss só iria apreciar plenamente depois de sofrer a miséria e a aglomeração do barco de refugiados em que escapou da Europa nazista.

Depois de fazer escala em Argel e outros portos nas costas da Espanha e do Marrocos, embarcando a carga de dia e navegando de noite, o *Mendoza* chegou a Dacar. Quando estava em alto-mar, os bandos de golfinhos e aves marinhas desapareciam, deixando apenas as "superfícies contíguas" do oceano e do céu carregado.[2] Lévi-Strauss passou grande parte das três semanas de travessia num estado de intensa agitação intelectual, "passeando no tombadilho, quase sempre sozinho, os olhos muito abertos, mas o espírito fechado ao mundo, como se temesse esquecer o que tinha acabado de ver".[3] Numa estranha inversão, mais tarde ele descreveria o navio como o ponto fixo em torno do qual operavam as mudanças de cenário — como os cenários rotatórios num palco.

Numa ocasião ele tomou algumas notas enquanto contemplava o pôr do sol descendo por trás do oceano num festival de cores. Essa longa descrição lírica do poente sobreviveu, publicada em *Tristes Trópicos*, numa passagem de sugestiva evocação daquele momento. Como várias de suas tentativas literárias iniciais, esse texto transborda efeitos de estilo, numa sucessão rápida de imagens, metáforas e ideias. No decorrer de sete páginas, ele compara as nuvens a pirâmides, pedras de calçada, dolmens, recifes celestes, grutas vaporosas e mesmo, a certa altura, a um polvo. Há camadas invisíveis de cristal, encostas etéreas, azuis indistintos, "cores rosadas e amarelas: camarão, salmão, linho, palha". Numa ampla metáfora teatral surgem projetores de luz, cenários montados e uma *overture* pós-apresentação (como aparentemente era o costume nos antigos teatros de ópera).[4] Entre essa experiência muito elaborada em termos literários, aparecem elementos estilísticos que ressurgirão mais tarde. Mesmo nos artigos acadêmicos mais densos, Lévi-Strauss tinha facilidade em descrever os detalhes e mostrava grande apreço por metáforas, além de um fascínio por formas e processos naturais.

Muito antes de enxergar a costa brasileira, ele sentira os perfumes da mata, de frutas e tabaco, sendo carregados pelo vento, da terra até o oceano. Nas primeiras horas do dia seguinte, apareceu à vista o vago contorno do litoral — a cordilheira denteada da serra do Mar. O *Mendoza* desceu a costa ao longo da cadeia montanhosa, passando por praias, florestas tropicais e rochas negras. Desviando-se de várias ilhotas espalhadas, o navio se aproximou da famosa entrada da baía da Guanabara, no Rio de Janeiro, tendo ao fundo morros lisos, com placas de granito e picos que se assemelhavam a dedos.

Anos depois, Lévi-Strauss escreveu sobre os pensamentos que lhe ocorreram enquanto contemplava o espetáculo, tão diferente de tudo o que conhecia. Para apreciar a vista, comentou ele, era preciso fazer um ajuste mental, recalibrar a perspectiva e as proporções, enquanto o observador se encolhia perante a imensidão da natureza. Mas, quando o navio entrou no porto do Rio, Lévi-Strauss sentiu uma decepção que se tornou famosa. Apesar do esforço mental, o cenário feria seu senso de proporções clássicas. O Pão de Açúcar e o Corcovado eram grandes demais em relação ao conjunto, como "tocos... numa boca desdentada", como se a natureza tivesse deixado para trás uma área inacabada, assimétrica. Os rochedos altos e a baía enorme deixavam pouco espaço para a cidade, que se comprimia em passagens estreitas, "como dedos recurvos numa luva justa e apertada".[5] As avenidas com palmeiras e a arquitetura da virada do século pareciam Nice ou Biarritz do século XIX. Mais tarde escreveu: "Os trópicos, mais do que exóticos, eram antiquados."[6] (Seu pouco apreço pelas belezas do Rio de Janeiro foi até citado na música de Caetano Veloso *O Estrangeiro*: "O antropólogo Claude Lévi-Strauss detestou a baía de Guanabara/ Pareceu-lhe uma boca banguela." Mas Lévi-Strauss me disse que foi apenas uma primeira impressão, e que nas visitas posteriores passou a gostar muito da cidade.[7])

Ele passou alguns dias no Rio, explorando a cidade a pé. As calçadas eram pavimentadas com pedras portuguesas, dispostas num padrão que repetia espirais e formas orgânicas, como um mosaico da antiguidade. Seguindo pelas ruas mais afastadas, ele ficou impressionado com a aparente falta de distinção entre o lado externo e o lado interno, com as lojas esparramando na calçada e os bares amontoando cocos verdes na rua. "Minha primeira impressão do Rio foi uma reconstrução ao ar livre da Galleria de Milão, da Galerij em Amsterdã, do Passage des Panoramas ou do pátio da Gare Saint-Lazare."[8]

Munido com um exemplar da *Viagem à Terra do Brasil*, de Jean de Léry, ele teve dificuldade em imaginar as aldeias tupinambás que antigamente pontilhavam a baía. Do movimentado centro da cidade podia-se ver as favelas cobrindo a superfície dos morros — que eram casarios rústicos de barro e sapé, e não os cortiços de blocos de cimento atuais. Os bairros mais prósperos do Flamengo e de Botafogo se concentravam em torno da baía, enquanto do lado que dava para o oceano, passando por um túnel, ficava Copacabana, na época um distrito bucólico que iniciava sua rápida ascensão como uma "super-Cannes".

Na última noite que passou no Rio, Lévi-Strauss tomou o bondinho do Corcovado, onde jantou com alguns colegas americanos numa plataforma com vistas magníficas da baía. Mais tarde embarcou no *Mendoza* para o último trecho até Santos. Caía uma chuva torrencial enquanto o navio seguia pela costa quase deserta, passando por portos coloniais construídos durante o ciclo do ouro no século XVIII. Os caminhos que antes ligavam os portos às minas de ouro no interior tinham desaparecido, escondidos sob as camadas de folhas da floresta tropical. A única coisa que restava das tropas de mulas que tinham percorrido a rota eram ferraduras enferrujadas, espalhadas no chão das matas. A riqueza que dera origem aos povoamentos tinha se evaporado muito tempo atrás, pulverizada do outro lado do Atlântico nas extravagâncias arquitetônicas — mosteiros, palácios e *villas* — da corte portuguesa.

O *Mendoza* chegou ao porto de Santos, atracando perto dos cargueiros repletos de sacos de café. Sob a chuva grossa, o grupo francês desembarcou no cais onde estava Júlio Mesquita, dono do jornal *O Estado de S. Paulo* e uma das forças propulsoras por trás da criação da USP, à espera para receber os viajantes. Levou-os de carro para São Paulo, a 100 quilômetros de distância, indo pelo Caminho do Mar ou a chamada estrada Velha de Santos, hoje em desuso. Depois de atravessar uma baixada de viçosos bananais, a estrada começava a subir a serra num aclive íngreme, passando por trechos de cerração até chegar ao ar mais fresco da Mata Atlântica. Lévi-Strauss ficou encantado, contemplando maravilhado pela janela do carro as galerias de vegetação desconhecida, "enfileiradas como espécimes num museu".⁹ No alto da serra, abriam-se panoramas espetaculares dando para o mar: "Água e terra juntas como na criação do mundo, veladas por uma neblina rósea que mal encobria os bananais."¹⁰ De lá a estrada descia para o planalto de encostas suaves do outro lado, passando por cafezais desgastados e pelo excêntrico casebre de um colono japonês, até a periferia de São Paulo.

Mesquita deixou os franceses no Hotel Terminus, onde ficariam até se instalar na cidade. Tinham chegado em pleno carnaval, e na primeira noite se arriscaram a sair para o ar saturado de umidade e explorar as ruas próximas. Ali perto, da janela aberta de uma casa saía o som alto de uma música. Eles se aproximaram e um afro-brasileiro que estava à porta disse que podiam entrar se fosse para dançar, mas não só para olhar. Lévi-Strauss comenta que dançou desajeitado, tropeçando nas afro-brasileiras que aceitavam seu convite "com total indiferença".¹¹

Quando Lévi-Strauss chegou a São Paulo, o Brasil estava em fase de modernização, saindo das sombras do passado colonial. Mas era um processo irregular e esporádico. Estando longe do Pacífico, que poderia atrair o povoamento, a migração para o oeste tinha se interrompido fragmentariamente, dispersando-se e definhando nas baixadas e matas do interior da América do Sul. A maioria da população ainda se concentrava nas regiões costeiras — em cidades e vilas no litoral e em volta dos cafezais, canaviais e fazendas de gado que avançavam para o interior.

Havia apenas 3 milhões de habitantes no vasto interior que Lévi-Strauss iria percorrer. Subsistiam comunidades com mestiçagem índia, resultantes do ciclo da borracha agora findo, ao longo dos principais canais da bacia amazônica. Havia casas de madeira abandonadas nos sertões do centro-oeste, da época da mineração. Mais ao sul, os projetos de colonização estavam ocupando gradualmente o Paraná, convertendo as vastas florestas em áreas de pastagem. Os grupos autóctones, em franco definhamento, haviam sido incorporados à sociedade colonial ou tinham debandado. Reunidos em reservas do governo, tinham caído nas mãos dos missionários ou eram explorados como mão de obra barata.

Com a chegada da imigração europeia e o começo da industrialização, forjavam-se as identidades das principais cidades do país: o Rio como cidade do lazer, São Paulo como seu primo trabalhador, uma Milão para a Roma carioca mais sensual. Porém subsistiam os vestígios da sociedade agrária tradicional por todas as partes. Na periferia de São Paulo havia áreas para tropeiros que chegavam do interior; no centro, funcionavam lojas de selas e arreios. Nos morros cariocas, os pobres plantavam hortas, criavam galinhas e porcos. A infraestrutura moderna era deficiente. Os caminhões apenas começavam a substituir as tropas de mulas, e levavam dias sacolejando em marcha lenta nas estradas de barro esburacadas e cheias de mato. Numa viagem do Rio de Janeiro a Belo Horizonte, em Minas Gerais, o arquiteto Oscar Niemeyer lembra que, em 1940, teve de amarrar o carro a uma junta de bois para desatolar do barro.[12]

A Grande Depressão havia atingido violentamente o mercado de commodities do Brasil e, quando Lévi-Strauss chegou, o país atravessava a mesma turbulência política que propagava-se na Europa. Com a despencada dos preços agrícolas, o gaúcho Getúlio Vargas tinha dado um golpe e tomara o poder em 1930. Flertando com o fascismo, ele sobreviveu à década de 1930 com certa dificuldade, negociando as exigências dos integralistas de inspiração nazista e reprimindo os comunistas, enquanto procurava aplacar o poderoso bloco ruralista e as elites urbanas em ascensão. Nesse clima, o desconforto dos intelectuais de esquerda iria apenas aumentar. Mas, em termos culturais, os franceses podiam ficar tranquilos. Num resquício dos anos imperiais do século XIX, a França ainda era tida como o ápice do requinte europeu. Lévi-Strauss e seus colegas nem tinham de se preocupar em aprender português — davam as aulas em francês, uma língua franca entre a elite urbana cultivada.[13]

Ao contrário do Rio de Janeiro, Lévi-Strauss se sentiu atraído por São Paulo. "Era uma cidade extraordinária", lembrou muito tempo depois, "ainda de tamanho médio, mas numa total subversão, aonde ia-se do mundo ibérico setecentista para a Chicago dos anos 1880, a poucos passos de distância entre si".[14] São Paulo estava rapidamente se tornando o centro industrial do Brasil. A população acabava de atingir um milhão de habitantes, apareciam os primeiros arranha-céus no horizonte urbano e o crescimento acelerado se anunciava no ar. Com o ritmo impulsionado pelas ondas de imigrantes, sobretudo italianos, surgiam casas uma após a outra, e as áreas rurais próximas se transformavam num mosaico de obras em construção e vacas nos pastos, hortas e concreto. "O ar é revigorante; as ruas ressoam; sinaleiros disputam hipérboles com as estrelas", escreveu um turista.[15] Havia as extravagâncias dos novos-ricos, como uma marina ou um lago artificial e as luxuosas construções no loteamento do Jardim Europa que tinham começado a se erguer nas redondezas. Mas também havia as fortunas antigas, que remontavam às fazendas escravocratas do século XIX. Velhas mansões dos magnatas do café ocupavam as ruas dos bairros ricos, sombreadas com eucaliptos e mangueiras.

Lévi-Strauss registrou o alvoroço da cidade de imigrantes numa série de fotos em branco e preto, numa Leica que tinha trazido de Paris, às vezes acrescentando uma lente Hugo-Meyer f1.5 de 75mm, que lhe parecia "impraticável por causa do peso".[16] Nas fotos, que aparecem numa coletânea publicada em *Saudades de São Paulo*, ondulam multidões nas avenidas: homens de terno branco amarrotado; mulheres com vestidos pesados, broches e colares de pérolas, segurando bolsinhas de couro. Vaqueiros a cavalo tocam o gado ao lado dos trilhos de bonde no centro. Há chaminés de fábricas, construções precárias, cortiços. O Martinelli, edifício rosado em estilo art déco, em fase final de construção, destaca-se sozinho como símbolo do futuro, tendo no alto anúncios em néon em equilíbrio instável. O pai de Lévi-Strauss, que foi visitá-lo em seu primeiro ano no Brasil, aparece enigmático em duas fotos: uma nos portões de ferro entretecidos de jasmins na casa do filho, com o olhar baixo fitando a câmera; a outra de pé na frente de um anúncio estampado num muro de concreto, dizendo TERRENOS À VENDA.[17] Segundo Lévi-Strauss, os dois saíam juntos para tirar fotos e ver quem conseguia as imagens mais marcantes.

Tinham se acabado os apartamentos minúsculos de Paris e das províncias, os orçamentos apertados, os invernos gelados, a economia rigorosa da França rural no entreguerras. Ganhando o triplo do que ganhavam na França, Lévi-Strauss e Dina viviam agora num luxo inédito. Logo depois de chegar, os dois foram morar numa casa de dimensões consideráveis, com muros e jardins, perto da avenida Paulista. Lévi-Strauss pediu ao dono para plantar uma bananeira, "para ter a sensação de estar nos trópicos". Mais tarde, depois de suas expedições pelo interior, o jardim iria abrigar um papagaio e um mico.[18] Ele povoou a casa com móveis rústicos do final do século XIX, feitos de jacarandá. Lévi-Strauss e a esposa descobriram que poderiam até contratar uma empregada e comprar um Ford quase novo. O historiador Fernand Braudel chegou a contratar um motorista que o levava em seu Chevrolet até a universidade, e tinha reservado dois quartos no hotel: um para si, o outro para seus livros e papéis.

Os integrantes da missão francesa se viam como embaixadores culturais, e de início se fecharam como uma comunidade de exilados, mantendo os colegas brasileiros a distância. De noite iam assistir a filmes realistas franceses com Jean Gabin e Louis Jouvet.[19] Nos finais de semana percorriam os arredores de São Paulo, desde os cafezais no norte até as trilhas improvisadas das ravinas ao sul. Na universidade havia um clima de rivalidade e mesmo de esnobismo. "Todos nós pensávamos que nossas carreiras dependiam do sucesso ou fracasso no Brasil, e por isso cada um tentava se cercar de uma corte exclusiva, mais importante do que a do outro", relembrava Lévi-Strauss. "Era muito francês, muito acadêmico, mas lá nos trópicos era um pouco ridículo e não muito saudável."[20]

Desde o começo Lévi-Strauss andou por um caminho intelectual árduo. Contratado como professor de sociologia, esperava-se que ele ensinasse a ortodoxia durkheimiana dominante, abordagem que rejeitava por considerá-la demasiado prescritiva e politicamente conservadora. Talvez fosse influência do polêmico texto *Les Chiens de garde* (Os cães de guarda), de 1932, no qual Paul Nizan sustentava que, devido ao sucesso institucional de Durkheim, "os professores ensinavam as crianças a respeitar a nação francesa, a justificar a colaboração de classes, a aceitar tudo, a seguir o culto da Bandeira e da Democracia burguesa".[21] Seja como for, ao ler Lowie e Boas, Lévi-Strauss já se encaminhava para a antropologia cultural e os métodos de pesquisa mais anglo-americanos, voltados para a pesquisa de campo. O sociólogo Paul Arbousse Bastide, sobrinho de Dumas, tentou obrigar Lévi-Strauss a adotar uma abordagem francesa tradicional, ensinando não só Durkheim, mas também a sociologia positivista do filósofo oitocentista Auguste Comte. Quando Lévi-Strauss se negou, Bastide tentou demiti-lo. Mas, com o apoio de alguns colegas — o geógrafo Pierre Monbeig e principalmente Fernand Braudel —, Lévi-Strauss sobreviveu com sua independência ilesa.[22]

Seus primeiros cursos apontavam para as áreas que viria a desenvolver ao longo da carreira. Abordavam o parentesco (sob a rubrica de "sociologia doméstica"), o totemismo ("sociologia religiosa") e a pesquisa intercultural ("sociologia comparada"), usando uma bibliografia reduzida, com Durkheim, Lowie, Van Gennep e Westermark. Numa conferência posterior, ele se concentrou na área com a qual viria a se identificar, tornando-se seu sinônimo: o mito. Na preleção, que se chamava "Os contos de Charles Perrault", Lévi-Strauss fez comparações entre os contos de fadas e os mitos indígenas, e examinou como os mitos se encaixavam na concepção de mundo dos povos indígenas. Uma área que viria a abandonar posteriormente era a antropologia física — disciplina ainda não contaminada pelos vieses racistas desenvolvidos na Alemanha nazista. Como muitos estrangeiros, ele ficou fascinado com a diversidade das cores de pele e dos traços fisionômicos no Brasil, resultado de séculos de miscigenação. Lévi-Strauss via o Brasil como o laboratório perfeito para o estudo da herança genética, e defendeu a ideia de criar um departamento de pesquisas que montasse um atlas de antropologia física e cultural.[23]

Usando os materiais disponíveis, Lévi-Strauss desenvolveu exercícios práticos. Para o curso sobre o parentesco, o exame consistia numa série de árvores genealógicas de onde os alunos deviam deduzir as regras sociais do grupo e indicar quais os possíveis casamentos.[24] Outro exercício consistia numa análise sociológica da cidade de São Paulo por volta de 1820, trabalhando com os arquivos da época. "Pus meus alunos para trabalhar sobre a cidade deles", lembrava Lévi-Strauss. "Fizemos monografias sobre bairros, às vezes sobre apenas uma rua."[25]

Além da docência, os anos no Brasil, para pensadores como Braudel e Lévi-Strauss, ofereciam campo para contemplação, leitura e pesquisa. Era "um paraíso para o trabalho e a reflexão", comentou Braudel. Numa das primeiras experiências em microfilme, ele tinha contratado um fotógrafo para fotografar milhares de documentos que havia levantado em São Paulo. "Passei três anos maravilhosos dessa maneira: no inverno, durante as férias, eu estava no Mediterrâneo; o resto do ano, no Brasil, com tempo livre e possibilidades fantásticas de leitura."[26]

Com o tempo, Lévi-Strauss e Dina saíram do ambiente fechado e sufocante do grupo de expatriados. Travando amizade com um círculo de intelectuais e escritores brasileiros,[27] o casal começou a se relacionar com o Brasil num momento fundamental de sua evolução moderna. Nos anos 1930, o país redescobria suas raízes. Muitos artistas, influenciados pela vertente simbolista/surrealista da vanguarda francesa, adotavam temáticas brasileiras: vilarejos rústicos, rodas de samba, trabalhadores afro-brasileiros nos cafezais, abacaxis e tucanos. Os cactos, palmeiras e mulheres de curvas arredondadas de Tarsila do Amaral, lembrando Léger, coroavam um movimento modernista autóctone com a imagem icônica da "Antropofagia", réplica tropical da cena vanguardista de Paris, onde Tarsila tinha morado e trabalhado. O nome vinha do *Manifesto Antropófago* de Oswald de Andrade, de 1928, que rejeitava o racionalismo ocidental e defendia o "primitivismo libertador", e via a criatividade da cultura brasileira como um processo de devorar outras culturas, absorvendo suas essências e transformando-as em algo novo e original — uma espécie de pós-modernismo *avant la lettre*. O que antes fora criticado como retrógrado e provinciano agora dava a base para um renascimento cultural. Acabava de sair o clássico revisionista de Gilberto Freyre, *Casa-Grande e Senzala* (1933), exaltando a miscigenação brasileira; Jorge Amado começava a criar seus romances picarescos explorando aspectos populares da vida na Bahia — como *O País do Carnaval* (1931), *Suor* (1934) e *Jubiabá* (1935) —, e o compositor clássico Heitor Villa-Lobos buscava inspiração na música popular regional.

O casal Lévi-Strauss fez grande amizade com o poeta e músico Mário de Andrade, figura central do grupo. Entre seus múltiplos interesses culturais, Andrade tinha se envolvido com o que se chamava, na época, "folclore", patrocinando expedições etnomusicológicas ao Nordeste. Tal como John Lomax resgatando a música folclórica americana, Mário de Andrade tinha montado um arquivo gigantesco de gravações dos mais remotos povoados brasileiros, desde cantos de escravos, danças e cantigas afro-brasileiras a músicas folclóricas rurais.

Dina Lévi-Strauss se tornou participante ativa da associação folclórica que Andrade dirigia em seu gabinete do Departamento de Cultura da Prefeitura de São Paulo, assistindo às reuniões e colaborando com artigos. Deu um curso sobre "A ciência da etnografia", incluindo arqueologia, linguística e antropologia física. O curso se concentrava no estudo detalhado do artefato etnográfico, com base na noção maussiana de que "quase todos os fenômenos da vida podem ser decodificados através de objetos materiais". Para isso, ela ensinava a montar registros documentais sistemáticos, usando conjuntos de questionários preestabelecidos, desenhos, fotos e filmes. O curso, que atraiu um público muito interessado, era ministrado no sótão mal-iluminado do Departamento de Cultura, das oito da noite até meia-noite.[28]

Segundo Mário Wagner Vieira da Cunha, futuro professor de economia na Universidade de São Paulo, que fez os cursos de Lévi-Strauss e de Dina, criou-se uma tensão por causa do relacionamento carinhoso entre Dina e Mário de Andrade:

> Ele [Andrade] tinha um xodó por ela, como todos nós, porque era uma menina bonita, tinha quase a nossa idade. O Lévi-Strauss tinha ciúmes dessa situação, com razão. (...) Eu ia à casa deles na Cincinato Braga, porque fazíamos muitas reuniões sobre a Sociedade de Etnografia e Folclore. Com a Dina, a gente começava a conversar e nunca mais parava. O Lévi-Strauss ficava por conta. Ele não entrava na sala em que nós dois estávamos. Mas andava nas salas em volta, batendo os pés como quem diz que está ali e quer que a conversa acabe logo.

Para Vieira da Cunha, Dina e Claude eram totalmente opostos: "Enquanto ele era frio, ela era expansiva e cordial. Eram duas pessoas que a gente não podia entender que estivessem casadas."[29]

Para o casal Lévi-Strauss, a cidade de São Paulo, com as obrigações de docência, os saraus com a elite paulistana e as reuniões mais informais com intelectuais brasileiros, era apenas uma das realidades. A outra realidade estava nas estradas que saíam de São Paulo, que ambos iam explorar nos finais de semana e nos intervalos dos cursos. Na periferia, onde encontraram uma variedade de colônias de imigrantes sírios e italianos, junto com afro-brasileiros, filmaram cavalhadas, congadas e danças de Moçambique, e ainda restam seis minutos de gravação nos arquivos municipais de São Paulo.[30] Além de São Paulo, foram a povoados próximos, com predomínio de alemães, italianos e poloneses, além das colônias agrícolas japonesas bastante fechadas.

Fizeram suas primeiras viagens mais longas para as zonas pioneiras, que a empresa britânica de colonização Paraná Plantations Limited estava abrindo ao construir ferrovias para o interior. De 15 em 15 quilômetros, aproximadamente, os operários limpavam o terreno e surgiam pequenos núcleos de povoamento, com caminhos de terra e casas de madeira rústicas, construídas pelos imigrantes da Europa Oriental que vinham se estabelecendo na região. A população diminuía à medida que a ferrovia avançava, passando de uma próspera vila de 15 mil habitantes no primeiro povoamento para 5 mil no segundo, depois mil, noventa e quarenta, até um francês solitário morando na clareira mais afastada.[31]

A zona pioneira fascinou Lévi-Strauss. Esses povoados poeirentos adquirindo forma na terra roxa do interior eram como protocidades; "no cruzamento entre natureza e artifício" nasciam novas entidades. Como as estradas dividiam os bairros, e os bairros se dividiam entre comerciais e residenciais, as colônias se organizavam em eixos centrais e periféricos, paralelos e perpendiculares. Concebidas por políticos e empresários, as cidades pioneiras estavam o mais distante possível de qualquer evolução própria e espontânea. Mas, mesmo assim, Lévi-Strauss percebia um padrão, recortado num tecido pan-humano — um reflexo involuntário da condição humana. Escreveu ele: "O espaço tem seus valores próprios, tal como os sons e perfumes têm cores, e os sentimentos, peso."[32] E esses valores moldavam o comportamento humano de maneira profunda. Por mais inócuas que pudessem parecer ao observador casual, as cidades pioneiras indicavam uma verdade mais profunda que Lévi-Strauss logo reconheceria dentro de um quadro etnográfico mais tradicional, ao refletir sobre a maneira altamente estruturada como as tribos dispunham suas ocas nas aldeias.

O estado do Paraná ainda não tinha sido desbravado mais a oeste, e não estava incluído nos projetos de colonização. Foi nessa imensa floresta — hoje ocupada por canaviais e fazendas de gado — que Lévi-Strauss, acompanhado por um agente do Serviço de Proteção aos Índios (SPI), teve seus primeiros contatos com os brasileiros nativos. Ele chegara ao Brasil cheio de expectativas românticas: "Eu estava num estado de excitação intelectual intensa", lembrou muito mais tarde. "Eu me sentia revivendo as aventuras dos primeiros exploradores do século XVI. Estava descobrindo sozinho o Novo Mundo. Tudo parecia mítico: a paisagem, as plantas, os animais."[33] Ansioso em consagrar-se como antropólogo, agora ele estava na iminência de ter os contatos exóticos sobre os quais tanto lera em Paris. Mas o que encontrou ao entrar num pequeno acampamento de Tibagi nas matas do Paraná foi um banho de realidade.

Espalhados no chão de terra das palhoças estavam os refugos da industrialização — pratos de alumínio esmaltado, utensílios vagabundos e "os restos da carcaça de uma máquina de costura". Havia armas de fogo antiquadas ao lado de arcos e flechas; os índios conheciam os fósforos, mas ainda preferiam o método de esfregar gravetos para fazer fogo. Entre aqueles refugos, o olhar experiente de Lévi-Strauss distinguiu um pilão e um almofariz de pedra, provavelmente negociados com outro grupo indígena. Ele saiu com a impressão de que "não eram índios de verdade, nem, o mais importante, 'selvagens'". Foi uma experiência que "eliminou a poesia de minha visão ingênua", comentou Lévi-Strauss.³⁴

Continuando a viagem a cavalo, Lévi-Strauss passou dias subindo e descendo penosamente as trilhas estreitas que percorriam uma abóbada de florestas com 30 metros de altura. De vez em quando, os viajantes passavam por pequenos grupos de índios, percorrendo silenciosamente a floresta em fila. O destino da viagem era a reserva São Jerônimo, com 450 habitantes — um conjunto de choupanas destruídas espalhadas numa clareira aberta, abrigando índios da tribo caingangue. Os caingangues tinham passado por toda a panóplia da experiência brasileira nativa: haviam sofrido uma epidemia de gripe e tinham sido perseguidos e expulsos por colonos alemães, antes que o SPI os submetesse às tentativas — de boas intenções, mas autoritárias — de "pacificação" e aculturação, apenas para abandoná-los a suas reservas decadentes.

Os homens usavam calças esfarrapadas, as mulheres, vestidos de algodão ou "apenas um pano enrolado sob os braços".³⁵ Pescavam com uma versão rudimentar das técnicas aprendidas com os colonos, pondo um anzol na ponta de uma vara e usando pedaços de pano como redes, e colhiam bananas, batatas-doces e milho em hortas feitas nas clareiras da floresta. Nas choças havia a mesma miscelânea de produtos industriais baratos — canecas, panelas, utensílios de cozinha e, num toque surreal, um guarda-chuva. Lévi-Strauss esperava encontrar uma cultura material com belos objetos artesanais; o que viu era simples rebotalho — uma referência irônica à famosa definição de beleza que dera o poeta oitocentista autodenominado Comte de Lautréamont: "O encontro fortuito, numa mesa de dissecação, entre uma máquina de costura e um guarda-chuva." Lévi-Strauss tentou uma permuta com os poucos objetos tradicionais que restavam — cuias feitas de cabaça oca —, mas "fiquei com vergonha de privar quem tinha tão pouco".³⁶

Os caingangues ainda apreciavam uma iguaria tradicional — um tipo de verme pálido conhecido como *koro*, que dava no oco podre dos troncos caídos no chão da floresta. Após décadas de preconceitos e perseguições, os caingangues tinham passado a se envergonhar de sua cultura, escondendo a iguaria quando apareciam estranhos em visita. Lévi-Strauss estava decidido a encontrá-la e, topando com um índio acometido de febre numa aldeia deserta, recorreu a uma tática questionável: "Pusemos um machado nas mãos dele, demos uma sacudida e um empurrão nele." O índio não reagiu, e assim "conseguimos arrastar nossa vítima até um tronco de árvore", onde uma única machadada revelou uma massa fervilhante de *koro* sob a casca úmida. De início hesitante, Lévi-Strauss pôs uma larva na boca e provou um sabor que descreveu como uma combinação entre "a delicadeza da manteiga e o gosto de leite de coco".[37]

Ele tinha tido suas primeiras experiências, ambivalentes, do trabalho de campo — não o épico heroico dos tupinambás de Léry, mas a tragicomédia de culturas nas margens da fronteira em expansão contínua. Chegara tarde demais. O que sobrara era a borra cultural, uma triste mistura de tradição e modernidade mutuamente corrompidas. A experiência o marcou, confirmando sua visão pessimista do Ocidente, que viria a considerar uma força corrosiva que destruía as realizações culturais da humanidade. Ele percebeu que, se quisesse ter um vislumbre de algo menos degradado, mais autêntico, teria de ir mais longe. Percebeu também que este sempre seria o destino dos antropólogos. Como os povos indígenas que queriam estudar, eles eram obrigados a correr à frente da difusão de sua própria cultura, numa atividade, em última análise, fútil.

Em novembro de 1935, no final do ano letivo, quando os acadêmicos franceses em sua maioria voltavam à Europa para as férias, Lévi-Strauss e sua esposa ficaram para se dedicar a suas primeiras tentativas concretas de fazer um trabalho de campo no Brasil. Uma geração antes, ainda se vendiam mapas do estado de São Paulo com espaços vazios, avisando "territórios desconhecidos habitados por índios".[38] Nos anos 1930, Lévi-Strauss teve de atravessar a fronteira e ir para o Mato Grosso — na época, uma extensa região virgem, com parcas conexões por trem, rios, estradas de terra e trilhas de mulas — para ter contato direto com povos indígenas em relativo isolamento. A viagem foi, em larga medida, custeada por eles mesmos, além de receber um auxílio de Mário de Andrade no Departamento de Cultura de São Paulo. O Museu Nacional no Rio incumbiu Lévi-Strauss de fazer um levantamento de um sítio arqueológico na região, mas seu objetivo principal era trabalhar entre os caduveus[39] na fronteira paraguaia e visitar os bororos no centro do Mato Grosso, "por uma rota ainda indeterminada",[40] reunindo dados e artefatos para o Musée de l'Homme, recém-criado em Paris.

O casal, acompanhado pelo amigo René Silz, colega de liceu que tinha vindo da França para a expedição, foi de avião até Bauru, uma pequena cidade a 350 quilômetros a oeste de São Paulo. O aviãozinho sobrevoou filas de pés baixos e robustos de café, que forravam as colinas como vinhedos. As pastagens se estendiam pelas terras roxas do interior, no tom avermelhado vivo "tão típico", comentou Dina, que "imediatamente assumem uma significação para o estrangeiro que chega ao Brasil".[41] De Bauru despacharam a bagagem — "um baú, duas maletas, três malas, três barracas, uma valise de remédios e uma lona"[42] — num trem puxado por uma pequena locomotiva, movida a carvão, para o percurso atravessando o oeste do estado de São Paulo. Um pó fino avermelhado subia da paisagem ressequida, recobrindo os vagões enquanto sacolejavam ruidosos rumo a Porto Esperança. Depois de trocar de trem, mudando de empresa ferroviária na divisa do Mato Grosso,[43] os trilhos se fizeram retos e a paisagem se tornou plana, deixando as intermináveis florestas e campos contra um céu imenso. Os verdes tinham desaparecido, a vegetação consistia em arbustos secos, com algumas palmeiras e árvores mais resistentes aqui e ali. O gado gordo que passeava pelos pastos paulistas agora era esquelético, animais com ossos à mostra procurando comida entre o cerrado repleto de formigueiros. A visão era desolada, e ainda assim bela, "agreste e melancólica, mas quão grandiosa, quão comovente", como escreveu Dina a respeito daquelas paisagens épicas.[44]

Depois de alguns dias fazendo o levantamento arqueológico para o Museu Nacional, Dina adoeceu e voltou a São Paulo. Lévi-Strauss e Silz prosseguiram até Miranda, algumas paradas adiante de Porto Esperança, no rio Paraguai, onde Lévi-Strauss teve um rápido contato com um grupo de terenas. Do terminal em Porto Esperança, eles pegaram uma linha secundária — uma trilha precária margeando o Pantanal. O cheiro da vegetação putrefata, que se erguia dos mangues, passavam através do piso de tábua corrida do trem, junto com enxames de mosquitos. Mas aquele complexo de rios, lamaçais, aterros e cerrado, cobrindo uma área do tamanho da Inglaterra, também era um dos grandes santuários de vida selvagem do mundo. Para o grande prazer de Lévi-Strauss, veados, emas e bandos de garças se espalhavam na frente do trem.

Conforme avançavam para regiões mais distantes, os trajes e o comportamento dos dois se tornavam mais chamativos. Para os demais passageiros, na maioria operários da ferrovia, parecia extravagante que dois estrangeiros estivessem indo tão longe para conhecer índios. Imaginavam que aquela viagem era apenas fachada para algum tipo de inspeção comercial — gringos fazendo prospecção de ouro, de minérios ou pedras preciosas.

Eles deixaram o trem no "quilômetro 12" e foram até uma fazenda de dois franceses — conhecida na área como a Fazenda Francesa —, que lhes serviria de base para uma expedição até as aldeias dos caduveus. Ficaram seis semanas na fazenda, tempo suficiente para Dina voltar à expedição.[45] Agora estavam de novo na região pecuária, na fronteira com o Paraguai. A Fazenda Francesa funcionava como uma espécie de posto colonial avançado, mantendo um armazém com produtos a preços exorbitantes e controlando os vaqueiros, muitos deles índios, que cuidavam das boiadas soltas de gado zebu. O grupo de Lévi-Strauss se abasteceu de alimentos — arroz, feijão, farinha, mate e café, gêneros de primeira necessidade no interior do Brasil — junto com "uma grande carga de artigos para escambo". Entre os vários itens havia bonecas e bichinhos de brinquedo para as crianças, colares de contas, espelhinhos, braceletes, anéis e perfumes para as mulheres, e "presentes mais sérios" como tecidos, cobertores e roupas masculinas.[46] Saíram com guias indígenas da fazenda para o último trecho do percurso, um estirão de três dias a cavalo até Nakile, a principal aldeia dos caduveus.

Atravessando os pastos e os lamaçais do Pantanal, escalaram a serra da Bodoquena, chegando a um platô de arbustos e cactos. De lá seguiram "a estrada índia", descendo uma trilha tão íngreme que tiveram de desapear dos cavalos e conduzi-los a pé, até uma clareira na base dos montes conhecida como *campo dos índios*, onde acamparam e comeram. Agora estavam no Pantanal propriamente dito, área tão baixa que grande parte da água se acumulava nas baixadas, em vez de correr para os sistemas fluviais ao redor.

A poucos quilômetros da aldeia principal, o grupo da expedição parou num pequeno povoamento caduveu no rio Pitoko — "um riacho calmo que nascia misteriosamente em algum lugar no Pantanal e desaparecia de maneira igualmente misteriosa". Lá, estenderam redes em algumas casas abandonadas que antes funcionavam como escritórios do SPI. Lévi-Strauss conseguiu negociar alguns exemplares de objetos cerâmicos que os caduveus ainda estavam fazendo, mas a experiência foi uma decepção. "... os índios de Pitoko estão completamente civilizados, no sentido mais perturbador do termo", escreveu Dina, "isto é, muito desaculturados".[47]

No trecho final da viagem, saíram à meia-noite para aproveitar a temperatura mais fresca, e foram atingidos por uma tempestade tropical violenta — duas horas de relâmpagos e trovões, batendo e fulgurando "como projéteis de um fogo de barragem".[48] O temporal cessou, revelando os contornos encharcados de uma aldeia logo acima: conjuntos de moradias sem paredes — coberturas de folhas e palhas por cima de colunas de madeira — em pequenas elevações. Eram aguardados. A notícia da vinda chegara antes deles, através de uma rede de vaqueiros índios, disseminando uma velha ansiedade que sempre acompanhava a chegada de estrangeiros.

Em muitos aspectos, os caduveus tinham chegado a um impasse semelhante aos tibagis e aos caingangues: outrora uma tribo aristocrática, dominando a região e escravizando os vizinhos terenas menos afortunados, agora os caduveus eram vítimas do alcoolismo, reduzidos à vida miserável dos camponeses brasileiros. Mas havia uma diferença fundamental. Alguns elementos de sua cultura material, descrita por viajantes do século XIX, tinham sobrevivido às devastações da sanha predatória pela terra, às doenças concomitantes, bem como à guerra do Paraguai (1864-1870), para a qual tinham sido cooptados para a cavalaria.

Os homens eram os escultores, escreveu Lévi-Strauss, as mulheres, as pintoras.[49] Entre os artefatos havia cerâmicas decoradas, colares feitos com prata batida e estatuetas esculpidas, às vezes para fins rituais, às vezes como brinquedos para as crianças. Mas o mais impressionante eram os desenhos — antigamente tatuados, agora pintados no rosto das mulheres e meninas. Lévi-Strauss tinha visto as fotos do explorador e etnógrafo italiano Guido Boggiani, do final do século XIX, o qual passara mais de dez anos nas fronteiras mais ocidentais do Brasil antes de ser morto por uma tribo no Paraguai, que pensava que ele era um feiticeiro. Mas Lévi-Strauss não esperava encontrar a arte caduveia ainda intacta e praticada.

As mulheres trabalhavam com uma espátula fina de bambu, embebida em suco de jenipapo, traçando linhas nítidas que se escureciam no rosto devido à oxidação. Os desenhos saíam da boca em volutas e arabescos, e dividiam a face em quatro com belos motivos geométricos. Como arte, não era o primitivismo rústico que Lévi-Strauss documentaria mais tarde nas regiões mais remotas do Brasil, e sim um desenho bem-elaborado, de uma complexidade e um requinte que contrastavam com a miséria circundante. No começo ele tirou fotos, mas, como os índios cobravam por imagem e pediam que tirasse um grande número de retratos, ele acabou apenas fingindo que fotografava e lhes pagava a taxa, para poupar o estoque de filmes. Tentou ele mesmo copiar os padrões, e depois distribuiu papel entre as mulheres e pediu que reproduzissem os desenhos, o que elas fizeram sem nenhuma dificuldade. Reuniu várias centenas de desenhos, todos parecidos, mas nenhum exatamente igual — uma coleção de formas em S, caracóis, cruzes e espirais opostas, arabescos côncavos e convexos. Para Lévi-Strauss, o original não eram tanto os motivos em si (alguns, na verdade, lembravam o estilo barroco espanhol, do qual os caduveus podiam ter adotado alguns elementos), e sim a maneira como se combinavam em temas curvilíneos alternados. As faces das mulheres eram mosaicos de inversões e simetrias levemente irregulares, com referências recíprocas numa lógica difícil de decifrar.

Lévi-Strauss se sentiu tão enlevado pela estética caduveia que os desconfortos da viagem começaram a se apagar: "As condições, claro, são duras", escreveu numa carta atualizando o amigo e patrono Mário de Andrade. "O calor é sempre acachapante no Pantanal. Algumas noites em Nalike não conseguimos evitar a tremedeira e os mosquitos são como você bem pode imaginar. Mas há tantas coisas interessantes e admiráveis aqui que as outras questões não são muito importantes."[50]

Nas duas semanas de estadia, Lévi-Strauss tirou uma série de close-ups dos rostos das mulheres. Nas mais idosas, os desenhos acompanham as rugas, o cavado das faces, os vincos na testa, como filigranas ornamentais em pergaminhos medievais, enquanto nas jovens as linhas puras se espiralam em torno da boca gerando um efeito floral encantador. Há também um ou outro rolo de filme, que nos oferece vislumbres interessantes dos bastidores de *Tristes Trópicos*. São tomadas irregulares, que somam apenas alguns minutos, apresentadas ao estilo do cinema mudo intercalando legendas explicativas em português: *Entardecer, Festa da puberdade de Nalike, Confecção de rede* e *Pinturas de face*. As imagens em branco e preto, tremidas, em câmera levemente rápida e às vezes com excesso de exposição, têm um efeito *vérité* de antiguidade. Uma rápida panorâmica inicial pela aldeia mostra de relance Lévi-Strauss e seu amigo francês de costas. Estão vestidos da mesma maneira, parecendo um estereótipo dos expedicionários coloniais do século XIX: jalecos brancos largos, presos com um cinto; no cinto, uma pequena bainha de couro para a faca de caça. A indumentária se completa com botas de caça resistentes e capacetes de cortiça, do tipo que Livingstone usava. Em outra tomada, Dina Lévi-Strauss aparece conversando animadamente com uma das mulheres. Parecem falar de um objeto — talvez um colar — que Dina estende entre elas.

  O povoado mais parece um acampamento de fronteira do que uma aldeia indígena. Uma panorâmica mais próxima mostra o ecletismo cultural — dentro das choças sem paredes, um homem toma mate com canudo, uma mulher praticamente nua tece algo que parece um cinto ornamental, enquanto no fundo uma figura com roupa de vaqueiro está sentada junto à fogueira; quando a câmera se gira para ele, o homem puxa o chapéu de abas largas para cobrir o rosto. Outra tomada súbita mostra as mulheres agachadas, desenhando nas folhas de papel espalhadas em torno delas. Uma velha com um vestido esfarrapado estampado de flores decora o próprio rosto usando um espelhinho de bolso; uma mulher mais jovem, de seios nus, está inclinada sobre uma menina com a cabeça em seu colo, aplicando-lhe nas faces suco de jenipapo de um potinho a seu lado. O filme termina com um close final do desenho mais espetacular — uma velha ricamente enfeitada. O rosto enrugado está todo coberto por volutas e linhas pontilhadas, como se ela estivesse "espiando por trás de uma complexa trama ornamental".[51] Ela devolve o olhar à câmera — um vazio indecifrável, ao qual se poderia atribuir também hostilidade, desafio, cansaço da vida, indiferença, tédio ou simples falta de hábito diante de uma filmadora.

* * *

A viagem tinha sido um sucesso. Para a surpresa dos fazendeiros franceses, que consideravam os índios uns bêbados preguiçosos, o grupo de Lévi-Strauss voltou da expedição com uma enorme quantidade de artefatos indígenas magníficos, entre eles enormes potes de barro, couros de veados e madeiras entalhadas. A partir daí, os dois fazendeiros passaram a manter ligações com os caduveus, decorando a sede da fazenda com arte indígena. Mas o relacionamento teve um final trágico: dez anos depois, um dos franceses foi morto por um índio local. "É improvável que dois homens solteiros conseguissem resistir aos encantos das jovens índias", ponderou Lévi-Strauss, "vendo-as seminuas nos dias de festas, com os corpos cuidadosamente decorados com delicadas volutas negras e azuis que pareciam revestir a pele como uma renda preciosa". Lévi-Strauss sentiu que, indiretamente, tinha uma parcela de responsabilidade pela morte, pois no final o fazendeiro tinha sido "não tanto uma vítima dos índios, mas uma vítima da confusão mental em que fora lançado pela visita de um grupo de jovens antropólogos".[52]

Mais do que os artefatos que reunira, o que mais impressionou Lévi-Strauss foram as pinturas faciais dos caduveus. Nos anos seguintes ele retornaria várias vezes ao tema, escrevendo artigos e dedicando um capítulo de suas memórias àquelas experiências. Numa entrevista recente, ele definiu as mulheres como "grandes artistas".[53] Apesar do estado deplorável de sua cultura, os caduveus tinham se aferrado a algo que lhe parecia esteticamente atraente e intelectualmente instigante. Mas Lévi-Strauss levaria anos até dispor dos instrumentos para analisar o fenômeno. Enquanto estava no Brasil, ensaiou algumas explicações convencionais, embora ambiciosas, procurando associar os desenhos caduveus aos padrões da cerâmica que havia aparecido a milhares de quilômetros de distância, na grande Ilha do Marajó, mas depois abandonou essa linha de pesquisa. Quando chegou a suas conclusões, o fenômeno já fora tragado pela história. A aldeia foi abandonada dez anos depois da visita de Lévi-Strauss, e a tradição da pintura facial desapareceu na turbulência cultural da fronteira.

No ano anterior, Lévi-Strauss tinha feito uma lenta e penosa viagem afastando-se do Ocidente — de Paris para São Paulo, das vilas de fronteira para as deploráveis reservas indígenas do Paraná, e então para os caduveus, cuja cultura tradicional estava em seus estágios finais de esgarçamento. A fase seguinte finalmente o levaria ao clássico cenário do trabalho de campo com que ele sonhava desde que saíra da Europa — uma tribo que ainda estivesse distante o suficiente para manter os sinais da autenticidade, os objetos de fetiche da imaginação ocidental: tangas, cocares multicoloridos, plumas no nariz, enfeites labiais e pintura corporal. Apesar do longo contato com missionários salesianos e da introdução de instrumentos, roupas e doenças ocidentais, os bororos ainda pareciam ser os mais indicados — especialmente os homens, com corpos atléticos untados com tinta vegetal e decorados com conchas, plumas e folhas de palmeiras. O estilo de vida altamente ritualizado dos bororos, com seus mitos, sua cosmologia e uma cultura material de grande riqueza, preenchia os anseios etnográficos do jovem antropólogo sonhador.

Mas Lévi-Strauss teve de lutar muito para conquistar o prêmio. Foram dias de viagem num vapor subindo as curvas sinuosas do rio Paraguai até Cuiabá, a capital do estado. De lá, o casal Lévi-Strauss seguiu de caminhão, passando por acampamentos rústicos de prospecção de ouro, e então, tomando uma estrada semiabandonada, desceu até o rio São Lourenço. A última etapa da viagem foi caótica. O caminhão enfrentava um caminho lamacento, cheio de mato, várias vezes atolando na estrada ou ficando bloqueado pela vegetação. Entre desatolar o caminhão e retirar as árvores caídas, a equipe passou algumas noites incômodas dormindo no chão duro, forrando a terra úmida com impermeáveis de borracha.[54] As pontes, na maioria, tinham sido destruídas por incêndios na mata do cerrado, obrigando o caminhão a vadear os riachos ou a atravessar os rios de jangada. Quando chegaram ao São Lourenço, onde diziam estar os primeiros acampamentos bororos, encontraram apenas cinco choças vazias, perdidas nas brumas do vale. Exasperados, procuraram por todos os lados, mas não encontraram nada. O único contato era um pescador pálido que lhes disse que a febre amarela tinha atingido a área pouco tempo antes, pondo em fuga os moradores. O povoado bororo mais próximo — a aldeia Kejara — ficava rio acima, em algum lugar.

A expedição passou uma semana remando numa canoa contra a rápida correnteza alimentada por chuvas torrenciais, conforme subiam o rio Vermelho, tributário do São Lourenço. Rio acima, viram algumas figuras nuas — índios da tribo bororo. "É como se fosse ontem", comentou Lévi-Strauss numa entrevista que concedeu a uma emissora de tevê cerca de trinta anos depois. "Acampadas à margem do rio, vimos duas, três silhuetas, bem vermelhas, na beira d'água — foram os primeiros bororos em que pusemos os olhos."[55] Os membros da expedição se aproximaram e tentaram conversar com eles, mas descobriram que a única palavra em português que os índios pareciam conhecer era *fumo*. Comunicando-se por gestos, conseguiram entender que a aldeia bororo ficava a horas de distância. Os índios foram na dianteira para anunciar a chegada dos brancos, enquanto o grupo de Lévi-Strauss embarcava no trecho final da viagem.

Mais tarde, no mesmo dia, escalando as ribanceiras íngremes do São Lourenço, finalmente Lévi-Strauss se encontrou entre os "selvagens virtuosos" sobre os quais filosofara, numa aldeia de 140 índios com poucos sinais exteriores de aculturação. Ele estava exausto de cansaço e ansiedade, com "fome, sede e aturdimento mental". Viu as grandes ocas, "não tanto construídas, mas entrelaçadas", tecidas numa espécie de roupa gigantesca, de um "aveludado vegetal", que protegia os corpos nus.[56] Ao contrário dos povos indígenas tímidos e alquebrados que Lévi-Strauss vira antes, os bororos tinham porte orgulhoso, reluzindo com um pigmento vermelho feito com uma mistura de semente de urucum e gordura animal, impresso com resina preta e polvilhado com um pó de madrepérola. Riam e gracejavam enquanto guardavam a bagagem da expedição num canto da oca de 12x5 metros onde Lévi-Strauss e Dina dormiriam junto com a família do pajé e uma viúva idosa. (Aparentemente, os bororos tomaram Dina, com seu corpo magro de menina, usando calças e cabelos bem curtos, por um rapaz, e assim não precisaram fazer nenhum arranjo especial.)[57] Lévi-Strauss estava num estado de extrema sensibilidade. "Quando fui me instalar em nosso canto de uma grande palhoça, eu estava mais me embebendo com aquelas imagens do que captando-as intelectualmente", rememorou mais tarde.[58] Adormeceu aos sons da cantiga bororo — um elaborado prelúdio ritual antes de comerem uma irara, que o grupo da expedição tinha caçado e dera de presente aos bororos. Instrumentos de sopro, chocalhos feitos de cabaça com pedrinhas no interior e a cantilena baixa dos homens iam desdobrando seus ritmos, que mais tarde Lévi-Strauss disse serem tão sutis e sofisticados quanto os obtidos pelos melhores maestros da Europa.[59]

A escolha da aldeia tinha sido um tanto arbitrária — o pescador que servira de guia queria ir até aquela aldeia, pois tinha ouvido falar que os bororos plantavam tabaco, que não era cultivado rio abaixo. Ele tinha razão, e no final da expedição voltaram com trezentos pés de fumo que os bororos lhes deram.[60] Foi neste acaso de certa forma feliz que se fundou a primeira experiência concreta de Lévi-Strauss no trabalho de campo etnográfico. Ele conservou até o fim da vida todo o material coletado, que ressurgia esporadicamente. Muito tempo depois, as narrativas dos mitos bororos feitas por missionários salesianos iriam fornecer o fio condutor da tetralogia das *Mitológicas*, coroamento de sua carreira acadêmica.

Durante a curta permanência de três semanas, Lévi-Strauss documentou todo um conjunto de rituais e cosmologia bororos — mitos, casamentos e ritos fúnebres — e ampliou seu acervo de objetos indígenas. "Estávamos imersos na riqueza e na fantasia de uma cultura excepcional... era uma sociedade que abolira o tempo, e que anseio maior poderíamos ter do que abolir o tempo e viver numa espécie de presente que é um tempo passado constantemente revitalizado e preservado tal como foi sonhado no mito e na crença?", disse Lévi-Strauss nos anos 1960, ao ser entrevistado em seu gabinete no Collège de France.[61]

Mas o que atraiu seu olhar foi algo muito mais prosaico. Como na zona de fronteira, ele ficou fascinado com a disposição da aldeia — um círculo de ocas das famílias em volta de uma casa comprida central reservada aos homens. Interrogando os bororos por meio de um intérprete, Lévi-Strauss examinou todas as ocas e marcou todas as relações entre elas. No chão do terreiro, desenhou diagramas das várias divisas imaginárias, os setores assim formados e a rede complexa de direitos, deveres, hierarquias e reciprocidades que definia esses setores.

O esquema resultante era complexo, mas elegante. Um eixo invisível norte-sul dividia a aldeia em metades (isto é, dois grupos casando entre si); dentro das metades havia os clãs, dentro dos clãs um sistema tripartite de níveis semelhantes a castas. O casamento só era permitido entre as metades e dentro do mesmo nível, com uma série de homens, depois de casados, atravessando o terreiro para morar no outro lado — nas ocas dos parentes por afinidade. O círculo da aldeia era, então, dividido por um eixo leste-oeste, paralelo ao rio, em que os habitantes a montante organizavam os funerais dos habitantes a jusante, e vice-versa. Resultava "um balé no qual duas metades da aldeia lutam para viver e respirar uma pela outra e para a outra; trocando mulheres, posses e serviços numa reciprocidade intensa; entrecasando os filhos, enterrando mutuamente os mortos".[62] O sistema era tão entranhado nos bororos que os missionários salesianos logo descobriram que uma mudança na planta da aldeia levava a uma rápida deterioração cultural.

Tal como ocorrera com a pintura facial dos caduveus, Lévi-Strauss ficou impressionado com a geometria da cultura humana. Naquele pequeno povoado tribal numa clareira entre os cerrados num rincão distante do Mato Grosso, desenvolvera-se ao longo do tempo um conjunto de regras que pareciam computadorizadas em sua simetria impessoal. Guiados por uma "cortina de fumaça de instituições", os bororos levavam uma vida metódica.[63] O que parecia uma aldeia rural heterogênea era, na verdade, uma máquina de precisão. As plantas da aldeia circular se reproduziam em todo o vasto planalto central do Brasil como característica comum do grupo linguístico gê. Lévi-Strauss, no momento, só podia ter apenas uma vaga ideia do que isso poderia significar em termos antropológicos mais amplos, mas posteriormente veria os bororos com grande afeto e faria uma avaliação um tanto exagerada da influência bororo sobre o desenvolvimento de suas teorias. No começo dos anos 1990, ele explicou à equipe de um documentário francês:

> Tenho a sensação — agora que tento reconstruir minha história intelectual, é muito difícil, pois tenho uma memória terrível —, tenho a sensação de que sempre fui o que mais tarde veio a se conhecer como "estruturalista", mesmo quando era criança. Mas conhecer os bororos, que eram os grandes teóricos do estruturalismo — aquilo foi uma dádiva dos céus para mim![64]

Nas imagens do filme sobrevive um levantamento etnográfico de estilo tradicional, como as tomadas dos caduveus em que os índios aparecem encenando atividades da vida cotidiana para a câmera: um bororo distendendo a linha de seu arco (mas sem de fato disparar); dois homens arduamente fazendo fogo girando um graveto numa base de madeira; uma dança de arrasta-pé; rapazes testando sua força física equilibrando na cabeça discos com 1,5 metro de altura feitos de matos e talos secos de palmeira, e uma cena de canoa. As imagens rápidas e tremidas possuem o estranho fascínio do filme mudo do amador — mistério, melancolia, emoção — reforçado por uma aparição fugidia do próprio Lévi-Strauss. A câmera acompanha os bororos enquanto descem o rio remando suas canoas estreitas e compridas. Em alguns fotogramas aleatórios, aparece uma figura com roupas coloniais, com as costas apoiadas a um galho, fumando um cigarro e observando as canoas passarem.

Em novembro de 1936, Lévi-Strauss e Dina foram passar o inverno na França. No porão de carga iam caixas lotadas de artefatos indígenas, principalmente dos caduveus e dos bororos, com alguns objetos dos terenas (vizinhos dos caduveus) e dos caingangues. Numa das caixas havia um jogo de zunidores bororos, placas finas de madeira afiladas nas extremidades e pintadas com pontos e arcos. Os zunidores faziam um leve som quando girados na ponta de uma linha — o zunido dos espíritos que as mulheres tanto temiam. Os bororos tinham negociado os zunidores após muita relutância, sob a condição de que Lévi-Strauss os guardasse trancados num baú e só abrisse depois de chegar a Cuiabá.

Além dos zunidores, o casal Lévi-Strauss tinha reunido um acervo etnográfico fantástico de peles, cocares e instrumentos musicais de uma parte pouco documentada do Brasil. *Indiens du Matto Grosso* (Índios do Mato Grosso)[65] seria a primeira exposição organizada sob os auspícios do Musée de l'Homme; mas, como o museu ainda não estava aberto ao público, a coleção ficou exposta na Galeria Wildenstein, na esquina da rue du Faubourg Saint-Honoré com a rue La Boétie. Mas talvez essa saída alternativa tenha sido apropriada — um ano depois, a mesma galeria abrigaria uma grande exposição com os principais artistas surrealistas.

Segundo Lévi-Strauss, a mostra teve "uma acolhida polida",[66] mas um artigo no *Jornal do Commercio* brasileiro foi efusivo:

> Números sábios, viajantes, artistas e curiosos visitaram à noite a Galeria das Belas-Artes, admirando cerca de mil objetos — cerâmicas, peles, máscaras, redes, flautas, arcos e flechas de caça e outros espécimes da arte indígena — trazidos pelo casal Strauss de sua visita aos índios bororos e outros. O professor Strauss deu sobre esses objetos explicações que interessaram vivamente os visitantes, surpreendidos e seduzidos pela originalidade e pela beleza dessa exposição.[67]

Alguns desses objetos — uma peteca, um clarinete fúnebre, um espetacular pingente feito com uma garra de tatu enfeitada de plumas, placas de madrepérola e espinhos de ouriço — ainda podem ser vistos num mostruário de vidro no museu etnográfico de Quai Branly, a duas quadras da Torre Eiffel. São admiráveis as cores das plumas ornamentais: depois de décadas de armazenagem, os vermelhos e amarelos vivos continuam intensos a ponto de atravessar a penumbra do museu.

Mais do que a exposição, o que assinalou o ingresso de Lévi-Strauss no restrito mundo da antropologia francesa dos anos 1930 foi sua primeira publicação acadêmica significativa: "Contribution à l'étude de l'organisation sociale des Indiens Bororo" ("Contribuição ao estudo da organização social dos índios bororos"), uma análise pormenorizada da estrutura bororo em metades e clãs, e suas relações com a planta da aldeia, para o *Journal de la Société des Américanistes*.[68] O próprio Marcel Mauss saudou o casal Lévi-Strauss como "as grandes esperanças para o estudo francês das Américas".[69] O artigo, que saiu no final de 1936, foi recebido entusiasticamente pelos especialistas e teve grande divulgação, sendo comentado no Brasil, nos Estados Unidos e na França. Mesmo pesquisadores de campo calejados, como o grande antropólogo alemão Curt Unckel, que adotara o nome indígena "Nimuendaju" e passara anos em expedições solitárias no Brasil Central, demonstraram interesse. Nimuendaju escreveu a Lévi-Strauss uma carta de incentivo, dizendo que esperava que ele tivesse oportunidade de desenvolver no futuro um estudo de longo prazo. Também escreveu a Robert Lowie nos Estados Unidos, falando de Lévi-Strauss e de seu trabalho, assim iniciando uma ligação com a academia americana que logo se demonstraria de importância vital.

Mais tarde, Lévi-Strauss afirmou que o entusiasmo em torno daquele seu primeiro trabalho se devia não tanto a seu "escasso mérito",[70] e sim ao momento propício — a América do Sul era a nova fronteira da antropologia do hemisfério ocidental, e os estudiosos americanos observavam com interesse os trabalhos que começavam a vir do Brasil. Na verdade, ele estava decepcionado com o breve contato que tivera com os caduveus e os bororos, e foi modesto quanto à importância de suas descobertas. Na resposta a Nimuendaju, ele explicou: "Minha permanência entre os bororos infelizmente foi muito curta; pude ter apenas uma ideia de alguns problemas, mas preciso voltar e ficar por um longo período desta vez, para tentar solucioná-los. Espero que me desculpe a pobreza de minhas respostas" — um tom de humildade que, embora ausente de *Tristes Trópicos*, ele cultivaria sempre que lhe perguntavam sobre a qualidade de seu trabalho de campo.[71]

Em questões mais delicadas, em que era fundamental construir uma relação de confiança, suas visitas rápidas não bastavam. Negociar os artefatos às vezes virava uma farsa. Quando Lévi-Strauss começou a negociar um ornamento para os cabelos — o único objeto transmitido de mãe para filha entre os bororos —, as mulheres se enfureceram.[72] Ele tentou, mas não conseguiu fazer um levantamento completo dos dados físico-antropológicos dos caduveus e dos bororos (uma área da pesquisa que foi redigida a partir de relatos posteriores), como explicou numa entrevista a um jornalista da publicação brasileira *O Jornal*, ao voltar da expedição:

> Colhemos apenas algumas medidas antropométricas, mesmo assim em índios do sexo masculino, pois as mulheres se conservam em tímida reserva. Medidos sobre esqueletos e ossos foi impossível obtê-las, tanto entre os kaduveus como entre os bororos do rio Vermelho... A classificação pelo sangue também não foi conseguida, pois a isso se recusaram os índios, bem como dificultaram a obtenção de chapas fotográficas, temendo perigos de morte e enfeitiçamento.[73]

Essas primeiras experiências impressionistas do trabalho de campo já anunciavam o tom que Lévi-Strauss imprimiria mais adiante a todo o método. Ele combinava a rápida assimilação das situações e materiais etnográficos com a construção de modelos arrojadamente intuitivos. Muitas vezes essas táticas rápidas davam resultado, abrindo novas perspectivas que podiam surpreender mesmo etnógrafos mais experientes. Muitos antropólogos se perdiam nos detalhes, presos em seus próprios argumentos velhos e batidos; depois de anos de paciente escavação cultural, havia a tendência de se perder de vista o quadro geral. Lévi-Strauss, pelo contrário, captava uma cultura por meio de fragmentos, preenchendo mentalmente as lacunas, como que extraindo modelos do ar.

Em março de 1937, Lévi-Strauss voltou com Dina a São Paulo para o terceiro e último ano na universidade, decidido a aproveitar ao máximo aquele seu período final no Brasil. Enquanto planejava uma grande expedição etnográfica de longa duração, continuou a fazer várias viagens mais curtas, certa vez até se encaixando num trabalho de campo improvisado. Em julho, ele se pôs na estrada com Jean Maugüé e René Courtin, um rapaz formado em direito na Universidade de Montpellier que acabara de se integrar à missão francesa. No novo Ford de Courtin, eles tinham como objetivo ir "até onde o carro dele nos levasse", seguindo mais ou menos ao norte de São Paulo.[74] Estavam a rigor: Maugüé de botas, camisa de algodão, chapéu largo de palha, com um canivete e um revólver; Courtin com calças de flanela e jaqueta de lã, uma espingarda e munição, "como se estivesse indo para uma caçada nas Cévennes"; Lévi-Strauss com seu habitual uniforme de explorador colonial, a câmera no pescoço e um capacete de sol "estilo Sherlock Holmes".[75]

Passaram pelos cafezais de Campinas, seguiram até Uberlândia e atravessaram as corredeiras do Paranaíba. De lá em diante, o Ford de Courtin ficou à solta, percorrendo planícies semiáridas, crivadas de cupinzeiros gigantescos. Percorrendo campos vazios, passaram pelas quadras em construção de Goiânia, a futura capital do estado. Adiante de uma centena de casas em construção ficava um hotel — um vasto cubo de concreto instalado na planície vermelha. Era um manifesto de arquitetura brutalista que deixou Lévi-Strauss surpreso: "Apenas o medo de um desastre podia justificar a existência daquela casa", escreveu mais tarde, desastre que "de fato tinha ocorrido, e o silêncio e a imobilidade ao redor eram suas sinistras consequências".[76] Prosseguiram até o centro de comercialização de diamantes em Goiás Velho, cidade barroca com ruas pavimentadas com pedras redondas e casas setecentistas em estilo italiano, com fachadas em pastel, que se erguiam nas colinas ondulantes com palmeiras no alto. Ainda mais ao norte, a estrada ia dar no rio Araguaia, um grande curso d'água que desembocava na foz do Amazonas, 1.300 quilômetros adiante.

Foi lá, na margem do rio, que eles encontraram uma pequena aldeia distante de índios carajás semiaculturados. As aldeias carajás se estendiam pelo imenso vale do Araguaia, na maior ilha interfluvial do mundo, a Ilha do Bananal, com 2 milhões de hectares. Durante séculos os carajás percorriam aquela região, pescando, apanhando tartarugas e plantando milho, mandioca e melancias em clareiras na floresta. Agora, alguns grupos tinham vindo para os arrabaldes das cidades de fronteira, oferecendo objetos artesanais aos viajantes de passagem. Lévi-Strauss se sentou com eles e tentou se comunicar, pelo visto com algum sucesso. "Fiquei admirado como ele conseguia decifrar gestos que para Courtin e para mim eram simplesmente pitorescos",[77] comentou Maugüé. Enquanto Lévi-Strauss fazia perguntas e tomava notas, uma menina tímida moldou dois bonecos de barro com falos gigantes para Courtin e Maugüé. Lévi-Strauss reuniu vários outros exemplares dos bonecos de argila crua, com o cabelo de cera preta, tangas de casca de árvore e quadris volumosos. Ele ficou impressionado com as semelhanças formais entre aqueles bonecos e as estatuetas da cultura aurignaciana pré-histórica, também traçando paralelos com as coxas curtas e grossas das figuras de argila dos gualupitas mexicanos.[78] Tirou retratos — um de uma mulher carajá com um vestido solto estampado examinando um boneco; outro de uma índia trabalhando, sentada numa esteira com um canivete, um pote de tinta e uma bola de barbante ao lado.

Depois de alguns dias entre os carajás, deram meia-volta. No retorno, o Ford de Courtin, que tinha pelejado por 1.500 quilômetros entre estradas esburacadas, mais usadas por carros de bois e tropas de muares, passando por vilas e mais vilas, começou a pifar. A suspensão dianteira quebrou, e o motor ficou trepidando no eixo das rodas. Conseguiram andar mais 100 quilômetros, antes de parar para fazer um conserto provisório num vilarejo, onde um mecânico pôs uma faixa de metal para prender o motor. Seguiu-se então a tarefa árdua e preocupante de percorrer mais 600 quilômetros de volta. Quando o carro entrou chacoalhando no estado de São Paulo, Maugüé deu uma olhada nos companheiros. "Do banco de trás, olhei Lévi-Strauss, sentado ao lado de Courtin", comentou ele. "Sua expressão, embora séria, traía o júbilo que sentíamos por estar de volta à cidade, com todos os seus confortos e principalmente um banheiro."[79]

Enquanto Lévi-Strauss se dedicava a um trabalho de campo mais intensivo, já ameaçava se instaurar a turbulência política dos anos 1930. Nas ruas do Rio de Janeiro, os integralistas de simpatias nazistas marchavam em passo de ganso com uniformes ostentando um emblema parecido com uma suástica, o sigma (Σ — o símbolo matemático da integral). Produziam uma enorme quantidade de propaganda antissemita grosseira, com livros como *Brasil, Colônia de Banqueiros* e *A Sinagoga de São Paulo*, e tachavam os refugiados de Hitler de "rebotalho humano". Numa bizarra referência etnográfica, eles usavam a saudação com o braço estendido, acompanhada pela palavra *anauê*, um cumprimento em língua tupi. Na extrema esquerda, agitadores comunistas ameaçavam uma insurreição, fazendo greves desorganizadas e protestos violentos. O presidente Getúlio Vargas estava adotando uma via cada vez mais autoritária para atravessar a crise. Depois de cortejados na Europa e convidados para lecionar no Brasil, os franceses agora eram vistos com desconfiança. Lévi-Strauss, devido a suas ligações com o socialismo francês, além de sua relação com o conhecido esquerdista e antifascista Paul Rivet, no Musée de l'Homme, estava numa posição especialmente delicada. "Tivemos dificuldades intermináveis para renovar nossos contratos", lembrava Maugüé.[80]

Na França, o pêndulo se movia na direção contrária. Ouvindo o noticiário no rádio de ondas curtas, Lévi-Strauss ficou contentíssimo ao saber da vitória da Frente Popular socialista e do ministério ocupado por Georges Monnet, para quem ele havia trabalhado como secretário nos anos 1920. Ficou na expectativa de receber um chamado para trabalhar para Monnet e, se viesse o convite, comentou ele mais tarde, "eu teria embarcado no primeiro navio".[81] Em restrospecto, foi uma encruzilhada: "Meus ex-camaradas tinham me esquecido. Os acontecimentos, o novo curso que minha vida estava tomando, fizeram o resto..."[82] No caldeirão histórico dos meados dos anos 1930, as aspirações políticas de Lévi-Strauss morreram no exato momento em que sua carreira de antropólogo começava a decolar.

3
A Linha Rondon

> Imagine-se uma área do tamanho da França, três quartos inexplorada, frequentada apenas por pequenos grupos de índios nômades que estão entre os mais primitivos que existem no mundo, e atravessada de uma ponta à outra por uma linha de telégrafo.
>
> Claude Lévi-Strauss, *Tristes Trópicos*, 1973 [1955]

Lévi-Strauss começou a pesquisar os locais para montar uma grande expedição etnográfica. Tinha dois pontos de referência: sua breve permanência entre os bororos e os estudos mais detalhados de Nimuendaju sobre os grupos indígenas do Brasil Central. Pela correspondência com Nimuendaju, parecia que, mesmo descrevendo tribos com mais de mil quilômetros de distância entre si, as descobertas de ambos eram iguais; o pressuposto era que as tribos dispersas do Brasil Central formavam uma mesma área linguística e cultural — o grupo gê. Pensava-se que antigamente os gês ocupavam a faixa litorânea, mas que depois foram empurrados pelos tupis-guaranis para o sertão, em terras mais inóspitas, antes da colonização europeia. Quando os portugueses chegaram, encontraram culturas tupis espraiadas num vasto arco ao longo do corredor do Amazonas, descendo pelo litoral e depois subindo pelo rio Paraguai para o interior. Os gês tinham ficado com as savanas áridas do planalto central, que agora constituíam a fronteira antropológica.

Lévi-Strauss concebeu um projeto ambicioso de fazer um "corte transversal na antropologia brasileira" nessa região, de Cuiabá ao rio Madeira. Planejava passar um ano com uma equipe de especialistas percorrendo um imenso espaço agreste, na tentativa, como afirmou sem falsa modéstia, de "entender a América", em vez de "estudar a natureza humana baseando minha pesquisa apenas num caso particular". Seu objetivo era não só fazer um levantamento do perímetro ocidental dos gês, mas também — estando nas margens da bacia amazônica e dentro da floresta — entrar em contato com postos avançados das culturas arauaque, caribe e tupi. Mais tarde esse empreendimento iria lhe parecer descabido. "Hoje", escreveu ele nos anos 1950, "entendo que o hemisfério ocidental precisa ser estudado como um todo".[1]

A rota que Lévi-Strauss finalmente escolheu era assustadoramente difícil. Começando em Cuiabá, ela seguia na diagonal na direção noroeste, mais ou menos paralela à fronteira com a Bolívia. No trecho inicial havia estradas de terra cruzando uma vegetação árida, interrompida aqui e ali pelo cerrado, com árvores de troncos nodosos e galhos retorcidos que se distribuíam a espaços regulares pelas planícies. Mais ao norte, moitas de arbustos ocultavam vários tributários do Amazonas, que correm pelo planalto que, não fossem eles, seria totalmente ressecado. Em Vilhena, o marco que assinalava a metade da rota, o terreno mudava mais uma vez; a poeira se fazia vapor, a vegetação amarelada se transformava no verde profundo da grande floresta amazônica. Nos anos 1930, toda aquela área ainda era praticamente desconhecida nos mapas. A fronteira tinha se detido em algum ponto entre as minas auríferas esgotadas, ao sul, e as comunidades ribeirinhas dos seringueiros pobres a noroeste. A região era tão desconhecida que recebeu o nome de uma cordilheira — a Serra do Norte — quando, na verdade, não passava de um afloramento rochoso. Podia parecer um terreno inóspito para viajar, e ainda mais para se realizar uma missão etnográfica em grande escala, mas por ali passava uma rota em potencial — uma linha telegráfica cujos fios se estendiam pelo planalto, seguindo uma picada que fora aberta na floresta 25 anos antes.

As origens dessa linha telegráfica se encontram na biografia de Cândido Rondon (1865-1958), oficial do Exército e criador do SPI, antecessor da atual agência federal, a Fundação Nacional do Índio (Funai). Homem baixo e empertigado, com bigodes bastos, Rondon era um espécime raro na época — pioneiro sensível ao drama dos povos indígenas, o qual pensava que os índios poderiam se tornar brasileiros assimilados, trabalhando como auxiliares de escritório ou costureiras. Era um adepto do positivismo, religião secular baseada nas teorias de Auguste Comte, que defendia o progresso por meio da aplicação objetiva da ciência e da tecnologia. Em sua longa carreira, ele explorou sozinho grande parte do estado que agora leva seu nome, Rondônia, fazendo contato pacífico com muitos grupos indígenas que, até então, só conheciam os europeus em escaramuças constantes com os desbravadores.

Em 1907, Rondon ficou encarregado de estender o sistema telegráfico brasileiro de Cuiabá até o Amazonas, com vistas a conectar o Rio de Janeiro, então capital federal, até a fronteira boliviana. As equipes de trabalho começaram abrindo picadas. Cavaram vários buracos para os troncos tortos que serviriam de postes telegráficos, prenderam os elementos de porcelana no alto dos postes, unindo-os com rolos de arame. A espaços regulares montaram estações de telégrafo, com cadeiras de couro, centrais telefônicas e aparelhos de código Morse. No primeiro trecho, os trabalhos foram relativamente fáceis, mas, quando a linha entrou na floresta, foi preciso derrubar árvores de madeira nobre e limpar áreas de vegetação cerrada, tudo isso a um calor úmido e abafado de 35°C. A malária espalhava-se entre os trabalhadores, o gado começou a morrer, o moral despencou, mas Rondon conduzia seus homens com uma disciplina militar rigorosa. Em plena selva, insistia em discorrer durante horas a fio para os operários, mostrando slides do presidente da República e tocando o hino nacional no gramofone.

Os povos indígenas, muitos dos quais só tinham visto um ou outro seringueiro solitário passando por ali, periodicamente se aproximavam dos locais de construção, conforme a linha se embrenhava aos poucos na floresta. É difícil saber o que fariam diante de várias centenas de homens com animais de carga e montanhas de equipamentos abrindo um corredor em plena selva. Segundo relatos posteriores, parece que os índios acabaram atribuindo um significado naturalista à própria linha do telégrafo — comparando o formato arredondado e o zumbido dos transformadores a colmeias de abelhas.

Alguns grupos indígenas, porém, realmente estabeleceram contato. Fotos da expedição telegráfica mostram um entusiástico Rondon distribuindo calças de algodão branco e envolvendo indiozinhos em bandeiras brasileiras. Os índios tiveram várias aulas para "se aprimorar" — uma foto mostra filas de crianças paresis se equilibrando um tanto desajeitadas numa perna só, com os braços estendidos, fazendo calistenia, um tipo de ginástica sueca. Outras fotos mostram um professor e uma pequena banda infantil tentando tocar trombones, trompetes e clarinetes. As crianças aprendiam a ler, a escrever e a fazer contas. Os meninos também aprendiam alguns ofícios em potencial, como consertar sapatos e operar o código Morse, enquanto as meninas aprendiam costura, bordado e datilografia.

A linha Rondon, na verdade, nunca chegou propriamente a funcionar. Devido às conexões fracas, às quedas de energia e panes nas subestações, o serviço era intermitente e pouco confiável. De qualquer forma, quando os últimos postes foram fincados no solo, os 700 quilômetros de madeira e arame já estavam obsoletos. Depois de dez anos de trabalho e a morte de centenas de trabalhadores, o telégrafo ficou ultrapassado, superado pelo rádio de ondas curtas. Quando Lévi-Strauss se preparava para percorrer a linha, a única coisa que havia restado do *grand projet* de Rondon era meia dúzia de funcionários perdidos em estações isoladas, que não podiam sair dali por causa das dívidas que tinham contraído com os donos dos armazéns. Em outros postos, contrariando a ideologia positivista de Rondon, o vazio foi ocupado por missionários, que catequizavam a população indígena local. A própria linha do telégrafo — com seus postes cambaios e os fios soltos — tinha iniciado sua longa decadência.[2]

Voltando a Paris em novembro de 1937, no final do ano letivo brasileiro, Lévi-Strauss leu o pouco que havia sobre a chamada serra do Norte e os grupos de língua gê que pretendia estudar: um estudo etnográfico clássico do antropólogo brasileiro Roquette Pinto, que acompanhara Rondon; a obra de Kurt Nimuendaju sobre o Brasil Central; os primeiros volumes da Comissão Rondon, projeto documental montado junto com a construção da linha telegráfica; as memórias de Theodore Roosevelt, hóspede de Rondon durante uma caçada nos anos 1910. Com verbas obtidas por intermédio de Paul Rivet no Musée de l'Homme e cartas de apresentação às autoridades brasileiras, Lévi-Strauss fez um estoque de miudezas para escambo, que comprou por atacado no Carrefour Réaumur-Sébastopol. Depois de suas experiências com os bororos, tinha uma noção do que poderia agradar aos índios — miçangas na gama de cores que lhes eram familiares: pretas como os coquinhos das palmeiras, brancas como as conchas nacaradas dos rios, amarelas e vermelhas como as tintas de urucum.

De volta ao Brasil, Lévi-Strauss enfrentou uma árdua batalha burocrática para montar a expedição. O grande obstáculo era o Conselho de Fiscalização das Expedições Artísticas e Científicas, criado em 1933 para supervisionar e controlar as pesquisas no Brasil, numa época de xenofobia crescente. Lévi-Strauss tentou apresentar o projeto inicialmente através do Museu Nacional no Rio, e depois sob os auspícios da Universidade de São Paulo, como uma expedição "franco-brasileira" que partilharia resultados e acervos etnográficos. Como parte do processo, era preciso ter a autorização do SPI, que no começo se mostrou relutante. O SPI não dispunha de nenhum agente naquela região, e temia que a expedição pudesse perturbar as relações já frágeis entre os pioneiros e os índios. Os nômades nhambiquaras, que Lévi-Strauss pretendia estudar, tinham matado sete trabalhadores dos telégrafos em 1925 e seis missionários protestantes em 1933. Poucos anos antes da viagem de Lévi-Strauss, tinham corrido boatos de que um operário da linha foi encontrado enterrado até a cintura, com dezenas de flechas no peito e o conversor do Morse em cima da cabeça.[3] Por fim, depois da intervenção de Mário de Andrade e do escritor Sérgio Milliet, chegou-se a um acordo entre o SPI, o Museu Nacional, o Departamento de Cultura e a Universidade de São Paulo. O SPI avisou que não se responsabilizaria pela segurança de Lévi-Strauss e que ele não deveria reagir em caso de ataque.[4]

A princípio, Lévi-Strauss propôs uma equipe de cinco especialistas de várias disciplinas: um antropólogo (Dina Lévi-Strauss), um etnógrafo (ele mesmo), um biólogo naturalista (dr. Jean Vellard), um linguista (dr. Curt Nimuendaju) e seu amigo de escola que participara da expedição anterior, René Silz, que apresentou como "cartógrafo". Mas o recrutamento não saiu conforme o planejado. Silz não estava disponível e Nimuendaju declinou, dizendo que estava sem tempo, pois precisava pôr no papel os resultados do trabalho de campo entre os canelas e os xerentes, e que já havia combinado uma viagem com Robert Lowie ao sul da Bahia, para continuar estudando outro ramo dos gês. Mas a verdadeira razão para sua recusa era a presença de Vellard. Nimuendaju tinha lido um dos artigos de Vellard no *Journal de la Société des Américanistes*, descrevendo alguns métodos francamente oitocentistas que havia utilizado numa expedição ao Paraguai. No relatório, Vellard contava que seu grupo tinha sido alvo das flechadas de um acampamento de índios guaiaquis, e que haviam contra-atacado com armas de fogo. Os guaiaquis fugiram, deixando para trás um garotinho. Vellard descreveu a pilhagem que fizeram na aldeia, em busca de artefatos, e pegaram o menino, o qual ele mediu, pesou e fotografou. Vellard se perguntava se conseguiria encontrar uma família em Assunção, a capital paraguaia, para cuidar do menino, e comentava que seria interessante estudar seu desenvolvimento. Nimuendaju ficou chocado com esse relato, e recusou taxativamente qualquer tipo de relação com Vellard.

No lugar dele, o Museu Nacional insistiu que a expedição incluísse um antropólogo brasileiro, Luiz de Castro Faria, um funcionário de 25 anos de idade. Em suas notas de campo publicadas em 2001, *Um Outro Olhar: Diário da Expedição à Serra do Norte*, um relato tardio e bastante árido da expedição, Castro Faria aparece como jovem apavorado com aquela indicação. Em contraste com Lévi-Strauss, ele alimentava um interesse mais pragmático pela música e pela cultura folclórica regional. Acabou ficando numa posição difícil como participante indesejado da equipe — visto, disse anos depois, como "um estorvo", e potencialmente perigoso. Fazia parte de suas tarefas monitorar os avanços do grupo e informar o Museu Nacional. "Tinha o poder de interromper a expedição", disse numa entrevista em 1997, pouco antes de falecer.[5] Lévi-Strauss se sentiu incomodado com a inclusão de um antropólogo rival e escreveu a Heloísa Alberto Torres, a diretora do Museu Nacional, que "um etnógrafo terá pouco trabalho para fazer, porque os dados científicos nesta área serão usados em minha tese de doutorado".[6] Também não gostou do papel suplementar de Castro Faria como observador do Estado brasileiro, ou "fiscal de impostos", como disse Lévi-Strauss em tom pejorativo.[7]

Em abril de 1938, faziam-se os preparativos finais em São Paulo. Castro Faria se encontrou com Lévi-Strauss e reuniram a quantidade enorme de equipamentos necessários para a expedição — cerca de 1.470 quilos, incluindo um volumoso transmissor de rádio, uma máquina de escrever, uma câmera Contaflex tamanho grande, um arsenal de espingardas de caça e 3 mil cartuchos de munição. A essa altura o interesse da imprensa já era considerável. Lévi-Strauss e Castro Faria deram entrevistas, e os jornais vespertinos anunciavam uma expedição que, segundo o *Diário da Noite*, iria "recolher todos os conhecimentos possíveis sobre algumas tribos ameríndias, em vias de desaparecimento.". Em tom mais leve, acrescentou a *Folha da Noite*: dentre os "inúmeros caixões com materiais que serão utilizados na expedição" há uma "grande quantidade de brinquedos que serão distribuídos aos pequenos indígenas".[8]

Não conseguindo lugar no avião até Cuiabá, Castro Faria foi obrigado a fazer a dura viagem de trem por dentro, até Corumbá, itinerário que Lévi-Strauss tinha feito para chegar até os caduveus, e de lá subiu pelo rio Paraguai até Cuiabá. Em 2 de maio de 1938, no entardecer, Castro Faria embarcou no *Eolo*, um vapor de rodas de dois andares, com redes estendidas no convés. Ele examinou sua cabine apertada e ficou desapontado ao ver que, apesar de suas instruções expressas para ficar sozinho, já estavam ali as coisas de outra pessoa. Na parte de baixo do beliche havia dois livros — um do etnógrafo alemão Karl von den Steinem, do século XIX, e outro do antropólogo brasileiro Estevão Pinto. Era incrível: entre negociantes de diamantes, mascates sírios e mato-grossenses variados, estava a bordo mais um antropólogo — Buell Quain, etnógrafo da Universidade de Colúmbia, em Nova York.

Quain era um rapaz de tez quase latina, com traços fortes e regulares, filho de uma família abastada de médicos do Centro-Oeste americano, que tinha feito seu primeiro trabalho de campo em Fiji, onde estudou a literatura e a poesia épica da ilha. Castro Faria já tinha cruzado com ele quando estava pesquisando no Museu Nacional, no Rio de Janeiro. Até mandara vir um livro para Quain — *Povo Primitivo do Mato Grosso, Brasil*, de Vincenzo Petrullo. Quando o barco começou a subir os meandros do rio, numa viagem que levaria uma semana, os dois começaram a conversar, Quain falando de seus planos de passar um ano em campo no Alto Xingu. Castro Faria anotou em seu diário: "Uma extraordinária coincidência fez com que nos encontrássemos ali, ambos a caminho de regiões distantes, e levados pelos mesmos desejos."[9]

Buell Quain era um dos muitos estudantes de Colúmbia que se interessavam pelo Brasil. Enquanto estava no Xingu, Ruth Landes estudava o candomblé em Salvador e o texano Charles Wagley iniciava um trabalho etnográfico entre os tapirapés, de fala tupi, no Brasil Central. A oeste dos tapirapés, William Lipkind estava no rio Araguaia trabalhando com os carajás — o mesmo grupo com que Lévi-Strauss se deparara na viagem pelo Brasil no ano anterior.

Em Cuiabá, Castro Faria, Quain e Lévi-Strauss se hospedaram no mesmo hotel, o Esplanada, de donos libaneses. Quain e Lévi-Strauss, como dois antropólogos estrangeiros no meio do mato, travaram uma breve, mas calorosa amizade. Quando passaram a se conhecer melhor, Quain se abriu com Lévi-Strauss, dizendo que tinha começado a apresentar alguns sintomas preocupantes depois de sair do Rio, e achava que havia contraído sífilis. Lévi-Strauss o aconselhou a voltar para o Rio e procurar um especialista, mas, depois de uma longa permanência em Cuiabá, Quain seguiu para seu trabalho de campo no Alto Xingu.

Enquanto aguardavam a chegada de Vellard, vindo de Assunção, Lévi-Strauss e Castro Faria ocuparam seus dias procurando reunir informações atualizadas sobre os grupos índios ao longo da linha do telégrafo. Ainda havia cerca de cem funcionários nas subestações, operando de maneira intermitente os trechos da linha que ainda funcionavam — uma mistura de índios paresis semiocidentalizados, brasileiros pobres e alguns europeus excêntricos. Mantinham contato esporádico com os nhambiquaras, comunicando-se com eles num dialeto híbrido de quarenta palavras, meio em português, meio em nhambiquara.

Lévi-Strauss mandou telegramas às subestações ativas com uma série de perguntas simples: "Há índios na vizinhança? São amistosos ou atacam? Vendem alguma coisa? Pedem presentes? Aparecem regularmente? Falam português? Vestem-se como civilizados? Convidam os civilizados para as aldeias?"[10] Depois de uma longa demora, começaram a pingar as respostas. Um grupo indeterminado, os "beiços de pau" (por causa dos botoques de madeira que usavam no lábio inferior), tinha atacado recentemente uma das estações. Imaginava-se que viviam a alguma distância da linha, não falavam português e não se sabia qual era sua língua nativa. Outra estação informou que os nhambiquaras locais cortavam periodicamente os fios da linha "para mostrar que são inimigos" e às vezes ameaçavam recorrer à violência. Os grupos indígenas de perto de Vilhena pareciam mais amistosos, mas costumavam lutar entre si. Um empregado da linha, que por acaso estava em Cuiabá naquela época, confirmou as notícias, mas outras tentativas não tiveram o mesmo êxito. Castro Faria foi à agência do SPI, mas lhe disseram que os postos do governo tinham fechado e haviam perdido o contato com os operadores da região.[11]

Buell Quain tinha ido sozinho para o Amazonas. Lévi-Strauss partiu com a esposa, Castro Faria, Jean Vellard e um grupo de vinte homens, 15 mulas, trinta bois, alguns cavalos, toneladas de equipamentos e um caminhão. Durante os trinta dias que passaram em Cuiabá preparando-se para a expedição, haviam percorrido a região em busca de recrutas adequados, tendo Lévi-Strauss acabado por comprar todas as mulas que estavam à venda num raio de 15 quilômetros em torno da cidade. Prometeram aos contratados, homens pobres da localidade, de origem portuguesa conservadora, que receberiam uma espingarda e um pequeno soldo diário.[12] No planalto, viveram à base de charque, frutas secas e qualquer caça que aparecesse pela frente. Contratavam guias pelo caminho, se e quando necessário. Finalmente, depois que o pessoal e os equipamentos se reuniram nos campos fora de Cuiabá, as tropas de animais de carga, as caixas, malas e selas, os homens barbados com camisas largas de algodão e botas de couro mais pareciam uma feira rural ambulante do que uma expedição científica.

Nas páginas de *Tristes Trópicos*, esse vasto elenco de apoio geralmente desaparece no pano de fundo, deixando Lévi-Strauss no centro do palco. Na verdade, a expedição à Serra do Norte estava o mais distante possível do modelo etnográfico malinowskiano — o pesquisador solitário do começo do século XX, esforçando-se em aprender a língua nativa, mergulhando na cultura autóctone. Em contraste com a jornada conradiana aos confins da humanidade, durante boa parte do tempo o grupo era mais numeroso do que os índios que Lévi-Strauss estava tentando estudar. A logística era tão complicada e abrangente que Castro Faria acabou fazendo uma espécie de etnografia sobre a mecânica da própria expedição — documentando "a ciência precisa dos carregadores", como ajeitavam as selas para carregar as caixas, equilibrando as malas nas duas pontas de um suporte especial de madeira nos bois.[13]

Lévi-Strauss mal tinha saído e já pedia a Rivet uma verba adicional para cobrir as despesas que subiam aceleradamente. Como explicou, os preços tinham subido desde sua última visita a Cuiabá. A região era tão arriscada que fora obrigado a aumentar a equipe e, portanto, as provisões e o número de cabeças de gado. Naquele momento, os trinta bois não eram suficientes para transportar as toneladas de equipamentos necessários para sobreviver durante seis meses numa região sem nenhum recurso. (Na verdade, a equipe acabaria passando apenas curtos períodos na selva, parando regularmente nas estações telegráficas.) Ele calculava que tinha apenas o suficiente para terminar a expedição, mas não para a viagem de volta da equipe nem para o despacho de suas coleções etnográficas. "Portanto, vejo-me obrigado a lhe pedir um crédito suplementar de 40 mil francos",[14] concluía ele, a ser depositado em sua conta no Banco Real do Canadá, 3, rue Scribe, Paris, antes do dia 1º de dezembro. Lévi-Strauss tinha esperança de conseguir trocar cheques em algum lugar do Alto Madeira.

A escala da expedição conferiu ao empreendimento de Lévi-Strauss o ar de uma aventura científica sul-americana do século XIX, ou mesmo do século XVIII, retrocedendo às viagens de Alexander von Humboldt e Charles Marie de la Condamine com seus animais de carga, suas canoas e seus carregadores. Como eles, Lévi-Strauss procurava o entendimento na mobilidade, a visão geral do explorador em vez do estudo de caso do pesquisador obsessivo. Há também paralelos evidentes com a Missão Dacar-Djibuti, realizada poucos anos antes da partida de Lévi-Strauss. Ao contrário do engajamento intensivo do método anglo-americano, o chefe da expedição Marcel Griaule tinha tratado aquela viagem como um exercício documental. A mística de "virar nativo" estava totalmente ausente, usando-se tradutores ao longo de toda a missão. O objetivo da equipe não tinha sido propriamente transmitir uma realidade vivida, e sim mapear um quadro mental, uma cosmologia, uma civilização: *l'homme noir*.

O corpo principal da expedição partiu aos gritos dos tropeiros, os animais de carga levantando nuvens de poeira enquanto se afastavam devagar na distância. A ideia era dar uma semana de dianteira a eles. Lévi-Strauss e os outros iriam de caminhão até a estação telegráfica de Utiariti, alcançando a tropa 500 quilômetros ao norte de Cuiabá, onde poderiam encontrar o primeiro grupo de nhambiquaras. Deixariam o caminhão nas margens do rio Papagaio, transfeririam a carga para os bois e a expedição entraria no sertão.

Depois de carregar o caminhão com caixas de remédios, munições, ferramentas e víveres, os antropólogos saíram no dia 6 de junho, na madrugada de uma segunda-feira. Para o espanto de Lévi-Strauss, depois de duas horas de viagem alcançaram os animais de carga; os tropeiros tinham feito apenas 50 quilômetros nos sete dias desde a partida. "Perdi a calma pela primeira, mas não pela última vez", relembrava Lévi-Strauss.[15] Aparentemente, o ritmo fora dado pelos caprichos bovinos. Lévi-Strauss nunca se acostumou com a lenta cadência da viagem pelo sertão — um constante carregar e descarregar, pastar e tocar o gado, os dias de descanso que podiam reter a expedição durante uma eternidade no meio de uma terra de ninguém.

Deixando a tropa, eles continuaram de caminhão, passando por uma fileira de lúgubres cidadezinhas satélites. Em Rosário Oeste, encontraram um caboclo robusto, ex-funcionário da linha que acabava de chegar de Utiariti. "Foi o primeiro a falar de índios, mesmo de nhambiquaras, sem aquele espírito de prevenção que é quase um temor inconsciente",[16] escreveu Castro Faria em seu diário. Melhor ainda, o caboclo lhes falou que agora havia cerca de cinquenta nhambiquaras em volta da estação Utiariti. Foi um alívio, pois talvez tivessem de esperar a chegada da tropa por até umas três semanas.

Um pouco adiante de Rosário Oeste, escalando uma trilha de pedra na serra do Trombador, a correia de transmissão do eixo quebrou. O grupo se viu perdido na mata, e mandaram recado a Cuiabá para que do Rio despachassem por avião uma peça de reposição. Penduraram as redes e esperaram, sem nada para fazer "além de dormir, sonhar e caçar".[17] A caça era boa: os motoristas conseguiram pegar um veadinho, que comeram de jantar ("um prato maravilhoso", segundo Castro Faria),[18] e um tatu (um "menu do clube dos exploradores", gracejou Lévi-Strauss numa carta a Mário de Andrade).[19] Tomando mate em volta da fogueira, eles ouviam as histórias fantásticas dos motoristas sobre o sertão: lendas populares com tamanduás, onças e índios.

Castro Faria tirou uma foto desse breve interlúdio que transmite uma ideia do quadro. Dina Lévi-Strauss, com seu ar de menino, com uma jaqueta larga, culotes e botas de couro de cano alto, está de cócoras anotando alguma coisa ("notas de campo", segundo Castro Faria, embora naquela etapa ainda não tivessem dado início à pesquisa etnográfica). Em torno dela, nas moitas entre as pedras, uma pilha de galhos queimados, pratos de metal, uma caneca de alumínio e panelas. Da traseira do caminhão pende uma rede frouxa. Atrás dela, Lévi-Strauss com ar inexpressivo está de pé, olhando a distância sob seu capacete de explorador.

Finalmente, quando a nova correia chegou e foi instalada, o grupo alcançou a linha. Em Pareci, depararam-se com as armas abandonadas dos temidíssimos "beiços de pau", e os trabalhadores do telégrafo informaram que os índios tinham sido vistos pouco tempo antes, mas longe dali. O grupo de Lévi-Strauss acampou na várzea próxima, dormindo um sono inquieto; poucos quilômetros adiante, finas colunas de fumaça se erguiam ao céu noturno, muito provavelmente de fogueiras dos nativos.

Tinham chegado à linha. A partir dali, os postes tortos se estendiam na distância por uma paisagem árida de areia, cascalho e mato seco. Esse cenário trouxe à memória de Lévi-Strauss as paisagens de Yves Tanguy, com suas geringonças misteriosas, desfocadas, sobre o fundo de um remanso borrado, efeito criado pela diluição da tinta com terebintina. Os tristes trópicos de Lévi-Strauss não eram as exuberantes florestas equatoriais mais à frente, e sim essas planuras poeirentas, alagadas durante quatro meses de chuva e depois queimadas pelo sol escaldante durante o resto do ano.

A linha telegráfica era sulcada por uma sucessão de rios que desciam do planalto para a bacia amazônica, cada um deles exigindo uma travessia trabalhosa. Descarregando o caminhão no rio Cuiabá, o que facilitou a travessia foi uma balsa precária, que consistia numa plataforma de madeira em cima de quatro canoas de fundo raso. Durante o percurso, o balseiro confirmou que havia um grupo de nhambiquaras em Utiariti, três léguas mais adiante. Quando a estrada de terra foi dar no rio seguinte, Lévi-Strauss vislumbrou pela primeira vez alguns integrantes do grupo que se tornaria o foco central da expedição. Eram três, "inteiramente nus, de estatura mediana, robustos", segundo o registro no diário de Castro Faria, esperando do outro lado do rio, acompanhados por um padre jesuíta da missão mais acima em Juruena. (Lévi-Strauss se lembrava apenas de dois.)[20] Os nhambiquaras riam enquanto ajudavam a carregar as bagagens até uma palhoça que fora usada para guardar equipamentos durante a construção da linha, e que a missão dos padres tinha preparado para receber a equipe.

Num forte contraste com a grande carga emocional ao descrever a primeira vez em que entrava na aldeia bororo, Lévi-Strauss omite de suas memórias as primeiras impressões sobre os nhambiquaras, passando diretamente para as descrições etnográficas. Mas sobrevive um relato sincero do primeiro dia entre os nhambiquaras numa carta que enviou do campo a Mário de Andrade em São Paulo:

> Sobre a viagem, não direi nada. Esta região do Brasil é uma terra deserta e esquecida por Deus, por onde viajamos 700 quilômetros. Fomos recebidos calorosamente pela equipe de funcionários do telégrafo em Utiariti, que haviam preparado uma bela cabana nas margens do rio, situada, num gesto de grande consideração, bem ao lado do acampamento nhambiquara. Escrevo-lhe entre uma quinzena de homens, mulheres e crianças totalmente nus (mas é uma pena, pois o corpo deles não é bonito), de índole extremamente acolhedora, visto que são o mesmo grupo (e provavelmente os mesmos indivíduos) que matou missionários protestantes em Juruena cinco anos atrás. Infelizmente, o trabalho promete ser muito difícil: não há intérprete disponível, é completa a ignorância do português e é uma língua fonética que parece impossível de entender. Mas estamos aqui apenas há 24 horas.[21]

Como havia ocorrido com os bororos, os nhambiquaras celebraram a chegada dos antropólogos com uma noite de música. Sentados ao redor de uma fogueira, os membros da expedição ouviram os sons hipnóticos das canções enquanto os nhambiquaras batiam os pés no chão, acompanhando o ritmo.[22]

Entre os caduveus, Lévi-Strauss tinha sentido uma exaltação estética diante dos rostos femininos belamente tatuados. Quando entrou na aldeia bororo, com a casa central do tamanho de um hangar e sua metafísica altamente evoluída, ele sentiu humildade. Praticamente desprovidos de qualquer camada cultural, os nhambiquaras não ofereciam nenhuma via fácil de entrada.

Os nhambiquaras falavam uma língua sussurrada e ciciante. Dormiam nus na terra batida, rolando para perto das brasas da fogueira noturna quando a temperatura caía de madrugada. Polvilhada de cinzas, a pele deles assumia uma palidez fantasmagórica enquanto atravessavam o cerrado, seus bens terrenos que mal chegavam a encher os cestos cilíndricos que amarravam na testa, ao estilo sherpa. Suas "casas" na época de seca (a fase nômade do ano nhambiquara) consistiam em feixes de folhas de palmeira fincadas no chão, que trocavam periodicamente de posição durante o dia, para protegê-los do sol, do vento ou da chuva. Não faziam peças de argila e manufaturavam poucos itens. Mas havia machadinhas da época de Rondon, latas de gasolina vazias, pratos de alumínio estanhado e utensílios variados de cozinha, surripiados durante os contatos esporádicos com os trabalhadores da linha telegráfica. Nunca tinham ouvido falar em canoas; quando necessário, os nhambiquaras atravessavam os rios boiando em feixes de madeira flutuante. Não usavam sal nem tempero, e deixavam a comida cozida esfriar antes de comer. O maior avanço tecnológico deles era o uso de flechas com pontas envenenadas, mas na área aberta do cerrado era normalmente difícil encontrar caça. Quando não havia nada para caçar, sobreviviam comendo amoras, nozes de palma, gafanhotos, ovos microscópicos de lagarto e morcegos do tamanho de um ratinho.

Nem mesmo tanga — usual entre grupos de caçadores-coletores da América do Sul — eles costumavam usar. Mulheres e homens andavam totalmente nus, a não ser por alguns acessórios: plumas no nariz, botoques de bambu, faixas nos braços e na cintura feitas de folha de palmeira seca, colares simples de conchas, braceletes de rabo de tatu e o ocasional capuz de pele de onça para os homens. Como se escolhessem entre um vasto guarda-roupa, os nhambiquaras trocavam regularmente os enfeites, fazendo misturas e combinações que acompanhassem seu estado de espírito.

Quando andavam, os nhambiquaras percorriam o cerrado em fila, "como uma coluna de formigas".[23] Eram acompanhados por um cortejo eclético: galos e galinhas (descendentes das tentativas de Rondon de fomentar a criação de galináceos) empoleirados nas beiradas dos cestos, papagaios, macaquinhos se equilibrando em cima da cabeça das mulheres, nenês com uma correia folgada prendendo-os ao quadril das mães. As nhambiquaras, de baixa estatura, ficavam ainda mais baixas sob seus cestos, que continham apenas o essencial: gravetos para fazer fogo, bolas de cera, ossos, dentes e espinhos de ouriço, além de seixos e conchas. Era um kit de sobrevivência dos nômades, matérias-primas para as invenções de quem está constantemente em movimento — magra colheita para o acervo etnográfico de Lévi-Strauss.

Em lugar das regras rígidas de uma tribo como os bororos, Lévi-Strauss encontrou espontaneidade, leveza, uma atmosfera de fácil intimidade e brincadeira. Em plena luz do dia, os nhambiquaras rolavam pelo chão em jogos amorosos, acariciando-se em dois ou três. Lévi-Strauss observava cuidadosamente aqueles alegres prazeres: "Nunca notei nem sequer um começo de ereção", comentou ele, embora, pelo visto, não lhe parecesse fácil compartilhar aquela despreocupação nativa. "Era difícil... ficar indiferente à vista de uma ou mais jovens bonitas se espreguiçando totalmente nuas na areia, dando risadinhas enquanto se meneavam a meus pés."[24] De manhã, ele ficava desconcertado quando as nhambiquaras o apalpavam durante o banho no rio, tentando lhe roubar o sabonete. (Há um retrato cômico de Lévi-Strauss, nu, pálido, de barba, cercado por um grupo de nhambiquaras na beira do rio.)[25] Durante o dia, encontrava mulheres tirando uma sesta na rede dele, deixando as fibras manchadas de urucum. "Povos que vivem em estado de completa nudez não desconhecem o recato", concluiu Lévi-Strauss, "definem-no de maneira diferente" — assim como, no outro extremo, a burca simplesmente leva a "uma mudança no patamar de ansiedade".[26]

A equipe descia para trabalhar, fazendo observações durante toda a manhã. Depois do almoço, quando o calor passava dos 40ºC, tiravam uma sesta antes de conferir os achados na parte da tarde. Tiravam fotos, Lévi-Strauss com sua Leica, Castro Faria usando uma Contaflex mais volumosa, e faziam desenhos — "bem maus, mas úteis como documentação", segundo Castro Faria.[27] Mais tarde, ele lamentou que, mesmo que tivessem levado um transmissor de rádio, incômodo de transportar, e um gravador, não tinham equipamentos para gravar entrevistas ou músicas indígenas.

Lévi-Strauss era incansável para tomar notas, mas nunca seguia as regras estritas que sua mulher tinha ensinado aos alunos em São Paulo, com questionários fixos e respostas padronizadas. Pelo contrário, enchia cadernos de papel milimetrado, de estilo francês, com uma profusão de dados heterogêneos. Misturava anotações de diário com diagramas de parentesco, pautas musicais registrando cantigas indígenas e listas de vocabulário básico: *feu, eau, terre, soleil, lune, vent, nuit; petit, grand, près, loin, beaucoup, joli, laid* (fogo, água, terra, sol, lua, vento, noite; pequeno, grande, perto, longe, muito, bonito, feio), por exemplo, e os equivalentes indígenas.[28] As listas da expedição eram anotadas sem muita ordem: "Luiz:

gelo, meias, remédio para garganta, filme Agfa [...]; Eu: óculos de sol, álcool, lâmina de barba", que rabiscava num canto e do lado marcava "feito, feito, feito"; volta e meia ele anotava os víveres por volume, "60 quilos de arroz, 10 quilos de sal, uma arroba de açúcar" e assim por diante, além de artigos sortidos: tendas, espingardas Winchester, enxadas, aparelhos de rádio. Em outras páginas, havia breves citações de livros em francês, inglês, alemão e português, referências a artigos e livros sobre o Brasil, nomes de contatos, entre eles Buell Quain. Desenhos se espalhavam pelas páginas: plantas, tangas, uma cabeça de macaco, uma mulher grávida, além de mapas rudimentares e plantas dos povoados.[29]

Em contraste com as ricas evocações em *Tristes Trópicos*, escritas 15 anos depois, em momentos mais discursivos o estilo parecia empresarial: "Ver indígenas e distribuir presentinhos. Jantar à noite. No final da tarde visitamos os índios. Cantigas e danças", escreveu a respeito do primeiro contato com os nhambiquaras. Nesses registros curtos e avulsos, Lévi-Strauss reclamou várias vezes dos rigores da viagem: "Noite muito fria — lua logo encoberta de nuvens — e uma cama muito dura [...] volta ao acampamento no fim do dia, que fervilha de insetos [...] dia de ansiedade e inatividade." Às vezes ele mencionava saudoso a terra natal — algumas escarpas no interior do Brasil pareciam as do Alto Languedoc; uma mata lhe lembrava as florestas do centro da França.

"Meus cadernos de notas são toscos", admitiu ele mais tarde. "Fico horrorizado com a pobreza com que foram montados."[30] De fato há uma espécie de desleixo em suas notas de campo. Afora a desorganização geral, os registros são irregulares. Alguns desenhos, por exemplo, são bem-feitos — um detalhe de mão torcendo um fio para mostrar as técnicas têxteis, pontas de arpões, uma flauta nasal redonda, folhas de palmeira, um rosto densamente tatuado no queixo e no lábio inferior. Mas outros não passam de rabiscos, desenhos infantis de onças, tatus, aves e peixes.[31] A impressão geral é a de um artista procurando ideias, e não um acadêmico a trabalho.

Concentrando-se na cultura material, Lévi-Strauss negociava os artefatos simples — plumas de nariz, arcos e flechas — que estavam disponíveis, enquanto Vellard fazia experiências com curare nativo, veneno usado para asfixiar a presa. Vellard ficou observando enquanto os nhambiquaras preparavam o veneno, primeiro removendo a camada externa das raízes, de cor de ferrugem, e a seguir fervendo-as numa vasilha na fogueira. O líquido logo adquiria um vermelho intenso, formando espuma, e depois fervia até se reduzir a uma substância densa e escura. Os nhambiquaras mergulhavam a ponta das flechas nesse concentrado, antes de sair em suas expedições de caça. Vellard testou num cachorro, cravando a ponta da flecha no tecido muscular da perna e segurando-a ali durante cinco minutos. O cão ficou imediatamente atordoado, a perna dura e anestesiada. Numa segunda estocada, morreu de asfixia. "Resultado positivo", anotou Castro Faria em seu diário de campo, ao lado da triste imagem de um cachorro morto.[32]

Ao cair da noite, os nhambiquaras se reuniam ao redor da fogueira numa conversa animada, que Lévi-Strauss tinha grande dificuldade em entender, enquanto as crianças passeavam por ali, amolando os visitantes para brincar com elas. Quando os índios se deitavam no chão para dormir, a equipe se recolhia, Lévi-Strauss arrastando sua rede, ao redor da qual armava um curioso mosquiteiro em forma de caixa, criado especialmente por uma costureira de Cuiabá.

Ao que parece, não havia muita colaboração. "Trabalho sozinho [...]", escreveu Castro Faria, "o individualismo, como método de trabalho, é absoluto". Lévi-Strauss era "quieto, introvertido", disse mais tarde, "ele era introspectivo e silencioso, não tinha nenhuma relação profunda com Vellard nem comigo. Era o individualismo absoluto: ninguém tinha suas anotações. Vellard não fazia ideia do que Lévi-Strauss anotava, e a recíproca era verdadeira. Para um brasileiro, era uma experiência um pouco diferente".[33] Lévi-Strauss era solitário por natureza, e seu temperamento condizia mais com o trabalho de campo de estilo malinowskiano a que aspirava, o que nos faz perguntar por que, afinal, ele tinha organizado uma missão tão grande e tão complicada em termos logísticos. Ele também era reservado sobre suas descobertas diante do antropólogo brasileiro, por motivos profissionais e políticos. Mas nos acampamentos rústicos no planalto, a equipe lutando para entender a concepção de mundo dos nhambiquaras, esse cenário transmite uma sensação estranha, quase neurótica.

Depois de apenas duas semanas de trabalho em campo, uma infecção ocular de tipo gonorreico, transmitida pela abelha lambe-olhos, começou a afligir os nhambiquaras. Os índios logo começaram a sentir muita dor, de cócoras ou deitados nos areais, comprimindo a testa, enquanto os parentes ministravam um preparado de alguma erva medicinal, aplicando-o através de uma folha enrolada em cone. Em 10 de julho, Dina contraiu a infecção e logo os olhos se encheram de pus. Lévi-Strauss encomendou remédios de Cuiabá, e então, trocando ideias com Vellard, decidiu que o estado dela era grave demais para continuar em campo. Voltaram com ela até Cuiabá, de onde Dina retornou a São Paulo para se tratar. Lá, Mário de Andrade recebeu uma carta de uma amiga, Oneyda Alvarenga, descrevendo o estado de Dina em termos alarmistas:

> Você sabe que Mme. Lévi-Strauss está quase cega e talvez venha mesmo a perder totalmente a vista? Apanhou em Mato Grosso uma conjuntivite purulenta, de que o marido escapou, me informaram, por usar óculos (que me parece besteira). Não sei outros detalhes. Ela está aqui, devendo voltar logo para a França. O Lévi-Strauss continua atrás de índios.[34]

Depois de voltar a Paris, de fato Dina se recuperou plenamente, mas a infecção, se não fosse tratada, poderia causar cegueira. Era também muito contagiosa, e nas semanas seguintes ela se espalhou entre todos os integrantes da equipe, poupando apenas Lévi-Strauss. O diário de Castro Faria registra o avanço da infecção: 7 de agosto: "Todos estão terrivelmente afetados por uma oftalmia purulenta." 8 de agosto: "Contraí a oftalmia que os afligia. É realmente muito dolorosa." 10 de agosto: "Noite de sofrimento horrível não dormi um só instante atormentado por uma dor quase insuportável."[35] Depois de meses de preparativos, o trabalho de campo tinha se interrompido pouco depois de se iniciar.

Lévi-Strauss seguiu a linha até Campos Novos — "viagem muito comprida e sem interesse [...] uma travessia longa e penosa do cerrado", rabiscou em suas anotações — e lá passou uma quinzena desalentadora esperando a recuperação dos colegas.[36] Sozinho numa subestação paupérrima, vivendo de pombos selvagens, goiabas e cajus, Lévi-Strauss caiu em depressão. Os poucos moradores de lá eram infestados de verminose e malária. Ao contrário das famílias indígenas na estação de Utiariti, os grupos nhambiquaras locais que ele fora estudar viviam em atrito entre si e pegaram antipatia especial por Lévi-Strauss. Ficando de lado, ele assistiu ao espetáculo de uma briga nhambiquara. Os dois grupos se enfrentaram, gritando insultos, segurando e apontando o pênis em atitude agressiva, tentando arrancar arcos e flechas uns dos outros, e por fim trocaram braceletes, pasta de urucum e cabaças em sinal de reconciliação.

Desiludido, sem conseguir trabalhar, Lévi-Strauss passava o tempo relendo suas notas, conferindo seus diagramas, anotando ideias, mas logo cansou de reciclar os próprios materiais. Deprimido, sentia-se acossado de dúvidas e arrependimentos:

> Agora fazia quase cinco anos desde que eu saíra da França e interrompera minha carreira universitária. Enquanto isso, meus colegas mais prudentes estavam começando a escalada acadêmica: os que tinham tendências políticas, como eu tivera antes, já eram membros do parlamento e logo seriam ministros. E aqui estava eu, palmilhando regiões desertas atrás de alguns patéticos remanescentes humanos.[37]

Exasperado, ele começou a trabalhar no texto de uma peça, usando o verso das folhas de suas notas de campo. Chamava-se *L'Apothéose d'Auguste* (A apoteose de Augusto), uma espécie de continuação de *Cina*, a tragédia clássica do dramaturgo francês Pierre Corneille, do século XVII.[38] Começando com o debate do senado sobre a eventual divinização de Augusto, a peça se concentra em Cina, objeto da afeição de Camila, a irmã de Augusto. Embora apaixonado por ela, Cina repudiou a sociedade, passando dez anos como andarilho num exílio voluntário, vivendo à base de lagartos e cobras. Sua posição de pária, conquistada a duras penas, lhe permitirá voltar e se apresentar como autêntico pretendente de Camila, não apenas por convenção social.

Conforme se desenrola a história, Cina parece representar cada vez mais o próprio Lévi-Strauss e a difícil situação em que se encontrava: alguém vagueando que começa a duvidar da validade de suas aventuras. A revelação por meio das viagens, conclui Cina, é uma mentira, "um engodo e uma ilusão". Histórias de aventuras só existem no espírito do ouvinte; na verdade, "a experiência não era nada; toda a terra se assemelhava a esta terra, as folhas de capim eram as mesmas nesta campina". Por fim, Cina acaba ocupando seus dias recitando Ésquilo e Sófocles até se esvaziarem de sentido, perderem a beleza, agora lhe recordando apenas "estradas empoeiradas, matos queimados, olhos avermelhados pela areia" — tal como Lévi-Strauss, que viu que não conseguia tirar da cabeça a melodia do Estudo nº 3, Opus 10, de Chopin, enquanto percorria algumas das regiões mais remotas do oeste brasileiro.[39] No terceiro ato, o enredo toma uma direção tipicamente clássica. A águia de asas cortadas de Júpiter diz a Augusto que a transformação em divindade acarretaria uma jornada para o esquecimento, semelhante à de Cina; então Augusto conversa com Cina sobre seu dilema. Ambos chegam a uma solução para seus respectivos problemas: Cina deve assassinar Augusto. Este conquistaria a veneração pública duradoura, e Cina alcançaria seu objetivo de revolta social.[40]

No final do terceiro ato, Lévi-Strauss perdeu a inspiração. A exemplo de Cina, tinha chegado a um impasse. A viagem prometera um novo mundo de ideias e experiências, mas ali estava ele, enfiado num vilarejozinho miserável no sertão brasileiro, preso em seus próprios pensamentos. Teria percorrido centenas de quilômetros ao longo da linha do telégrafo, na busca das verdades dos nômades indígenas, só para voltar aos mitos da antiguidade?

A solidão, a depressão, o peso da expectativa, a sensação de futilidade, a sombra da loucura — finalmente Lévi-Strauss conhecia a verdade sobre o trabalho de campo moderno. À diferença de qualquer outro ramo de conhecimento, a pesquisa antropológica daquela época se fundava numa posição de distanciamento radical. A sensação de estar separado, isolado geográfica e culturalmente, era tida como a rota para o verdadeiro conhecimento. Lévi-Strauss tinha a sorte de poder voltar à equipe da expedição. Por mais formais que fossem suas relações com os outros membros do grupo, pelo menos havia a possibilidade de conversar e ter referências familiares.

O antropólogo americano Buell Quain não teve essa opção quando iniciou seu trabalho de campo no Xingu. Escolhera anfitriões difíceis. Os trumais viviam no medo, acossados pelos vizinhos, os suiás e os camaiurás. "Toda morte é assassinato", escreveu ele à sua supervisora em Colúmbia, Ruth Benedict. "Ninguém espera viver além da próxima estação de chuvas." O pequeno grupo também era permeado de tensões sexuais — por causa da escassez de mulheres disponíveis, uma jovem com manchas de uma afecção cutânea que ninguém aceitava na família fora transformada na prostituta da tribo. Debatendo-se com a língua, Quain reuniu notas praticamente sem qualquer auxílio dos próprios trumais. "Não há ninguém entre eles que forneça dados de valor etnológico", escreveu a Benedict. "Por três meses escavei procurando elementos estruturais e não consegui quase nada."[41]

A pesquisa de campo de Quain teve um fim prematuro, quando foi intimado pelo SPI; ele não possuía os documentos necessários para estar na região e foi obrigado a voltar para o Rio de Janeiro. Lá ele se hospedou na modesta Pensão Gustavo, na rua do Riachuelo na Lapa, bairro boêmio cheio de bares e bordéis pulguentos, bem na época do carnaval. O antropólogo suíço-francês Alfred Métraux, que estava indo para Buenos Aires e acabava de chegar ao Rio, anotou em seu diário um jantar com "Cowan" e Charles Wagley, seu colega de Colúmbia, no hotel em que estava hospedado, o Belvedere, em Copacabana:

> Cowan nos contou de sua viagem ao Xingu, e então desandou a falar com exagero sobre sua sífilis. Percebi um tom de bravata desesperada em sua franqueza brutal e nas piadas que fazia sobre seu estado de saúde... Cowan está completamente bêbado e enche a sala de jantar com sua voz retumbante. Wagley tenta acalmá-lo com um psss, psss delicado e cortês.[42]

Depois de providenciar seus papéis, Quain voltou ao Alto Xingu, desta vez para estudar os craós. Ele começou a pesquisa, mas caiu em profunda depressão depois de receber algumas cartas de casa. Queimou-as e saiu bruscamente da aldeia, acompanhado de dois meninos índios. A viagem terminou dois dias mais tarde, perto da vila de Carolina, agora na divisa entre o Maranhão e o Tocantins. Foi lá que ele escreveu sua última carta a Heloísa Alberto Torres, do Museu Nacional no Rio de Janeiro: "Estou morrendo de uma doença contagiosa. Esta carta chegará depois de minha morte. Deve ser desinfetada. Gostaria que minhas notas e meu gravador (infelizmente sem nenhuma gravação) fossem enviados ao Museu. Por favor, encaminhe minhas notas a Colúmbia."[43] Depois que seus companheiros índios se recolheram para dormir, Quain tentou se matar cortando os braços e as pernas com uma navalha. Não tendo êxito, ele se enforcou com a corda de sua rede numa árvore próxima.

A morte de Buell Quain ainda tem pontos obscuros. Lévi-Strauss, entre outros, atribuiu o suicídio à certeza de estar com sífilis. Mas, segundo um barbeiro local que tinha feito amizade com Quain no último período em campo, era apenas imaginação — sua saúde era boa e não mostrava nenhum sintoma físico de doença.[44] Especulou-se também sobre seu alcoolismo, problemas familiares e um sentimento de culpa por praticar sexo casual no Rio, provavelmente em relações homossexuais.[45] Seja qual for a verdade, Quain permanece como uma figura trágica nos anais da antropologia, um testamento das pressões do trabalho de campo como era concebido naquela época, uma prática solitária por longos períodos num ambiente imprevisível e às vezes hostil. "Um sentimento de solidão permeia as notas de Quain", sintetizou o antropólogo Robert Murphy, que preparou a edição póstuma de suas pesquisas sobre os trumais.[46] Enquanto muitos outros levavam o trabalho adiante, Quain não conseguiu resistir à pressão.

Lévi-Strauss abandonou a *Apoteose de Augusto* depois de vinte páginas. Era hora de enterrar as dúvidas e retomar o trabalho. Voltando ao posto missionário jesuíta de Juruena, infestado de ratos, Lévi-Strauss se juntou ao grupo, desfalcado de Dina.

Eles estavam estudando um objeto que se movia, um grupo nômade que se estendia por territórios imensos. Lévi-Strauss queria ver os nhambiquaras *in situ*, nas planícies, e não como presenças eventuais rodeando as subestações. Naquela ocasião, o chefe do grupo em Utiariti, que tinha ido até Juruena, estava prestes a atravessar o planalto para comparecer a uma reunião tradicional com vários grupos nhambiquaras. O local de encontro ficava a poucos dias de distância de Juruena, na mesma região onde os nhambiquaras tinham massacrado os sete trabalhadores dos telégrafos nos anos 1920. O cacique estava relutante e não queria que os membros da expedição fossem junto com ele, temendo a reação que os outros grupos nhambiquaras poderiam ter ao ver a chegada inesperada da equipe de Lévi-Strauss. Mas, depois de muitas negociações, ele concordou sob a condição de que Lévi-Strauss reduzisse o tamanho do grupo, levando apenas quatro bois de carga.

Logo depois de partirem, tomando uma rota diferente da normal para que os bois de Lévi-Strauss pudessem acompanhar a trilha, Castro Faria percebeu que não havia nenhuma mulher entre os nhambiquaras — apenas homens taciturnos com armas de caça. Os integrantes do grupo de Lévi-Strauss mexiam nervosamente em suas Smith & Wessons enquanto eram conduzidos com poucos víveres a uma vasta paisagem inexpressiva. No meio do dia, ficaram aliviados ao alcançar as mulheres, que, carregando crianças, cestos e bichos, de fato tinham saído mais cedo. Quando finalmente montaram acampamento, o cacique encarou uma franca revolta dos nhambiquaras irritados e com fome, depois de uma caçada infrutífera. Lévi-Strauss escondeu suas provisões, enquanto os nhambiquaras eram obrigados a comer gafanhotos esmagados, alimento que mesmo eles consideravam frugal.

Depois de uma penosa viagem de dois dias, chegaram a uma clareira perto de um curso d'água, local cascalhado e pontilhado de lavouras nhambiquaras. O clima era tenso. Famílias chegavam a intervalos, vindo do planalto. Ao anoitecer, Lévi-Strauss tinha contado cerca de setenta nhambiquaras ao todo, muitos dos quais não viam um branco desde o contato com os trabalhadores do telégrafo, mais de dez anos antes. Quando caiu a temperatura, o grupo de Lévi-Strauss se deitou no areal à maneira nhambiquara, para uma longa noite inquieta, que transcorreu em mútua desconfiança.

O incômodo na convivência durou poucos dias. Naquele clima pouco promissor, Lévi-Strauss fez uma experiência etnográfica surreal. Distribuiu lápis e papel em branco, como tinha feito entre os caduveus, gesto estranho, visto que os nhambiquaras não escreviam nem desenhavam nada além de enfeites rudimentares — os pontos e linhas denteadas com que ornamentavam suas cabaças. Inicialmente os nhambiquaras ignoraram o papel, mas então começaram a rabiscar linhas onduladas, da esquerda para a direita atravessando a folha. Tinham começado a "escrever" espontaneamente. O cacique foi um passo além, pedindo um bloco de notas a Lévi-Strauss. Diante de perguntas sobre pontos etnográficos, ele "escreveu" as respostas no bloco e estendeu suas garatujas a Lévi-Strauss. Ao se iniciar a permuta, o cacique deu um grande espetáculo "lendo" a lista de escambos e beneficiários numa folha de rabiscos.

Em algum lugar daquelas linhas ilegíveis havia um significado, não literal, mas metafórico. Os nhambiquaras tinham captado intuitivamente o poder do papel, das agendas, das canetas e marcações na cultura ocidental e os rituais misteriosos da etnografia. O cacique teve uma abordagem pragmática, introduzindo-se numa cultura estranha com certa fluência ritual, trocando símbolos por miçangas, pontas de flechas e cortes de tecido. Lévi-Strauss concluiu que a escrita dizia respeito, em primeiro lugar, ao poder, e só depois seria usada para fins estéticos ou intelectuais. Longe de ser o grande coroamento cultural da humanidade, ela tinha sido usada inicialmente para criar hierarquias entre os escribas e as massas iletradas. "A função primária da comunicação escrita é facilitar a escravidão."[47]

O retorno quase terminou em catástrofe. Lutando com uma mula teimosa, Lévi-Strauss ficou para trás e logo se perdeu no cerrado, episódio que relata em tom de farsa em *Tristes Trópicos*.[48] Quando o sol se pôs, ele já estava prevendo uma longa noite imersa em preocupações, sozinho no cerrado, sem comida, sem a certeza de alcançar o grupo no dia seguinte, quando dois nhambiquaras conseguiram localizá-lo e o levaram para o acampamento. De Juruena, voltaram à linha do telégrafo passando por Campos Novos até Vilhena, onde estudaram dois grupos nhambiquaras, os sabanés e os tarundés. "Trabalho excelente", escreveu Lévi-Strauss mais tarde, num memorando sobre aquele período — de fato, tão bom que, quando os nhambiquaras quiseram ir embora, Lévi-Strauss lhes deu alguns sacos de farinha para que ficassem mais um pouco e ele pudesse terminar sua pesquisa.[49]

Quinze anos depois, Lévi-Strauss avaliou esses fragmentos da vida nhambiquara, voltando às semanas nas estações telegráficas e redondezas, aos dias nas planícies, lembrando suas relações — com inúmeros problemas de comunicação — com algumas dezenas de índios. Tentou elaborar uma síntese filosófica em *Tristes Trópicos*. Não vinha muito ao caso se presenciara os últimos sinais de uma cultura nhambiquara tradicional que se apagava ou se testemunhara as consequências da ruína demográfica após o contato com a civilização. Para Lévi-Strauss, aquelas famílias esfarrapadas solitárias no planalto representavam o final da busca rousseauísta do homem no estado de natureza, ainda não corrompido pela sociedade. Eram o embrião da sociedade humana, sem seus ornamentos, desnudas até o cerne. O que Rousseau sugerira ser um ideal "que talvez nunca existiu", Lévi-Strauss declarava, um tanto exageradamente, ter encontrado em carne e osso. Mas a descoberta de uma espécie de Urkultur apenas levava a problemas mais profundos. "Eu estava em busca de uma sociedade reduzida à sua expressão mais simples", escreveu ele. "A dos nhambiquaras era tão autenticamente simples que tudo o que pude encontrar nela foram seres humanos individuais."[50]

Eles seguiram a linha do telégrafo até o final de setembro. Das subestações de Três Buritis a Barão de Melgaço, as cores descoradas pelo sol no planalto começaram a se saturar lentamente; o cerrado seco deu lugar a pradarias exuberantes com palmeiras, abacaxis-silvestres e bosques de castanheiras nativas. As areias se transformaram em matéria vegetal, o ar ficou mais úmido e subia um cheiro forte e orgânico do solo, que agora era de floresta. Em Barão de Melgaço, puderam olhar o vale do Machado, que descia até a orla da floresta amazônica. A mudança de ambiente oferecia novas possibilidades gastronômicas. Devoraram caças exóticas com tratamento culinário francês: papagaio assado *flambé au whiskey*, jacu, uma espécie de faisão nativo, *rôti au caramel*, além de cauda de crocodilo grelhada — e, pela primeira vez em muitos dias, puderam trocar os macacões de brim já encrespados de sujeira.[51]

Assim começou a segunda etapa da missão à Serra do Norte. Adensando-se as florestas e estreitando-se as picadas, que se convertiam quase em túneis, o grupo dispensou os animais de carga restantes. (Metade deles continuou, para serem vendidos nas vilas dos seringueiros na floresta; a outra metade fez a longa viagem de volta a Utiariti.) Para grande alívio de Lévi-Strauss, a partir dali o avanço seria mais rápido. A equipe mais reduzida viajaria de canoa.

O chefe da subestação de Barão de Melgaço lhes emprestou duas canoas leves para descer o rio Machado, parte boiando, parte impelidas a vara. Cada uma levava cerca de cinco pessoas, com caixotes de madeira e dois cestos nhambiquaras com equipamentos e víveres. Agarrada à bota de Lévi-Strauss ia Lucinda, uma macaquinha capuchinha, imortalizada num belo desenho a lápis em suas notas de campo, que os nhambiquaras tinham lhe dado ainda novinha, com poucas semanas de idade. Com pelagem áspera para se agarrar nas costas da mãe, no começo Lucinda tentou viver no cabelo de Lévi-Strauss, que era como os nhambiquaras andavam com os macaquinhos. Mas ele conseguiu ensiná-la a adotar a bota, adaptação que se revelou dolorosa depois que começaram a percorrer a floresta fechada. Depois de tentar em vão transferi-la para o braço, Lévi-Strauss foi obrigado a trilhar a floresta aos guinchos constantes de Lucinda, arranhada pelos espinhos da vegetação rasteira.[52]

Depois de dois dias descendo o rio, chegaram à estação telegráfica de Pimenta Bueno sob uma chuva torrencial, que inundava e transbordava violentamente das canoas. Lá, sentando-se para o almoço pela primeira vez desde que tinham saído de Cuiabá, eles souberam pelos índios que trabalhavam na estação que havia duas tribos ali perto, ainda morando na floresta. Depois de mais cinco dias subindo um tributário do Machado, chegaram à primeira delas — um grupo separado que tinha caído na obscuridade, e agora acampava na floresta a um quilômetro de distância do rio.

Um conjunto de ocas de palha, em formato arredondado, se espalhava por uma tosca clareira oval, onde moravam 25 homens, mulheres e crianças, que se referiam a si mesmos como mundés. Lévi-Strauss foi o primeiro acadêmico a ter contato com eles, marco profissional que faria disparar o pulso de qualquer aspirante a antropólogo. Mas a honra foi em larga medida apenas simbólica — ele passou somente quatro dias com os mundés, sem intérprete. Forçando um pouco a credibilidade, Lévi-Strauss afirma ter captado "aspectos do pensamento e da organização social dos mundés [...] o vocabulário e o sistema de parentesco, os nomes das partes do corpo e o vocabulário das cores, segundo um diagrama que eu sempre levava comigo".[53]

Em contraste com os nhambiquaras desgrenhados e cobertos de cinza, os mundés eram depiladores meticulosos. De corpo sólido, usavam enfeites asseados, botoques de resina translúcida, colares de madrepérola e contas nas narinas. Em vez dos sons murmurados da língua nhambiquara, a língua mundé era aguda e agradável, "como o bater de címbalos".[54] O exotismo dos mundés era enigmático e fascinante. "Estavam próximos de mim como reflexos num espelho", escreveu Lévi-Strauss, refletindo sobre os paradoxos do trabalho de campo. "Podia tocá-los, mas não podia compreendê-los."[55] E a própria tentativa de compreensão — os questionários, as descrições dos rituais, dos mitos e da religião, o mapeamento dos sistemas de parentesco — quebraria o encanto.

A expedição se aproximava do fim. Depois que Vellard sucumbiu à malária e foi se recuperar em Urupá, a equipe científica ficou reduzida a Lévi-Strauss e Castro Faria. Mas havia um último grupo indígena que Lévi-Strauss queria conhecer. Baseando-se em relatos de seringueiros e de trabalhadores tupis na subestação de Pimenta Bueno, em referências esparsas nos documentos da Comissão Rondon e nos trabalhos etnográficos de Curt Nimuendaju, Lévi-Strauss pretendia contatar os tupis-cauaíbes, que a seu ver seriam os últimos descendentes da grande civilização tupi do médio e do baixo Amazonas. Nas primeiras décadas do século XVI, antepassados dos tupis-cauaíbes tinham entrado em contato com os portugueses e franceses que deram com seus navios nas praias da costa brasileira, tornando-se objeto de algumas das primeiras experiências etnográficas. Num gesto romântico, Lévi-Strauss tinha a esperança de fechar com suas pesquisas um círculo etnográfico de quatrocentos anos.

O primeiro contato foi desencorajador. No coração da floresta, o grupo se deparou com dois índios seguindo a picada na direção oposta — um vestindo uma calça esfarrapada de pijama, o outro apenas de tanga. Souberam pelo intérprete que os tupis-cauaíbes estavam para deixar a aldeia e se mudariam para a subestação de Pimenta Bueno. "Isso não se enquadrava de maneira nenhuma em nossos objetivos", escreveu Lévi-Strauss, de modo que prometeu presentes e convenceu o cacique, apesar de sua extrema relutância, a continuar na aldeia, para lhes permitir ter uma experiência etnográfica mais "autêntica".[56]

Com cerca de vinte membros, dois seriamente incapacitados, os tupis-cauaíbes dificilmente constituíam um grupo viável. As casas que logo abandonariam ficavam na mata baixa da floresta, enfeitadas com símbolos pintados com tinta de urucum vermelho e preto — imagens expressivas de sapos, cães e onças, pintadas como se estivessem trepando nas paredes. Ao fundo, numa grande gaiola de madeira apoiada em estacas, havia uma águia harpia da qual os índios periodicamente arrancavam as penas, para usar como ornamento. Sugerindo conflitos passados, as mulheres usavam colares guarnecidos de cartuchos de armas.

Logo que a equipe se instalou para trabalhar, veio a calamidade. Emídio, um dos jovens boiadeiros que tinham contratado em Cuiabá, se inclinou sobre a espingarda, quando estava caçando pombos na floresta. Ouviu-se o estampido na aldeia, seguido por gritos de dor. Emídio tinha dilacerado a mão. "Impressionante. Ossos esmigalhados, nervos expostos, dedos partidos", escreveu Castro Faria.[57] Discutiram o que deveriam fazer, pensaram em amputá-la, mas, como ele era vaqueiro de profissão e dependia das duas mãos, não conseguiram fazer isso. Preferiram limpar o ferimento com desinfetante e enrolá-lo em algodão e gaze, e voltaram até o rio. Em delírio, Emídio ia tropeçando pela picada na frente deles, enquanto seguiam em seu encalço. Quando chegaram à beira do rio, Emídio estava extremamente inquieto. Tirando o curativo, tentaram remover as larvas que já tinham infestado o ferimento. Castro desceu o rio com Emídio de volta ao povoado, e de lá o rapaz foi levado até Porto Velho para receber tratamento, e depois voltou de avião para Cuiabá. Enquanto isso, Lévi-Strauss ficou na aldeia para concluir a pesquisa. Estava visivelmente transtornado com todo o episódio. Entre suas notas de campo, há um desenho surreal ao estilo de Dalí, inspirado pelo acidente — um amontoado retorcido de dedos, polegares, membros e olhos com lágrimas.[58]

Lévi-Strauss ficou acampado à margem do rio com os tupis-cauaíbes, que ainda estavam planejando sair logo da floresta. Um retrato expressivo mostra Lévi-Strauss de pé, em posição desajeitada, agora com uma barba cerrada e óculos de armação preta redonda, o punho esquerdo cerrado num gesto nervoso. Lucinda, a macaquinha que lhe fora presenteada pelos nhambiquaras, está agarrada à bota direita, presa por uma coleira à presilha do cinto. À direita há uma mesa tosca de madeira, com equipamentos enfileirados em ordem — canecas escurecidas, um prato de alumínio com uma fruta graúda que parece uma mandioca cortada ao meio. No fundo, o vasto rio se perde na distância. Na margem esquerda da foto, um tupizinho nu olha para Lévi-Strauss — o qual, porém, está ausente de uma foto quase igual publicada no álbum *Saudades do Brasil*.[59]

Em outro rápido lance etnográfico, Lévi-Strauss passou duas semanas documentando uma cultura que se esgarçava diante de seus olhos. Um ritual complexo com mocinhas virgens cuspindo num barril com 1,5 metro de altura, para fazer um fermentado de milho, ficara reduzido a três meninas escarrando num copo. Seu sistema poligâmico de parentesco tinha atingido os limites máximos viáveis, com o cacique monopolizando quatro das seis mulheres disponíveis — sendo as outras duas a irmã dele e uma velha. Lévi-Strauss ficou intrigado que os tupis-cauaíbes não plantassem nem usassem tabaco, caso raro no Brasil Central. Os nhambiquaras eram fumantes fanáticos; os mundés sopravam fumo em pó nas narinas uns dos outros, com cachimbos de um metro de comprimento. Já os tupis-cauaíbes tinham horror à substância: "Ao ver desenrolarmos nosso suprimento de fumo, o chefe da aldeia exclamou com desprezo: '*Ianeapit*' ('Porcaria!')."[60] Aparentemente, aquela profunda aversão vinha de longa data. Quando Rondon encontrou os tupis-cauaíbes pela primeira vez, muitos anos antes, eles arrancavam furiosos o cigarro da boca de qualquer um que estivesse fumando.

O clímax da visita foi a apresentação de algo que Lévi-Strauss descreveu como uma espécie de opereta, "uma versão exótica d'*As núpcias*". O cacique, possuído, começou a encarnar vários personagens diferentes, entre sons que Lévi-Strauss comparou a árias, *leitmotifs* e melodias soturnas que faziam lembrar cantos gregorianos. Usando um intérprete, Lévi-Strauss parece ter acompanhado o enredo cheio de voltas e reviravoltas — que incluía o japim, vários animais da floresta, além de "uma vara, um pilão e um arco" — de complexidade suficiente para pôr à prova o mais proficiente linguista nativo, passando pelo português, língua com a qual Lévi-Strauss nunca se sentiu à vontade. Mesmo assim, ele preencheu vinte páginas de seu caderno anotando o enredo e também registrou mais de quarenta melodias, correspondentes a diversos personagens.[61] A encenação era de escala wagneriana, estendendo-se por oito horas em duas noites. No final, o cacique, esgotado e em transe profundo, correu para a mulher com uma faca e teve de ser contido à força, enquanto ela fugia para a floresta.[62]

O desfecho quase homicida do cacique marcou o fim da parte etnográfica da viagem de Lévi-Strauss. Na volta, eles passaram por várias vilas de seringueiros. Em Urupá, enquanto esperavam um barco a motor que os levaria ao rio Madeira, Vellard ameaçou ir embora antes, por terra. "Isso virá perturbar inteiramente os nossos planos... se trata de um capricho absurdo e condenável", escreveu Castro Faria em seu diário.[63] Conseguiram convencê-lo a mudar de ideia, e foram de barco até Jacaré. Chegando ao Madeira, tomaram um vapor que os levou até Porto Velho. Foi o final da linha para Castro Faria, que tomou um vapor para Belém, de onde voltou para o Rio de Janeiro. Lévi-Strauss e Vellard tomaram um avião anfíbio para Cochabamba, na Bolívia. Num aviãozinho lotado de camponeses com frangos, galinhas e patos, enfrentaram bravamente o voo doméstico boliviano até cruzar de novo a fronteira em Corumbá e seguir para Cuiabá. Em janeiro de 1939, Lévi-Strauss estava de volta a Utiariti, onde os nhambiquaras construíam suas palhoças para a época das chuvas. Era hora de terminar a expedição. Carregado com as coleções etnográficas, o caminhão retomou a rota para Cuiabá, de onde Lévi-Strauss despachou as caixas de artefatos indígenas para São Paulo. Nunca mais voltaria a campo.[64]

"A viagem foi longa e difícil", escreveu Lévi-Strauss a Mário de Andrade em São Paulo, "mas nunca esquecerei esses oito meses; foram repletos de experiências fascinantes. Em termos científicos, penso que renderam um bom material, com muitas coisas novas — material que irá alterar a fundo o pensamento corrente. Acredito sinceramente que a expedição deixará sua marca".[65] Mas, de um ponto de vista profissional, o trabalho de campo de Lévi-Strauss ficava aquém dos critérios da época. Tinha sido muito mais breve do que o planejado. Um ano se reduzira a oito meses, dois dos quais passados em Cuiabá preparando os equipamentos e o comboio dos animais. Doenças, acidentes e problemas logísticos haviam reduzido ainda mais o tempo de contato. Lévi-Strauss gastou uma boa parte do tempo restante descrevendo e coletando artefatos indígenas, coisa que viria a lamentar mais tarde. Quando estava preparando a expedição no Musée de l'Homme, Marcel Mauss havia lhe instilado "uma reverência realmente mística em relação ao objeto cultural"; no campo, sentira o dever de se concentrar na cultura material, o que atrapalhou seu trabalho sobre as crenças e as instituições.[66] Mesmo entre os nhambiquaras, que posteriormente lhe dariam a base para suas teses, a pesquisa foi prejudicada por problemas práticos. Alguns rápidos meses de observação, intermediada por um intérprete para o português, dificilmente estariam no nível da etnografia em profundidade que já estava sendo produzida por antropólogos ingleses e americanos.

Com o amadurecimento da antropologia no século XX, o empreendimento de Lévi-Strauss envelheceu rápido. Nos anos 1950, nenhum antropólogo sério sairia numa viagem tão extravagante, pontilhada por curtos contatos com uma sucessão de tribos indígenas. Quanto ao contato etnográfico propriamente dito, a simples escala da expedição militava contra a coleta de dados. Muito mais tarde, numa entrevista à BBC nos meados dos anos 1960, Lévi-Strauss teve de fazer um esforço especial para declarar que tinha trabalhado de maneira muito diferente. Quando lhe perguntaram se a presença do etnógrafo alterava a cultura em estudo, ele respondeu:

> Claro, se você manda uma enorme equipe antropológica para uma tribo pequena, com fotógrafos, operador de câmera, homens com gravadores e coisas do gênero, você vai alterar a cultura. Nunca trabalhei dessa maneira e não acredito num trabalho dessa maneira. Penso que

o antropólogo, e neste aspecto ainda sou malinowskiano, deve trabalhar sozinho com o menor aparato possível, apenas um caderno e um lápis e se fazer o mais discreto possível.[67]

Mas, depois de se aposentar, respondeu a seus críticos com uma franqueza desarmante. "Não quero exagerar a importância de meu trabalho de campo", disse numa entrevista no final dos anos 1990. "Fiz mais do que alegam alguns críticos, mas sou o primeiro a admitir que, no geral, meu trabalho ainda é modesto." Ele descreveu a escassez de materiais que levantou entre os nhambiquaras como "a pesquisa de campo levada a seu limite negativo", e comparou suas experiências de campo à autoanálise feita como parte da formação psicanalítica.[68] Os meses que passou percorrendo o interior do Brasil o levaram ao subconsciente da disciplina; permitiram-lhe perceber como se dava a escrita etnográfica e lhe deram experiência para avaliar o trabalho alheio. Ajudaram a moldar seu *modus operandi* posterior — uma espécie de metaetnografia, baseada não tanto em seu próprio trabalho de campo, e sim em comparações de grande escala, reunindo dados de povos indígenas de todo o mundo e sintetizando as descobertas. "Afinal, por que não admitir?", concluiu ele em conversa com Didier Eribon no fim dos anos 1980. "A partir de então, logo entendi que eu era um homem de gabinete, não um pesquisador de campo."[69] De fato, a pesquisa com base em entrevistas nunca foi o ideal para sua sensibilidade mais tradicional e acadêmica. O processo todo da etnografia lhe parecia invasivo, com "um grau de indiscrição embaraçoso".[70]

Entre os participantes da expedição, foi Castro Faria quem deixou o registro mais completo das impressões de Lévi-Strauss em campo. Tempos depois, numa entrevista, ele o definiu como um filósofo, um homem de ideias que havia suportado estoicamente a experiência de campo como uma espécie de desagradável iniciação à atividade. "Foi o preço que Lévi-Strauss pagou para ser reconhecido como verdadeiro antropólogo", explicou Castro Faria a um jornalista do jornal francês *Libération*.

> [...] como diz a expressão, ele não era feito para aquilo. Tinha dificuldade em se comunicar, o que tornava um tédio para ele ficar tão longe da civilização, de seus confortos pessoais. [...] A expedição, na verda-

de, foi mais uma viagem do que um trabalho de campo: foram meses de preparação para períodos curtíssimos com os índios. [...] Para Lévi-Strauss, era difícil aceitar aquelas condições tão desconfortáveis. Montava-se e desmontava-se acampamento o tempo todo, era demais para ele. Era realmente um "filósofo entre os índios".[71]

Castro Faria elogiava o médico e antropólogo brasileiro Roquette Pinto, que tinha percorrido o Mato Grosso com Rondon e escrito uma obra que até hoje é considerada o clássico da etnografia da região. Também se impressionou com a mulher de Lévi-Strauss — "nossas descobertas teriam sido muito diferentes se Dina Lévi-Strauss tivesse ficado conosco" — e disse que a expedição sofreu muito quando ela teve de voltar para São Paulo. Comentei isso com Lévi-Strauss, sentado num sofá moderno de couro preto no escritório de seu apartamento em Paris. A resposta dele foi clara: "Dina não tinha nenhum interesse em etnologia. No fundo ela era uma filósofa, não uma etnóloga." O papel ativo de Dina na USP e depois em campo era mais uma questão de estratégia do que de paixão. "São Paulo e o Brasil eram território virgem", explicou Lévi-Strauss. "Sendo um pouco cínico, estávamos ocupando o terreno. Ela pegou o folclore e a antropologia física; eu peguei a sociologia."[72]

Mas o crítico mais contundente de Lévi-Strauss foi, de longe, Vellard. Não tinha gostado da desorganização geral da viagem, nunca se deu bem com Castro Faria e contraiu malária nas fases finais da expedição. Sua avaliação foi curta e grossa: "A expedição foi um fracasso completo", disse a Alfred Métraux.

O trabalho de campo de Lévi-Strauss foi realmente limitado — mas rendeu muito mais do que um simples carimbo autenticando seus documentos de antropólogo. Ele tinha explorado o Brasil, percorrendo milhares de quilômetros de trem, de carro e no lombo de animais, percorrendo as selvas a cavalo, em canoas e a pé, numa época em que as viagens pelo interior eram difíceis e perigosas. Era um escritor e fotógrafo de talento que, com pouco material, criou retratos icônicos de uma série de tribos brasileiras. Ao contrário da dedicação exclusiva às minúcias de um único grupo, fato que muitas vezes torna a etnografia praticamente ilegível fora dos círculos dos especialistas, Lévi-Strauss fez descrições vívidas dos caduveus, bororos, nhambiquaras, mundés e tupis-cauaíbes, revelando a riqueza e a variedade da cultura indígena do país, que ele comparou a "uma espécie de Idade Média sem uma Roma por trás: uma massa confusa que brotou de um sincretismo de longa data, certamente de textura muito frouxa".[73]

Critica-se muito o breve contato de Lévi-Strauss com os índios, mas, como observou o antropólogo francês Alban Bensa, "os antropólogos podem passar dez anos em campo e acabar não tendo nada de interessante a dizer". Lévi-Strauss, por seu lado, era "um bom observador e, mais importante, um analista inteligente de suas observações".[74]

Às vésperas de voltar para a Europa, Lévi-Strauss foi até Santos para encontrar o colega americanista Alfred Métraux, que ficaria uma escala de algumas horas no Brasil a caminho da Argentina. Já se correspondiam, mas era a primeira vez que se encontrariam pessoalmente — o começo de uma grande e longa amizade. Saíram do porto decadente, enxameado de prostitutas, e foram caminhar pelas areias da praia de Santos. As primeiras impressões de Métraux não foram muito calorosas:

> Lévi-Strauss chegou. Parecia um judeu saído de uma pintura egípcia: o mesmo nariz e uma barba aparada *à la semite*. Ele me pareceu frio, empolado, no estilo acadêmico francês. [...] Lévi-Strauss odiava o Brasil. Achava que Vargas era um ditador sem princípios que só queria continuar agarrado ao poder. Sua ditadura era essencialmente um estado policial. Lévi-Strauss não via esperanças na América do Sul. Quase se inclinava a crer que esse fracasso era uma espécie de maldição cósmica. Tinha resolvido deixar o Brasil, onde parecia impossível desenvolver qualquer trabalho.[75]

Lévi-Strauss estava farto. Durante o Estado Novo do presidente Getúlio Vargas (1937-45), nos moldes da ditadura de Salazar em Portugal, o Brasil se transformara num país de polícia secreta, de informantes e telefones grampeados. O regime tinha acabado com os partidos políticos e começava a prender os dissidentes de esquerda. Os estrangeiros eram vistos com suspeitas; deviam se registrar na polícia e justificar a presença no país. Censores liam suas correspondências, e algumas se "perdiam" misteriosamente no correio. Mesmo não tendo a agressividade e a energia da Itália de Mussolini ou da Alemanha nazista, ainda assim o fascismo brasileiro era embrutecedor e pernicioso para um jovem intelectual de esquerda como Lévi-Strauss.

Só lhe restava preparar as malas e voltar para a França. Mais fácil falar do que fazer. Numa continuação farsesca dos atritos burocráticos com o Museu Nacional, quando tentou embarcar para a Europa, Lévi-Strauss foi detido e ficou confinado em sua cabine por ordens de um oficial da marinha brasileira, acompanhado por dois oficiais com fuzis e baionetas. O problema eram as licenças de exportação para os materiais etnográficos que Lévi-Strauss estava levando do país. No porão de carga estavam os frutos de sua pesquisa — artefatos, livros, anotações insubstituíveis —, agora em risco de serem confiscados e largados nas docas do porto. Finalmente a pendência foi resolvida quando Lévi-Strauss explicou que, cumprindo o acordo estabelecido, deixara metade dos artefatos da expedição num instituto científico em São Paulo.[76] Mas uma parte da coleção de Vellard, incluindo ossos de índios, beija-flores nativos e uma seleção de invertebrados, foi apreendida.

O navio zarpou, fazendo escala no Rio, em Vitória e em Salvador, onde Lévi-Strauss desembarcou e passeou pelo Pelourinho. Diante de uma das centenas de igrejas barrocas que se espalhavam pela parte alta de Salvador, ele parou para tirar fotos, seguido por "um bando de negrinhos seminus" pedindo para serem fotografados. Lévi-Strauss bateu algumas fotos, o que lhe valeu ser preso e ficar detido por algumas horas, por difamar o Brasil — "a fotografia, se fosse usada na Europa, poderia dar crédito à lenda de que existiam brasileiros de pele escura e que os moleques da Bahia andavam descalços", escreveu depois em suas memórias.[77]

Quando o navio deixou o porto, o litoral brasileiro se condensou num contorno verdejante, tremulou e desapareceu no horizonte. À frente estava a Europa do final dos anos 1930 — a Europa à beira do abismo. No meio do Atlântico, cruzaram com navios de passageiros com destino às Américas. Nas cabines de segunda classe, comprimiam-se judeus com todos os seus pertences socados em malas velhas e surradas.

4
Exílio

> Ninguém tinha me dito [...] que Nova York era uma cidade alpina. Senti isso no primeiro entardecer de outubro, quando o sol se pondo incendiou o alto dos arranha-céus com o alaranjado etéreo que vemos nas cristas das encostas rochosas quando os vales se enchem de sombras frias. E lá estava eu, no fundo de uma garganta, naquela rua de tijolos escuros por onde passava um vento cortante, mas purificador.
>
> Denis de Rougemont, *Journal des Deux Mondes*, 1948[1]

Lévi-Strauss chegou de volta a Paris no final de março de 1939, com uma vaga de professor no Lycée Henri-IV que lhe estava reservada para o semestre de outono. Nos últimos cinco anos ele tinha ficado de lá para cá, cruzando o Atlântico, percorrendo os sertões do Brasil Central. Tinha retornado com uma segunda coleção de artefatos indígenas, milhares de fotografias, montes de notas de campo, ainda cheirando ao creosoto com que banhara as caixas para proteger o material contra os cupins. Agora, aos 30 anos de idade, era hora de fazer um balanço, expor as coleções, organizar as notas e começar a escrever a tese.

Em sua ausência, o Musée de l'Homme fora inaugurado durante a *Exposition Internationale des Arts et Techniques dans la Vie Moderne* (Exposição Internacional de Artes e Técnicas da Vida Moderna), em 1937. Olhando retrospectivamente, a exposição já dava uma ideia do que estava por vir. O pavilhão alemão colossal revestido com a suástica, projetado por Albert Speer, ficava de frente para o pavilhão soviético igualmente monolítico, com sua estátua gigantesca de camponeses e operários empunhando a foice e o martelo. Por ironia, Speer tinha ganhado o Grand Prix por sua maquete da Arena de Nuremberg.

Instalado no Musée de l'Homme, Lévi-Strauss abriu os seis caixotes que havia despachado do Brasil e expôs cerca de setecentos objetos que trocara por contas coloridas e cortes de tecido. Os artefatos, na maioria provenientes dos nhambiquaras, não tinham a aparência mais vistosa da coleta anterior. Em vez dos zunidores, dos clarinetes e chocalhos ornamentais dos bororos, eram plumas de nariz, cuias de cabaça escavada, cestos de confecção grosseira. Depois de fazer o levantamento do acervo, Lévi-Strauss começou o processo trabalhoso de classificar e etiquetar cada objeto, por mais prosaico que fosse, preparando-o para ser exposto no novo ambiente profissional do museu de Rivet.

Talvez para contrabalançar essa atividade de catalogação bastante monótona e burocrática, em suas horas livres Lévi-Strauss começou a escrever um romance, uma novela "vagamente conradiana" com abordagem etnográfica. Baseando-se numa matéria de jornal que tinha lido, o enredo girava em torno de uma espécie de culto à carga de um navio: um grupo de refugiados usava um fonógrafo para iludir uma tribo numa ilha do Pacífico, fazendo crer que seus deuses estavam para voltar à Terra. As únicas coisas que restaram do romance foram o título, *Tristes Trópicos*, a descrição lírica de um crepúsculo, redigida a bordo do *Mendoza* com destino ao Brasil (e que mais tarde, reelaborada, seria incluída em suas memórias) e algumas páginas no arquivo de Lévi-Strauss conservado na Bibliothèque Nationale de France. As páginas acompanham o personagem Paul Thalamas em viagem aos trópicos, tal como Lévi-Strauss tinha feito poucos anos antes. O resumo é intrigante, combinando melodrama — a frase inicial era "Ele respirou profundamente" — e filosofia, introduzida de maneira meio inábil: "Muito vagamente Paul Thalamas pensou em Berkeley e na célebre teoria com a qual o bispo inglês pretende provar, pela diferença entre as dimensões aparentes da lua no zênite e sobre o horizonte, a relatividade de nossas percepções visuais."[2] Fica evidente que Lévi-Strauss ainda não dominava a narrativa de ficção, mas quem sabe aonde poderia ter chegado se tivesse canalizado sua enorme energia intelectual para a carreira literária, em vez de para a carreira acadêmica... O que o resumo mostra de fato é que o *modus operandi* de Lévi-Strauss era o mesmo, no que quer que trabalhasse: uma mescla muito francesa de drama e filosofia.

Como os vários outros projetos artísticos que tinha iniciado, o romance foi abandonado depois de cinquenta páginas, "porque era ruim demais", segundo o próprio Lévi-Strauss.[3] "Logo percebi que não seria capaz de fazê-lo, pois me faltava imaginação e não tinha paciência de escrever os detalhes necessários para dar corpo a um personagem e criar a atmosfera."[4]

Envolvido em seu trabalho no museu e debatendo-se com seu romance, Lévi-Strauss parecia estranhamente desligado dos eventos que fervilhavam na Europa. Perguntaram-lhe nos anos 1980: "O senhor sentiu que a guerra se aproximava?" "Não", respondeu ele. "Assim como não percebi os perigos de Hitler ou a ameaça fascista. Eu era como a maioria das pessoas, totalmente cego."[5] E tampouco a escalada das ameaças à população judaica da Europa despertou sua atenção. Enquanto os judeus alemães continuavam a fugir, atravessando a fronteira francesa, Lévi-Strauss explicava sumariamente o antissemitismo nazista como ressentimento pequeno-burguês contra os banqueiros judeus, que lucravam com os altos índices de inflação da época. Comparava a perseguição em andamento a uma espécie de calamidade natural que passaria — como uma erupção vulcânica —, e não como uma profunda e catastrófica transformação social.[6]

A segunda exposição de Lévi-Strauss nunca chegou a se realizar. Quando terminava de documentar as peças do acervo, estourou a guerra. O lúgubre lamento das sirenes soava pelos céus de Paris, enquanto os civis passavam pelos treinos antiaéreos; barricadas e postos de controle se multiplicavam nas avenidas; soldados empilhavam sacos de areia em volta dos monumentos da cidade e transferiam as obras de arte para os depósitos. Para Lévi-Strauss, aquele andamento para a guerra veio acompanhado por uma sublevação de ordem pessoal. Na primavera de 1939, separou-se de Dina. Assim terminava um casamento de 11 anos, em boa parte transcorrido no Brasil. O casal tinha trabalhado numa relação muito próxima, enfrentando os percalços e partilhando as satisfações das viagens pelo sertão, as emoções e o tédio da etnografia de campo. Setenta anos após a separação, perguntei a Lévi-Strauss o que havia acontecido. Aos 98 anos de idade, ele falava em frases curtas, intercaladas por longas pausas. "Ela vivia no mundo dela. Eu nunca sabia o que ela estava pensando", respondeu ele.

A seguir, deu a entender que havia outros problemas. Algum tempo depois do divórcio, contaram-lhe que Dina e Mário de Andrade tinham trocado "cartas românticas".[7]

Em setembro, começaram a chegar forças expedicionárias britânicas no norte da França, marchando em campos ainda marcados com os restos das valas da Primeira Guerra Mundial. Recrutas franceses cavaram trincheiras e construíram abrigos desde o Canal até as Ardennes, tentando camuflar as defesas ao norte da Linha Maginot. Lévi-Strauss foi convocado. Ele definiu sua experiência de guerra como uma espécie de continuação do trabalho de campo. Tão logo voltava a Paris, para o museu, para a escrivaninha e a perspectiva de um emprego como professor no outono, já partia outra vez. Nos meses seguintes, houve outras viagens para destinos incertos, mais bivaques e comida em lata, monotonia e falta de conforto.

Passou os primeiros meses da *drôle de guerre* censurando telegramas para o ministério dos correios ("a mais total bufonaria"[8]), e então se ofereceu como oficial de ligação para a Força Expedicionária britânica que chegava. Seu inglês era rudimentar, mas conseguiu passar nos exames e ficou no final da Linha Maginot, na fronteira com Luxemburgo. Nos meses imediatamente anteriores à invasão alemã, não havia muito o que fazer. Durante a primavera, ele se distraía com longas caminhadas pelas florestas da região. Segundo Lévi-Strauss, foi num desses passeios, no começo de maio, que teve as primeiras intuições vagas da base filosófica do estruturalismo. Olhando um grupo de dentes-de-leão, ele se entregou a uma intensa contemplação intelectual. Examinou o halo cinza da cabeça de um dente-de-leão, com suas centenas de milhares de filamentos criando uma esfera perfeita. Como aquela planta, e todas as outras, tinha chegado a uma finalização tão geométrica e regular? "Foi lá que descobri o princípio organizador de meu pensamento", comentou mais tarde.[9] O dente-de-leão era o resultado do jogo entre suas propriedades estruturais, calibrado numa forma única e instantaneamente identificável. Variações sutis, modificações num nível genético profundo, dariam origem a outras formas, às diversas espécies que se multiplicavam na natureza. A ideia de que a cultura, tal como a natureza, podia ter seus próprios princípios de estruturação — ocultos, mas em última instância determinantes, como os códigos genéticos que produziam a geometria da natureza —, iria moldar grande parte do trabalho subsequente de Lévi-Strauss, quando deu início à sua análise de fenômenos culturais e sociológicos como o parentesco, o totemismo e o mito.

Lévi-Strauss foi despertado de seus devaneios intelectuais com o começo da ofensiva alemã avançando para o ocidente. À notícia das ondas de ataques aéreos na Bélgica e na Holanda, um pouco acima de onde Lévi-Strauss estava estacionado, colunas de tanques avançavam rapidamente pelas trilhas estreitas da floresta de Ardennes. Cruzando o Meuse em Sedan, divisões alemãs de Panzers atravessaram sem dificuldade as defesas francesas, deixando um rastro de poeira e fumaça de diesel conforme irrompiam em campo aberto.

A facilidade surpreendente da invasão alemã traumatizou os franceses. "Foi horrível...", lembrava Jean Rouch, que viria a se tornar um renomado cineasta etnográfico. "Descobrimos que o que tínhamos aprendido na escola — a invencibilidade do exército francês — era falso. Os oficiais de idade ficaram com medo e estavam fugindo. Não houve um verdadeiro combate. Em apenas um mês, toda a França foi ocupada. Estávamos envergonhados de ter perdido a guerra." Rouch, que na época era estudante de engenharia civil, passou os primeiros meses da ocupação percorrendo a França de bicicleta, desde o rio Marne até o Maciço Central, explodindo pontes para retardar o avanço alemão.[10]

Com a *blitzkrieg* alemã penetrando profundamente em território francês, Lévi-Strauss revezou a posição com um regimento escocês, que chegou com sua própria equipe de oficiais de ligação. O grupo de Lévi-Strauss partiu para procurar a unidade a que pertenciam, conseguindo localizá-la num vilarejo no Sarthe. "Isso provavelmente salvou nossas vidas, pois o regimento [escocês] foi dizimado poucos dias depois", comentou Lévi-Strauss.[11] Nas semanas tumultuadas que se seguiram, Lévi-Strauss se viu apanhado entre enormes deslocamentos humanos de uma ponta a outra do país. Os carros costuravam entre as árvores para evitar os longos congestionamentos. Ondas de refugiados entupiam todas as estradas para o sul, tentando se adiantar aos avanços espetaculares dos alemães. Da noite para o dia, 8 milhões se puseram em fuga. O historiador Gaston Roupnel presenciou o desenrolar da catástrofe:

> Iniciei *Histoire et destin* [*História e Destino*, seu último livro] no comecinho de julho de 1940. Em meu pequeno vilarejo de Gevrey Chambertin, eu acabava de ver sete ondas de refugiados passando pela estrada principal, todo o triste êxodo dos infelizes de carro, em carroças, a pé, gente numa desordem patética, toda a desgraça das estradas, e ao mesmo tempo vinham as tropas, soldados sem armas [...] e este grande pânico, isso era a França![12]

A unidade de Lévi-Strauss saiu de Sarthe, de trem e em vagões de gado, passando por Corrèze e Aveyron, enquanto seus oficiais discutiam se iriam para Bordeaux e se renderiam aos alemães ou fugiriam para o Mediterrâneo. Felizmente optaram pelo sul, e a viagem terminou na relativa segurança de Béziers. Ficaram aquartelados no planalto de Larzac. Depois de uma retirada tumultuada, Lévi-Strauss chegara milagrosamente às portas de casa, perto da residência da família nas Cévennes, onde seus pais já tinham se refugiado.

Ele foi transferido com sua unidade para Montpellier. Lá deixou o acampamento para procurar trabalho na universidade, oferecendo seus serviços como examinador em filosofia para os próximos exames de bacharelado. Foi contratado e, depois de dar baixa no exército, dividiu o tempo entre a universidade e a casa da família. Em Montpellier, voltou a encontrar René Courtin, companheiro de viagens no Brasil. Courtin estava montando uma rede de resistência, e depois da guerra seria um dos fundadores do jornal *Le Monde*.

Lévi-Strauss havia escapado incólume, tendo como única experiência de combate as telhas estilhaçadas sobre a cabeça, quando sua posição foi atingida por Stukas alemães durante a retirada. Estava em segurança na França de Vichy, com emprego na universidade e perto da família. Mas, no começo de setembro, mais uma vez pôs-se a cortejar o perigo. Foi até Vichy pedindo para ser reconduzido à sua antiga vaga no Lycée Henri-IV, em Paris. Enquanto os judeus franceses fugiam para o sul, Lévi-Strauss pedia para voltar ao norte, dentro do território ocupado pelos nazistas. Foi uma iniciativa extraordinária, em vista das circunstâncias. Na França, já havia 40 mil judeus estrangeiros internados em campos — barracos de madeira improvisados em áreas lamacentas, que congelavam durante o inverno.[13]

Embora ainda não tivesse se iniciado a perseguição oficial aos judeus nascidos na França, a situação estava se apertando sob a ocupação nazista.

Nos anos 1980, Lévi-Strauss alegou que foi sua "falta de imaginação" que o levou a essa tentativa potencialmente desastrosa de voltar a Paris. "Isso me ajudou durante meu trabalho de campo", disse a Didier Eribon, "— eu não tinha consciência do perigo".[14] Mal conseguindo acreditar nessa resposta tão informal, voltei ao assunto, e ele me respondeu: "Eu sabia que os judeus estavam sob ameaça, mas achava que a pessoa devia se esconder da maneira mais direta e completa possível, continuando sua vida normal."[15] Felizmente para Lévi-Strauss, o funcionário que atendeu à solicitação, o diretor do ensino secundário, se recusou a mandar de volta para a França ocupada alguém com sobrenome tão obviamente judeu, e lhe sugeriu um colégio em Perpignan. Quando Lévi-Strauss chegou a Perpignan, havia um novo clima no ambiente. Os colegas eram cautelosos, evitando deliberadamente o tema da situação judaica e as leis raciais nazistas. A única amizade que ele fez foi com um professor de educação física, que se solidarizava pessoalmente com sua posição.

Depois de poucas semanas em Perpignan, Lévi-Strauss voltou a Montpellier, onde deu as últimas aulas de filosofia de sua carreira, num curso preparatório para a École Polytechnique. Foi um contato exclusivamente ritualístico entre uma turma de estudantes sem nenhum interesse em filosofia e Lévi-Strauss, que mentalmente já havia transferido seus interesses para a antropologia. Ele lia suas notas de aula entre a balbúrdia dos alunos conversando entre si.

Fora do curso, ele continuava com suas leituras. Interessou-se por um livro em particular, *Catégories matrimoniales et relations de proximité dans la Chine ancienne* (Categorias matrimoniais e relações de proximidade na China antiga), escrito pelo decano dos estudos francófonos do Extremo Oriente, Marcel Granet, que desencadeou uma linha de raciocínio que o acompanharia no exílio. Granet era o principal sinólogo da época, estudando os textos clássicos, a numerologia tradicional e o feudalismo da China. *Catégories matrimoniales* era uma das primeiras tentativas de mapear rigorosamente as relações de parentesco chinesas clássicas. Lévi-Strauss já lidara com o parentesco no Brasil, observando o sistema de metades finamente sincronizado dos bororos e as pequenas famílias nômades dos nhambiquaras, com densas relações de parentesco. Ao contrário das tentativas canhestras de Lévi-Strauss em estabelecer o significado dessas relações, Granet tentara ir além da descrição. Seu objetivo era desvendar a própria mecânica dos sistemas parentais e descobrir um conjunto de regras objetivas que sustentassem o que, à primeira vista, parecia ser um mero resultado arbitrário da tradição. O livro de Granet reunia conceitos que Lévi-Strauss revisitaria mais tarde: a simetria dos sistemas de parentesco como uma espécie de inevitabilidade matemática; o tabu do incesto como proibição positiva — um campo magnético de repulsão que acionava um sistema de trocas. Granet também sugeria um padrão de universalidade (ainda que num paradigma evolucionista), traçando paralelos entre os antigos sistemas chineses e os arranjos atuais dos aborígenes australianos. Sua argumentação era densa. Havia diagramas complexos — espirais dentro de cones, estrelas engastadas em círculos, flechas entrecruzadas. "Fiquei fascinado", relembrava Lévi-Strauss.[16] Mas também se sentiu frustrado. As soluções de Granet lhe pareciam obscuras e francamente artificiosas; a complexidade gerava mais complexidade; dados desordenados, regras barrocas. O objetivo, que se manteria como meta de toda a vida de Lévi-Strauss, era descer ao próximo plano de abstração, para um mundo mais esclarecedor além da descrição, um universo mais puro de imperativos simples.

Três semanas mais tarde, Lévi-Strauss foi demitido sob o primeiro Estatuto judaico, implantado pelo governo de Vichy em 3 de outubro de 1940. Ele voltou para a casa dos pais, desta vez com alguma noção do perigo muito concreto que ameaçava toda a família. Mais tarde admitiu: "Eu já me sentia uma forragem em potencial para o campo de concentração."[17] Alimentou algumas ideias românticas de fugir e sobreviver alimentando-se com o que encontrasse no campo, dormindo ao estilo nhambiquara, vagueando pelas Cévennes. Mas seus pensamentos retornavam inevitavelmente para o exílio. Depois que Georges Dumas intercedeu para lhe assegurar uma nova vaga na Universidade de São Paulo, uma opção viável seria passar outro período no Brasil.[18] Até poderia retomar o trabalho de campo entre os nhambiquaras. O período nômade lhe mostrara apenas um aspecto da vida nhambiquara; o quadro se completaria com um estudo intensivo dos acampamentos sedentários na estação das chuvas.

Lévi-Strauss voltou a Vichy, onde a embaixada brasileira tinha montado seus escritórios num andar térreo apertado. Lá, num episódio citado em *Tristes Trópicos*, ele tentou renovar o visto, mas não conseguiu. Numa cena aflitiva, o embaixador já estava com o carimbo no ar, pronto para estampar o visto no passaporte aberto de Lévi-Strauss, mas um funcionário zeloso lhe lembrou das novas regras vigentes e o embaixador interrompeu o gesto. Lévi-Strauss saiu de mãos vazias.

Estreitando-se o leque de opções, ele recebeu uma carta que se tornaria decisiva para sua vida, tal como o telefonema de Bouglé seis anos antes. Era um convite da Fundação Rockefeller para dar aulas na New School for Social Research, em Nova York. Criada após a Primeira Guerra Mundial, a New School estava acolhendo intelectuais europeus ameaçados pela ascensão do fascismo e do antissemitismo. Com o início da Segunda Guerra Mundial, ela começou a receber ondas de intelectuais de toda a Europa, fugindo à guerra e à perseguição. Lévi-Strauss teve a sorte de contar com o respaldo de Alfred Métraux e de Robert Lowie, que tinham se impressionado com seu trabalho sobre os bororos, além das ligações familiares com que contava nos Estados Unidos — sua tia Aline, viúva do pintor Henry Caro-Delvaille, conseguiu dinheiro com um amigo rico para pagar sua inscrição. Depois da proposta, Lévi-Strauss escreveu a Dina, que também era judia, dizendo que, se ela quisesse sair da França, poderia viajar com ele como sua esposa.[19] Dina preferiu ficar e acabou ingressando na Resistência. Os pais de Lévi-Strauss ficariam na França de Vichy, praticamente reclusos na casa de férias nas Cévennes, sem poder voltar ao apartamento da rue Poussin até o final da guerra.

Agora Lévi-Strauss podia entrar nos Estados Unidos; o problema estava no lado francês. Com o desenrolar da guerra, era cada vez mais difícil sair do país. Depois da ocupação do norte, alguns judeus e outros indesejáveis tinham ido pelos Pireneus, atravessando a Espanha e chegando a Portugal, até o porto neutro de Lisboa, onde embarcavam em cruzeiros Cunard ou, se tivessem dinheiro suficiente, tomavam o Clipper da Pan-American, num voo de 12 horas, rota que começara a operar pouco tempo antes. A outra rota, por Marselha, era mais direta, mas demandava montes de papeladas: atestados de recursos financeiros, comprovante de emprego no país de destino, vistos de entrada, comprovantes de passagem, autorizações de saída de Vichy, cada um deles dependendo dos outros, numa cadeia burocrática desanimadora.

Entre milhares de outros, os artistas Max Ernst e André Masson, o escritor Arthur Koestler e o físico Otto Meyerhof, ganhador do Prêmio Nobel, estavam reunidos em Marselha para obter os documentos e encontrar uma colocação fora da Europa. Foram auxiliados pelo devotado trabalho do quacre americano Varian Fry e seu Comitê de Resgate de Emergência, outra organização privada que se dedicava a resgatar intelectuais europeus da situação cada vez pior na Europa. A polícia militar de Vichy fazia batidas no porto, com ordens de prender qualquer "subversivo" que não apresentasse comprovante de passagem. As pessoas tinham começado a desaparecer. O revolucionário russo Victor Serge, que embarcou com Lévi-Strauss, mencionou as vidas "que estavam por um fio" em Marselha, onde "o talento e a erudição de Paris... nos dias de seu auge" tinham se reduzido a "homens perseguidos, terrivelmente esgotados, com os nervos no limite".[20] Apesar das dificuldades, já começavam a se formar as comunidades artísticas que logo se estabeleceriam no exílio — em Nova York, Buenos Aires e na Cidade do México. André Breton e surrealistas variados, junto com Serge e Fry, alugaram a Villa Air-Bel, com 18 aposentos, onde organizavam exposições, "leilões" e noites de teatro e comédia.

O outono de 1940, que tinha sido excepcionalmente ameno, cedeu lugar a um dos invernos mais rigorosos de que se tem notícia. Soprava um mistral cortante do Maciço Central, descendo pelo vale do Reno. A neve chegou ao Mediterrâneo. A escassez de alimentos e combustível para calefação marcou o início da dura penúria dos anos de guerra. Com a documentação agora em ordem, Lévi-Strauss desceu das Cévennes e percorreu o circuito das agências marítimas, ao vento incessante. Ouviu o boato de que havia um navio prestes a sair para a Martinica, e soube que pertencia à Compagnie des Transports Maritimes — a mesma empresa que ele e seus colegas acadêmicos tinham usado em meia dúzia de idas e voltas entre o Brasil e a França. Um funcionário da empresa que se lembrava de Lévi--Strauss, daqueles dias no Brasil, confirmou que um navio se preparava para zarpar para o Caribe no mês seguinte, mas tentou dissuadi-lo de embarcar nele, "incapaz de tolerar a ideia de que um de seus ex-passageiros de primeira classe fosse transportado como gado".[21]

Lévi-Strauss embalou o restante de seus materiais etnográficos — notas, fichas de arquivo, diário de viagem, mapas, diagramas, fotos e negativos — para a viagem aos Estados Unidos. Com a ajuda de um contrabandista, conseguiu que a caixa fosse para o porão de carga do navio. Em 25 de março de 1941, ele embarcou no *Capitaine Paul-Lemerle*, acompanhado no Quai de la Joliette e para fora do país por uma guarda de desonra fascista:

> [...] subimos a bordo entre duas filas de *gardes mobiles* de capacete, com metralhadoras na mão, num cordão de isolamento ao longo do cais, impedindo qualquer contato entre os passageiros e seus parentes ou amigos que tinham vindo dizer adeus, e interrompendo as despedidas com empurrões e insultos. Longe de ser uma aventura solitária, mais parecia a deportação de condenados.[22]

O *Capitaine Paul-Lemerle*, um vapor barulhento ("uma lata de sardinhas com uma bituca de cigarro enfiada nele", segundo Serge),[23] estava lotado com 350 "indesejáveis" — "uma espécie de campo de concentração flutuante"[24] com agitadores políticos e judeus alemães, austríacos, tchecos, espanhóis e franceses que finalmente tinham conseguido reunir toda a documentação. Entre as centenas de passageiros amontoados no porão em enxergas de palha e catres improvisados estavam Breton, o artista cubano Wifredo Lam, a romancista alemã Anna Seghers e Victor Serge, o qual, com seu "rosto de traços delicados e bem barbeado" e uma voz "estranhamente assexuada", desconcertou Lévi-Strauss com sua imagem do revolucionário viril.[25]

As instalações eram primitivas. Havia dois conjuntos improvisados de cubículos sem ventilação — um a bombordo para os homens, o outro a estibordo para as mulheres. A privada era uma calha de zinco dando direto no mar; o chuveiro era um mísero fio d'água. Mesmo assim, Lévi-Strauss me disse que as pessoas não se mostravam desoladas, e sim muito animadas — "mais como se estivessem partindo numa aventura".[26] A afirmação é corroborada por uma foto remanescente do convés do *Capitaine Paul-Lemerle*. Atrás de um rolo grosso de cordames, as moças sorriem alegres, conversando e fumando. Os homens devolvem um olhar confiante à máquina fotográfica, e há duas criancinhas erguidas no fundo do grupo, e por trás o alto-mar.

Graças a seus contatos na Compagnie des Transports Maritimes, Lévi-Strauss conseguiu para si um dos beliches numa das duas únicas cabines do navio. Dividiu-a com um magnata austríaco da indústria metalúrgica e um martinicano rico voltando para casa ("a única pessoa a bordo que se podia supor razoavelmente que não era judeu, nem estrangeiro, nem anarquista").[27] O último beliche foi ocupado por um misterioso norte-africano que escondia um Degas na mala de viagem. Enquanto a maioria dos outros passageiros era tratada com desdém, ele parecia dispor de um canal secreto entre todos os oficiais, ao longo de toda a viagem. Dizia estar voltando de uma viagem de muitos meses e passaria apenas alguns dias em Nova York. Mais tarde, Lévi-Strauss descobriu em fotos publicadas com seu necrológio em 1974 que era Henri Smadja, um judeu franco-tunisino que acabou sendo o editor de *Combat*, o jornal da Resistência fundado por Albert Camus durante a guerra. Ainda não se sabe exatamente o que ele estava fazendo a bordo do navio de refugiados.

O *Capitaine Paul-Lemerle* fez uma breve escala em Orã, na Argélia, e em Casablanca, antes de seguir pela costa africana até Dacar. Enquanto aguardava para descer em Casablanca, Lévi-Strauss ficou surpreso quando ouviu André Breton, logo em sua frente na fila, dizer seu nome ao funcionário do guichê de controle dos passaportes. Naquela época Breton era famoso na França, e Lévi-Strauss, praticamente um desconhecido. Mesmo assim, Lévi-Strauss se apresentou imediatamente e os dois ficaram amigos. Ambos eram estetas intelectuais sérios, ambos sóbrios e um tanto formais na maneira de abordar o mundo, porém tomados pela paixão modernista da época pelo primitivo e pelo subconsciente. Sem livros, os dois passaram o resto da viagem conversando no tombadilho, mostrando um ao outro longas notas densamente teóricas, trocando ideias sobre a arte, o surrealismo e o juízo estético. Lévi-Strauss escreveu um comentário detalhado sobre a doutrina da criatividade espontânea, de Breton, procurando resolver as contradições entre a arte "automática" surrealista (em que o artista simplesmente escreve, desenha ou pinta sem nenhum planejamento prévio, guiado pelo acaso e por eventos aleatórios), de um lado, e a ideia de domínio ou técnica artística, de outro. Como a criatividade artística podia se expressar através de algo que era um mero reflexo do subconsciente? Ele concluiu com a noção de "tomada de consciência irracional" (*"prise de conscience irra-*

tionelle") — uma espécie de inspiração criativa que o verdadeiro artista introduz sub-repticiamente na obra de arte espontânea. Como réplica, Breton escreveu sobre o prazer estético "paraerótico" derivado da arte, que a diferenciava dos rabiscos por impulso, e concluía que a própria ideia de "tomada de consciência irracional" de Lévi-Strauss podia ser produzida num nível subconsciente ou "pré-consciente".[28] Mesmo nas duras condições da travessia, Breton sempre estava atento a eventos estéticos aleatórios. Em determinado momento, ficou impressionado pela combinação entre a carcaça pendurada de um boi abatido a bordo, as bandeiras adejando na popa do navio e o nascer do sol. "A composição um tanto hermética entre eles, em abril de 1941, parecia densa de significado", observou Breton.[29]

As condições ficaram realmente primitivas quando o navio entrou na zona tropical. O calor obrigou todos a subir para o convés, que se transformou num amontoado de varais de roupa, berços, colchões e mesas para comer ao ar livre. Os passageiros começaram a usar as privadas de madrugada, para evitar a "defecação coletiva"; o filete d'água dos chuveiros se evaporou no ar tropical.[30] As suscetibilidades aristocráticas de André Breton foram submetidas a provas extremas. "André Breton, que estava muito deslocado *dans cette galère*", escreveu Lévi-Strauss em *Tristes Trópicos*, "percorria os poucos lugares vazios no convés; embrulhado no pesado sobretudo de lã, parecia um urso azul".[31] Lévi-Strauss, agora calejado em condições primitivas, e, de qualquer forma, viajando no relativo luxo de uma cabine, adotou uma atitude mais filosófica. "Aprendi um pouco de antropologia por lá",[32] gracejou com um jornalista do *Washington Post*, décadas mais tarde.

Entrando na Martinica, o alívio se espalhou no convés, à perspectiva de terra firme e o primeiro banho depois de semanas. As esperanças duraram pouco. Um tosco nacionalismo francês reinava na colônia, leal à França de Vichy, sem ideia sequer de um embrião de resistência. Funcionários paranoicos, ruminando suas preocupações num posto colonial avançado, finalmente dispunham de um grupo de "traidores" sobre o qual podiam descarregar raivas e frustrações. Tão logo o *Capitaine Paul-Lemerle* atracou, soldados de armas pesadas e uniformes tropicais tomaram conta das docas. Seguiram-se interrogatórios no desembarque, consistindo basicamente em insultos aos gritos, aos quais se seguiu o confinamento num campo.

Breton foi escolhido para um tratamento especial. Teve de pagar um "depósito" de 9 mil francos para entrar na Martinica, o qual depois foi revogado, mas mesmo assim acabou pagando 1.500 francos de "taxas de internamento", pelo prazer de ficar preso no antigo leprosário de Pointe-Rouge. Ao mostrar seus convites para falar nos Estados Unidos, um funcionário zombou: "Que bem os americanos *vão* fazer." Por fim Breton foi libertado com a frase de despedida: "Não precisamos de poetas surrealistas ou hiper-realistas na Martinica."[33]

Lévi-Strauss foi acusado de ser "um maçom judeu a soldo dos americanos" e, ao que consta, disseram-lhe que "os judeus ditos franceses são piores do que os judeus estrangeiros".[34] Mas sua sorte continuou. A pedido do capitão do navio, que tinha sido o primeiro oficial na linha França-Brasil, ele foi poupado dos rigores dos campos de internamento e, junto com Smadja e o martinicano, pôde desembarcar. Percorreram a ilha num Ford velho, engatado em primeira para subir as estradas das montanhas, passando por moitas de samambaias e árvores de frutas que se destacavam entre os nevoeiros pálidos e a terra vulcânica. As paisagens agradaram a Lévi-Strauss, mais condizentes com sua visão idealizada dos trópicos do que a mistura de cerrados escaldantes e florestas asfixiantes do Brasil.

Da Martinica ele tomou um cargueiro sueco de bananas para San Juan, em Porto Rico. Pela primeira vez sentiu os Estados Unidos no ar, embora das margens do Caribe:

> [...] respirei o verniz morno e o óleo de gaultéria [...] polos olfativos entre os quais se estende a gama do conforto americano, do automóvel aos banheiros, passando pela estação de rádio, pelos doces e pelos dentifrícios; e procurei decifrar, por trás da máscara da maquiagem, os pensamentos das jovens nas *drugstores* com vestido malva e cabelos acaju.[35]

No entanto, a acolhida oficial foi hostil. Os documentos de imigração já estavam vencidos e, depois de enviar um telegrama a Nova York pedindo novos comprovantes, Lévi-Strauss ficou sob uma espécie branda de prisão domiciliar, acompanhado por dois policiais entediados aonde quer que fosse. Passaram-se três semanas antes que os americanos providenciassem um especialista do FBI para inspecionar sua caixa de notas de pesquisa. O agente, embora extremamente desconfiado diante de uma ficha de arquivo que fazia referência a Karl von den Steinen e sua clássica obra sobre o Mato Grosso, *Unter den Naturvölkern Zentral-Brasiliens* (Entre os povos primitivos do Brasil Central), por fim liberou a coleção. Meses depois de se enfiar às pressas no navio de refugiados em Marselha, Lévi-Strauss estava autorizado para seguir até Nova York.

Quando ele embarcava na última etapa da viagem, outro intelectual judeu, o linguista russo Roman Jakobson, fugia da Europa num navio. Depois de passar pelos destroços do recente naufrágio do *Bismarck*, o cruzeiro de Jakobson avançou pelo Atlântico norte, com destino a Nova York. O encontro posterior dos dois iria marcar o início de uma nova matriz intelectual; duas disciplinas — a antropologia e a linguística — se uniriam, enquanto os estudos do parentesco e da fonêmica, dos sistemas de casamento e de sons, se tornavam improváveis parceiros.

No final de maio de 1941, Lévi-Strauss desembarcou em Nova York com sua caixa de materiais etnográficos, alguns pertences pessoais e um pouco de dinheiro. A longa jornada para o exílio, que começara um ano antes nas matas enganosamente tranquilas atrás da Linha Maginot, chegava ao fim. Ele se apresentou na New School for Social Research, que então assumira o papel de centro de acolhimento, ajudando os exilados desorientados a encontrar rumo. Quando Lévi-Strauss chegou, cerca de 30 mil franceses de ambos os sexos tinham se refugiado em Nova York. Alguns eram *émigrés de luxe* — ricos evitando as inconveniências da guerra —, outros eram acadêmicos ou artistas sem um tostão. Surgiam jornais, revistas e uma pequena indústria editorial em francês; havia concertos, exposições e peças teatrais com artistas franceses.

Numa repetição de maio de 1939, Lévi-Strauss descobriu que dispunha de um verão remunerado antes que as aulas se iniciassem no outono. No clima úmido fora de estação, ele começou a explorar a cidade. Percorria as avenidas de uma ponta a outra, virava ao acaso nas esquinas, indo de Chinatown ao bairro porto-riquenho em torno da West 23rd; da Little Italy para a zona de confecções adiante da Union Square e pelas filas de oficinas de trabalho clandestino, ainda "carregadas dos cheiros rançosos da Europa Central". Visitou o decadente Upper West Side e seus majestosos apartamentos da virada do século, agora subdivididos para inquilinos mais pobres, e percorreu as ruas das mansões do Eastside. "Em poucos quarteirões passava-se de um país a outro", escreveu ele mais tarde, maravilhado com a novidade de um multiculturalismo urbano que as cidades europeias só começariam a conhecer depois da guerra, após a queda do império.[36]

Enquanto caminhava, Lévi-Strauss observava Nova York com seus olhos de etnógrafo. Afora o conjunto de arranha-céus nas redondezas de Wall Street, a paisagem urbana lhe pareceu "espantosamente calma".[37] Manhattan ainda não era a zona de edifícios enormes que se tornaria mais tarde, e à sombra dos prédios mais altos daquela época havia uma miscelânea de áreas residenciais de tipo interiorano, chalés, blocos residenciais populares, hortas e terrenos baldios. O Rio de Janeiro lhe parecera estranho, antiquado — uma versão tropical de Paris no século XIX. Mas, em Nova York, a temporalidade se deformava e se arqueava, com o tecido social dilacerado pela imigração, pelo dinheiro e pela mobilidade. Não que a cidade fosse moderna, e sim composta de múltiplas camadas, uma mistura muito interessante de estilos americanos interioranos e passadistas, com uma promiscuidade de influências europeias e asiáticas, e sugestões do que estava por vir: publicidade "obscena" de desodorantes, vitrines chamativas nas lojas de departamentos, moda eclética.[38]

Vasculhando sebos na Lower Broadway, Lévi-Strauss ficou entusiasmado ao encontrar os números do *Annual Report of the Bureau of American Ethnology* (Relatório anual do departamento americano de etnologia) à venda por alguns dólares. "Mal conseguia descrever minha emoção com esse achado", comentou mais tarde. "Que alguém realmente pudesse comprar e ser dono daqueles volumes sacrossantos, com suas encadernações originais em verde e dourado, representando a maior parte de tudo o que se sabe sobre o índio americano, era algo com que eu nunca tinha sonhado na vida."[39] Ele se apertou e economizou, e aos poucos montou sua coleção — desde as pictografias mesoamericanas à mitologia tsimshian da Costa Noroeste —, que ficou quase completa, faltando apenas um volume.

Lévi-Strauss percorreu os museus. O que lhes faltava em abrangência e profundidade era compensado pela solidez e atenção ao detalhe. Ficou fascinado com os dioramas hiper-realistas no Museu de História Natural, com suas montagens perfeccionistas de plantas e animais empalhados de todo o mundo, recriados nos mínimos detalhes, até a última folhinha e o último pelinho do bigode, como uma imagem congelada de uma exposição zoológica. O andar térreo do museu, que na virada do século ficara a cargo de Franz Boas, o pai da antropologia americana, era dedicado aos índios da Costa Noroeste do Pacífico — uma sucessão de povoados indígenas vindo desde o Alasca, passando pela Colúmbia Britânica e descendo até o Oregon, que tinham criado alguns dos mais belos objetos da arte pré-colombiana nas Américas. Os amplos corredores do museu abrigavam filas e filas de pesados mastros totêmicos, máscaras de obsidiana e arcas de madeira entalhada com desenhos formais e figurativos entremesclados. Lévi-Strauss passava horas andando pelas galerias, observando atentamente cada artefato.

Sentiu-se especialmente perturbado por um objeto em particular, uma máscara *sxwaixwe* do povo salish de Vancouver. Com os olhos em formato de tomada — dois cilindros se projetando da face, como se os globos oculares se apoiassem numa haste — e a boca escancarada, a máscara era uma peça excepcional. "Parecia tão diferente do resto", lembrava Lévi-Strauss trinta anos depois, "outra forma, outro estilo, e principalmente aqueles olhos protuberantes, e meu problema era por que esses olhos protuberantes? Qual é o sentido deles? O que representam?"[40] Só conseguiria responder a essas perguntas quase no final de sua carreira, com o auxílio do instrumental teórico que iria desenvolver nesse meio-tempo, quando retornou ao tema nos anos 1970 em *A Via das Máscaras*. Nesse intervalo, ele desenvolveu o que chamou de "elo carnal" com a arte da Costa Noroeste, que o intrigava em termos intelectuais e também estéticos.[41]

Ao visitar o pintor surrealista Yves Tanguy, Lévi-Strauss encontrou um pequeno estúdio em Greenwich Village, perto da esquina da Eleventh Street com a Sexta Avenida, que alugou imediatamente. Descendo para o subsolo escuro e subindo uma escada, chegava-se ao estúdio, que dava para um jardim descuidado. As instalações eram básicas — um quarto com cama, mesa e duas cadeiras, e uma salinha em anexo. Como decoração, Lévi-Strauss fez sua própria obra de arte, pintando "uma grande tela de inspiração surrealista em tons sombrios, com mãos entrelaçadas gigantescas que se dissolviam em outros traços". Era uma retomada do rascunho alucinado que ele tinha feito no Amazonas, depois que o vaqueiro Emídio estraçalhara a mão.⁴² Na mesa de café havia um cinzeiro de vidro, uma estatueta de madeira de um guerreiro com olhos dourados e um totem da Colúmbia Britânica em miniatura.⁴³ A escrivaninha em que ele escreveu grande parte de sua tese de quinhentas páginas mal tinha um metro de largura.⁴⁴ Sem que Lévi-Strauss soubesse, Claude Shannon, o pai da cibernética, estava alugando um apartamento no mesmo edifício, "inventando um cérebro artificial", segundo um dos vizinhos de Lévi-Strauss.⁴⁵ Nos próximos anos, os dois iriam trabalhar — um em placas de circuitos computadorizados, outro, sobre relações de parentesco tribais — sobre os mesmos problemas fundamentais, um desconhecendo totalmente a existência do outro.

Como centro artístico de Nova York — uma rede de quitinetes sem aquecimento, ateliês minúsculos e apartamentos decrépitos —, Greenwich Village logo foi colonizada pelos imigrantes surrealistas. Yves Tanguy ficou com Breton na Eleventh Street; Roberto Matta estava na Ninth. Depois de passar um período em bairro nobre, na Hale House de Peggy Guggenheim, Marcel Duchamp tinha se instalado ali por perto, em seu famoso estúdio minimalista de um aposento só, decorado com uma mesa, uma cadeira, um caixote e dois pregos enfiados na parede, com um barbante pendurado num deles. Também havia artistas americanos se mudando para lá. Alguns quarteirões adiante estava Jackson Pollock, jovem e relativamente desconhecido naquela época, junto com Gordon Onslow Ford, Arshile Gorky e Robert Motherwell.⁴⁶ Havia muito convívio no bairro. Lojinhas italianas vendiam espaguete caseiro, verdureiros expunham frutas e legumes nas carroças, os clubes da MacDougal Street tocavam um jazz lento e áspero noite adentro. Mesmo assim, os franceses reclamavam muito da falta de cafés, que formavam o eixo da vida boêmia que levavam em Paris. Não era disso que Lévi-Strauss sentia falta. Embora francês até a medula, sentia-se desenraizado pelo longo tempo que passara na América do Sul; como lembrava mais tarde: "Eu sonhava muito com o mapa da França, uma França que mal conhecia."⁴⁷

Por intermédio de Breton, Lévi-Strauss logo se tornou membro honorário de um círculo artístico muito badalado. Era convidado para noitadas onde os surrealistas faziam seus famosos jogos de salão: *vérité*, o jogo da verdade que era uma versão psicanalítica do *truth or dare*, charadas usando apenas analogias, leituras de tarô e *cadavres exquis* — jogo em que os fragmentos textuais e visuais criados pelos participantes eram montados em imagens e narrativas estranhas. Os artistas trocavam visitas, saíam para jantar, iam aos coquetéis de Peggy Guggenheim e às danças no Savoy Ballroom no Harlem, a altas horas da noite.

Lévi-Strauss se deu bem com Max Ernst desde o início e fez amizade com André Masson. Admirava o pintor Tanguy, mas achava difícil se dar com ele. Duchamp "tinha grande gentileza", e a amizade de Lévi-Strauss com o poeta e crítico de arte Patrick Waldberg — que depois se tornaria um dos cronistas do surrealismo — sobreviveu ao breve período boêmio da época da guerra em Nova York.[48] Waldberg lembra seus passeios com Lévi-Strauss pelos restaurantes exóticos de Manhattan, provando ovos de tartaruga panamenhos, ensopado de alce, sopa de ostras, larvas de palmeiras mexicanas e "polvos de textura sedosa".[49] É pelos olhos de Waldberg que vemos Lévi-Strauss nessa fase crucial de sua vida — um exilado, um pensador ainda na periferia, mas à beira da grandeza:

> Ele me parecia imbuído com o que eu chamaria de ar de dignidade: alto e magro, com rosto comprido de feições marcadas, um olhar ao mesmo tempo profundo e penetrante, às vezes sonhador e melancólico, às vezes concentrado e alerta. [...] Para quem não o conhecia bem, sua atitude podia ser difícil e às vezes até fria... Também lembro o peso de seu silêncio quando algum indesejado tentava fazê-lo dizer algo que não queria dizer. Mas, se estava com amigos de confiança, ele sabia se fazer encantador, com palavras calorosas, às vezes apaixonadas.[50]

A ligação de Lévi-Strauss com os surrealistas foi uma associação fecunda de ideias. Ele se interessava pelas preocupações artísticas daqueles meados do século: o poder subversivo do subconsciente, a importância do mito, da irracionalidade e da justaposição. Os surrealistas consideravam a antropologia e a psicologia como as principais disciplinas modernistas. Despejavam uma etnografia semidigerida e idolatravam a arte tribal. Logo antes de estourar a guerra, o artista Kurt Seligmann tinha passado quase quatro meses num entreposto comercial na Colúmbia Britânica, observando os rituais e obras de arte dos índios da Costa Noroeste, despachando um totem de 18 metros de altura para o Musée de l'Homme em Paris. Breton era um colecicnador apaixonado de artefatos indígenas, que decoravam seu estúdio em Paris. E, cruzando os Estados Unidos na volta de Santa Monica, no Buick conversível de Peggy Guggenheim, Max Ernst parou para assistir a danças hopi e reunir *Zuñi kachinas*, estatuetas feitas de raiz de choupo-do-canadá.

Em Nova York, Ernst topou com achados ainda mais valiosos. Ele estava passando por uma loja na Terceira Avenida, de um antiquário alemão chamado Julius Carlebach, quando viu de relance uma colher. Vinha dos índios da Costa Noroeste, e estava exposta entre uma coleção de colheres de todo o mundo. Ernst conversou com o antiquário, que lhe disse que poderia montar uma coleção de artefatos tribais da Costa Noroeste, que Ernst depois arrebanhou. De início, escondeu de seus colegas artistas o endereço do antiquário, recusando a proposta de Seligmann, que lhe daria sua coleção de ilustrações de feitiçaria em troca de revelar sua fonte, mas depois Breton acabou descobrindo onde ficava a loja.

Logo Lévi-Strauss e todos os surrealistas aterrissaram na loja de Carlebach, fazendo uma vaquinha para comprar as máscaras de pedra teotihuacáns, os entalhes de madeira da Costa Noroeste e objetos de arte inuit e melanésia. Carlebach era um sujeito de gostos simples, interessando-se apenas por "porcelana alemã velha e curiosidades bizarras do tipo *Gemütlich*", mas, orientado pelos surrealistas, adquiriu máscaras, vasos e bastões de madeira entalhada com trocadilhos visuais. A fonte de Carlebach era o depósito do Museum of the American Indian no Bronx, que estava repleto das chamadas "duplicatas" que o diretor estava saldando a 50 dólares a peça. Uma tarde, dois táxis lotados de artistas surrealistas — entre eles Ernst, Breton, Matta, Tanguy e Seligmann, junto com Lévi-Strauss e o crítico de arte George Duthuit, genro de Matisse — foram até o depósito. Com a ajuda de um guarda, percorreram os armazéns do museu, selecionando artefatos de primeira, que depois apareceriam misteriosamente à venda na loja de Carlebach.[51]

Para os colecionadores, Nova York nos meados do século era como um tesouro perdido. Era como encontrar uma variedade fenomenal de restos de um naufrágio mundial que arribara na cidade que já havia se tornado uma das mais cosmopolitas do planeta. Tendo os contatos certos, a pessoa podia encontrar baús inteiros de antiguidades peruanas, prateleiras repletas de vasos nazcas, caixas de joias salvas da Revolução Russa ou caixotes cheios de raras estampas japonesas de Utamaro, vendidos informalmente em apartamentos, garagens e barracões nas ruas mais afastadas do centro de Manhattan. Nas lojas de segunda mão amontoavam-se móveis italianos e espanhóis do século XVI. Embora fosse relativamente pobre naquela época, Lévi-Strauss achou que poderia se dar ao luxo de comprar um aparador toscano antigo, à venda por dois ou três dólares. Depois da guerra, despachou a peça de volta para a Europa, onde foi decorar seu apartamento em Paris.[52]

Em 1942, o artista surrealista americano David Hare, trabalhando com Breton e Ernst, lançou a revista *VVV*, uma mescla de poesia, arte, antropologia, sociologia e psicologia na linha de *Documents*. O objetivo expresso era "diferenciar entre o que está morto e o que está vivo em todos os campos relacionados à arte e à ação", empreendimento que exigia "as habilidades muito diversas do médico legista e da parteira".[53] O primeiro número parece uma cápsula do tempo, representando as manias e obsessões artísticas de uma época, com textos e imagens da mitologia, da infância, figuras oníricas e discussões sobre a possibilidade de atingir a pureza pela espontaneidade. Num incongruente encaixe entre poemas de Aimé Césaire e uma coleção de imagens surreais — um relógio desmontado, uma sombrinha numa escada, banheiras num campo, uma igreja da Nova Inglaterra com os bancos ao ar livre —, havia um artigo de Lévi-Strauss.

Chamava-se "Cosmética indígena" e voltava às misteriosas curvas e volutas — os "ferimentos destros" e a "cirurgia gráfica", como disse ele — que havia fotografado anos antes no rosto das mulheres caduveias nos fundões do Mato Grosso. Agora sua análise começava a se concentrar nos aspectos formais e estéticos:

> Essas composições altamente desenvolvidas, ao mesmo tempo assimétricas e equilibradas, partem de um ou outro canto, e são traçadas sem hesitação nem correção até o final. Brotam visivelmente de um mesmo tema fundamental, onde cruzes, gavinhas, gregas e espirais desempenham um papel importante. Mesmo assim, cada uma delas é uma obra original: os motivos básicos se combinam com uma engenhosidade, uma riqueza de imaginação e mesmo uma ousadia, que brotam sempre novas.[54]

Esse trecho oferece uma visão interessante de suas ideias às vésperas de seu grande avanço teórico. Era como se ele procurasse uma maneira de reconciliar unidade e diferença, gênero e originalidade.

O mesmo número trazia também um comentário de Lévi-Strauss sobre Bronislaw Malinowski, pai da pesquisa de campo moderna que falecera pouco tempo antes. Ele multiplicava os louvores à contribuição de Malinowski para a antropologia, tanto pelo trabalho pioneiro em etnografia quanto pela ligação entre "as duas disciplinas mais revolucionárias de nossos tempos: a etnologia e a psicanálise". A partir de agora, escreveu Lévi-Strauss, toda etnografia será vista como "pré ou pós-Malinowski". Mas o artigo trazia uma alfinetada, aliás extremamente irônica em vista da futura orientação de Lévi-Strauss. Ele criticava Malinowski pelo "inexplicável desdém pela história" e seu "absoluto desprezo pela cultura material".[55] Lévi-Strauss sempre manteria o interesse pela cultura material, mas viria a rejeitar totalmente as abordagens históricas na etnografia.

Durante os meses de verão, Lévi-Strauss procurou retomar o fio de sua carreira acadêmica. Finalmente começou a redigir suas notas de campo, colocando-as numa forma de tese que pudesse ser publicada. Decidiu escrever em inglês, para tentar dominar uma língua na qual ainda se sentia inseguro. Enquanto isso, fez contato com os principais luminares da antropologia nos Estados Unidos. Entrou em contato com Alfred Métraux, que estava lecionando no Smithsonian Institute em Washington. Os dois se tornaram grandes amigos. Métraux se hospedava no estúdio de Greenwich Village quando vinha a Nova York, e Lévi-Strauss dormia numa cama de campanha na saleta de estar. Na época, Métraux estava organizando o *Handbook of South American Indians* (Manual dos índios sul-americanos), um levantamento enciclopédico da etnografia da região, e convidou Lévi-Strauss para contribuir nas seções sobre os grupos indígenas do Brasil Central. Robert Lowie, que tinha endossado sua inscrição na New School, e Alfred Kroeber estavam dando aulas na Califórnia, mas entravam em contato com ele quando visitavam Nova York. Lévi-Strauss se encontrou com os antropólogos Ralph Linton e Ruth Benedict e teve uma amostra da política de departamento na Universidade de Colúmbia. Linton e Benedict se detestavam, o que era fato notório, e cada qual convidava Lévi-Strauss para jantar e falar mal do outro.

Mas o mais importante foi que ele teve a oportunidade de conhecer Franz Boas, já nos últimos anos de vida. Boas iniciara seu trabalho de campo entre os inuits da ilha Baffin nos anos 1880, antes de trabalhar com os grupos da Costa Noroeste, inclusive os kwakiutl (agora conhecidos como kwakwaka'wakw). Foi o primeiro professor de antropologia em Colúmbia, cargo que ocupou por 37 anos. Figura marcante, de físico miúdo, com bigodes bastos, barbicha de bode e cabelo grisalho penteado para trás, Boas foi o primeiro a dar solidez ao interesse profissional pela cultura ameríndia, com minuciosas pesquisas de campo sobre a linguagem, a antropologia física e a cultura material. Seus alunos, entre eles Margaret Mead, Ruth Benedict, Robert Lowie e Edward Sapir, definiram a primeira fase da antropologia institucionalizada nos Estados Unidos. "Toda a antropologia americana derivou dele", disse Lévi-Strauss mais tarde, sem exagero.[56]

Lévi-Strauss escreveu a Boas logo que chegou a Nova York. Boas o recebeu cordialmente, como jovem antropólogo francês que era na época, desconhecido e sem quase nada publicado. Depois Lévi-Strauss foi à casa de Boas em Grantwood, do outro lado do Hudson, onde admirou suas coleções de objetos de madeira entalhada dos kwakiutl. Boas gostava de contar o caso do informante kwakiutl que ele trouxera para conhecer Nova York. O índio não pareceu se impressionar com as avenidas movimentadas, as filas de arranha-céus, os metrôs e o vapor que subia das grades de ventilação nas calçadas. O que lhe chamou a atenção foram as feiras de aberrações que ainda se realizavam na Times Square, com seus anões e mulheres barbadas. Ele também manifestou alguns interesses estéticos específicos — ficando fascinado com as esferas de metal nos corrimões das escadas e as secadoras nas lavanderias —, tal como o antropólogo gostava de fetichizar certos aspectos das culturas indígenas que visitava.[57]

Muito mais tarde, no final de 1942, Lévi-Strauss e Boas se encontraram pela última vez num almoço que entrou nos anais da antropologia. O almoço foi organizado em homenagem a outro exilado francês, Paul Rivet do Musée de l'Homme, com convidados que incluíam Margaret Mead, Ruth Benedict e Ralph Linton, os *protégés* de Boas. Rivet estivera na América do Sul, trabalhando na Colômbia, e estava de passagem por Nova York para ir ao México. Num dia de inverno rigoroso, sentaram-se em torno de uma grande mesa de jantar no grêmio dos docentes da universidade. "Boas estava muito jovial", relembrava Lévi-Strauss. "No meio de uma conversa, ele deu um repelão violento na mesa e caiu para trás. Eu estava sentado ao lado dele e me curvei para levantá-lo. Rivet, que tinha começado a carreira como médico militar, tentou inutilmente trazê-lo de volta à vida. Boas estava morto."[58]

Lévi-Strauss começou a trabalhar no outono na New School for Social Research, com o nome abreviado para Claude L. Strauss, para que não o confundissem com a marca do jeans. "Os alunos achariam engraçado", foi o que lhe explicaram. A confusão iria persegui-lo durante toda a vida. "Dificilmente se passa um ano sem que eu receba, geralmente da África, uma encomenda de um par de jeans", disse ele a Didier Eribon nos anos 1980 — embora tenha descoberto que, com a fama, quase não o confundiam mais. Ao dar o nome na fila de um restaurante em São Francisco, nos anos 1980, o garçom devolveu: "Das calças ou dos livros?"[59]

A New School reunia imigrantes de toda a Europa, grandes intelectos trabalhando num meio interdisciplinar menos rigoroso. Era um ambiente vibrante, em que a nova música, o novo teatro e o novo cinema podiam interagir livremente com a academia. Lévi-Strauss dava aulas de sociologia contemporânea da América do Sul, tema com o qual não tinha grande familiaridade, a não ser suas experiências no Brasil. Ele estudou muito o assunto durante o verão, e conseguiu montar uma série de aulas noturnas, indo da Argentina ao Peru e à Bolívia. Ainda se debatia com a língua, mas, como os estudantes, em sua maioria, também eram refugiados estrangeiros, o inglês estropiado se tornou a língua franca.

No começo de 1942, foi inaugurada a École Libre des Hautes Études de Nova York — uma espécie de universidade francesa no exílio — ao lado da New School. Apoiada pela França Livre de Charles de Gaulle e pelo governo belga no exílio, a universidade foi inaugurada com grande pompa no Salão do Hunter College, com 3 mil pessoas no público e os cantores do Metropolitan Opera para cantar os hinos nacionais dos Estados Unidos, da Bélgica e da França. O *New York Times* comparou o papel da École ao abrigo que Constantinopla dera aos eruditos depois da queda de Roma. A conotação histórica era clara: em resposta ao império nazista brutal, os judeus francófonos — proibidos pela legislação racista de trabalhar na França, na Bélgica e na Europa Oriental — eram bem recebidos no Novo Mundo. A École se tornou uma importante instituição francófona em Nova York, com noventa professores ministrando aulas a quase mil estudantes, em matérias que iam da cinematografia ao direito.[60]

Lévi-Strauss dava aulas de antropologia em francês — um alívio depois de ter de alinhavar frases sociológicas em inglês. Os temas eram amplos: "Etnografia Geral", "O Primeiro Estado Totalitário: Os Incas", "O Estudo da Cultura Material no Museu e em Campo". Mas Lévi-Strauss muitas vezes falava para uma sala quase vazia. O fato não parecia incomodá-lo — ele falava "como se estivesse num vasto auditório", comentou Isabelle, esposa de Patrick Waldberg, que frequentou suas aulas. Segundo ela, o estilo didático de Lévi-Strauss era competente, mas não empolgante: "Sente-se que Lévi-Strauss se empenha em esgotar o tema, e mesmo que não chegue a conclusões muito originais, pelo menos oferece inúmeros detalhes, expressa-se com clareza e muitas vezes faz comparações muito interessantes."[61]

Perto do final da guerra, Lévi-Strauss também deu aulas no Barnard College, um campus feminino ligado à Universidade de Colúmbia em Morningside Heights, em sua primeira incursão, aliás desgastante, no sistema universitário americano dominante. Trinta anos depois, numa palestra a ex-alunas da faculdade, ele pôde fazer graça sobre a estreia desastrosa:

> Quando me instalei atrás da mesa e comecei a discorrer sobre os índios nhambiquaras, meu medo se transformou em pânico: nenhuma aluna estava tomando notas; em vez de escrever, estavam tricotando. Continuaram a tricotar até o final da aula, como se não estivessem prestando nenhuma atenção ao que eu dizia — ou tentava dizer em meu inglês trôpego. Mas na verdade ouviram, pois no final da aula veio uma jovem (ainda posso vê-la: esbelta, graciosa, de cabelo louro-acinzentado curto e cacheado, usando um vestido azul) e disse que era tudo muito interessante, mas queria me avisar que *desert* e *dessert* eram duas palavras diferentes.*

Esse engano, concluiu num gracejo, mostrava que desde aquela época ele misturava ecologia e culinária, "que depois serviram para ilustrar algumas das propriedades estruturais da mente humana".[62]

---

* *Desert* (deserto) e *dessert* (sobremesa) são pronunciados em inglês de maneira sutilmente diferente. Em *desert* o acento tônico é na primeira sílaba e em *dessert*, na segunda. (N. da E.)

Seja como for, em algum nível subconsciente Lévi-Strauss já estava juntando suas ideias, as matérias-primas de futuras análises estavam se reunindo gradualmente. Num débil eco do tempo que Karl Marx passou na Sala de Leitura do Museu Britânico, um século antes, Lévi-Strauss se sentava todas as manhãs, das nove ao meio-dia, na Sala Americana, agora extinta, da Biblioteca Pública de Nova York.[63] Comparada ao amplo salão de leitura principal, a Sala Americana era um ambiente menor e mais íntimo para as pesquisas de Lévi-Strauss. Um grande portal com austera arquitrave de mármore levava à sala com cerca de 12 mesas de leitura, um balcão de vigilância e filas de fichários. A luz natural entrava pelas claraboias, iluminando as estantes que iam do chão ao teto, com um mezanino dando acesso às prateleiras de cima.

Foi lá, no edifício em estilo clássico da Quinta Avenida, com seus murais, forros decorados, pisos de carvalho e cerâmica, que Lévi-Strauss devorou o vasto material de etnografia que havia se acumulado nas estantes do subsolo da biblioteca. "O que eu sei de antropologia aprendi naqueles anos", rememorou mais tarde.[64] Nos intervalos, ele folheava revistas científicas, procurando acompanhar os últimos avanços em outros campos. Enquanto digeria etnografia e mais etnografia, memorizando obscuras práticas e crenças nativas, um autêntico índio americano de cocar e casaco de camurça, sentado algumas mesas adiante, fazia anotações usando uma caneta Parker.[65]

Foi naquela época que ele veio a conhecer um outro livro que lhe caiu como uma luva para a evolução de suas ideias: *On Growth and Form* (Sobre o crescimento e a forma), de D'Arcy Wentworth Thompson, um clássico excêntrico que examinava a matemática da morfologia. Polímata escocês, D'Arcy Thompson mostrava que a engenharia natural e a engenharia humana haviam chegado a soluções geométricas igualmente elegantes para problemas colocados pelas condições físicas no mundo. Para ilustrar suas ideias, D'Arcy Thompson, num belo estilo de escrita, comparava as formas de uma gota d'água caindo e as de uma água-viva, de uma fibra vegetal e do arame, o metacarpo da asa de um abutre e um certo tipo de treliça. A diversidade da natureza era gerada a partir de diversas aplicações de razões e proporções clássicas, que depois tinham sido redescobertas na geometria e na matemática de Pitágoras e Newton. Embora alguns considerem a obra como uma heresia científica, por minimizar o papel da evolução darwinista, até hoje ela continua a ser fascinante.⁶⁶ Esse amálgama de D'Arcy Thompson entre estética e teoria exerceu imensa atração em Lévi-Strauss.

Munido da matéria-prima, Lévi-Strauss estava pronto para a teoria. Procurava um arcabouço, um princípio organizador, a estrutura interna que tinha intuído em seu trabalho de campo no Brasil. Procurava o que havia desencadeado as sensações intensas que tivera ao fitar o conjunto de dentes-de-leão na fronteira de Luxemburgo e ao ler o livro de Granet sobre o parentesco. "Na época, eu era uma espécie de estruturalista ingênuo", explicou mais tarde, "um estruturalista sem saber".⁶⁷

O catalisador foi o poeta e linguista russo Roman Jakobson. Ele dominava uma dúzia de idiomas e tinha sido integrante de destaque nas escolas linguísticas de Moscou e de Praga. O mundo a que Lévi-Strauss fora recentemente apresentado em Nova York tinha sido por muito tempo o ambiente natural de Jakobson — uma mistura de academia e arte moderna, sala de aula e boemia, poesia de vanguarda e o campo nascente da análise linguística estrutural. Em Moscou da Revolução, Jakobson tinha convivido com os futuristas; em Praga, com os surrealistas e artistas de cabaré modernistas. Havia até se iniciado em antropologia, estudando folclore em Moscou e nas redondezas, com o etnólogo russo Petr Bogatirev.

Bon vivant, "um verdadeiro *globe-trotter* do estruturalismo",⁶⁸ Jakobson chegara a Nova York depois de um percurso tortuoso pela Europa Central e pela Escandinávia, nunca muito adiante do avanço acelerado da frente nazista. Quando a Alemanha invadiu a Tchecoslováquia, Jakobson estava lecionando na Universidade de Masaryk em Brno. Intelectual judeu antifascista bastante conhecido, ele queimou seus papéis e foi buscar esconderijo. Terminou em Praga, passando um mês escondido dentro de um guarda-roupa no apartamento de seu sogro. Acompanhado pela esposa Svatava, Jakobson foi para a Dinamarca, onde recebera o convite para dar aulas na Universidade de Copenhague. A viagem levou o casal para o próprio centro nazista, obrigando-os a certa altura a fazer baldeação em Berlim. Lá, Jakobson se deu ao capricho de tomar uma cerveja na plataforma e de postar cartas aos amigos, os quais ficaram atônitos ao ver um carimbo de Berlim dias depois da comemoração do aniversário de 50 anos de Hitler.

Jakobson trabalhou seis meses na Universidade de Copenhague, e então teve de fugir com a esposa para a Noruega. Com a invasão alemã, estavam novamente em fuga, chegando à fronteira sueca sem passaporte ou qualquer outro documento de identidade. Depois de passar uma semana retidos na alfândega, tiveram autorização de entrar na Suécia, país neutro, e se estabelecer em Upsala, onde Jakobson se dedicou à pesquisa da afasia e padrões de fala na infância. Um ano depois, ele estava num vapor com destino aos Estados Unidos, mas suas provações não tinham terminado. Durante a travessia, soldados alemães subiram a bordo para verificar a identidade dos passageiros. Como Jakobson e sua mulher eram apátridas, estavam numa posição potencialmente arriscada, mas conseguiram convencer os militares de que eram emigrantes russos e tinham autorização para ir a Nova York.[69]

Quando Jakobson chegou a Nova York, Lévi-Strauss ainda estava às voltas com sua tese sobre os nhambiquaras, tentando encaixar os dados linguísticos e de parentesco reunidos em sua expedição pelo Mato Grosso. Nas notas de campo, ele havia experimentado vários modelos diferentes para descrever os sistemas de parentesco — a árvore genealógica tradicional, colunas de parentesco com os cabeçalhos *"mon père appelle"*, *"ma mère appelle"*, *"mon frère appelle"*, *"j'appelle"*, *"mon mari appelle"* e assim por diante, além de um esquema em xadrez que cruzava as referências entre as colunas verticais e horizontais dos termos afins. Usava alguns símbolos (acrescentando o símbolo de um pênis para diferenciar os sexos), com linhas, círculos e setas ligando os parentes ao longo das gerações.

Havia um certo ar de desesperança nos sucessivos quadros de vocabulário básico da língua, listando a terminologia do parentesco em alguma outra língua com que Lévi-Strauss tivesse tido algum contato fugaz. A um certo ponto, ele anotou *"langue semble différente"* ("língua parece diferente"), sugerindo que estava com problemas até para identificar o grupo linguístico com que estava lidando.[70] Ao comentar suas dificuldades com Alexandre Koyré, acadêmico russo-francês especializado em história e filosofia da ciência, este sugeriu que Lévi-Strauss falasse com Jakobson, que acabava de ingressar como professor na École Libre des Hautes Études. Koyré sentira uma possível afinidade entre ambos, mas não podia imaginar o impacto que sua recomendação teria. Lévi-Strauss estava esperando um aconselhamento técnico; o que recebeu foi toda uma nova maneira de pensar.

Jakobson era 12 anos mais velho do que Lévi-Strauss e, com sua experiência acadêmica vasta e variada em universidades europeias, tornou-se uma espécie de mentor para o jovem antropólogo. De início, Jakobson achou que tinha encontrado um parceiro ideal de copo, com quem poderia conversar noite adentro, mas logo descobriu que Lévi-Strauss, apesar de se dar com os surrealistas, no fundo era um moderado, que não bebia e preferia se deitar cedo. Porém o hedonismo de Jakobson se fundiu de alguma maneira com o ascetismo mais pacato de Lévi-Strauss e a amizade entre os dois prosperou e se transformou numa ligação duradoura. Frequentemente saíam juntos para jantar, explorando os restaurantes chineses, gregos e armênios de Nova York.[71] Jakobson também apresentou Lévi-Strauss a um novo círculo de intelectuais. Por intermédio de Raymond de Saussure, o filho do grande linguista, Lévi-Strauss fez contato com os principais psicanalistas da cidade, entre eles Rudolph Loewenstein, Ernst Kris e Herman Nunberg.

A partir do outono de 1942, um passou a assistir às aulas do outro — Jakobson sobre fonética e Lévi-Strauss sobre o parentesco. Falando num francês fluente quase sem sotaque, Jakobson ia dos poemas de Edgar Allan Poe ao romance *Fome* de Knut Hamsun, citando os filósofos Edmund Husserl e Jeremy Bentham, ao lado dos escolásticos. Dava exemplos de líquidas, labiodentais, nasais, sibilantes sonoras e surdas das línguas eslavas, ilustrando os argumentos com palavras do francês, do finlandês e do coreano. E em meio a essa exibição de saber e cosmopolitismo europeus, Jakobson contava a história do surgimento da linguística estrutural, abordagem iniciada por Ferdinand de Saussure e desenvolvida pelo linguista russo Nikolai Trubetskói e ele próprio. "A disciplina praticada por Jakobson me envolvia como uma novela de detetive", lembrava Lévi-Strauss. "Eu tinha a sensação de participar de uma grande aventura do intelecto."[72]

O núcleo da linguística estrutural era uma ideia simples, mas revolucionária: a noção de que a linguagem consistia num sistema formal de elementos inter-relacionados, e que o significado residia não nos elementos em si, mas em suas relações mútuas. Dissolvia-se a solidez da língua — da palavra, do som e do referente. Na base havia um sistema de diferenças. Os exemplos clássicos provinham da fonética, campo que avançara muito com a nova abordagem. No século XIX, os linguistas tinham se concentrado na produção do som e na descrição dos próprios sons. Estudavam a posição da língua, dos lábios e dos dentes na articulação sonora; filmavam, fotografavam e por fim podiam até radiografar a laringe do emissor; monitoravam as mais leves modulações, reunindo dados cada vez mais detalhados, notações cada vez mais complexas de sons sutilmente diferentes. Chegou-se praticamente a um *continuum* do som e do movimento — uma massa de dados sem foco teórico. Na abordagem estritamente empirista, "a substância fônica da língua vira pó", dizia Jakobson.[73]

Jakobson comparava a geração anterior a um personagem de uma novela do escritor romântico russo Vladimir Odoievski (retomada por Borges no conto "Funes, o memorioso"). Um homem recebe o dom de ver e ouvir tudo e logo cai num inferno empirista absolutamente saturado: "Tudo na natureza se fragmentava diante dele, e nada formava qualquer conjunto em sua mente"; para esse infeliz, "os sons da fala se transformaram numa torrente de incontáveis movimentos articulatórios de vibrações mecânicas, sem objetivo e sem significado".[74]

A fonologia estrutural, explicava Jakobson, oferecia uma saída dessa explosão exponencial de dados. O problema central era identificar os "*quanta* de linguagem": as menores unidades capazes de alterar os significados. Os sons com "valor de diferenciação" eram chamados de fonemas. Pares de fonemas opostos — como *b* e *v* em *boa* e *voa* — operavam como portas de circuitos, com a passagem entre sentidos alternados. E, o mais fundamental, o significado era gerado não pelos fonemas, e sim pela relação entre eles, e daí o paradoxo: "A linguagem [...] é composta de elementos que são significantes, mas ao mesmo tempo não significam nada."[75] Jakobson demonstrava o avanço em relação à década anterior e a sistematização dos fonemas em conjuntos de características, que podiam se dividir em oposições básicas — compactos e difusos, abertos e fechados, agudos e graves — existentes em todas as línguas. Mais tarde, ele trabalharia essas relações dentro de um esquema engenhosamente simples: dois triângulos, um para as vogais e outro para as consoantes, que produziam diferenças fonéticas fundamentais. Quando os recém-nascidos começavam gradualmente a sintonizar essas distinções, começavam a padronizar suas múltiplas combinações em sons com significado — as palavras de sua língua materna, fosse francês, japonês ou turco.

Para Lévi-Strauss, a ideia de que milhares de línguas se radicavam numa essência — pequenos conjuntos de fonemas opostos — era sedutoramente reducionista. Como os linguistas do século XIX, ele se sentira esmagado sob a pura quantidade de dados empíricos, condenado "à tarefa interminável de procurar coisas atrás de coisas".[76] A mudança de enfoque, passando dos objetos para as relações entre eles, parecia potencialmente libertadora. A linguística estrutural havia mostrado que uma incursão deliberada na abstração e na experimentação com modelos de ordem mais elevada podia render resultados expressivos.

Enquanto Lévi-Strauss prosseguia em seu curso sobre o parentesco, o encaixe parecia um mistério. Afinal, o parentesco era um sistema relacional por excelência. Os diagramas parentais se prestavam naturalmente a oposições simples: masculino/feminino; endógeno/exógeno do casamento; metades, clãs e grades opostos. Sob o drama das relações humanas havia regras tácitas, observadas de maneira inconsciente, que permitiam que os grupos se comunicassem ao longo das gerações com uma eficiência quase matemática. Embora as estranhas regras matrimoniais, tomadas isoladamente, gerassem perplexidade, ao tomá-las em conjunto — como estratégias contrastantes dentro de um sistema geral — Lévi-Strauss pôde começar a ver as linhas de um esquema grandioso. Jakobson o incentivou a expor suas ideias no papel, e Lévi-Strauss, enquanto terminava sua tese sobre os nhambiquaras, também começou a trabalhar em *As Estruturas Elementares do Parentesco*.

Os diversos fios do pensamento de Lévi-Strauss agora se juntavam. A nova linguística traçava uma linha que abrangia toda a sua história intelectual anterior — o fascínio por Marx e Freud, o interesse pela geologia. Ele percebeu que os relatórios etnográficos que andava lendo, por mais vívidos que fossem, não passavam de meros fenômenos de superfície — como a paisagem para a geologia, os fatos históricos para o marxismo, o desejo, a repulsa e a neurose para a psicanálise.

Agora ele podia acrescentar mais um nome a essas três "mestras": o linguista suíço Ferdinand de Saussure. Por influência de Jakobson, o famoso *Curso de Linguística Geral* de Saussure, que fora compilado por seus alunos e publicado postumamente em 1915, tornou-se uma pedra fundamental do pensamento de Lévi-Strauss. Ideias centrais do *Curso* se tornaram elementos definitivos de seu arsenal intelectual: a distinção entre *la langue* (a língua como sistema abstrato) e *la parole* (a língua tal como é falada) e as diferenças entre a abordagem sincrônica (do momento) e a abordagem diacrônica (histórica) foram transpostas para o campo etnográfico. A partir daí, Lévi--Strauss iria se concentrar não tanto nas etnografias individuais, e sim nas comparações entre sistemas culturais abstratos extraídos dos registros etnográficos, tal como os linguistas privilegiavam as gramáticas em vez do ruído de fundo dos usos idiossincráticos e do gradual movimento linguístico. O conceito saussuriano de "pares binários" — os contrastes que geram significado —, que tinha sido tão útil na fonética, também se tornou um item indispensável do instrumental lévi-straussiano.

As noções de Saussure, filtradas pela linguística estrutural de Jakobson, forneceram a Lévi-Strauss as ferramentas para se libertar do pântano dos dados descritivos e observar os padrões que percorriam continentes e culturas. Esse gesto exigia um grande salto de fé. Quando começou a importar vários conceitos da linguística para as ciências sociais, Lévi-Strauss enveredou por um caminho rumo ao desconhecido intelectual.

5
Estruturas Elementares

> A vida social impõe à [...] humanidade um ir e vir constante, e a vida familiar é pouco mais do que a expressão de uma necessidade de diminuir o passo nas encruzilhadas e aproveitar a oportunidade de descansar. Mas a ordem é continuar a andar.
>
> Claude Lévi-Strauss, "A Família", Homem, Cultura e Sociedade 1980

A guerra deixou profundas cicatrizes na França, criando em seu desenrolar uma ansiedade constante entre os exilados. Em Nova York, Lévi-Strauss lia obsessivamente as notícias dos jornais e ouvia as emissoras de rádio para se informar sobre a situação na Europa. A questão judaica, que pouco tempo antes ele tratara de maneira tão casual, agora dizia respeito à sobrevivência dos parentes e amigos que tinham ficado para trás. Nos primeiros anos, Lévi-Strauss recebia notícias intermitentes dos pais nas Cévennes. Escrevia-lhes longas cartas em sua letra fina, com várias fotos coladas na página e pequenos desenhos: mapas das ruas e uma planta de seu apartamento em Greenwich Village. Mas toda a correspondência se interrompeu bruscamente com a invasão da zona livre em 1943.

Em retrospecto, Lévi-Strauss teve sorte em sair naquele momento — poucos dias depois de embarcar em Marselha, o governo de Vichy criou um Comissariado Geral de Assuntos Judaicos, implantando a seguir um recenseamento e uma polícia especial para lidar com os judeus. Se Lévi-Strauss tivesse conseguido sua vaga de professor em Paris, como pretendia, talvez não tivesse sobrevivido à guerra. Sua ligação com o Musée de l'Homme, onde trabalhara no verão de 1939 preparando a exposição dos artefatos nhambiquaras, iria colocá-lo em extremo perigo. Foi lá que se formou uma das primeiras células de resistência, no início da ocupação. O pesquisador Anatole Lewitzky, aluno de Mauss, liderava o grupo com sua noiva bibliotecária, Yvonne Oddon. Em dezembro de 1940, eles começaram a imprimir e distribuir o boletim *Résistance*, usando um mimeógrafo instalado por Rivet nos anos 1930 para imprimir a propaganda antifascista. O grupo acabou se dissolvendo e, apesar dos protestos de Mauss, Lewitzky foi julgado e executado no Mont Valérien em Nanterre, com outros sete cúmplices da rede do Musée; três mulheres, entre elas Yvonne Oddon, tiveram a pena de morte comutada e terminaram nos campos de trabalho da Alemanha.

Mesmo o grande Marcel Mauss enfrentou dificuldades, sobrevivendo à guerra em condições cada vez mais severas. Aos 70 anos, em agosto de 1942, ele e a esposa acamada foram expulsos do amplo apartamento que ocupavam no boulevard Jourdan, que foi requisitado para o maior conforto de um general alemão. Estudantes ajudaram Mauss a salvar sua biblioteca, que ficou guardada no Musée, antes de se mudar para um pequeno apartamento térreo, "frio, escuro e sujo" na rue Georges de Porto-Riche, no 14º *arrondissement*. Naquele outono, ele foi obrigado, com todos os demais judeus, a costurar uma estrela amarela no casaco.[1]

Em Nova York, as complexidades da política dos tempos de guerra se refletiam entre os emigrados; a comunidade de exilados se tornou um microcosmo das cismas e divisões que definiriam a cultura política francesa na geração seguinte. Havia opiniões enfáticas sobre todos os aspectos da capitulação da França, bem como sobre a política americana inicial de reconhecer o governo de Vichy e não negociar com De Gaulle. Para alguns, os termos do Armistício constituíam uma traição; para outros, era uma atitude compreensivelmente pragmática. Poucos apoiavam Pétain abertamente, mas vários alimentavam simpatias pessoais por ele. O escritor e piloto Antoine de Saint-Exupéry foi perseguido por sua aceitação tácita de Pétain e sua recusa em apoiar De Gaulle, que considerava como líder ilegítimo. Muitos apoiavam De Gaulle como militar, mas temiam que suas tendências ditatoriais o convertessem num político perigoso. Os gaullistas organizavam caças às bruxas contra os vacilantes, mas também se engalfinhavam entre si.

Lévi-Strauss ingressou na França Livre e comparecia às ocasionais reuniões gaullistas. Mas, quando Jacques Soustelle tentou aliciá-lo para a Resistência em Londres, ele declinou educadamente. Seu espírito fervilhava de novas ideias. Queria escrever. Além disso, a rigidez política de sua juventude havia desaparecido. Pacifista antes da guerra, Lévi-Strauss perdera a confiança em seu julgamento político. "Atravessei *la drôle de guerre* e a ruína da França e percebi que era um erro enquadrar as realidades políticas no arcabouço das ideias formais", comentou mais tarde.[2]

Depois que os Estados Unidos entraram na guerra, Lévi-Strauss, por intermédio de Waldberg, encontrou trabalho como locutor de programas de propaganda no escritório francês do Office of War Information (Escritório de Informação de Guerra) na 57th Street, para a versão francófona da Voz da América. Lá, algumas vezes por semana, reunia-se um grupo excepcional de exilados franceses — encabeçado pelo futuro editor do *France Soir*, Pierre Lazareff, e que incluía André Breton, o filósofo católico Jacques Maritain, o escritor Denis de Rougemont e Dolorès Vanetti (que se tornaria amante de Sartre depois da guerra) — para escrever e transmitir o programa. Por cerca de 250 dólares por mês, o trabalho na Agência de Informação de Guerra trazia um complemento valioso à renda dos exilados.

Rougemont lembra o trabalho numa sala com trinta datilógrafos, o som das máquinas de teletexto e a iluminação forte. Homens com visores verdes e mangas arregaçadas editavam o material e passavam os roteiros para os locutores no Estúdio 16. Cada transmissão começava com "*Voici New York, les États-Unis d'Amérique. Nous nous adressons aux gens d'Europe!*", e prosseguia com as notícias da guerra, comentários e discursos de políticos importantes. Breton, que era pacifista, participava com relutância. Fiel a seus princípios surrealistas, recusava-se a ler qualquer referência ao papa. "Ele nos emprestava sua nobre voz", lembrava Rougemont, "mas conservava um senso de ironia". Lévi-Strauss lia traduções em francês dos discursos de Roosevelt, porque consideravam que sua dicção clara e precisa conseguia se sobrepor às interferências. Depois de gravados, os programas eram enviados à BBC de Londres, de onde eram retransmitidos para a França. Não se sabe quantos ouvintes na França realmente conseguiam sintonizar a estação, mas, segundo Lévi-Strauss, um amigo seu ouvia o programa e contatava os pais dele para avisar que o filho estava vivo e passava bem.³

Na École, Lévi-Strauss continuava a brincar com as novas ideias com que vinha tendo contato. Logo percebeu que os instrumentos da análise linguística estrutural podiam ser usados para qualquer conjunto de relações sistemáticas. Embora continuasse a analisar os dados de parentesco, passou a se dedicar a uma outra área — as propriedades estéticas das obras de arte indígenas — na qual as relações morfológicas abriam a possibilidade de um estilo de análise mais formal.

"O desdobramento da representação nas artes da Ásia e da América", publicado inicialmente em *Renaissance*, a revista interna da École, mostra Lévi-Strauss tateando em busca de um outro método de comparação intercultural. Examinando máscaras dos indígenas da Costa Noroeste, motivos da arte chinesa antiga, a pintura facial dos caduveus e as tatuagens maoris, ele extraiu similaridades formais. Boas tinha descrito as representações de ursos, tubarões e rãs feitas pelos índios da Costa Noroeste, em que as figuras apareciam como que cortadas no sentido do comprimento, achatadas e invertidas em dois perfis, encarando-se como imagens no espelho. Padrões semelhantes apareciam em máscaras chinesas antigas e nas urnas de bronze da dinastia Chang. As "técnicas de desdobramento" também se faziam presentes na pintura facial caduveia, com seus complexos eixos de padrões invertidos, e na simetria mais rigorosa das tatuagens faciais dos maoris. Os paralelos eram impressionantes: o rosto em quatro partes, as espirais e gregas se espelhando na testa e florescendo em volta da boca.

Deviam-se tais padrões, seguindo Boas, à difusão gradual de traços culturais no tempo e no espaço? Ou seria possível relacionar as várias "técnicas de desdobramento" com estruturas subjacentes, surgindo espontaneamente ao longo das eras e em todos os continentes? Interessante notar que, nesta fase, a explicação de Lévi-Strauss era ainda mais classicamente sociológica do que cognitiva. As tatuagens maoris "imprimem na mente todas as tradições e filosofia do grupo", assim como as simetrias mais deslocadas no rosto dos caduveus representam o "eco moribundo" da ordem feudal decadente do grupo — uma transformação correndo em paralelo a evoluções semelhantes na arte e na sociedade chinesas.⁴ Mas havia também um aspecto cognitivo. O "denominador comum" era o dualismo. A análise de Lévi-Strauss se condensava em conjuntos de pares binários, a exemplo dos de Jakobson, montados em relações análogas: arte figurativa e arte abstrata; entalhe e desenho; rosto e decoração; pessoa e personificação.[5]

Em 6 de junho de 1944, Lévi-Strauss ligou o rádio em seu estúdio em Greenwich Village. Entre os chiados e interferências das ondas, o locutor anunciava as notícias da manhã, começando pelos últimos acontecimentos na Europa. De início, Lévi-Strauss teve de se esforçar para entender o que parecia uma algaravia incoerente, "uma espécie de sopa de palavras, nomes de lugares e números",[6] mas, quando se deu conta do teor, ficou assombrado. Sob fogo pesado, as tropas dos aliados estavam desembarcando e subindo pelas praias da costa da Normandia. Numa rara demonstração de emoção, Lévi-Strauss desatou a soluçar.

Depois de conseguir escalar o litoral normando, os aliados avançaram pelo norte da França, região novamente envolvida em combates pesados. Logo a seguir, soldados americanos e franceses desembarcaram na Provença, no sul, de onde começaram a subir pelo vale do Reno até os Alpes. No final de agosto, Paris foi libertada e havia 2 milhões de soldados aliados em solo francês. Enquanto a luta se estendia pelo outono de 1944, a França reemergia lentamente dos anos de ocupação.

O rumo dos acontecimentos na Europa trouxe dúvidas sobre o futuro da École Libre des Hautes Études. Como tinha sido criada como uma universidade no exílio, não estava claro o papel que teria no pós-guerra. As negociações sobre seu futuro se complicaram ainda mais com uma cisão entre os gaullistas, que a consideravam como um anexo do governo francês no exílio, e os que queriam manter a neutralidade acadêmica. Afinal, havia muitos acadêmicos francófonos que não eram franceses — por exemplo, Jakobson e Koyré —, sem nenhum interesse especial em politizar a universidade. Mesmo assim, Henri Seyrig, o adido cultural do Comitê Francês de Libertação Nacional (o governo no exílio de De Gaulle), seguindo ordens de Argel, tentou trazer a École para o controle gaullista. Lévi-Strauss deu apoio a Seyrig e, quando o Departamento de Justiça americano solicitou que a École registrasse oficialmente sua filiação política segundo os termos da Lei de Registro dos Agentes Estrangeiros, ele considerou que a universidade deveria ceder. A medida causou profunda indignação numa facção contrária, comandada por Jacques Maritain, o qual argumentava que aquilo era uma ameaça aos princípios da imparcialidade e liberdade acadêmica. Numa acirrada reunião de diretoria logo após a invasão da Normandia, os gaullistas venceram e Lévi-Strauss foi nomeado secretário-geral.[7] Poucos meses depois, ele foi enviado ao Diretório de Relações Culturais em Paris, recém-libertada, para discutir o futuro da École.

Nos meses finais da guerra, Lévi-Strauss embarcou num comboio naval americano, que atravessou os mares cinzentos do Atlântico norte, atracando no porto de Cardiff. Depois de passar pela alfândega, ele percorreu as ruelas estreitas até a estação ferroviária, passando pelas filas de casas dilapidadas, vendo as cenas da destruição causada pela guerra. Depois de anos no exílio, finalmente voltava a solo europeu, num retorno de certa forma intensificado pelo desembarque solitário num porto estrangeiro.

Lévi-Strauss tomou o trem de Cardiff, passando pelo País de Gales e seguindo até a Inglaterra, entre campos abandonados, aldeias enegrecidas e ruínas de guerra. Em Londres, os últimos V-1 ainda zumbiam nos céus; amontoados de escombros, edifícios devastados, defesas precárias improvisadas desmentiam a proximidade da vitória. Ele tomou outro trem até o Canal e cruzou a Mancha até Dieppe, de onde foi para Paris num caminhão militar americano. Era janeiro de 1945. Prosseguiam bolsões de combate feroz em Dunquerque, Lorient, Saint-Nazaire, La Rochelle e Royan; ainda vigorava um racionamento severo e estava se procedendo à *épuration sauvage*: os pelotões de fuzilamento montados às pressas, a captura das mulheres para lhes tosquiar os cabelos. Depois das luzes de néon cintilante de Nova York, Paris parecia uma cidade fantasma com apagões e racionamento diário da energia elétrica. Ressoavam os cascos dos cavalos nas carroças que desciam as avenidas; crianças maltrapilhas reviravam as latas de lixo. As comemorações da libertação ocultavam a pobreza e a neurose coletiva de um povo se recuperando dos rigores durante os anos de ocupação nazista.

Lévi-Strauss se reuniu à família, da qual não tinha notícia fazia mais de um ano, e encontrou o pai adoentado e envelhecido pelas privações do período de ocupação. Foi informado das tristes notícias. Durante a ocupação alemã do sul, os pais tinham sido obrigados a sair da casa nas Cévennes e a se esconder numa propriedade de René Courtin no Drôme. Enquanto isso, o apartamento do 16º *arrondissement* tinha sido saqueado, e não lhes restara nada, "nem sequer uma cama".[8] O estúdio da rue des Plantes, 26, onde ele tinha morado por um breve período ao voltar do Brasil, também fora saqueado — entre as perdas, as notas de campo que Lévi-Strauss registrara entre os caduveus.[9]

Lévi-Strauss se encontrou com Henri Laugier, que na época era o chefe da Diretoria de Relações Culturais, e começou a negociar o futuro da École Libre. Ambos concordaram que a École já cumprira sua tarefa e concluíram que, de uma maneira ou outra, ela deveria fechar ou talvez se fundir à Alliance Française. Com isso, a função de Lévi-Strauss se tornava supérflua, mas, com o auxílio de Laugier, ele conseguiu o cargo de adido cultural da França em Nova York. De início ofereceram-lhe o cargo no México, mas, graças a suas ligações pessoais com Seyrig, ele obteve o emprego ideal: um posto diplomático não muito exigente, a poucas quadras de distância da Biblioteca Pública de Nova York.

Enquanto prosseguiam as negociações, Lévi-Strauss montou um escritório da Diretoria de Relações Culturais numa casa perto dos Champs-Elysées, na rue Lord Byron. Ali, trabalhando sob as ordens de Laugier, ele atuava como funcionário de ligação para os franceses que queriam visitar os Estados Unidos. Mais tarde, comentou que atendera à soprano Jeanine Micheau, na época muito famosa, que entrou em seu escritório "com um perfume forte, trazendo dois cães enormes pela coleira".[10] Também relembrou um encontro fortuito com o filósofo Maurice Merleau-Ponty, que não via desde a época em que tinham dado aulas juntos, no período de três semanas de experiência para concorrer ao exame de *agrégation*, mais de dez anos antes. Naquele meio-tempo, Merleau-Ponty havia se tornado um dos filósofos mais importantes em atividade na França. O encontro entre os dois foi pura coincidência, quando o filósofo entrou no escritório de Lévi-Strauss pedindo informações para visitar os Estados Unidos.

Conversaram sobre filosofia, e Lévi-Strauss pediu a Merleau-Ponty que explicasse o que era o existencialismo. Aparentemente, Lévi-Strauss se deu por satisfeito com a resposta vaga: "É uma tentativa de restabelecer a filosofia como era nos tempos de Descartes, Leibniz e Kant." Quando Didier Eribon lhe perguntou mais tarde o que tinha achado daquela resposta,

Lévi-Strauss comentou: "Nada, a filosofia não me interessava mais, nem o existencialismo" —[11] resposta tipicamente sucinta, mas pouco confiável. Lévi-Strauss estivera fora mais de uma década, com contatos apenas esporádicos com o sistema acadêmico francês, ao qual pretendia retornar algum dia. A filosofia era o pilar intelectual das humanidades e, apesar de seus protestos em contrário, Lévi-Strauss ainda era um típico pensador francês, de orientação filosófica. Certamente teria curiosidade em saber o que se desenvolvera durante sua ausência.

Haviam surgido vários marcos. A publicação de *O Ser e o Nada* (1943) de Sartre e a obra do próprio Merleau-Ponty, de influência cada vez maior, culminando em *A Fenomenologia da Percepção* (1944), lideravam a retomada e a reavaliação da obra do filósofo alemão Edmund Husserl e de seu ex-assistente Martin Heidegger. Enquanto Lévi-Strauss, num dos extremos do espectro, começara a lidar com sistemas gerais abstratos, no outro extremo Merleau-Ponty discorria sobre o papel central do corpo nos atos íntimos da percepção. Para ele, os pensamentos mais íntimos ou mesmo banais do indivíduo constituíam a matéria-prima da filosofia. Páginas e páginas de reflexão sobre as experiências com seu próprio corpo — desde a impossibilidade de tratar os olhos como objetos (mesmo usando um espelho, "eles são os olhos de alguém observando") às misteriosas sensações de tocar e ser tocado ao mesmo tempo, quando sua mão esquerda pegava a direita — [12] de fato estavam muito distantes dos impulsos intelectuais de Lévi-Strauss.

De volta a Nova York, Lévi-Strauss cumpriu os últimos meses de contrato na École enfrentando um ambiente de hostilidade. Eram generalizadas as críticas a seu papel nas negociações sobre o futuro da École. O físico Léon Brillouin reclamou que Lévi-Strauss fora "infiel à sua missão, visto que, longe de defender os interesses da École [...], tinha retornado com a sentença de morte para nossa instituição".[13] Por fim, a congregação votou e aprovou o bloqueio do último salário de Lévi-Strauss.

Lévi-Strauss começava a revelar uma faceta hábil e pragmática — uma espécie de indiferença perante os fatos, que logo iria aplicar aos dados etnográficos. Tem-se um vislumbre fascinante de seu estado de espírito no final da guerra num relatório confidencial sobre a política da École, feito por um agente do America's Office of Strategic Services (Departamento de

Serviços Estratégicos dos Estados Unidos — o precursor da CIA). O agente do departamento pretendia originalmente entrevistar o produtor cinematográfico Jean Benoît-Lévy, mas, como ele estava ausente, Lévi-Strauss o substituiu. O agente ficou encantado com ele, considerando-o "uma personalidade extremamente atraente e agradável", leal ao general De Gaulle, mas com algumas opiniões duras sobre os acontecimentos recentes na Europa. Lévi-Strauss declarou a ele que a França tinha "perdido a guerra" e que, "quanto mais cedo as pessoas entendessem isso, melhor seria para todos os envolvidos", acrescentando que "poderia ter sido melhor matar imediatamente 50 mil colaboracionistas" em vez de se atolar nas sutilezas de reunir provas e realizar julgamentos —[14] declaração espantosa da parte de alguém que acabava de voltar da França, tendo visto com os próprios olhos as tensões e ambiguidades pós-ocupação. Era uma grande distância do idealismo de sua juventude. Seu engajamento político tinha "desaparecido".[15] O que restara era uma tendência conservadora que, na verdade, nunca mais iria abandoná-lo.

Foi nessa fase de transição de sua vida, quando a guerra terminou e sua condição de exilado acabou, que Lévi-Strauss redigiu um curto ensaio, "A análise estrutural em linguística e em antropologia".[16] O artigo foi publicado em *Word: Journal of the Linguistic Circle of New York* (Palavra: revista do círculo linguístico de Nova York), periódico fundado por Roman Jakobson e seus colegas, e selava a parceria intelectual entre Lévi-Strauss e Jakobson, traçando paralelos entre a linguística e a antropologia estruturais, fundindo-as na área do parentesco. Embora seja na aparência um ensaio técnico, árido e estritamente antropológico, o texto apresentava o tipo de radicalismo teórico que viria a caracterizar Lévi-Strauss.

Ele comparava a condição dos estudos do parentesco ao empirismo extremado da linguística oitocentista, quando a análise do som tinha sucumbido ao peso de seus próprios dados, que se subdividiam ao infinito. "Cada detalhe da terminologia e cada regra matrimonial especial estão associados a um costume específico como sua consequência ou remanescente", escreveu ele; "assim temos um caos de descontinuidade". Tanto a antropologia quanto a linguística tradicional tinham errado em "considerar os termos, e não as relações entre os termos".[17] E então apresentava o clássico enigma antropológico das atitudes distintas entre um homem e os filhos de sua irmã, na chamada relação "avuncular". O argumento é complexo e difícil para os leigos, mas vale a pena segui-lo passo a passo, pois foi essa reinterpretação que estabeleceu o tom metodológico de grande parte da obra subsequente de Lévi-Strauss.

O antropólogo inglês Alfred Radcliffe-Brown tinha observado dois conjuntos de relações invertidas. A relação de um menino com seu tio materno — fosse ela de obediência estrita ou de familiaridade jocosa — era o inverso da relação do mesmo menino com seu pai. Se o menino tinha uma relação descontraída e brincalhona com o tio materno, seria submisso em relação ao pai, e vice-versa. Radcliffe-Brown sustentava que a distinção estava relacionada com a descendência: nas sociedades matrilineares,[18] o tio materno, como membro do grupo de descendência, é uma figura de autoridade, enquanto o pai é fonte de ternura familiar; nas sociedades patrilineares, a situação é oposta — o pai encarna a autoridade tradicional do grupo de descendência e o tio materno se torna uma espécie de "mãe masculina". Parecia uma boa solução, se não fossem as inúmeras exceções à regra.

Lévi-Strauss reformulou a questão adotando a abordagem linguística. Examinou todas as possíveis permutações das relações dentro do sistema como um todo — não só dentro da unidade familiar, como havia feito Radcliffe-Brown, mas também entre os grupos familiares interligados. O "átomo de parentesco", na expressão cunhada por Lévi-Strauss, passou a ser um complexo de consanguinidade (relações de sangue), afinidade (casamento) e descendência (relações geracionais) — em sua forma mais simples, um homem, a esposa, o filho e o tio materno do filho.[19] Então elaborou uma tabela de atitudes possíveis, marcando "+" para as descontraídas e familiares e "-" para as estritas e reservadas. Como estruturas de cristais de moléculas compostas, os sinais positivos e os sinais negativos pareciam seguir um padrão, equilibrando-se de maneira complexa, mas em última análise simétrica.

Essa abordagem revelava alguns ecos estruturais — conjuntos de relações correndo em paralelo. Lévi-Strauss sintetizou suas descobertas na seguinte "lei": "Nos dois grupos, a relação entre o tio materno e o sobrinho está para a relação entre irmão e irmã assim como a relação entre pai e filho está para a relação entre marido e mulher."[20] Ou, de modo mais condensado, *tio materno/sobrinho* está para *irmão/irmã*, assim como *pai/filho* está para *marido/mulher*. E o modelo parecia funcionar, pelo menos nos exemplos apresentados por Lévi-Strauss. De Tonga às Ilhas Trobriand, dos grupos do lago Kutubu da Papua Nova Guiné aos siuais de Bougainville, dos kipsigis africanos aos dobuanos melanésios, as relações de respeito e familiaridade se distribuíam pelo sistema de parentesco com uma misteriosa simetria.

Radcliffe-Brown tinha se concentrado num problema específico para extrair o sentido de seu conteúdo. Lévi-Strauss simplesmente dissolveu o problema e seu conteúdo dentro de uma rede de relações.[21] Foi uma manobra que ele voltaria a utilizar várias vezes em suas análises — não só dos sistemas de parentesco, mas também quando entrou no campo mais conceitual do pensamento religioso e da mitologia. O método apontava para as verdades mais profundas que Lévi-Strauss intuía desde longa data, sem conseguir expressá-las. Sua utilização dos modelos linguísticos para os sistemas sociais não era metafórica; baseava-se no que ele acreditava ser uma afinidade concreta. A ponte entre a linguística e o parentesco era a cognição. No fundo, um sistema de parentesco existia "apenas na consciência humana" como "um sistema arbitrário de representações", como uma língua ou um sistema de sons.[22] Além da análise do parentesco, difícil de acompanhar, o artigo em *Word* era muito sugestivo em termos teóricos; apontava para um modo revolucionário de entender a cultura humana. A demonstração completa, porém, teria de esperar até 1949, quando apareceram os primeiros exemplares de *As Estruturas Elementares de Parentesco*.

No final de 1945, Lévi-Strauss assumiu seu novo cargo como adido cultural. Sua primeira tarefa foi reformar uma mansão na Quinta Avenida, perto da 74th Street, comprada pelo governo francês antes da guerra, mas desocupada desde a época em que a prefeitura de Nova York havia proibido que os funcionários de Vichy utilizassem o imóvel. Trabalhando com o arquiteto Jacques Carlu, que tinha projetado o monumental Palais de Chaillot em Paris — agora abrigando o Musée de l'Homme —, ele fez projetos, consultou construtores, chegou inclusive a executar pessoalmente uma parte do trabalho manual, serviço que lhe agradava muito. A habilidade manual o atraía muito, um resquício de sua criação na rue Poussin, cercado pelos vários projetos artesanais do pai.

Enquanto as obras estavam em andamento, ele precisava improvisar, mantendo o escritório num antigo salão de baile — uma réplica excêntrica de um *palazzo* romano, com os forros pintados e finos lavores em madeira. Mais tarde, ao receber o grande arquiteto modernista Le Corbusier, Lévi-Strauss perguntou o que devia fazer com o salão. "Não mexa nele", respondeu Le Corbusier, "é um belo exemplar de obra artesanal, vamos respeitar isso". O conselho marcou Lévi-Strauss. A partir daí, onde quer que morasse, mantinha intactas as extravagâncias arquitetônicas dos donos anteriores.[23]

Depois de se instalar, Lévi-Strauss se entregou a suas obrigações diplomáticas. Grande parte do trabalho consistia em receber personalidades culturais francesas em passagem por Nova York, dando-lhes atenção e cuidando da logística da hospedagem. Nessa função, ele conheceu autores e intelectuais como Jean-Paul Sartre, Simone de Beauvoir e Albert Camus. Sartre e Simone já eram grandes nomes e não precisavam de muita assistência, mas Lévi-Strauss mostrou Nova York a Camus, jantaram num restaurante em Chinatown e foram a uma casa noturna — provavelmente o Sammy's Bowery Follies em Bowery, na 3rd Street, um cabaré que apresentava divas já um pouco passadas cantando antigos sucessos. Entre as inúmeras pessoas que Lévi-Strauss recebeu em Nova York estavam o renomado neurologista e futuro diretor do Collège de France, Yves Laporte; o diretor da Bibliothèque Nationale, Julien Cain; o psiquiatra e escritor Jean Delay; o filósofo Gaston Berger, autor de um aclamado estudo sobre Husserl, que mais tarde comandaria o sistema universitário francês no Ministério da Educação. Após os anos de exílio, Lévi-Strauss estava retomando rapidamente os laços com a elite cultural francesa.

Em outras áreas, ele procurou utilizar suas novas atribuições em favor dos próprios interesses, sugerindo ao governo a aquisição de uma coleção de arte indígena da Costa Noroeste, que um colecionador poderia trocar por "algumas telas de Matisse e Picasso, em vez de pagamento em dinheiro, sujeito a tributação".[24] (Não conseguiu, e a coleção foi para um museu da costa oeste.) Lévi-Strauss também se envolveu em negociações entre a Fundação Rockefeller e o governo francês, para que a fundação voltasse a fornecer verbas a instituições acadêmicas francesas depauperadas pela guerra e pela ocupação. Participou de reuniões discutindo a criação em Paris de algo similar à London School of Economics. Foi assim que surgiu, em 1948, a sexta seção da École Pratique des Hautes Études (onde Lévi-Strauss logo iria lecionar), a partir de uma verba anual de 10 mil dólares da Fundação Rockefeller, nos três primeiros anos.

Com sua vida se assentando novamente, tendo um emprego respeitável e uma renda sólida, Lévi-Strauss se casou pela segunda vez, logo depois de voltar a Nova York. Sua nova esposa, Rose-Marie Ullmo, deu à luz um menino, Laurent, no começo de 1947. O nascimento coincidiu com a visita de Simone de Beauvoir à cidade. Lévi-Strauss a convidou para almoçar. "Lembro muito bem — meu filho tinha acabado de nascer — ela olhou o berço com tanto ar de nojo! Um bebê não era coisa que se mostrasse a ela!"[25] O casamento teve problemas desde o começo (eles se separaram em 1948 e se divorciaram seis anos depois), mas Lévi-Strauss e seus familiares próximos nunca quiseram comentar a união e a separação.

Sem estar sob um controle rígido de Paris, Lévi-Strauss dispôs seu horário de tal maneira que trabalhava de manhã na embaixada e ficava com a tarde livre para pesquisar e escrever. Como ocupava uma suíte no andar de cima, ficava à disposição para cumprimentar e receber, quando necessário, os dignitários em visita. "Eu tergiversava", comentou mais tarde. "Fui um péssimo adido cultural, fiz o mínimo."[26] Às vezes, de tarde, ia trabalhar na Biblioteca Pública de Nova York, onde continuava a compilar a quantidade assombrosa de fontes que iriam entrar em *As Estruturas Elementares do Parentesco*. Em outras tardes, ele dava os toques finais nos verbetes do *Handbook of American Indians*, cujos seis volumes foram publicados entre 1946 e 1950. Escreveu algumas breves notas descritivas sobre os nhambiquaras, os tupis-cauaíbes e as tribos dos tributários do Alto Xingu que irrigam os campos do Brasil Central. Um texto posterior descrevia a engenhosidade com que os índios brasileiros usavam o ambiente natural: as navalhas feitas com lâminas de capins rijos do sertão; as colas, gomas e óleos que extraíam da floresta; os métodos para moer certas raízes e fibras e misturar a polpa das sementes e a casca para fazer pigmentos, xampus e venenos.[27]

Há algo de aristocrático nesse período da vida de Lévi-Strauss. "Eu estava trabalhando numa escala grandiosa num cenário magnífico, numa embaixada que era praticamente minha", rememorou ele.[28] Os deveres diplomáticos quase não interrompiam suas pesquisas acadêmicas, e ele tinha tempo para assistir a conferências na universidade de Harvard, em Chicago e em Paris. Em Chicago, ficou hospedado na residência de Robert Redfield, o principal sociólogo americano, uma casa de campo dilapidada, com a pintura descascada e os banheiros imundos, no extremo de um subúrbio na periferia da cidade.[29] Redfield lhe ofereceu uma vaga na Universidade de Chicago. Foi um dos inúmeros postos acadêmicos nos Estados Unidos que Lévi-Strauss recusou.

Seu período nos Estados Unidos — intensa fase de formação em sua vida intelectual — chegava ao fim. Nos últimos meses, ele concluiu a primeira versão de sua tese, organizando seus surtos de criatividade em Nova York num volume satisfatoriamente alentado. Logo depois, vindo de Washington, Alfred Métraux anotou em seu diário:

> Nós [Métraux e o antropólogo alemão Paul Kirchoff] visitamos Lévi-Strauss e conversamos sobre o estado atual da etnografia. Ele quer voltar à filosofia, a uma ideia unificada. A antropologia nos Estados Unidos é uma doença social, que acomete pessoas incapazes de tolerar sua própria civilização. Fiquei abatido por uma profunda depressão. Uma noite péssima.[30]

Não fica muito claro se foram as ideias de Lévi-Strauss que desencadearam o acesso de melancolia de Métraux; ele era maníaco-depressivo e muitas vezes terminava o registro de suas notas no diário comentando seu estado mental. O que é notável é a insistência de Lévi-Strauss em "uma volta à filosofia", área a que escapara na juventude e da qual passou grande parte da vida se distanciando. O que ele quis dizer, talvez, era uma volta a uma abordagem filosófica da antropologia — aos grandes sistemas, em vez de um trabalho parcelado; a um outro estilo de escrita, refletindo as aspirações filosóficas de seus antepassados, como Montaigne e Rousseau.

A permanência em Nova York e a ligação com Roman Jakobson tinham exercido um efeito libertador em Lévi-Strauss. Em certo sentido, ele alcançou a maioridade como antropólogo não entre a vegetação áspera do cerrado brasileiro, mas na 42nd Street no centro de Manhattan. Os Estados

Unidos foram seu verdadeiro choque cultural, com uma nova língua e outra maneira de pensar, e foi neste clima intelectual — de cultura em parte anglo-saxã, em parte dos *emigrés* da Europa continental — que a antropologia estrutural começara a adotar uma forma própria. De um lado, ele tinha absorvido uma imensa quantidade de detalhes etnográficos; de outro, Jakobson o apresentara a novas maneiras de sistematizar os dados acumulados. A árida elaboração de um modelo tinha se enriquecido com o brilho e a imprevisibilidade dos surrealistas. Enquanto se debruçava sobre pilhas de livros na Biblioteca Pública de Nova York, consultando matérias etnográficas de todo o planeta, suas ideias tinham ganhado consistência. Os Estados Unidos seriam o segundo país pelo qual ele sentiria uma dívida de gratidão. "A ajuda que lá recebi provavelmente salvou minha vida", disse ele, "e por muitos anos encontrei naquele país um clima intelectual e a oportunidade de trabalho que, em larga medida, fizeram de mim o que sou".[31]

Lévi-Strauss voltou a Paris no outono de 1948 — "uma cidade taciturna, rabugenta, garoenta", como descreveu o escritor americano Saul Bellow, em sua estadia no pós-guerra. "A cidade vivia sob uma neblina constante, a fumaça não podia subir e se alastrava pelas ruas em correntes marrons e cinzentas. Um cheiro estranho emanava do Sena."[32] A guerra tinha terminado, mas seus efeitos permaneciam nas fachadas decadentes, no racionamento de comida e combustível e no estado de espírito de uma nação saída de uma derrota recente — num marcado contraste com as fachadas comerciais em aço e vidro e as avenidas movimentadas de Nova York.

Lévi-Strauss estava chegando aos 40 anos. Vivia em movimento desde o final de seus 20 anos: de São Paulo para o interior do Brasil; de Paris para Montpellier, de Marselha para Nova York. Essa extensa "perambulação" de um homem que passou o resto da vida em Paris, sobretudo no 16º *arrondissement*, a um pulo do lar da infância, é fundamental para entendermos a trajetória intelectual de Lévi-Strauss no pós-guerra. Enquanto estava nas Américas, ele deixara de acompanhar uma mudança intelectual da maior importância na filosofia francesa. Antes de partir, reinavam Durkheim, Bergson e o filósofo Léon Brunschvig; ao voltar, reinava a fenomenologia. As traduções que Jean Hyppolite fez da *Fenomenologia do Espírito*, de Hegel, que saíram logo antes da invasão nazista, assinalaram uma irônica mudança de rumos (como veio a se revelar) na ótica filosófica alemã. Em 1947, Alexandre Kojève publicou suas famosas preleções dos anos 1930, *Introdução à Leitura de Hegel: Lições sobre a Fenomenologia do Espírito*. O idealismo kantiano fora substituído pelos "três Hs": Hegel, Husserl e Heidegger; os sistemas filosóficos de interpretação do mundo tinham cedido espaço a um filosofar sobre o próprio ato de interpretar, de ser e conhecer. O existencialismo sartriano começava a se enraizar profundamente na cultura mais geral, embora o idolatrado entre os acadêmicos fosse Merleau-Ponty. "Estava na moda fingir desdém por Sartre, que estava na moda", lembrava Michel Foucault a respeito daquele período do pós-guerra. "Quando éramos jovens, quem contava era Merleau-Ponty, não Sartre. Éramos fascinados por ele."[33]

As experiências de Lévi-Strauss tinham sido muito diversas. Por intermédio de Jakobson, ele viera a conhecer Saussure e as escolas linguísticas de Praga e Viena — genealogia que em larga medida ignorara a França, onde a linguística ainda era relativamente atrasada. No Brasil, ele tinha trabalhado num terreno antropológico que mal começava a ser estudado a sério, enquanto em Nova York absorvera o melhor da etnografia anglo-americana, com todas as múltiplas camadas de descrições áridas e atenção aos detalhes. Depois de suas viagens, Lévi-Strauss voltaria à cena parisiense por um ângulo enviesado, com uma síntese original que iria surpreender os contemporâneos.

Quando se estabeleceu em Paris, teve um emprego temporário no Centre National de la Recherche Scientifique como *maître de recherche*, antes de voltar ao Musée de l'Homme como diretor assistente de etnologia. Como Rivet estava se aposentando e o outro diretor assistente, o arqueólogo André Leroi-Gourhan, estava dando aulas em Lyon, Lévi-Strauss praticamente dirigia o museu, além de lecionar no Institut d'Ethnologie. O Musée de l'Homme havia ficado quase abandonado durante a guerra. Depois de passar anos em instituições americanas dotadas de grandes orçamentos, Lévi-Strauss percebeu com toda a clareza o atraso em que se encontravam as ciências sociais na França naquela época. "No Musée de l'Homme, encontrei a etnologia francesa engatinhando", disse ele, "lutando para sobreviver numa atmosfera embolorada que era um pouco provinciana".[34]

Lévi-Strauss começou a frequentar um novo círculo de amigos, alguns dos quais teriam grande influência mais tarde. Por recomendação de Jakobson, ele entrou em contato com o grande filólogo e estudioso do mito Georges Dumézil, com o qual criaria uma ligação intelectual pelo resto da vida. No Musée de l'Homme estava o poeta e etnógrafo Michel Leiris, figura constante nos primeiros tempos da antropologia francesa, antes da guerra, que Lévi-Strauss finalmente veio a conhecer como colega e escritor. E, por intermédio de Koyré, Lévi-Strauss conheceu o psicanalista Jacques Lacan. Lévi-Strauss iria exercer profunda influência sobre ele; depois de se conhecerem, Lacan começou a ler Saussure e a estudar a linguística estrutural; quando Jakobson ia a Paris, os três eram inseparáveis. Lacan logo enveredaria por um caminho paralelo ao de Lévi-Strauss em seu trabalho sobre o parentesco, injetando a teoria linguística na psicanálise e estendendo a metáfora da linguagem para o subconsciente.

Enquanto estava no Musée, Lévi-Strauss procurou alguém que aceitasse ser o orientador de suas teses já redigidas: a primeira versão de *As Estruturas Elementares do Parentesco* e a tese menor (*petite thèse*), complementar, *La Vie familiale et sociale des Indiens Nambikwara* (A vida familiar e social dos índios nhambiquaras), que havia concluído em seu primeiro verão em Nova York. Em 1944, ele escrevera a Marcel Mauss pedindo para ser seu orientador, mas, quando voltou a Paris, Mauss já não estava na plena posse de suas faculdades mentais. "Ele não me reconheceu", comentou Lévi-Strauss. "Pensou que eu fosse Soustelle."[35] Acabou convencendo o reitor da Sorbonne, o sociólogo durkheimiano Georges Davy. Foi complicado escolher os demais membros da banca: o trabalho de Lévi-Strauss era tão original e abrangente que foi difícil encontrar acadêmicos que trafegassem com igual facilidade pela linguística, pela etnografia global, pelo subcontinente asiático e pela Australásia, ou que conhecessem bem pelo menos uma pequena parcela da enorme quantidade de fontes usadas, muitas delas publicadas apenas em inglês, sendo que algumas nem estavam disponíveis nas bibliotecas francesas. A banca de examinadores acabou formada por um grupo eclético, adequado às circunstâncias: o linguista Emile Benveniste, o sinólogo Jean Escarra e o sociólogo de religiões e costumes Albert Bayet. Marcel Griaule, que tinha encabeçado a famosa expedição etnográfica Dacar-Djibuti nos anos 1930 e continuava a trabalhar entre os dogons, examinou a tese complementar sobre os nhambiquaras. Em junho de 1948 Lévi-Strauss foi aprovado, fato que tomou como um rito de passagem. "Ter sido aprovado na defesa da tese não só me abriu as portas no sistema universitário", comentou ele, "mas também me fez sentir que eu tinha me tornado adulto" —[36] isso pouco antes de completar os 40 anos. *La Vie familiale et sociale des Indiens Nambikwara* foi publicada pela Société des Américanistes no final de 1948. No ano seguinte saiu *As Estruturas Elementares do Parentesco*.

A obra *Estruturas Elementares* era tremendamente ambiciosa. Desde o título — referência ao clássico de Durkheim, *As Formas Elementares da Vida Religiosa* — e sua dedicatória a um dos fundadores da antropologia americana, o advogado oitocentista Lewis Henry Morgan, ela almejava a glória. Tratava de questões grandiosas: a relação entre natureza e cultura, o significado do tabu do incesto, a base cognitiva do pensamento dualista e da reciprocidade, os paralelos entre linguagem e parentesco, palavras e mulheres. Havia ainda amplas discussões da obra de Jean Piaget sobre o desenvolvimento infantil e de *Totem e Tabu* de Freud, num livro que era muito mais do que uma tese acadêmica.

Dando referências de mais de 7 mil artigos e livros, *Estruturas Elementares* constituía uma obra de erudição assombrosa. Lévi-Strauss afirmava que, durante um breve período de sua carreira, pôde acompanhar e se manter atualizado com toda a produção bibliográfica que saía na área de antropologia, antes que ela aumentasse cada vez mais e fosse mais rápida do que ele. Grande parte dessa erudição inicial estava exposta em *Estruturas Elementares*, livro que percorre todo o planeta, com exemplos etnográficos de Arnhem Land a Assam, das Ilhas Fiji ao Peru, mas curiosamente citando apenas de passagem o trabalho de campo no Brasil.

O parentesco era um objeto de estudo natural para Lévi-Strauss. Nos meados do século, era a única área técnica especializada da disciplina, sua única base para aspirar ao profissionalismo. Em certo nível, o parentesco oferecia um acesso muito prático. Era o elemento básico da experiência etnográfica, cobrindo as múltiplas formas como as sociedades em pequena escala se casavam, se reproduziam, definiam seus parentes e estabeleciam o comportamento em relação a eles. Em outro nível, como Jakobson havia percebido de imediato, o parentesco tinha potencial para aspirar à exatidão matemática, à formulação de modelos, à sistematização que Lévi-Strauss desejava desde que conhecera a linguística estrutural. O labirinto das notações obscuras e das charadas conceituais era um convite à abstração, como demonstrara seu primeiro esboço jakobsoniano em *Word*. Alguns dos sistemas aborígenes australianos eram tão complexos que mesmo os especialistas indígenas tinham tentado modelar seus sistemas de parentesco, praticando uma forma de etnografia nas tribos vizinhas. Os antropólogos nativos percorriam longas distâncias, passando dias em conversas com parentes distantes, montando arranjos com gravetos e traçando linhas nas areias grossas dos fundões australianos para representar seus laços familiares.[37]

A partir desse pano de fundo muitas vezes bizantino, Lévi-Strauss propunha uma série de princípios simples e unificadores. As "estruturas elementares" em pauta apresentavam um rigor de tipo linguístico. Definidas desde a primeira frase do prefácio do livro, eram sistemas que "prescrevem o casamento com um certo tipo de parente ou [...] que os dividem em duas categorias, a saber, a dos cônjuges possíveis e a dos cônjuges proibidos".[38] A chave é evitar o incesto. Para Lévi-Strauss, o tabu do incesto era *a* regra social por excelência, da qual derivavam todos os sistemas de parentesco. Era o que estabelecia a distinção entre a existência da humanidade regida por regras e a promiscuidade da natureza; marcava a passagem da natureza para a cultura. De maneira um tanto misteriosa, o tabu do incesto estava "ao mesmo tempo no limiar da cultura, na cultura e em certo sentido [...] [era] a própria cultura".[39]

Lévi-Strauss tomou seu segundo princípio do importante *Ensaio Sobre a Dádiva*, de Marcel Mauss, que sustentava que a reciprocidade era uma característica central de todas as sociedades "primitivas". Segundo Mauss, não havia presentes realmente gratuitos ou sem nenhuma intenção. Baseando-se nos registros etnográficos, ele mostrava que todas as dádivas eram realmente símbolos sociais, imbuídos de um poder que ligava os grupos em relações de solidariedade e obrigação mútua. "As coisas criam laços entre almas", escreveu Mauss, "pois a própria coisa tem uma alma, é parte da alma". Às vezes, os presentes eram simplesmente trocados entre os clãs; em sociedades mais complexas, percorriam cadeias elaboradas de doadores e receptores. O impulso de reciprocidade não era apenas um costume; era intuitivo e tinha raízes profundas. Observar a oferenda de presentes era "capturar o momento fugidio em que a sociedade e seus membros fazem um balanço emocional de si mesmos e de sua situação em relação aos outros".[40]

Reelaborando essa ideia, Lévi-Strauss sustentava que, nos sistemas de parentesco, as mulheres funcionavam como presentes. O tabu do incesto estimulava sua circulação constante entre os grupos; a reciprocidade estruturava seus movimentos. Em termos matemáticos, o incesto era o limite da reciprocidade, "o ponto em que ela se anula".[41] A observância da proibição criava um efeito de deslocamento, que percorria todo o sistema: "No momento em que uma mulher me é proibida, ela fica disponível para outro homem, e em algum outro lugar um homem renuncia a uma mulher que assim fica disponível para mim."[42] Portanto, era uma norma positiva, regendo as relações fora do casamento, obrigando os grupos a criar alianças complexas. O resultado era uma máquina cuidadosamente equilibrada que se alternava entre os grupos, rotacionando as mulheres no curso das gerações.

Concentrando-se num subgrupo de tipos ideais, tomados às divisões de Granet entre *chassé-croisé* (troca restrita ou permuta mais ou menos direta) e *échanges différés* (troca generalizada ou cadeia mais longa), Lévi-Strauss procedeu a uma reinterpretação completa dos dados antropológicos que selecionara pacientemente na Biblioteca Pública de Nova York. O que tradicionalmente era concebido em termos verticais, num estreitamento até o núcleo familiar, foi demolido. Ao colocar a troca no centro do sistema, Lévi-Strauss alcançava uma visão panorâmica das estruturas parentais inter-relacionadas.

No sistema mais restrito, o dualismo que Lévi-Strauss já percebera nas máscaras da Costa Noroeste, nas tatuagens maoris e nas pinturas faciais caduveias, parecia presente em todas as configurações sociais. Como já tinha observado em primeira mão entre os bororos, as duas metades da aldeia coreografavam seus deveres recíprocos num complexo jogo de dar e tomar. Em outras sociedades, o ciclo era mais longo, mais complicado e arriscado, envolvendo quatro, oito ou até 16 grupos nos circuitos de troca. Mas também era potencialmente mais proveitoso, ampliando os círculos de alianças. As estruturas resultantes eram naturalizadas em ditados indígenas, por exemplo comparando as uniões adequadas a "uma sanguessuga indo para uma ferida", e as uniões inadequadas à "água subindo para sua nascente". Sistemas inteiros de relações simbólicas ecoavam as estruturas de parentesco, desde a maneira como um búfalo, em Burma, era trinchado e distribuído entre os parentes até o predomínio de gêmeos nas mitologias nativas das tribos organizadas em sistemas de metades.

Assim como os modelos linguísticos estruturais tinham transferido a ênfase dos termos para as relações, Lévi-Strauss também aplicou essa mesma mudança de ênfase nas ciências sociais. Depois de discutir uma aparente anomalia nas ilhas Trobriand, ele afirmou: "A relação de reciprocidade que é a base do casamento não se dá entre homens e mulheres, mas entre os homens por meio das mulheres, que são apenas a ocasião dessa relação."[43] Os homens, tanto "os tomadores de esposas e os doadores de irmãs" como "os autores e as vítimas de suas trocas", eram os pontos nucleares numa rede de trocas, e as mulheres eram um aspecto das operações dessa rede. (Muito mais tarde, sob o ataque das feministas ao evidente peso dado ao homem em seus modelos de parentesco, Lévi-Strauss inverteu os termos em tom despreocupado: "Também seria possível dizer que as mulheres trocam os homens; basta substituir o sinal de mais pelo sinal de menos e vice-versa — a estrutura do sistema continua a mesma.")[44]

Conforme o livro avançava, as análises se tornavam mais densas. Há várias páginas com diagramas de parentesco — padrões de repetição obscuros, como que tirados de um desenho indígena, ondulando em diagonais que cruzavam o papel. Os deveres e as trocas de mulheres, em sistema de rotação, seguem no sentido horário e no anti-horário em diagramas circulares, às vezes tomando três dimensões, girando sobre o meridiano de uma esfera. Os sistemas se subdividem em "harmônicos" e "desarmônicos", "domicílio e descendência seguem linhas de convergência ou de divergência." Em meio a exemplos etnográficos muito expressivos, Lévi-Strauss ilustra os sistemas nativos de parentesco fazendo analogias com os Duponts de Paris e os Durands de Bordeaux — as únicas duas famílias numa França hipotética. O princípio da reciprocidade surge tanto na troca de cocos e peixes secos na Polinésia quanto numa velha tradição dos cafés de Marselha, onde os camponeses trocam os copos de vinho antes de tomá-los.

A quantidade de dados é impressionante, bem como a linguagem, que se torce e retorce em formulações cada vez mais complexas sobre as relações de parentesco. Às vezes há exemplos que parecem charadas: "[...] na grande maioria dos casos, há o casamento com a filha da irmã do pai que é *ao mesmo tempo* a filha do irmão da mãe (quando a irmã do pai é casada com o irmão da mãe)";[45] em outras passagens, o parentesco é reduzido a uma simplicidade bíblica: "em suma, dois homens e duas mulheres; um homem credor, um homem devedor; uma mulher recebida, uma mulher dada".[46]

Ao fim, Lévi-Strauss tinha mapeado uma vasta área, cobrindo o subcontinente asiático, a Sibéria e a Oceania, onde predominavam os sistemas elementares. Chegara-se a essa extensão geográfica supostamente "sem intenção ou conhecimento prévio", mas na verdade era uma reinterpretação de pesquisas anteriores realizadas por Frazer, Rivers, Radcliffe-Brown e Granet, que haviam examinado as distribuições do fenômeno do casamento entre primos. Nas últimas páginas, Lévi-Strauss comparou sua análise ao do fonólogo, traçando paralelos entre troca e comunicação, mulheres e palavras. Para ele, as propriedades desses sistemas estruturais estavam entranhadas num modo global de pensamento. O parentesco, como sistema regido por regras operando aquém do limiar da consciência, era um espelho das operações internas da mente humana.

Lévi-Strauss havia esboçado um mundo de regras e deveres, de colaboração obrigatória, de idas e vindas compulsórias. Dependendo do ângulo que se examinasse, era a expressão de um instinto comunitário perdido desde longa data ou uma rede necessária, mas claustrofóbica, de responsabilidades. E é a segunda alternativa que Lévi-Strauss parece insinuar no último parágrafo malicioso de um livro de quinhentas páginas: "Até os dias de hoje, a humanidade sempre sonhou em capturar e imobilizar aquele momento fugaz em que era permitido crer que seria possível burlar a lei da troca, que seria possível ganhar sem perder, usufruir sem partilhar." Era o sonho perpétuo, "eternamente negado ao homem, de um mundo em que seria possível *guardar tudo para si*".[47]

Para o apêndice, Lévi-Strauss pediu ao matemático André Weil, irmão da filósofa e escritora Simone Weil, que analisasse um sistema de parentesco australiano especialmente complicado. As séries de anotações matemáticas resultantes pareciam muito distantes das relações humanas concretas — a intimidade descontraída dos nhambiquaras rolando na poeira de seus acampamentos, os rostos cobertos de cinzas —, mas, como termo final lógico do esforço de abstração de Lévi-Strauss, era uma maneira apropriada de concluir seu primeiro livro.

Estruturas Elementares teve um impacto que ultrapassou em muito os círculos acadêmicos. Sem dúvida, isso decorria da própria estrutura do livro — os longos capítulos iniciais sobre o incesto e a reciprocidade, de leitura mais acessível, adaptados a partir das aulas que Lévi-Strauss dera em Nova York, conferiam à obra um tom intelectual elevado, antes que as análises descendem a aspectos técnicos do parentesco tornassem o texto obscuro, a não ser para um reduzido número de especialistas. Mas a repercussão também derivou do interesse de Simone de Beauvoir pelo projeto. Ela tinha ouvido falar da obra antes mesmo de ser lançada, graças a Leiris, que estava trabalhando com Lévi-Strauss no Musée de l'Homme. Naquela época, Beauvoir estava terminando de escrever *O Segundo Sexo*, e queria ter uma visão geral das pesquisas antropológicas mais recentes; assim, eles combinaram que ela passaria alguns dias no apartamento de Lévi-Strauss dando uma lida no manuscrito. Não está muito claro até que ponto *Estruturas Elementares* foi de alguma utilidade para o livro de Beauvoir, visto que as seções de antropologia em *O Segundo Sexo* se baseiam num esquema evolucionista ultrapassado do século XIX. Mas, muito tempo depois, sua nota de agradecimento, sob a forma de uma longa resenha entusiástica em *Les Temps modernes* — a revista de política e filosofia fundada por Jean-Paul Sartre no final de 1945, de grande influência na França —, lançaria as ideias de Lévi-Strauss no cenário intelectual parisiense.

A primeira frase da resenha, que se tornou famosa, dava o tom: "Por muito tempo a sociologia francesa esteve adormecida. O livro de Lévi-Strauss, que marca seu deslumbrante despertar, deve ser saudado como um grande acontecimento."[48] Não é apenas um livro para especialistas, dizia Beauvoir. Para além dos diagramas desconcertantes está o "mistério da sociedade como um todo, o mistério da própria humanidade". Nenhum elogio seria excessivo — o livro lembrava um jovem Marx, reconciliava Engels e Hegel. Estranhamente, Beauvoir situava o pensamento de Lévi-Strauss "naquela grande corrente humanista que considera a existência humana portadora de sua própria justificação", chegando a afirmar que ressoavam na obra alguns argumentos existenciais. Ainda não se iniciara a longa batalha de Lévi-Strauss contra o humanismo e o existencialismo, mas certamente estava implícita num texto onde a vida humana se dissolvia em modelos, e as decisões humanas mais íntimas eram apresentadas como epifenômeno do sistema. Apesar das contradições filosóficas, Beauvoir estava impressionada. A última frase da resenha era uma recomendação simples e inequívoca: "*Il faut la lire*" ("Deve ser lida").[49]

Logo depois, George Bataille escreveu outro longo texto sobre *Estruturas Elementares*, o erotismo e o tabu do incesto, chamado "O Enigma do Incesto", na revista *Critique*, de resenhas literárias e filosóficas, fundada por ele. Numa avaliação em larga medida positiva, Bataille não deixou de mostrar uma atípica honestidade ao lidar com um trabalho intelectual denso, mas supostamente grandioso:

> É preciso uma paciência tenaz para acompanhar o emaranhamento de dados. [...] Ele avança, avança e, infelizmente, é de um tédio desesperador: cerca de dois terços do grande volume de Lévi-Strauss é dedicado ao exame pormenorizado das múltiplas permutações e combinações concebidas pela humanidade primitiva para resolver um único problema, o problema de distribuição das mulheres. [...] Lamentavelmente, eu mesmo sou obrigado a entrar nesse labirinto; para uma concepção clara do erotismo, temos de lutar para sair das trevas que dificultam tanto a avaliação de seu significado.[50]

Criou-se uma espécie de aura em torno de *Estruturas Elementares*, para a qual contribuiu o fato de que a primeira edição teve tiragem reduzidíssima.[51] Em termos retrospectivos, alguns acadêmicos franceses lembram que foi um marco, um divisor de águas para todo o campo das humanidades. Décadas depois, o antropólogo francês Marc Augé comentou como ficara impressionado com a "vontade de cientificidade" do livro e sua "busca do modelo mais abrangente possível para explicar fenômenos que, inicialmente, não parecem pertencer às mesmas categorias de análise". "Foi um momento importante, decisivo", recordava o filósofo Olivier Revault d'Allonnes. "Na época, vi uma confirmação de Marx em *As Estruturas Elementares do Parentesco*." Mais tarde, muito depois que a primeira edição tinha se esgotado, o antropólogo Emmanuel Terray lembrava que tomara de empréstimo a primeira edição de um amigo e copiara a mão as cem páginas iniciais do livro. Para Terray, *Estruturas Elementares* era tão importante quanto *A Interpretação dos Sonhos* de Freud e *O Capital* de Marx.[52]

Embora Lévi-Strauss tenha escrito grande parte de *Estruturas Elementares* nos Estados Unidos, baseando-se em fontes americanas levantadas na Biblioteca Pública de Nova York, a obra demorou quase vinte anos para aparecer em inglês.[53] Enquanto isso, dois antropólogos britânicos que dominavam o francês, Rodney Needham em Oxford e Edmund Leach em Cambridge, liam o livro no original.

Rodney Needham tinha se deparado com um exemplar de *As Estruturas Elementares do Parentesco* na livraria Blackwell's, e o levou para seu trabalho de campo entre os nômades penans das florestas de Sarawak em Bornéu. "Naquela época, era árido o cenário nas ciências humanas, parado, acomodado, estéril", disse-me ele tomando um caneco de cerveja em The Turf, a famosa taverna do século XVII, de vigas aparentes e teto baixo, escondida numa das travessas estreitas no centro das faculdades de Oxford. "De repente aparecia aquela nova onda — Lévi-Strauss, Dumézil, McLuhan, Borges — que instilava vida num mundo intelectual insípido do pós-guerra." Para esse estudioso cuidadosamente organizado, que mantinha álbuns de recortes com indexação cruzada de todas as suas notas e publicações, a modelagem formal de Lévi-Strauss deve ter exercido uma atração imediata. Needham comentou que se sentiu "seduzido" por Lévi-Strauss — palavra que ressurge frequentemente entre intelectuais ao relembrar o primeiro contato com sua obra — e começou a desenvolver sua própria linha de análise estruturalista na Inglaterra.

Para Edmund Leach na Universidade de Cambridge, a leitura de *Estruturas Elementares* foi uma revelação paradoxal. Ele tinha passado a guerra na Indochina, lá chegando em 1939 e subindo ao norte, até as tribos birmanesas dos montes. Desenvolveu um trabalho inicial de oito meses em campo entre os hpalangs, uma pequena comunidade cachin na fronteira nordeste da Birmânia, que praticava uma agricultura de monções, com rotação das terras de cultivo, sem se interessar muito pelos arrozais dos estados shan chineses. Mais tarde, quando operava como agente do serviço secreto britânico, ele voltou aos montes cachins e lá passou longos períodos estudando comunidades remotas que tinham pouco contato com ocidentais. Nos anos caóticos da invasão japonesa, todas as notas de campo, as fotos e o rascunho de seu manuscrito se extraviaram, mas depois ele conseguiu reconstruir suas descobertas, publicando-as após a guerra num livro que se tornou um clássico, *Sistemas Políticos da Alta Birmânia*. Por coincidência, a seção central de *Estruturas Elementares*, isto é, o capítulo que continha o núcleo central dos argumentos de Lévi-Strauss, dizia respeito aos cachins, grupo sobre o qual Leach tinha informações etnográficas recentes e de primeira mão.

Leach logo notou que Lévi-Strauss havia baseado sua análise em relatos etnográficos anteriores, com poucas pesquisas e vários erros factuais. Também ficou preocupado com a maneira como Lévi-Strauss tinha reunido as provas etnográficas, traçando paralelos questionáveis entre uma miscelânea de tribos diferentes. Num ensaio crítico, Leach concluiu que a enorme ambição do livro de estabelecer "as leis gerais de desenvolvimento que regem todas as sociedades asiáticas, antigas e modernas, primitivas e avançadas" só era atendida "adotando-se um decidido desdém pelos fatos históricos e etnográficos". Ele criticou o "lapso imperdoável" de Lévi-Strauss em supor que os costumes entre os haka chins se aplicavam aos cachins — dois grupos totalmente diferentes, separados por centenas de quilômetros. Também questionou o uso das fontes em Lévi-Strauss: o *Handbook on Haka Chin Customs* (Manual sobre os costumes haka chins) de Head, ao qual Lévi-Strauss se referia como "um tesouro desconhecido da etnografia contemporânea", na verdade não passava de um "livrinho de 47 páginas, que custava oito *annas*", escrito por "um funcionário administrativo do Serviço de Fronteiras sem nenhuma competência profissional como etnógrafo".[54]

Mesmo assim, havia algo na obra de Lévi-Strauss que intrigou Leach. Apesar das incorreções, Leach viu algumas revelações — especificamente, a maneira como os circuitos matrimoniais tinham a tendência de se romper e se transformar em sistemas de casta — que nem ele mesmo tinha percebido em campo, mas que, pensando bem, encaixavam-se com os indícios e as provas. Curiosamente, numa espécie de efeito estruturalista involuntário, de certa forma o modelo de Lévi-Strauss tinha se invertido durante o processo — "Ele pegou a coisa de trás para frente e de cima para baixo", Leach comentou rindo numa entrevista ao crítico literário Frank

Kermode no começo dos anos 1980. E prosseguia: "Fiquei fascinado em ver como alguém podia errar nos fatos, e de alguma maneira acertar na teoria."[55]

Num artigo que escreveu para a *New Left Review* em meados dos anos 1960, Leach definiu *Estruturas Elementares* como "um esplêndido fracasso", norteado por uma excelente ideia, resultante da leitura lévi-straussiana de Marx, Freud e Jakobson — a de que o comportamento social segue um esquema conceitual ordenado logicamente, "um modelo na mente do ator de como são ou como deveriam ser as coisas". Para Leach, o método estrutural de Lévi-Strauss era como a interpretação psicanalítica dos sonhos. "O pressuposto básico é que o sonho concreto [...] é algo efêmero e trivial, mas ao mesmo tempo é uma cristalização de algo muito mais importante e duradouro, um enigma lógico no sistema conceitual do sonhador."[56] Levando a analogia um passo adiante, Leach enxertou a tríade freudiana — o id, o ego e o superego — na tríade de Lévi-Strauss, com a natureza, a cultura e a mente humana. De fato, há um ar de semelhança entre as obras de Freud e de Lévi-Strauss: ambos escolheram um campo de criação intelectual longe da realidade de superfície; ambos criaram um conjunto de inter-relações lógicas que supostamente estariam além do limiar da consciência.

Mais tarde, Leach e Needham seriam os principais intérpretes de Lévi-Strauss no mundo anglófono, papel que acarretaria mútua desconfiança e, no caso de Needham, animosidade pessoal, quando Lévi-Strauss, nos anos 1960, começou a contestar as interpretações de ambos sobre sua obra.

Na França, a crítica vinha expressa em termos mais conceituais. Num artigo para *Les Temps modernes*, Claude Lefort, filósofo e estudioso de Merleau-Ponty, deu início a uma linha de ataque que se tornaria corrente. *Estruturas Elementares* era uma obra explicitamente abstrata — reduzia o comportamento a regras, o significado à matemática. Para Lévi-Strauss, era exatamente este o ponto que interessava. "Será preciso ressaltar que este livro trata exclusivamente de modelos, e não de realidades empíricas?",[57] retrucou ele na introdução a uma edição posterior de *Estruturas Elementares* — declaração extraordinária, que mostrava a que ponto ele tinha se afastado da análise antropológica convencional. No final dos anos de 1940, as experiências de Lévi-Strauss entre os bororos, os caduveus e os nhambiquaras estavam se desfazendo. A vida das tribos, suas relações, a luta pela sobrevivência às margens do Brasil do século XX, tão bem capturadas em suas fotos e notas de campo, tinham se reduzido a um pontinho minúsculo num gráfico.

Estruturas Elementares se manteve como o livro favorito de Lévi-Strauss durante toda a sua vida, embora curiosamente não o tenha incluído na coletânea de suas obras pela Bibliothèque de la Pléiade, da Gallimard, publicada em 2008. Sob muitos aspectos, porém, era a aplicação menos convincente do método estrutural. As principais asserções, apresentadas com tanto gosto nos capítulos iniciais, não tinham resistido muito bem aos anos. Desde a publicação, vários antropólogos contestaram a universalidade do tabu do incesto, citando exemplos do Egito antigo e da Pérsia aquemênida, onde efetivamente se encorajavam as relações irmão-irmã, pai-filha e mãe-filho. Ainda que o tabu do incesto seja muito entranhado nas sociedades humanas, os indícios e provas agora apontam para suas bases biológicas adaptativas, argumento ridicularizado por Lévi-Strauss. Outrora tido como "um tabu cultural, colocando um freio a desejos inatos", o incesto agora é visto "como uma tendência inata, que está sendo corroída pela cultura".[58] Os avanços na primatologia vêm derrubando a rígida distinção de Lévi-Strauss entre os animais promíscuos e os seres humanos regidos por regras, que é a pedra fundamental da cisão natureza/cultura.[59] Na verdade, Lévi-Strauss viria a reformular por completo a tese central do livro: a divisão elementar que ele julgava existir entre natureza e cultura. Ele veio a perceber que esta, mais do que uma realidade empírica, era uma oposição mental.[60]

Em termos mais essenciais, a ideia de que tais estruturas eram verdadeiramente "elementares" — isto é, formavam os blocos unitários de todos os sistemas de parentesco — nunca prosperou. Na época, Lévi-Strauss estava pensando em redigir um segundo volume (*Les Structures complexes de la parenté*), mas acabou se dando conta de que as possibilidades combinatórias de sistemas menos restritos eram tão numerosas que a tarefa ultrapassaria suas forças. Ele também pretendia desenvolver o trabalho apresentado em seu ensaio na revista *Word*, mapeando sistematicamente as atitudes entre membros dos sistemas de parentesco, mas o projeto não saiu do rascunho.

Quando Lévi-Strauss enviara seu manuscrito a Robert Lowie, o grande antropólogo americano tinha lhe dito que era um trabalho "em estilo grandioso". De início, Lévi-Strauss tomou o comentário como um elogio, mas, com o decorrer do tempo, passou a ter dúvidas sobre o que Lowie realmente pretendera dizer.[61] Muito mais tarde, quando começou a entender a conotação do comentário de Lowie, ele admitiu que o projeto realmente era ambicioso demais.

Mas o edifício grandioso de *Estruturas Elementares* levou décadas até se desmoronar. Devido à sua originalidade, ao tom categórico das afirmativas, à sensação de uma reorientação teórica por muito tempo aguardada, a publicação se tornou o marco da época. Apenas um grupo reduzido de especialistas (como Leach) tinha competência para avaliar a ocasional ligeireza no uso da etnografia; os demais ficaram maravilhados com as implicações teóricas da obra, a qual parecia oferecer a saída de um duplo impasse — o bloqueio imposto pelo empirismo e a subjetividade do pensamento filosófico contemporâneo —, ao mesmo tempo em que prometia o nascimento de uma área mais científica e enxuta nas ciências humanas. As súmulas da obra feitas pelo próprio Lévi-Strauss, muitas das quais sugerem ao olhar do leigo que *Estruturas Elementares* havia demonstrado que *todos* os sistemas de parentescos (e não apenas o conjunto muito reduzido e, em certos aspectos, bastante atípico examinado por ele) não passavam de variações sobre conjuntos limitados de leis estruturais, periodicamente reforçavam essa ideia.[62] Apesar de tudo, como iniciativa pioneira, ainda que falha, de utilizar o instrumental da linguística num domínio totalmente diferente, o primeiro livro de Lévi-Strauss abriu um novo espaço teórico.

Em *Estruturas Elementares*, Lévi-Strauss criticara a famosa explicação de Freud sobre as origens do tabu do incesto como um mito. No entanto, ele mesmo criou sua própria espécie de mito: um apelo, típico dos meados do século XX, à abstração, ao deslocamento e à matemática. Como no caso de Freud, as teses de Lévi-Strauss eram ambiciosas, embora nem sempre plenamente respaldadas por indícios concretos. Mas eram inesgotavelmente sugestivas. Contra a corrente intelectual, Lévi-Strauss havia apresentado uma série de ideias que estavam destinadas a transformar a ecologia intelectual nas décadas seguintes.

6
No Divã do Xamã

Muitos de nós veem a psicanálise como uma descoberta revolucionária da civilização do século XX e a colocam no mesmo plano da genética ou da teoria da relatividade. Outros, provavelmente mais atentos aos exageros da psicanálise do que à verdadeira lição que ela tem a nos ensinar, ainda a consideram um dos absurdos do homem moderno.

Claude Lévi-Strauss, "Xamãs e Psicanálise", *Unesco Courier* (1956)

Lévi-Strauss tinha um fascínio pela obra de Sigmund Freud que se igualava a seu ceticismo em relação à prática psicanalítica — que, tendo espaço, estava se convertendo na época num tratamento corrente para neuroses e problemas psicossexuais. Em Nova York, por intermédio de Jakobson, ele conhecera o famoso psicanalista freudiano Raymond de Saussure, e, de volta a Paris, sua amizade com Jacques Lacan prosperou. Nos anos 1960, Lévi-Strauss iria fazer uma distinção entre a "teoria da mente" e a "teoria da cura" dos psicanalistas, dizendo que se interessava apenas pela primeira.[1] Mas, no final dos anos 1940, ele começou a explorar as fronteiras entre psicanálise e antropologia, o terapeuta e o xamã, a análise e a cura ritual. Isso lhe permitia retornar à matriz do inconsciente, do irracional e primitivo — o campo de exploração estética dos surrealistas. Abria-lhe também outra área que o vinha interessando cada vez mais: o mito.

Lévi-Strauss anotou suas ideias quando lecionava na sexta seção da École Pratique des Hautes Études, criada pouco tempo antes — era um centro autônomo de pesquisas em ciências sociais, o lar institucional da famosa escola historiográfica dos *Annales*. Ele tinha sido convidado pelo fundador da sexta seção, Lucien Febvre, no inverno de 1948-49, o primeiro ano de pleno funcionamento da instituição, para dar um seminário sobre "A Vida Religiosa dos Primitivos". Em dois ensaios — "O Feiticeiro e sua Magia" e "A Eficácia dos Símbolos" — Lévi-Strauss contrapôs à psicanálise freudiana exemplos etnográficos do Brasil, do Panamá, do México e da Costa Noroeste do Pacífico.

"O Feiticeiro e sua Magia" seguia a história de Quesalid, um dos informantes de Franz Boas, pertencente ao grupo kwakiutl de Vancouver. Quesalid é um índio cético que se torna xamã para desmascarar "o sobrenatural falso", os embustes da arte do xamã — os pregos disfarçados, os tufos de penas escondidos no lado da boca, o uso de "sonhadores" (espiões) para descobrir informações sobre o paciente em tratamento. Mas, nessa sua empreitada de desmascaramento, o próprio Quesalid passa a ser um grande xamã, famoso por suas curas, e ele mesmo começa a duvidar de seu ceticismo. Percebe que algumas fraudes funcionam melhor do que outras, que certos rituais de fato trazem melhoras aos pacientes. Com suas curas, Quesalid descobre que o poder da encenação é, em certo sentido, real. As interações entre o paciente, o xamã e o grupo, a estruturação de um universo psíquico, como quer que se dê, trazem resultados concretos.[2]

Este ponto foi vividamente demonstrado no ensaio de acompanhamento, escrito mais ou menos na mesma época, "A Eficácia dos Símbolos". Dedicado a Raymond de Saussure, o texto apresentava um ritual de encantamento usado em partos difíceis no Panamá, que fora registrado por etnólogos suecos. O encantamento narra a jornada do xamã e dos espíritos auxiliares dentro da vagina da mulher, subindo até o útero para resgatar a criança presa. Ela precisa ser libertada da *Muu* — o espírito feminino que forma o feto, e que neste caso abusou de seus poderes. O xamã canta as dores da mulher deitada na rede, com as pernas abertas, voltada para o leste, "gemendo, perdendo sangue, a vulva se dilatando e se movendo". Ele invoca diversos espíritos, "dos ventos, das águas e das matas", bem como, num toque conradiano, "o espírito do vapor prateado do homem branco".

Enquanto prossegue o tortuoso trabalho de parto, o xamã avança em sua jornada. Atravessando sangue e tecido, rumo a um uterino "inferno à *la*

Hieronymus Bosch", ele ordena aos espíritos que se ponham em fila no "caminho de *Muu*". Seus ajudantes abrem caminho pelo canal da mulher, o xamã convocando os "Senhores dos cupins" para atravessar os nervos, desbravando uma passagem entre uma selva de fibras humanas. Depois de derrotar a *Muu* e suas irmãs com o uso de chapéus mágicos, assim libertando a criança, a tropa do xamã começa a descida, numa outra jornada igualmente perigosa, análoga ao próprio trabalho de parto. O xamã incentiva seus ajudantes a avançar para o orifício, empregando mais "desbravadores", como o tatu. Depois que a criança vem à luz, o xamã atira para o alto um punhado de pó, formando uma nuvem que obscurece o caminho e impede a fuga de *Muu*.[3]

O mito, com um rico efeito literário, funcionava porque concentrava o corpo e a mente da mulher, organizando — estruturando — a experiência de um parto interminável que podia parecer caótico. Lévi-Strauss comparou o processo à "ab-reação" do psicanalista, por meio da qual o paciente, guiado pelo analista, revive experiências dolorosas do passado para desbloquear obstáculos subconscientes. Baseada nos mesmos elementos, a cura xamânica era, na verdade, uma perfeita inversão da psicanálise: enquanto o analista escuta, é o xamã que fala. Guiado pelo analista, o paciente elabora seu próprio mito pessoal, normalmente uma versão estilizada de vagas memórias da infância. O xamã, por outro lado, declama um mito social igualmente protocolar. Com a transferência, o paciente se expressa através do analista, enquanto o xamã fala em nome do paciente. Mas as duas abordagens se baseavam, em última análise, no pressuposto de que o inconsciente — aquele lugar aparentemente misterioso, subterrâneo, de sentimentos inexpressos, do bizarro e do inesperado — em verdade era um universo estruturado logicamente. Tanto o xamanismo quanto a psicanálise operavam trazendo à tona essa estrutura simbólica, evocando a ordem oculta da experiência.

A tese de Lévi-Strauss era que as técnicas modernas não passavam de reelaborações de ideias que estão conosco desde os primórdios dos tempos. Quando a Europa ainda acorrentava seus loucos, os xamãs das sociedades "primitivas" já estavam tratando os pacientes no metafórico divã do psicanalista.[4] (Muito depois, ele sustentaria em *A Oleira Ciumenta* que muitas teorias psicanalíticas de Freud, como o caráter oral ou anal, em verdade eram reciclagens de mitos indígenas jivaros.) De fato, era apenas na terapia de grupo, que naquela época constituía o ramo mais experimental da psicanálise, que os praticantes modernos começavam a utilizar as mais sofisticadas técnicas que os xamás conheciam desde milênios.

As considerações finais de Lévi-Strauss passavam da psicanálise para o inconsciente e para o mito, invocando, talvez em seu apelo mais vigoroso, o tipo de estruturalismo do pensamento mítico e simbólico que viria a dominar toda a sua carreira. Lembranças, ocorrências estranhas, histórias pessoais estavam relacionadas com o inconsciente, da mesma forma como as palavras se relacionavam com uma língua, onde "o vocabulário importa menos do que a estrutura". Os mitos, estivessem encarnados em complexos neuróticos individuais ou em narrativas sociais, eram depósitos de representações inconscientes, estruturadas de acordo com um número reduzido de leis. Lévi-Strauss terminava traçando um paralelo direto entre língua e mito, já sugerindo um projeto que culminaria no quarteto das *Mitológicas*:

> Existem muitas línguas, mas apenas poucas leis estruturais que são válidas para todas as línguas. A compilação de mitos e contos conhecidos ocuparia uma quantidade imponente de volumes. Mas eles podem ser reduzidos a um pequeno número de tipos simples, se abstrairmos dentre a diversidade dos personagens algumas funções elementares. Quanto aos complexos — esses mitos individuais —, eles também correspondem a poucos tipos simples, que moldam a multiplicidade fluida de casos.[5]

A breve incursão de Lévi-Strauss no mundo da psicanálise deixou uma marca indelével para o futuro da profissão. Os ensaios exerceram influência profunda em Jacques Lacan, que os citou na revolucionária preleção que apresentou em Zurique, "O estágio do espelho como formador da função do 'eu' como nos é revelada na experiência psicanalítica", assim como no discurso de Roma — um apelo polêmico para que se retomasse a análise da linguagem do paciente. A intervenção de Lacan marcou uma ruptura com a instituição psicanalítica estabelecida e a estreia de uma nova forma de prática — abstrusa, mas de grande influência — que se difundiu nas ciências humanas nas décadas de 1960 e 1970.

* * *

Já se comentou muito a extraordinária unidade na produção intelectual de Lévi-Strauss. Esses primeiros ensaios, repletos de indicações sobre o futuro rumo de sua carreira, comprovam um avanço constante e a coerência interna de suas ideias. No final dos anos 1940, estavam lançados os alicerces sobre os quais ele iria construir a obra de sua vida; muitos dos elementos teóricos que ressurgiriam várias vezes nos livros, entrevistas e artigos já se faziam presentes. Para Lévi-Strauss, a língua, como um sistema formal de diferenças, passara a ser mais do que uma mera analogia. Era um modelo capaz de extrair novas verdades de vários campos: o parentesco, o inconsciente, o pensamento simbólico, o mito e a composição estética.

A posição teórica de Lévi-Strauss, dotada de coerência notável, vinha acoplada à convicção de que todas as ciências humanas, seguindo a liderança da linguística, estavam no limiar de uma revolução científica, que avançaria na direção dele. Lévi-Strauss chegou inclusive a enxergar os primórdios de um avanço rumo ao pensamento estruturalista em importantes obras anteriores. Quando o sociólogo Georges Gurvitch lhe pediu, em 1950, para escrever uma introdução à obra de Marcel Mauss, para integrar uma coleção de livros sobre grandes intelectuais desaparecidos em data recente (Mauss tinha falecido três anos antes, aos 77 anos de idade, depois de uma crise de bronquite), Lévi-Strauss tentou retratá-lo como protoestruturalista. Nessa reinterpretação da história intelectual francesa, o *Ensaio sobre a Dádiva* aparecia como o grande pioneiro — obra em que a antropologia finalmente ia além da mera observação e das simples comparações para investigar seu objeto como um sistema, dotado de correlações, equivalências formais e interdependência das partes, capaz de ser reduzido a um conjunto menor de operações. "O *Ensaio sobre a Dádiva*, portanto, inaugura uma nova era para as ciências sociais, tal como a fonologia foi para a linguística", escreveu Lévi-Strauss, e "é comparável à descoberta da análise combinatória para o pensamento matemático moderno". Mauss dera a inspiração, mas não fora avante. "Como Moisés conduzindo seu povo à terra prometida, cujo esplendor nunca veria", concluiu Lévi-Strauss, Mauss tinha se detido "à margem de [...] possibilidades imensas".[6]

Gurvitch ficou insatisfeito com essa interpretação, que de fato parecia manipular deliberadamente o legado do mais famoso antropólogo francês. O filósofo Claude Lefort, em *Les Temps modernes*, na mesma resenha em que tratava de *Estruturas Elementares*, apontou exatamente o ponto central da manobra de Lévi-Strauss. Para Lefort, a leitura de Lévi-Strauss "parece estranha à sua inspiração: Mauss visa ao sentido, não aos símbolos", deseja entender "o comportamento sem abandonar o campo da experiência", sem jamais tentar construir uma superestrutura lógica à maneira de Lévi-Strauss.[7]

Com o impacto de *Estruturas Elementares* e um volume agora respeitável de artigos publicados, crescia o renome de Lévi-Strauss e já se davam alguns passos para admiti-lo no prestigioso Collège de France. Fundado no século XVI por Francisco I para os conferencistas do monarca, o Collège de France continua a ser uma instituição de elite, o pináculo da vida intelectual francesa. Não fornece diplomas nem ministra exames, não oferece grade de cursos nem tem corpo discente. A burocracia diária da vida universitária é eliminada em favor da pura pesquisa original, apresentada numa série anual de 12 preleções de duas horas cada, abertas ao público. O ingresso se dá pela votação dos membros integrantes, e o cargo é vitalício. No ambiente seguro, mas muito flexível, do Collège, com sua missão de "ensinar a ciência em seu fazer",[8] os acadêmicos podiam ser convencionais ou inovadores. Lévi-Strauss, que já estava desbravando seu caminho intelectual muito idiossincrático, certamente se daria bem naquele ambiente.

Na época, ser aceito nesse pequeno grupo intelectual de elite ainda parecia uma perspectiva surreal para Lévi-Strauss. "Eu mal sabia o que era o Collège de France", comentou ele, lembrando que na juventude até evitava pôr os pés lá, pois lhe parecia "um local temível, proibido".[9] Mas, sem que ele soubesse, mesmo antes de voltar a Paris, seus adeptos tinham começado a se mobilizar em seu favor. Quando Lévi-Strauss estava saindo de Nova York, Gaston Berger comentara de passagem que ele estava voltando à França para ingressar no Collège. Na época, Lévi-Strauss tomou aquilo como uma brincadeira, mas, chegando a Paris, o psicólogo Henri Piéron o convidou para uma reunião e lhe disse que havia defensores no Collège que queriam elegê-lo. Ele era visto como uma força de modernização, tanto em suas teorias quanto nas posições políticas progressistas — isto é, em comparação à hierarquia conservadora esclerosada que ainda dominava a instituição. A velha guarda se encarnava em Edmond Faral, que ocupava a cátedra de Literatura Latina da Idade Média desde 1924 e era, na época, o diretor do Collège.

Quando abriu uma vaga, Piéron apresentou o nome de Lévi-Strauss para a eleição em novembro de 1949, mas foi derrotado. Um ano depois, surgiu outra vaga no Collège. O linguista Émile Benveniste indicou Lévi-Strauss mais uma vez, e de novo foi derrotado. Por coincidência, nessa segunda avaliação de seu nome, Lévi-Strauss estava dando o ciclo de preleções da Fondation Loubat no Collège, com seis palestras sobre "A Expressão Mítica da Estrutura Social". Entre os ouvintes estavam Max Ernst, André Breton, Maurice Merleau-Ponty e Georges Dumézil. Depois de expor um mito hópi, Lévi-Strauss lamentou não dispor de um slide para ilustrá-lo, mas na semana seguinte Ernst trouxe um grande desenho para a ilustração.[10] Foi durante essas palestras que Lévi-Strauss firmou sua amizade com Dumézil — que exerceria uma influência fundamental e lhe daria grande apoio nos anos seguintes.

"Sem citar nomes", disse-me Lévi-Strauss, "houve um elemento de antissemitismo em minha derrota". Faral, que na época da ocupação tinha vetado a presença de judeus no Collège, mesmo antes que a lei de outubro de 1940 o obrigasse a isso,[11] teria dito diretamente a Lévi-Strauss que ele nunca entraria no Collège. Em termos mais gerais, Lévi-Strauss tinha caído no meio de um embate entre conservadores e progressistas. "Eu era um inocente", disse a Didier Eribon, "que fora colocado numa disputa entre antigos e modernos: os tradicionalistas ainda contavam com homens que, pelo espírito ou pela arrogância, pertenciam a outro século".

Ao duplo golpe sofrido no Collège somou-se a separação da segunda esposa, Rose-Marie Ullmo, um casamento de curta duração. "Rompi com meu passado, reconstruí minha vida pessoal": é o máximo que Lévi-Strauss comenta sobre o tema.[12] Com pouco dinheiro, ele se mudou para o número 11 da rue Saint Lazare, no 9º *arrondissement*. Também foi obrigado a vender parte de sua querida coleção de artefatos indígenas — as máscaras e vasilhas que conseguira comprar depois de muito poupar e economizar em Nova York. Metade dela foi para seu amigo Jacques Lacan, e outros objetos foram vendidos a André Malraux, ao Musée de l'Homme e a um museu na cidade universitária holandesa de Leiden.

* * *

Entre uma recusa e outra do Collège, Lévi-Strauss viajou para o subcontinente asiático. Ele tinha conseguido uma verba por meio de Métraux, que então trabalhava na Agência de Relações Raciais da Unesco, para uma missão de dois meses no Paquistão e na Índia, estudando as possibilidades de futuras pesquisas na região para o Departamento de Ciências Sociais da Unesco. Lévi-Strauss viajou logo após uma das partilhas mais cataclísmicas da história — a rápida divisão britânica entre a Índia e o Paquistão, que resultara num banho de sangue e deixara milhões de desabrigados em campos de refugiados, dispersos dos dois lados da fronteira. Ele visitou Karáchi, Daca, os Montes Chittagong, Calcutá, Nova Déli, Lahore e Peshawar, mais tarde condensando as seiscentas páginas de anotações em duas seções de *Tristes Trópicos* — três capítulos canhestramente encaixados entre as descrições da zona pioneira do Paraná e seu trabalho de campo entre os caduveus do Mato Grosso e os dois últimos capítulos, que constituíam uma espécie de apêndice filosófico ao livro.

Ele chegou a Karáchi passando pelo Egito, sobrevoando os tons de rosa-pálido — "flor de pessegueiro, madrepérola, a iridescência de peixe cru" — das areias do deserto, antes que as névoas se dissolvessem na noite.[13] Ao amanhecer, ele sobrevoou as novas fronteiras, passando por um mosaico de lavouras verdes e rosadas, semelhantes às "reflexões geográficas de Paul Klee". Então desceu até o estuário do Ganges onde se aglomeravam campos circulares, cercados pelas águas viscosas das baixadas e pelas matas dos manguezais dos Sundarbans.[14]

Em Calcutá, ele foi cercado por mendigos mostrando os membros amputados, riquixás procurando clientes, engraxates, cafetões e carregadores, enquanto nos Montes Chittagong, onde ocupou um quarto luxuoso num chalé em estilo suíço, chamado Casa do Circuito, quase sufocou sob as atenções dos inúmeros criados. Adivinhavam cada desejo seu, serviam cinco refeições por dia, ofereciam-se para lhe dar banho, e até esperavam do lado de fora do banheiro "para pegar um pouco da substância do senhor". Ele sentiu repulsa pela atitude untuosa dos criados — "Há algo de sexual nessa submissão angustiada", observou ele —, presos numa bolha colonial que sobrevivera intocada à independência.[15]

Indo para as áreas tribais ao norte de Chittagong, Lévi-Strauss viveu mais um breve período de etnografia ao vivo entre os kukis. Ficou numa casa de bambu, numa colina, com varandas amplas onde as mulheres batiam arroz em casca com pilões de 2 metros de altura. Cabeças de veados, de macacos, javalis e panteras serviam de decoração. Na noite em que chegou, começaram as festas. Serviram-lhes aguardente de arroz em chifres de boi e foram regalados com músicas "extremamente monótonas", que Lévi-Strauss transcreveu depois. Os meninos usavam tangas, faixas e colares de miçangas; as meninas, saias pelo joelho com tubos de cobre, peitorais orlados com asas de besouro e brincos de marfim.

As experiências de Lévi-Strauss resultaram em dois textos, em tom quase justificativo, como elegias a suas incursões etnográficas anteriores no Brasil. O primeiro expunha um conjunto de termos de parentesco para as tribos dos cakmas, kukis e mogs, numa lista que ficou incompleta "devido à brevidade de nossa permanência nas aldeias nativas"; o segundo trazia descrições "extremamente fragmentárias" da aldeia kuki.[16] É interessante notar que os kukis já tinham aparecido em *Estruturas Elementares*, como um dos principais exemplos de uma forma simples de "troca generalizada".[17]

Lévi-Strauss guardou impressões melancólicas do subcontinente. Em alguns de seus textos mais misantropos, ele citava as cidades enxameadas de gente, as favelas pestilentas, os blocos de apartamentos funcionais insípidos e sem graça, como o cubo de concreto inacabado que tinha visto numa cidade abandonada no interior do Brasil. Tudo a seu redor era "imundície, caos, promiscuidade, congestionamento; ruínas, casebres, lama, sujeira; fezes, urina, pus, vômitos, secreções e chagas purulentas".[18] Numa imagem perturbadora, ele comparou os cortiços da cidade aos criatórios de gansos para a produção de *foie gras*, que tinha visto em Mont-de-Marsan em seu primeiro ano de aulas no Lycée Victor-Duruy. Cada ganso ficava preso numa caixa, "reduzido à condição de mero tubo alimentador". Mas havia uma diferença importante: os gansos eram engordados, enquanto os pobres eram postos para emagrecer. Como algum sinistro modelo estruturalista, seus cubículos minúsculos eram "meros pontos de conexão com a rede de esgoto", reduzindo a existência humana "ao puro exercício das funções excrementícias".[19]

Terá sido o temperamento, o choque cultural ou a fase difícil de sua vida — a decepção no Collège e o casamento desfeito — que gerou uma reação tão negativa a suas experiências no subcontinente asiático? Seja qual for a razão, a viagem fortaleceu a desilusão crescente de Lévi-Strauss com a modernidade. O superpovoamento passaria a ser um tema constante na crítica de Lévi-Strauss. Antigamente, o homem mantinha uma proporção com o ambiente natural onde vivia, percorrendo vastas florestas, ocupando um milhar de quilômetros ao longo dos rios e dos litorais. Agora estava reduzido à "vida na escala de um lenço de bolso", na uniformidade insípida das cidades que cresciam velozmente no mundo.[20]

Barrado em sua ascensão na hierarquia do sistema acadêmico francês, Lévi-Strauss se sentiu à deriva. Disse que, nessas alturas, acreditava que não teria uma "carreira de verdade" e chegou a alimentar dúvidas se continuaria com a antropologia, voltando a pensar no jornalismo ou na literatura.[21] Parece difícil compatibilizar essa sensação com sua fama, que crescia na França e no exterior. Mesmo não tendo conseguido ingressar no Collège, sua carreira progredia. No final de 1950, logo após a segunda rejeição de seu nome no Collège, ele foi nomeado como diretor de estudos da quinta seção, mais conservadora, da École Pratique des Hautes Études, dedicada às *Sciences religieuses* (Ciências da religião). Lévi-Strauss ocupou a vaga de Maurice Leenhardt, que estava se aposentando, na mesma cátedra que fora ocupada pelo grande Marcel Mauss desde a virada do século XX até a Segunda Guerra Mundial. Foi outra nomeação difícil. Leenhardt, missionário que se tornara antropólogo e tinha estudado os kanaks da Nova Caledônia, foi contrário à escolha de Lévi-Strauss, indicando um de seus alunos para suceder a ele. Mas, com o auxílio de Georges Dumézil, Lévi-Strauss finalmente conseguiu a cátedra. Lá, ele integraria uma ilustre linhagem intelectual, que incluía diversas figuras que influenciaram a formação de suas próprias ideias — Mauss, Dumézil, Granet e Alexandre Kojève.

A cátedra marcou uma guinada importante para Lévi-Strauss, que posteriormente dividiria sua carreira em duas fases distintas. Talvez, felizmente, o cargo o afastou dos baixios do parentesco e o levou para o mar aberto do pensamento religioso, área mais indefinida, mais relacionada com o campo das ideias, não tão presa às especificidades dos dados de campo. Embora Lévi-Strauss voltasse periodicamente ao parentesco e ainda tivesse vontade de escrever *Structures complexes* em complemento de sua tese, seus trabalhos posteriores mostrariam um viés cada vez mais interpretativo. Quando lhe perguntei por que tinha enveredado por um novo território intelectual, depois de dedicar anos à decodificação dos sistemas de parentesco, ele respondeu com seu típico fatalismo. Não houve uma escolha de fato, quando a mudança de rumo se impôs a ele. Tinha de cumprir seus deveres numa cátedra dedicada a estudos da religião, explicou ele, como se fosse um mero zangão na colmeia acadêmica. Mas, numa avaliação retrospectiva, a mudança de rumo parece ter raízes na própria percepção de Lévi-Strauss sobre a meta que pretendia atingir. Uma sequência de artigos anteriores sobre o xamanismo, o mito e o simbolismo, escritos no final dos anos 1940, quando estava dando seminários na sexta seção sobre "A vida religiosa dos primitivos", já indicava suas intenções. Nos anos 1950, Lévi-Strauss estava avançando para áreas de estudo mais interpretativas, mais condizentes com seu quadro mental estético e literário.

O decênio de seminários e aulas nas quartas-feiras à tarde, na quinta seção, foi um teste crucial para essa nova linha de reflexão. Seguindo o método que adotara em Nova York, Lévi-Strauss aproveitava o curso para pensar em voz alta, brincar com ideias novas, expondo oralmente a matéria que, mais tarde, iria se converter em ensaios e livros. Ele seguia um esboço geral, mas saía por várias tangentes quando lhe vinha a vontade, seguindo cadeias de associações que percorriam todo o globo, trazendo seus conhecimentos etnográficos, agora consideráveis, para dar sustentação a suas hipóteses conceituais. Como disse a Didier Eribon, ele estava procurando "pequenas ilhas de organização" em meio a "uma vasta miscelânea empírica".[22] Fiquei curioso em saber se ele chegara a identificar essas ilhas. Lévi-Strauss respondeu que foi essencialmente um processo de ensaio e erro.

Por essa razão, ele proibia o uso de gravadores, para se "sentir em liberdade para se entregar a um trabalho mental, explorar aspectos secundários curiosos, submeter ideias provisórias ao teste da formulação oral" — teste em que era reprovado com frequência, disse ele.[23] Lévi-Strauss não queria que ideias que lhe pareciam arriscadas e malformadas, registradas numa gravação, viessem a contradizê-lo depois que eliminasse as incoerências. Talvez nem precisasse se preocupar — não raro seus ex-alunos comentavam como suas exposições eram incrivelmente claras, desde a primeira vez. "Ele falava como escrevia", comentou Philippe Descola, aluno de Lévi-Strauss e sob muitos aspectos seu sucessor natural, como atual diretor do

Laboratoire d'anthropologie e professor de antropologia no Collège. Descola conversou comigo no antigo gabinete de Lévi-Strauss, onde ainda se encontra a funda poltrona de couro onde, muitos anos atrás, ainda jovem, ele tinha se sentado apavorado, para pedir a Lévi-Strauss que fosse seu orientador.[24] "Era como ver Kant, Hegel", disse-me Descola. "Ele foi um dos grandes gênios do século XX." O escritório agora é forrado de livros e decorado com artefatos indígenas sul-americanos, incluindo uma máscara com tufos de palha como cabelos e, numa explícita referência pós-moderna, o fetiche arumbaia de *Tintin e o Ídolo Roubado*. "Ele construía frases complexas, amontoando cláusulas interpoladas, mas sempre voltava ao ponto", explicou Descola.[25]

Como método, era como o automatismo de Breton — uma espécie de associação livre intelectual, que revelava os elos ocultos entre dados sem relação aparente. Por meio desse *free jazz* mental, Lévi-Strauss começou a explorar as ligações que se repetiam num mundo metafísico de mitos e misticismo. O primeiro curso, "A Visitação das Almas", retomava seu trabalho de campo no Brasil, examinando as relações entre os vivos e os mortos entre os bororos. Lévi-Strauss tinha chegado tarde demais para presenciar as etapas iniciais dos ritos fúnebres bororos — a decomposição do cadáver numa sepultura aberta, coberto com ramos soltos; a lavagem dos ossos do morto no rio; a pintura e a ornamentação dos ossos com penas. Mas esteve presente aos ritos longos e complexos que se seguiam.

Quinze anos depois, Lévi-Strauss dissecou o que vira. Somando a seu trabalho de campo as pesquisas bibliográficas em Nova York, ele estabeleceu comparações entre os rituais bororos, os algonquins norte-americanos e os winnebagos e omahas de língua sioux, examinando as direções espaciais (leste-oeste, em cima-embaixo, esquerda-direita etc.), bem como certas cores, animais e plantas que se multiplicavam nos ritos. Símbolos recorrentes, como o uso de uma concha representando a água, uma pedra arredondada para a terra ou uma estrela para o céu, formavam para Lévi-Strauss uma espécie de "álgebra" que poderia dar forma matemática àqueles rituais aparentemente disparatados. Utilizando a análise estrutural, seria possível reduzir sistemas complexos de crenças a sistemas mais simples e mais formais de oposições fundamentais. As configurações duplas e triplas resultantes reproduziam a organização social dos grupos. Era uma espécie de inversão do método durkheimiano, restabelecendo a ligação das ideias, rituais e mitos com o social, e não o contrário. "A relação entre os vivos e os mortos", concluiu Lévi-Strauss numa espécie de simplificação protoestruturalista, "não é senão a projeção, na tela do pensamento religioso, das relações reais entre os vivos".[26]

No ano seguinte, Lévi-Strauss passou para a mitologia, comparando os mitos de origem entre os hópis, os zunis e os acomas, pertencentes aos íncios pueblos do centro e do oeste. Iniciava-se a obra de sua vida — uma obsessão de vinte anos que o levaria a se aprofundar nos mais obscuros recessos da imaginação indígena. A tetralogia das *Mythologiques* só começaria a aparecer nos anos 1960, mas desde 1952 alguns fragmentos já começavam a se reunir.

Na metade de 1952, Lévi-Strauss foi a Bloomington, Indiana, para falar numa conferência que reunia linguistas e antropólogos. Lá, ele começou dando uma interpretação cognitiva, e mesmo neurológica, ao que lhe parecia ser uma aproximação crescente entre a linguística e a antropologia. Referiu-se em tom teatral à "hóspede não convidada, a mente humana", afirmando que a língua e a cultura deviam estar relacionadas de alguma maneira, do contrário a mente seria "uma mixórdia total" ou consistiria em "compartimentos separados por rígidas divisórias".[27] O que se buscava era uma análise cultural sistemática que, ao fim e ao cabo, lançasse luz sobre o funcionamento do cérebro. "Durante séculos as humanidades e as ciências sociais se resignaram a contemplar o mundo das ciências naturais e exatas como uma espécie de paraíso onde nunca teriam entrada", finalizou ele, aludindo à sua introdução à obra de Marcel Mauss. "De repente, está-se abrindo uma pequena porta entre os dois campos, e é a linguística que o faz."[28] Foi por essa "pequena porta" que Lévi-Strauss entrou, procurando uma via de comunicação entre a antropologia e as ciências exatas. Sua enorme influência como pensador do pós-guerra se fundaria nessa aposta inicial e em sua ousadia de reunir dois tipos muito diferentes de investigação. Na década subsequente, dezenas de estudiosos de áreas próximas — crítica literária, psicanálise, filosofia — iriam segui-lo, em busca do rigor alcançado pela linguística.

No mesmo ano, em suas contribuições para um grande simpósio de antropologia em Nova York, Lévi-Strauss avançou ainda mais em sua argumentação. O evento, patrocinado pela Fundação Wenner-Gren, reuniu oitenta especialistas para discutir a situação atual da antropologia. Compareceram muitos expoentes da área, acadêmicos como Margaret Mead, Alfred Kroeber, Robert Lowie e Julian Steward, que Lévi-Strauss conhecera em Nova York durante a guerra. A eles se somaram especialistas de campos próximos, como o sociólogo Robert Redfield e o amigo e colaborador de Lévi-Strauss, Roman Jakobson, para uma ampla discussão das realizações e do futuro da antropologia.

Os anais das contribuições de Lévi-Strauss mostram um intelecto fervilhando de novas ideias, levando as descobertas da linguística estrutural para outras direções, excêntricas e originais. Quando lhe pediram para comentar como seria possível usar a análise estrutural em outros campos além da linguística, ele retomou seus conceitos ainda inacabados sobre as diferenças entre espécies vegetais, que tinham lhe ocorrido nas horas de ócio quando estava na Linha Maginot, às vésperas da derrota francesa. As pesquisas do pós-guerra tinham confirmado suas intuições. De fato, era possível descrever sistematicamente as diferenças entre as espécies em termos de permutações de características centrais. Tal como na linguística, os cientistas haviam determinado pequenas séries de contrastes — pétalas e carpelos separados ou unidos, poucos ou muitos estames, corola regular ou irregular e assim por diante —, os quais, em diferentes combinações, geravam uma grande diversidade.[29] Para Lévi-Strauss, o mesmo princípio genético poderia se aplicar igualmente a um amplo leque de domínios culturais, das obras de arte às ferramentas, do vestuário ao parentesco e à mitologia.[30]

Para onde olhasse, Lévi-Strauss via ligações formais. Eram os primeiros tempos da televisão, e as imagens enevoadas das telas ainda constituíam novidade. Ele ficou intrigado ao perceber que as bandas de baixa frequência resultavam apenas num esboço, num mero contorno de uma figura ou objeto, ao passo que a alta frequência preenchia a imagem, dando-lhe aparência de solidez. Numa analogia um tanto forçada, ele comparou esse contraste com as propriedades fundamentais da arte: a distinção entre desenho e pintura. A cultura e a tecnologia, a ciência e a arte se entremesclavam na câmara de ressonância estrutural da mente de Lévi-Strauss, ambas revelando mutuamente suas propriedades ocultas.

Lévi-Strauss já estava suplementando a assombrosa quantidade de suas leituras etnográficas com as obras de Norbert Wiener sobre a cibernética e com a *Teoria Matemática da Comunicação*, de Claude Shannon e Warren Weaver. Pelo prisma das primeiras teorias digitais, os entrecruzamentos nas ciências sociais pareciam plausíveis. "A comunicação não é apenas um campo da linguística", explicou Lévi-Strauss no simpósio, "mas pode-se dizer que a sociedade, em si mesma e como um todo, é uma enorme máquina que estabelece a comunicação em muitos níveis diferentes entre os seres humanos".[31] Essa imagem revelava uma propensão do pensamento inicial de Lévi-Strauss: uma abordagem mecanicista que negava qualquer estatuto metafísico especial aos fenômenos culturais. Como engenheiro-chefe dessa "enorme máquina", Lévi-Strauss estava soldando seus componentes, desenhando os esquemas de seus vários mecanismos interligados, medindo cada rotação e monitorando os ritmos do motor. Mas, ao mesmo tempo — e essa disjunção percorre a totalidade de sua obra —, Lévi-Strauss não estava interessado, em última instância, nas funções ou nos produtos da máquina. Como os móbiles da Fonte Stravinski de Niki de Saint Phalle, ao lado do Centro Pompidou, com suas mangueiras jorrando água e suas rotações sibilantes, a máquina cultural de Lévi-Strauss era um dispositivo estético que funcionava, mas sem nenhuma finalidade visível.

Pediram a Lévi-Strauss que, em suas observações finais, apresentasse os avanços da antropologia até aquela data e suas perspectivas para o futuro, tarefa que cumpriu entusiasmado, fazendo uma abordagem interessante sobre a formação da disciplina. Antigamente, a antropologia tinha se alimentado dos restos, dos refugos deixados pelas disciplinas estabelecidas. Na Idade Média, praticamente tudo o que estava fora da Europa era considerado antropológico, em sentido filosófico. Com o surgimento dos estudos clássicos, os estudiosos da linha dominante passaram a abordar o pensamento indiano e chinês, restringindo a antropologia à África, à Oceania e à América do Sul. No cenário moderno, a antropologia profissional fora empurrada ainda mais para as margens, vasculhando as latas de lixo da academia. Paradoxalmente, esses "trapeiros" tinham descoberto uma mina de ouro. Levada aos confins da cultura humana, a antropologia agora estava à beira de realizar profundas descobertas intelectuais. (Margaret Mead fez uma imediata ressalva por entender que Lévi-Strauss havia comparado a cultura indígena a lixo, mas a analogia dele era inocente. Ele pretendia apenas dizer que os antropólogos reviravam os restos de outras disciplinas, como explicou depois, "recolhendo bugigangas".)

Kant concebera o mundo dividido entre o "firmamento estrelado" (a física newtoniana) e a "lei moral" (a filosofia do próprio Kant); Lévi-Strauss concluiu que a antropologia, através da linguística, se equilibrava entre ambos, para unir esses dois domínios numa união confederada de disciplinas diversas, mas inter-relacionadas:

> Os linguistas já nos disseram que em nossa mente há fonemas e morfemas girando uns em torno dos outros, mais ou menos como os planetas giram no sistema solar; e é na expectativa de que possa ocorrer essa unificação que eu sinto que a antropologia pode realmente ter uma função importante e significativa não só no desenvolvimento da sociedade moderna, mas também no desenvolvimento da ciência em geral.[32]

No começo dos anos 1950, essa visão de Lévi-Strauss começava a se materializar. Segundo ele, vivia-se uma era de convergência teórica maciça. Em Paris, Lévi-Strauss se encontrava regularmente com Jacques Lacan, com o matemático Georges Guilaud e com o linguista Émile Benveniste, em discussões interdisciplinares sobre o conceito de estrutura e a possibilidade de transpor princípios da matemática para as ciências humanas.[33] Seus seminários na École tinham se transformado num ímã que atraía uma nova geração de pensadores, que exploravam ideias interdisciplinares e extraíam descobertas da etnografia. As discussões variavam da linguística à psicanálise, da matemática à física atômica, mas o cerne continuava a ser a antropologia. Lévi-Strauss acreditava que, por meio da análise estrutural, a antropologia poderia se tornar uma espécie de metaciência, capaz de desvendar não só os fundamentos da troca cultural humana, mas também as leis profundas que repercutiam na natureza. Apesar dos percalços na carreira, ele possuía um programa de pesquisa; agora tinha até nome. "Se tivermos de escolher uma data para o nascimento do estruturalismo lévi-straussiano", escreveu seu biógrafo suíço Denis Bertholet, "seria 1952: os artigos daque-

Claude Lévi-Strauss menino, em uma pintura de seu pai, Raymond. Este foi um dos muitos retratos que Raymond produziria em diferentes fases da vida de Claude.

O pai de Lévi-Strauss, Raymond, por volta de 1936. Pintor retratista de estilo antigo, a sensibilidade estética de Raymond deixaria uma profunda impressão em seu filho.

Claude Lévi-Strauss aos 15 anos com sua mãe Léa no apartamento da rue Poussin no 16º *arrondissement* de Paris.

O chefe informante e intérprete de Lévi-Strauss entre os bororos. Criado por missionários, dizia ter ido a Roma e visitado o papa.

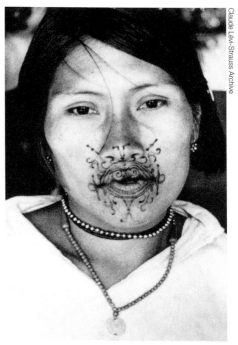

Dentre os caduveus, Lévi-Strauss ficou fascinado com as volutas e os arabescos pintados nos rostos das mulheres, o que fazia com que elas parecessem estar "espiando por trás de uma complexa trama ornamental".

Lévi-Strauss e sua primeira esposa Dina em campo em dezembro de 1935, estudando os caduveus no que hoje é o Mato Grosso do Sul.

Um corredor é talhado através da floresta durante a construção da linha de telégrafo Rondon no início do século XX. Nos anos 1930, a linha se tornaria cenário da expedição de Lévi-Strauss à Serra do Norte.

Um grupo de índios paresis aprendendo calistenia, um tipo de ginástica sueca, em malfadados esforços iniciais em "civilizá-los" e assimilá-los à sociedade brasileira.

Lévi-Strauss fotografa um índio nhambiquara atirando uma flecha contra o fundo de uma estação rústica de telégrafo em Utiariti.

Luiz de Castro Faria, 25 anos de idade, antropólogo enviado pelo Museu Nacional para acompanhar a expedição à Serra do Norte.

Dr. Jean Vellard, especialista em medicina tropical, que também fez parte da expedição à Serra do Norte.

Lévi-Strauss de pé na beira do rio durante o trabalho de campo com os tupis-cauaíbes. Agarrado à sua bota está um macaco capuchinho, Lucinda, preso a seu cinto por uma tira de couro.

Lévi-Strauss se banha em um rio com um grupo de índios nhambiquaras: "Ficava frequentemente constrangido com os ataques certeiros de uma meia dúzia de mulheres — jovens ou velhas — cuja ideia principal era se apropriar de meu sabonete, que elas apreciavam extremamente."

Retrato de um menino nhambiquara, que depois foi capa de uma reimpressão de *Tristes Trópicos*.

Homens nhambiquaras circulam no acampamento improvisado após uma expedição de caça bem-sucedida de quatro tucanos.

Simone de Beauvoir e Jean-Paul Sartre tomam chá em um café em Paris, em maio de 1946. Inicialmente defensores entusiastas das ideias de Lévi-Strauss, seriam atacados no início dos anos 1960, quando Lévi-Strauss voltou-se contra o existencialismo.

Michel Foucault em sua casa em Uppsala.

O psicanalista Jacques Lacan, que foi profundamente influenciado por Lévi-Strauss, fotografado aqui no final da década 1970. Os dois eram amigos, embora Lévi-Strauss tenha confessado nunca ter realmente entendido as teorias de Lacan.

Lévi-Strauss em Paris, em 1949, depois de voltar de Nova York, onde foi influenciado por seus companheiros de exílio André Breton e Roman Jakobson.

Lévi-Strauss sentado na primeira fila de um auditório no Collège de France com Georges Dumézil, ouvindo extasiado o linguista russo Roman Jakobson.

Lévi-Strauss sendo o anfitrião de seus famosos seminários no antigo Laboratoire d'anthropologie na Place Marcelin-Berthelot. Dentre os participantes estão Jean Pouillon, Maurice Godelier e Isac Chiva.

Foto de um ensaio fotográfico de Henri Cartier-Bresson publicado na *Vogue* americana em 1968, uma época em que Lévi-Strauss estava atingindo fama mundial.

Lévi-Strauss discursando na abertura da Académie Française. Em maio de 1973 ele se tornou o primeiro antropólogo a entrar para a instituição intelectual de elite da França.

Lévi-Strauss aos 96 anos, com sua terceira esposa, Monique. Aproximando-se do fim de sua vida, Lévi-Strauss se tornou mais pessimista sobre a modernidade, um sentimento exposto em seu clássico pós-guerra *Tristes Trópicos*.

le ano, com a ambição universal que apresentam, marcam o momento em que o sufixo 'ismo' pode ser legitimamente acrescentado, na história do pensamento, ao adjetivo 'estrutural'".[34]

Com um início de calvície nos cabelos grisalhos, Lévi-Strauss agora estava na faixa dos 45 anos, chegando ao patamar da meia-idade. A juventude tinha sido um tanto desconjuntada, mas com grandes ambições. Lévi-Strauss comandara a maior expedição antropológica da época no Brasil e dera aulas em São Paulo, Nova York e Paris. Sua tese sobre o parentesco fora publicada e muito aclamada. Após uma fase de instabilidade, sua vida estava se assentando novamente. A partir de 1952, Lévi-Strauss somou ao trabalho acadêmico mais um encargo, não muito diferente de sua posição como adido cultural em Nova York. Por intermédio de Métraux, ele foi nomeado secretário-geral do Conselho de Ciência Social na Unesco. O cargo era um ritual vazio: "Tentei criar a impressão de que uma organização sem objetivo ou função tinha razão de existir", comentou Lévi-Strauss, tarefa que era dificultada pelos orçamentos generosos, que "deviam ser justificados com uma aparência de atividade". Depois de se separar de Rose-Marie Ullmo, Lévi-Strauss tinha iniciado um relacionamento com Monique Roman, que conhecera na casa de Jacques Lacan. Filha de uma americana e um belga, ela era 18 anos mais nova do que ele e frequentava seu curso na Sorbonne.

Reintegrado à vida intelectual parisiense, Lévi-Strauss ganhava fama em alguns círculos — um grupo relativamente reduzido de especialistas interessados, que assistiam a seus cursos e falavam em seus seminários. Desenhava-se uma carreira que, mesmo não sendo espetacular, era sólida, como acadêmico de nível médio rodeado por um círculo de discípulos. Para a época, não seria de se esperar maiores avanços acadêmicos. Em certo sentido, Lévi-Strauss foi obrigado a contornar o sistema universitário para finalmente dominá-lo.

Duas publicações foram fundamentais para que Lévi-Strauss avançasse além da academia e encontrasse um novo público para suas ideias: o livreto *Raça e História* (1952) e, muito mais importante, o autobiográfico *Tristes Trópicos* (1955). Juntos, eles oferecem a versão leiga de uma argumentação técnica complexa, exposta basicamente em revistas especializadas. Enquanto *Raça e História* lançava Lévi-Strauss num debate público acirrado sobre alguns dos postulados centrais da ortodoxia antropológica, *Tristes Trópicos* dava corpo à imagem pública de Lévi-Strauss, transformando-o de acadêmico promissor em figura intelectual reverenciada.

Raça e História, encomendado por Alfred Métraux na Unesco, fazia parte de uma coleção de brochuras que integravam o projeto da ONU para combater o racismo. Era um manifesto cultural relativista destacando posições que já eram debatidas desde muitos anos nos círculos antropológicos profissionais, mas menos conhecidas entre o público em geral. O alvo principal de Lévi-Strauss era a noção oitocentista de evolução cultural, que sobrevivia ainda nos anos 1950 como o entendimento dominante da história humana entre o senso comum. A história seria o desdobrar de um progresso constante desde os grupos primitivos de caçadores-coletores, passando pelo sedentarismo agrícola mais evoluído, avançando para os impérios clássicos e culminando nas grandes civilizações europeias.

Além de ser altamente hipotética, afirmou Lévi-Strauss, essa versão dos acontecimentos não passava de um erro de perspectiva, resultante de uma visão etnocêntrica e distorcida. Era impossível comparar culturas, pois cada uma delas tinha se especializado em diferentes áreas, criando soluções para problemas diversos. Lévi-Strauss comparava o processo a uma roleta girando num cassino. Os mesmos números davam resultados diferentes, dependendo das apostas feitas. Operando seus próprios sistemas, muitas culturas tinham se saído bem onde o Ocidente havia falhado. Os inuítes e os beduínos tinham atingido um grau de excelência em viver em climas inóspitos; outras culturas estavam milhares de anos à frente do Ocidente na integração entre o físico e o mental, com a ioga, as "técnicas respiratórias" chinesas e "o controle visceral dos antigos maoris". Os aborígines australianos, tradicionalmente tidos como os mais baixos na escala evolutiva, possuíam um dos sistemas de parentesco mais sofisticados do mundo. Os polinésios tinham se especializado na agricultura sem solo e na navegação dos oceanos; a filosofia, a arte e a música haviam florescido de diversas maneiras em todo o planeta.[35]

O contra-ataque veio de Roger Caillois, escritor, sociólogo e editor fundador da revista interdisciplinar *Diogène*. Na superfície, a vida de Caillois guardava paralelos bastante próximos à de Lévi-Strauss. Nos anos do entreguerras, ele mesclara academia e surrealismo, juntando-se a Bataille e Leiris na efêmera experiência do Collège de Sociologie, que pretendia dar andamento às pesquisas de Mauss sobre a sociologia do sagrado, combinando surrealismo e antropologia.[36] Deflagrada a Segunda Guerra Mundial, Caillois foi parar na Argentina, onde lecionava e escrevia. Como Lévi-Strauss, ele se embrenhou pelo interior do país, chegando à Patagônia, e depois redigiu narrativas eloquentes de suas viagens. Os dois chegaram a se conhecer depois da guerra, em Nova York, quando Lévi-Strauss, então adido cultural, convidou Caillois para dar uma palestra. Ambos se tornaram acólitos de Dumézil; ambos desenvolveram um fascínio pela mitologia. Seus caminhos voltaram a se cruzar quando disputaram quase empatados a antiga cátedra de Marcel Mauss, que acabou ficando com Lévi-Strauss. Erudito, culto, pensador intenso e escritor poético, Caillois podia ter sido o alter ego de Lévi-Strauss. "Devíamos ter nos acertado", comentou Lévi-Strauss.[37]

A despeito da formação semelhante, porém, Caillois tinha chegado a conclusões radicalmente diversas das de Lévi-Strauss, que explorou numa resenha crítica de *Raça e História*, publicada em duas partes em *La Nouvelle Revue française*.[38] Nos anos 1950, Caillois tinha abandonado seu envolvimento de juventude com o surrealismo, o irracional e o primitivo, e começava a reavaliar suas simpatias pessoais. Surrealistas e antropólogos como Lévi-Strauss consideravam hipócrita e corrompida a sociedade a que pertenciam, e tinham procurado ingenuamente a pureza, "a salvo nos extremos opostos do espectro geográfico".[39] Para Caillois, a veneração de Lévi-Strauss pelas culturas anteriores à escrita, em detrimento do Ocidente, era uma questão de etnocentrismo às avessas — uma doença de decadência e mal-estar cultural do século XX. Lévi-Strauss tinha exagerado desarrazoadamente as realizações das sociedades primitivas. As complexidades dos sistemas de parentesco aborígines não diziam nada sobre as culturas aborígines em si. O que de fato era uma realização, dizia Caillois, eram as tentativas da antropologia de criar um modelo para elas. A abertura do Ocidente às outras culturas, com a própria existência de uma disciplina como a antropologia, era, para Caillois, um claro sinal de superioridade.[40]

Em "Diogène couché" ("Diógenes deitado"), publicado em *Les Temps modernes*, Lévi-Strauss respondeu com 33 páginas de violentos ataques contra Caillois. Ele reiterou sua posição, acusando-o de etnocentrismo grosseiro, criticando-o por subestimar os esforços mentais despendidos na construção e sustentação das culturas ditas primitivas. Referindo-se ao adversário como "sr. Caillois" do começo ao fim do artigo, Lévi-Strauss não o poupou. "Os Estados Unidos tiveram seu McCarthy e nós temos nosso McCaillois",[41] declarou ele, apresentando Caillois como um apologeta perigosamente paranoico do Ocidente. O debate — uma clássica batalha entre progressistas e conservadores nas guerras culturais francesas nos anos 1950 — prosseguiu no número seguinte, que publicou uma troca de cartas entre Caillois e Lévi-Strauss. "A controvérsia Caillois-Lévi-Strauss é o grande acontecimento nos círculos literários parisienses", escreveu Métraux numa carta ao fotógrafo e etnógrafo autodidata Pierre Verger, "a resposta de Lévi-Strauss é uma obra-prima de raciocínio, linguagem e crueldade".[42]

O texto de Caillois tinha claramente tocado um ponto sensível — "fiquei muito bravo", recordava Lévi-Strauss.[43] Anos depois, Caillois comentou que se sentiu chocado, perdeu a fala com a virulência do contra-ataque. Com efeito, a agressividade não era um traço habitual em Lévi-Strauss, mas sob a retórica havia uma atitude defensiva. Talvez o mais ferino na crítica de Caillois tenha sido que Lévi-Strauss integrara um grupo que, mais do que etnográfico, era surrealista. A conotação implícita era que faltava peso intelectual a Lévi-Strauss, o qual teria seguido uma moda de vanguarda valorizando o exótico, sem maiores estudos, sem uma posição antropológica sólida.

Lévi-Strauss concedeu que era um "autodidata" no que se referia ao trabalho de campo, mas guardou distância dos surrealistas. Admitiu que havia contribuído com artigos para as revistas deles, mas declarou que nunca havia realmente colaborado com eles; conhecia Breton, mas suas ideias eram "completamente diferentes".

Tentando se afastar da vanguarda, Lévi-Strauss se colocou em território muito menos polêmico — voltou à tradição muito francesa de usar as culturas primitivas como "diapasão" nos debates filosóficos. Seu interesse intelectual pelo "primitivo" era mais clássico e fazia parte de uma linhagem que vinha de Montaigne e Rabelais e passava por Swift, Montesquieu, Rousseau, Voltaire e Diderot, "uma tradição do pensamento ocidental que utiliza um exotismo, real ou imaginário, a serviço de uma crítica social". O fascínio contemporâneo pelo primitivo não era mero sintoma de uma *crise de conscience* do século XX, como afirmava Caillois, e sim o mesmo que havia gerado clássicos como os *Ensaios*, o *Discurso sobre as Origens da Desigualdade* e *Cândido*. "Não sou a pessoa que Caillois pensa que sou", finalizava Lévi-Strauss num floreio retórico, afirmando que aquele indivíduo, "de veleidades surrealistas, etnógrafo amador, agitador atrapalhado" ("*surréaliste velléitaire, ethnographe amateur, agitateur brouillon*"), estava mais próximo do próprio Caillois.[44]

Lévi-Strauss estava lutando por credibilidade, por seriedade num pequeno mundo acadêmico que já o rejeitara. Procurava firmar seu nome como acadêmico sério, conduzindo a antropologia para uma direção mais rigorosa e científica. Nesse contexto, a acusação de Caillois dizendo que ele era um diletante era muito danosa. Mas Lévi-Strauss logo descobriria que era Caillois quem estava em descompasso com o estado de espírito racional. Com a confiança destruída pelos anos de ocupação, a França iria sofrer mais uma série de derrotas, quando a era do império rumava rapidamente para o fim.

7
Memória

Um homem vive duas existências. Até os 45 anos, ele absorve os elementos que o cercam. Então, de repente, isso acaba; não absorve mais nada. A partir daí, ele vive a réplica de sua primeira existência, e procura pautar os dias subsequentes com os ritmos e os odores de sua vida ativa anterior.

Pierre Mac Orlan, *La Vénus Internationale*, 1923

O império francês, que ficara no limbo durante os anos de ocupação, tinha começado a se dissolver ao término da Segunda Guerra Mundial. Desde o final dos anos 1940 espalhava-se o descontentamento no Marrocos, nos Camarões, em Madagascar e na Argélia, além de uma resistência vietnamita cada vez mais intensa na Indochina francesa. Em 1954, em Dien Bien Phu, uma bacia entre os montes da atual fronteira entre o Vietná e o Laos, o império francês bateu em retirada. Depois de lançar milhares de paraquedistas no local, para assegurar o controle de uma pista aérea dilapidada, construída pelos japoneses, as Forças Expedicionárias francesas sofreram uma derrota humilhante sob o exército de Ho Chi Minh — acuadas pela artilharia da área mais alta e obrigadas a conduzir uma guerra de trincheira nas florestas dos vales. Meses depois de perder a Indochina, a França enfrentou a rebelião em seus *départements* na África do Norte. Os *maquisards* (guerrilheiros) da Frente de Libertação Nacional lançaram ataques em toda a Argélia, dando início à perda prolongada e traumática de um território que, na época, era visto como parte integrante da própria França. Nos meados dos anos 1950, o paradigma colonial, que tinha moldado não só as configurações geopolíticas, mas também a cultura e as atitudes francesas, começava a se desmoronar.

A França do pós-guerra foi tomada por um novo sentimento de comoção e desilusão, o qual, porém, vinha acompanhado de um interesse cada vez maior pelas culturas não ocidentais, que então começavam a se mostrar por sob a bota imperial. Os antropólogos estavam em boa posição para presenciar esse momento de revelação. Seus campos de estudos ficavam nas margens dos impérios em declínio; os povos que constituíam seus objetos de estudo, depois de passar anos relegados a pequenas pontas nas sagas coloniais, estavam encontrando a própria voz. Culturalmente, o mundo voltava sobre si mesmo, redescobrindo sua diversidade, à medida que os blocos imperiais começavam a se desintegrar um a um. A mudança do nome da cátedra de Lévi-Strauss simbolizava essa mudança de sensibilidade. Quando ele assumiu, ela se chamava "Religiões dos povos não civilizados" ("*Religions des peuples non civilisés*"), título cada vez menos aceitável. Em várias ocasiões, Lévi-Strauss lembrou que suas interpretações foram contestadas pelos próprios "não civilizados" — estudantes africanos que estavam na Sorbonne. Por fim ele conseguiu modernizar o nome da cátedra, que passou a ser "Religiões comparadas dos povos sem escrita" ("*Religions comparées des peuples sans écriture*") — uma designação mais sólida, mais científica, menos ofensiva.

Um dos diversos pensadores e escritores que estavam sentindo a mudança de mentalidade era o geógrafo e etno-historiador Jean Malaurie, homem de beleza rude, com feições gaulesas acentuadas, que na época se aproximava dos 30 anos. Logo após a Segunda Guerra Mundial, ele tinha participado numa série de expedições científicas à Groenlândia. Tendo mais ou menos a mesma idade que tinha Lévi-Strauss quando foi para o Brasil, Malaurie viajou sozinho, percorrendo o labirinto das geleiras ao redor de Tule, nas latitudes elevadas do Ártico, numa expedição que não teve nada dos luxos das aventuras de Lévi-Strauss. "Desembarquei em Tule em 23 de julho de 1950 [...] depois de 23 dias no mar", registrou Malaurie. "Decidi imediatamente passar o inverno 150 quilômetros mais ao norte, em Siorapaluk: 32 habitantes, 6 iglus. [...] Meu equipamento? Não tinha nenhum. Obtive permissão das autoridades dinamarquesas de passar o inverno lá, por um ano a contar de minha chegada."[1]

Embora seus territórios fossem muito distantes, os inuítes também viviam nos confins do império. Ao atravessar a região num trenó puxado por cães, Malaurie tinha se deparado com o que, à primeira vista, parecia ser uma miragem monstruosa — um complexo rodeado de cercas, com uma construção em aço, anônima, o som das máquinas abafado pelos campos de neve. Era uma base nuclear secreta da Força Aérea americana, uma das muitas que estavam surgindo como parte da lógica da Guerra Fria, que então se desenvolvia. Mesmo naqueles ermos do Ártico, o Ocidente estava avançando, entrando despreocupadamente em territórios inuítes, sem pensar no impacto que isso poderia acarretar. Mesmo sem formação de etnógrafo, Malaurie realizou os primeiros registros genealógicos escritos desses grupos inuítes e se tornou um defensor ardoroso da cultura inuíte.

Na volta, Malaurie estava andando em Paris quando, num impulso do momento, bateu à porta da editora Plon e propôs a publicação de suas aventuras. Na mesma oportunidade, ele sugeriu uma coleção que se chamaria *Terre humaine* (Terra humana). Era o momento perfeito. Depois da Segunda Guerra Mundial, os editores na França estavam reelaborando seus catálogos de não ficção, inspirando-se na nova onda das ciências humanas para atender às necessidades de um público leitor culto cada vez mais numeroso. Em 1950, a Gallimard lançou a coleção *Bibliothèque de philosophie* de Sartre e Merleau-Ponty. No mesmo ano, Les Presses Universitaires de France lançaram a *Bibliothèque de psychanalyse et de psychologie clinique* e a *Bibliothèque de sociologie contemporaine*. Logo a seguir, a Plon reagiu com duas novas coleções: *Recherches en sciences humaines* (1952) e *Civilisations d'hier et d'aujourd'hui* (1953).[2]

Terre humaine seria levemente diferente do que existia. Malaurie pensava numa série que fosse uma coleção de "*voyages philosophiques*" para o século XX, que apresentaria estudiosos modernos percorrendo regiões culturais distantes. Os livros seriam intelectuais e também autobiográficos, científicos e engajados, alimentando-se do rico campo literário, ainda largamente inexplorado, das culturas indígenas e das pesquisas etnográficas.

Por acaso, Malaurie tinha visto a tese complementar de Lévi-Strauss sobre os nhambiquaras, quando pesquisava a velha biblioteca da editora universitária parisiense. Mais tarde, ele admitiu que a obra lhe parecera tediosa, mas, se as descrições etnográficas o haviam deixado indiferente, sentira-se cativado pelas fotografias — as imagens expressivas dos nhambiquaras nômades que Lévi-Strauss registrara. Talvez como contraponto a suas experiências no Ártico, Malaurie pensava nos trópicos como um dos primeiros livros para a nova coleção, e perguntou a Lévi-Strauss se ele escreveria um livro não acadêmico sobre suas experiências no Brasil.

Tristes Trópicos se somou aos primeiros títulos da série: *Les Derniers Rois de Thulé* (Os últimos reis de Tule), do próprio Jean Malaurie; o romance documental de Victor Segalen sobre suas experiências no Taiti na virada do século, *Os Imemoriais*; *Afrique ambiguë* (África ambígua), do antropólogo Georges Balandier. Mais tarde, Malaurie incluiu a autobiografia do índio americano Don Talayesva, *Soleil Hopi* (Sol hópi), que traria uma introdução de Lévi-Strauss, e duas obras de Margaret Mead, *Sexo e Temperamento* e seu controverso clássico *Coming of Age in Samoa* (Atingindo a maioridade em Samoa), que em francês recebeu o título de *Moeurs et sexualité en Océanie* (Costumes e sexualidade na Oceania).

Tristes Trópicos era um livro sobre a perda, o luto, o lamento de meia-idade pelo passar do tempo. Ele nasceu de um período muito determinado na vida pessoal de Lévi-Strauss. Além do divórcio e problemas financeiros relacionados à separação, seu pai Raymond tinha falecido em 1953. A influência paterna durante a infância e a puberdade de Lévi-Strauss tinha sido enorme, algo que ele só veio a entender muito mais tarde. As referências culturais que Raymond transmitira ao filho iriam moldar a segunda parte da carreira de Lévi-Strauss, e em suas entrevistas retornaria constantemente à figura do pai.

Ironicamente, *Tristes Trópicos* representava uma redução das expectativas em sua carreira. Se ele julgasse que ainda estava disputando uma vaga no Collège de France, comentou mais tarde, jamais se atreveria a embarcar em algo que podia ser visto como leviandade intelectual, mas, no pé em que estava a situação, ele achava que não tinha nada a perder. Já tentara um estilo mais literário, com suas tentativas falhadas de escrever um romance. As notas sobre o Brasil, que o acompanhavam por todo lugar, ainda estavam encaixotadas, e boa parte do material era inédita. Lévi-Strauss estava chegando à meia-idade, procurando se assentar e deixar para trás seu passado aventuroso. "Eu tinha uma mala cheia que queria desempacotar", disse mais tarde.[3]

Lévi-Strauss também sentia que faltava uma dimensão humana a seu trabalho acadêmico. Apesar da aparência imperturbável, afinal ele era de carne e osso. "Eu estava cansado de me ver rotulado nas universidades como uma máquina sem alma", disse ao historiador François Dosse com uma emoção rara nele, "que servia apenas para encaixar os homens em fórmulas".[4] Mesmo assim, ele escreveu *Tristes Trópicos* consumido por um sentimento de culpa, achando que aquilo tomava um tempo que, na verdade, deveria ser dedicado a uma obra acadêmica propriamente dita, como o segundo volume de seus estudos sobre o parentesco, que no final nunca veio a escrever. Essa mistura de culpa e libertação, a sensação de estar se esquivando aos deveres profissionais e a emoção de estar queimando definitivamente todas as pontes, gerou um ritmo frenético de atividade. No inverno de 1954-55, trabalhando à velocidade espantosa de mais de cem páginas por mês, ele redigiu a primeira versão num "estado permanente de profunda exasperação, colocando tudo o que me ocorria, sem qualquer premeditação".[5]

Datilografado numa máquina portátil alemã que Lévi-Strauss tinha encontrado numa loja de artigos usados em São Paulo, o manuscrito resultante era um fluxo ininterrupto de palavras, e a única indicação de uma pausa na narrativa era um ocasional *"changer de page"* ("mudar de página") ou *"CHAPITRE"* ("CAPÍTULO"), datilografado no meio do papel. Como se fosse uma colagem, Lévi-Strauss recortava e colava na página notas e trechos de papéis antigos, usando fita adesiva, agora quebradiça e amarelada pelo tempo. Passagens inteiras de sua *"petite thèse"*, *La Vie familiale et sociales des Indiens nambikwara*, foram incluídas literalmente, coladas em páginas em branco, substituindo apenas o tratamento acadêmico de *nous* pelo mais íntimo *je*. Lévi-Strauss incorporou palestras, notas de aula e velhos artigos. O Capítulo 17, por exemplo, que descreve suas primeiras experiências decepcionantes em campo, entre os tibagis e os caingangues no estado do Paraná, foi montado a partir de "Entre os Selvagens Civilizados", um artigo que ele tinha escrito para o suplemento cultural do jornal brasileiro de circulação nacional, *O Estado de S. Paulo*. Como os cadernos de notas de Lévi-Strauss sobre os caduveus tinham desaparecido durante a guerra, ele extraiu partes dos capítulos 18 e 19 das anotações de sua ex-esposa Dina. E discutiu as relações familiares dos nhambiquaras utilizando uma interpretação freudiana anterior da dinâmica tribal, "The Social and

Psychological Aspects of Chieftainship in a Primitive Tribe" ("Os aspectos sociais e psicológicos do papel de cacique numa tribo primitiva"), que fora publicada durante a guerra em *Transactions of the New York Academy of Sciences* (Atas da Academia de Ciência de Nova York).

Muitos aforismos que parecem brotar de maneira espontânea foram, na verdade, copiados diretamente de uma agenda verde onde Lévi-Strauss anotava as ideias que lhe surgiam, como: "os trópicos são mais antiquados do que exóticos", "Napoleão é o Maomé do Ocidente" e "*le moi est haïssable*" ("o eu é detestável") — em cima do qual ele anotou em vermelho: "*pas de moi = il y a un* rien *et un* nous" ("não eu = há um *nada* e um *nós*"), que reaparece no final de *Tristes Trópicos* como "o eu não é apenas detestável: não há lugar para ele entre *nós* e *nada*".[6] (Mas outras anotações interessantes, como a enigmática "viagens = o mesmo e o contrário de uma psicanálise", ficaram de fora.)[7] Porém havia muitas coisas novas, inclusive inúmeras recordações pessoais, na maioria sobre o Brasil, mas também sobre seus dias na universidade.

Nos intervalos entre os acessos de redação veloz, algumas seções foram retrabalhadas — em particular as últimas frases, nas quais Lévi-Strauss procurava reunir suas ideias sobre um determinado tópico. Nas notas preparatórias que ele redigiu para o livro, existem, por exemplo, cinco versões diferentes da última frase da seção sobre a pintura facial dos caduveus. Ele terminou com um fecho bastante elaborado,[8] mas talvez tivesse sido melhor usar uma das versões rejeitadas — menos pesada e mais lírica: "Nesta civilização encantadora, as modas das beldades femininas evocam uma idade de ouro; as leis se convertem em poesia e, em vez de serem expressas em códigos, são entoadas em seus ornatos quando revelam sua nudez."[9] Mas o que há de notável no manuscrito original (agora conservado na Bibliothèque Nationale de France, em Paris) é que, na verdade, ele sofreu apenas leves alterações. Os comentários em esferográfica vermelha e lápis azul se destinam basicamente a enxugar um pouco a linguagem — *semble* é alterado para *est*, por exemplo, ou advérbios de ênfase como *sans doute, complètement, profondément* estão riscados, bem como alguns comentários avulsos. Depois de examinar o efeito erótico dos desenhos do rosto entre os caduveus, por exemplo, Lévi-Strauss exclamou: "Nossos pós e ruges empalidecem em comparação!", mas depois decidiu retirar.[10]

A velocidade extraordinária da produção transparece no produto final. A primeira edição vinha crivada de palavras em português com grafia errada, muitas delas transcritas apenas foneticamente. Não havia nenhuma nota nem referência bibliográfica — uma grande lástima num livro que bebia prodigamente num leque tão grande de fontes. Às vezes, Lévi-Strauss incorria nos erros que podem surgir quando se extraem passagens de anotações antigas, distantes da lembrança. Ficou evidente que ele tinha esquecido as adaptações levemente literárias que fizera de vários episódios que pretendia usar em seu romance, mudando os nomes dos protagonistas. Esses episódios voltaram inalterados em *Tristes Trópicos*. E suas ideias sobre a relação entre Chopin e Debussy são notavelmente parecidas com uma conversa em *Sodoma e Gomorra*, o quarto volume de *Em Busca do Tempo Perdido*, embora possa ter sido uma alusão deliberada.[11]

O lado positivo era a sensação de frescor, mas de leve desorganização, de uma escrita que segue o fluxo de consciência, e ainda prende muito o leitor. A narrativa central de Lévi-Strauss — a formação de antropólogo, a mudança para São Paulo e o trabalho de campo posterior no Mato Grosso — é constantemente interrompida por páginas sobre a ideia de viajar e os relatos de viagem, a homogeneidade deprimente da modernidade, o impacto do homem sobre o ambiente, os méritos relativos das cidades e das religiões mundiais. A intervalos aparecem trechos do romance abortado, as ideias para a peça *L'Apothéose d'Auguste*, anotadas freneticamente durante um período de calmaria no trabalho de campo, estrofes de poemas que lhe ocorreram na Amazônia e reflexões sobre a música. Algumas vezes o leitor se sente como se estivesse num salão de conferências, outras vezes como se estivesse atravessando penosamente a poeira do cerrado ou tropeçando entre o húmus da floresta tropical. No final, quando Lévi-Strauss aborda o islamismo, compara o budismo ao marxismo e reflete que, no fundo, nossa busca de sentido é inútil, o leitor se sente no interior de sua mente.

"*Je hais les voyages et les explorateurs*" ("Eu odeio as viagens e os exploradores") — esta primeira frase, ema atitude de deliberada provocação, anunciava a estreia de uma voz nova no cenário parisiense. As páginas iniciais de *Tristes Trópicos* compõem um discurso sonoro e bombástico contra todo o gênero dos relatos de viagem e os exploradores e aventureiros da metade do século que entretinham a alta sociedade parisiense. Para Lévi-

-Strauss, não passavam de fraude, evocando um exotismo desaparecido desde longa data, vendendo barato uma prosa cheia de clichês como: "Às cinco e meia da manhã, entramos no porto de Recife entre os gritos agudos das gaivotas, enquanto uma frota inteira de barcos carregados de frutas tropicais se aglomerava em volta do navio." O antropólogo, por sua vez, só viajava porque precisava, desperdiçando um tempo precioso caçando verdades — mitos, rituais ou estruturas de parentesco — que estavam ocultas nas partes remotas do mundo. A história de suas aventuras não passava de "rebotalho", obscurecendo suas descobertas mais acadêmicas.[12]

Mas, ao mesmo tempo, *Tristes Trópicos* em si é inquestionavelmente uma espécie de livro de viagem, mesmo quando faz paródia do gênero. Talvez houvesse uma ponta de autocrítica dissimulada na hierarquia lévi--straussiana entre o antropólogo e o chamado explorador. Sabemos pelas cartas ao antropólogo alemão Nimuendaju que, às vezes, o próprio Lévi--Strauss não se sentia muito mais do que um turista descompromissado. "Não sei absolutamente nada sobre a organização social dos caingangues", escreveu numa delas. "Encontrei-os numa expedição que na verdade era turística, sem nenhuma finalidade de trabalho."[13] Mesmo suas expedições mais longas têm aquele tom ligeiro e itinerante do explorador inquieto, que ele tanto critica no primeiro capítulo de *Tristes Trópicos*. A sensação de movimento constante, as descrições das rápidas mudanças de ambiente e os percalços — a mão mutilada do vaqueiro Emídio, as experiências pessoais de Lévi-Strauss perdido no cerrado, a infecção da vista — são itens muito batidos das histórias dos aventureiros.

De fato, *Tristes Trópicos* era uma combinação inteligente de relato de viagem e estudo etnográfico. Um enriquecia o outro, constituindo o primeiro relato — depois de *L'Afrique fantôme* (A África fantasma), diário em que Leiris registra com franqueza sua participação na expedição Dacar--Djibuti de Griaule — sobre os bastidores da atividade de um antropólogo. Como explicou Lévi-Strauss numa entrevista logo após a publicação do livro, o etnógrafo

> é como um fotógrafo, condenado a usar uma lente telefotográfica; ele apenas vê os nativos, e vê nos mínimos detalhes. Sem renunciar a isso, eu queria alargar o campo, incluir a paisagem, os povos não primiti-

vos, o próprio etnólogo em atividade ou duvidando, questionando-se sobre a própria profissão.¹⁴

Como Leiris, Lévi-Strauss descrevia o tédio e as incertezas da experiência de campo, as falsas promessas de exotismo e as realidades das fronteiras coloniais. Ao mesmo tempo, *Tristes Trópicos* dificilmente era uma panorâmica. O que faltava eram os outros — a esposa Dina, Vellard e Castro Faria mal são mencionados; os motoristas, os vaqueiros, os missionários e os canoeiros aparecem muito rapidamente, apenas de passagem, numa obra que, de modo geral, é um drama mais íntimo que se desenrola entre o antropólogo e "o selvagem". Às vezes, é como se Lévi-Strauss estivesse sozinho em campo, conversando intimamente com seus informantes, arrancando os segredos de suas culturas.

Mesmo assim, o livro se transformou num marco da antropologia. Foi um dos primeiros a fundir literatura confessional e etnografia, no que viria a ser conhecido como etnografia "reflexiva", gênero que prosperou a partir dos anos 1960. A impossibilidade de uma completa objetividade em qualquer empreendimento científico, que se sentia com especial agudeza nas ciências sociais, colocava os etnógrafos diante de um dilema filosófico, algo que Lévi-Strauss só captou depois do fato consumado. Recorrendo mais uma vez à analogia com a lente da máquina fotográfica, ele imprimiu um impulso positivo num livro que, antes, tinha tomado como uma distração de suas pesquisas acadêmicas:

> Olhando em retrospecto, devo admitir que em *Tristes Trópicos* há uma determinada verdade científica que talvez seja maior do que em nossos trabalhos objetivos, porque o que eu fiz foi reintegrar o observador ao objeto de sua observação. É um livro escrito com uma lente que se chama olho de peixe, se não me engano. [...] Ela mostra não só o que está na frente, mas também o que está atrás da câmera. Portanto, não é uma visão objetiva de minhas experiências etnológicas, é um olhar para mim mesmo vivendo essas experiências.¹⁵

Um pessimismo em combustão lenta, a dor pela perda progressiva de nossos vínculos — sensoriais, intelectuais e culturais — com o mundo em nosso redor, permeia todo o livro. O tom da obra captura perfeitamente o estado de espírito do pós-guerra, em particular na França. Para Lévi--Strauss, a globalização estava criando um mundo desolado de homogeneidade arquitetônica e cultural. As ilhas polinésias, antes paraísos de belezas naturais, estavam sendo asfaltadas, enquanto a delicada rede de culturas locais da Ásia vinha se convertendo em imensos subúrbios cinzentos. Um mundo que, da perspectiva atual, parece relativamente intocado já estava sentindo apertar-se o círculo. O homem conspurcava seu próprio ninho. "A primeira coisa que vemos quando viajamos pelo mundo", escreveu Lévi-Strauss em tom desesperançado, "é nossa própria sujeira, atirada na cara da humanidade".[16]

Os antropólogos eram apenas mais um aspecto da expansão ocidental, e a própria presença deles indicava que já se instalara a podridão. Quando a equipe de Lévi-Strauss chegou aos nhambiquaras, os índios já cozinhavam a comida em latas vagabundas enferrujadas, que tinham sido descartadas pelo pessoal dos barcos a motor daquela área. (Observem-se atentamente as fotos dos nhambiquaras que Lévi-Strauss tirou: entre os arcos e flechas, cabaças e cestos trançados, há também uma variedade de tábuas, latinhas, garrafas e pratos de alumínio esmaltado.)[17] Lévi-Strauss se viu "apanhado dentro de um círculo do qual não há escapatória". Séculos antes, num mundo mais diversificado e culturalmente atomizado, os viajantes viam riquezas desconhecidas, mas, por ignorância, reagiam com indiferença ou franco preconceito. E agora, precisamente quando um maior contato e uma maior interpenetração nos abriam esses mundos, eles estavam se desintegrando diante de nossos olhos, como pergaminhos se desfazendo em pó em nossas mãos.

Mais do que uma filosofia ou uma concepção de mundo, era todo um estilo de pensamento que se apresentava em *Tristes Trópicos*, com o fascínio pela simetria e pela inversão que é a marca característica de Lévi-Strauss. O sábio budista e o profeta muçulmano estão em polos opostos: "Um é casto, o outro é potente, com quatro esposas; um é andrógino, o outro usa barba; um é pacífico, o outro belicoso; um prega pelo exemplo e o outro é messiânico."[18] A viagem da Europa para o Brasil envolvia uma tripla mudança: do Velho Mundo para o Novo Mundo, do hemisfério norte para o hemisfério sul, de um clima temperado para um clima tropical; ele era pobre e tinha enriquecido, passando de frugal e disciplinado a pródigo e espontâneo. Uma curiosa refeição na vila sertaneja de Rosário, no começo da expedição à Serra do Norte, aparentemente consistiu em frango, metade assado e metade frio, e em peixe, metade frito e metade cozido.[19] Lévi-Strauss estava constantemente enquadrando suas experiências em modelos geométricos, com eixos, dimensões e relações invertidas. Em *Tristes Trópicos*, isso aparece como um elemento de estilo; em seus textos mais acadêmicos, já se tornava sinônimo de estruturalismo, enquanto método.

No cerne de *Tristes Trópicos* estava a etnografia. Embora muitas seções sobre os nhambiquaras e os bororos fossem reelaborações de material antigo, o capítulo sobre os caduveus era uma reinterpretação criativa do que ele tinha visto na fronteira entre o Brasil e o Paraguai, 15 anos antes. Relembrando as mulheres caduveias e seus estranhos arabescos, os desenhos entrelaçados que se estendiam pelas faces e pelo pescoço, Lévi-Strauss fez uma comparação com as cartas de baralho que aparecem como personagens em *Aventuras de Alice no País das Maravilhas*, de Lewis Carroll. Como elas, os padrões caduveus se caracterizavam pela semelhança e pela diferença, pela simetria e pela assimetria. O efeito era "uma sala de espelhos" — as volutas e os arabescos se refratando ao longo de um eixo, a linha se fazendo de superfície, o ângulo contrastando com a curva, a figura contra o fundo.

Para Lévi-Strauss, esses desenhos não eram simples invenções estéticas, transmitidas e aperfeiçoadas ao longo das gerações. Eram reflexões subconscientes sobre as estruturas existentes na organização social caduveia tradicional. Essa cultura, que consistia num sistema altamente estratificado de castas com matrimônios entre si, e que Lévi-Strauss comparou à sociedade europeia medieval, estava de luto pela perda da reciprocidade em favor da hierarquia, da solidariedade em favor da divisão. As fissuras e contradições de seus rígidos sistemas sociais encontravam expressão nos sutis desequilíbrios dos motivos que se alternavam nos desenhos. A arte caduveia, em última análise, era "um fantasma da sociedade", exprimindo em nível subconsciente o desconforto, as preocupações, os conflitos de ser um caduveu.[20]

No final dessa análise estranha e de certa forma convincente, Lévi-Strauss avançou mais um passo: era possível traçar paralelos entre as propriedades formais da arte caduveia e a planta das ocas bororos. Embora não tão disfuncional quanto o sistema caduveu, o sistema bororo possuía suas próprias contradições não plenamente resolvidas. Ele também era ao mesmo tempo equilibrado e instável, com a complexidade adicional de combinar grupos sociais bi e tripartites. A hipótese teórica mais ampla de Lévi-Strauss sustentava que era possível encontrar ressonâncias estruturais em muitos aspectos da vida social e cultural — a arte, a metafísica, os sistemas sociais e mesmo a disposição das ocas na aldeia. Mais uma vez, a mente humana tecia relações similares entre domínios que, à primeira vista, pareciam totalmente desvinculados.

O que antes fora expresso na difícil linguagem da linguística estrutural e da análise técnica do parentesco agora encontrava sua expressão poética. Despidas da roupagem acadêmicas, as ideias exerciam um apelo simples. *Tristes Trópicos* sugeria um elo unindo toda a humanidade, mesmo quando separava o pensamento ocidental das produções culturais indígenas de todo o mundo. Ele mostrava a cultura indígena sob uma nova luz, criativa e sistematizada, idiossincrática e, no fundo, parte de uma mesma unidade.

Tristes Trópicos foi apresentado ao público durante 1955. Inicialmente, foi publicado um resumo de cinquenta páginas em *Les Temps modernes*, em agosto, como "Des Indiens et leur ethnographie" ("Sobre os índios e sua etnografia").[21] A seleção, extraída do meio do livro, começava com um manifesto da abordagem estruturalista:

> Os costumes de uma comunidade, tomada como um todo, sempre têm um estilo particular e são redutíveis a sistemas. Sou da opinião de que o número desses sistemas não é ilimitado e que — em seus jogos, sonhos ou livres fantasias — as sociedades humanas, tal como os indivíduos, nunca criam absolutamente, mas apenas escolhem certas combinações dentro de um repertório ideal que deve ser passível de definição. Fazendo um levantamento de todos os costumes registrados [...] seria possível chegar a uma espécie de tabela, como a dos elementos químicos. [...][22]

O sistema prevalecendo sobre o indivíduo, o instinto sobre a criatividade — dificilmente seria o tipo de orientação filosófica capaz de atrair os editores da revista, entre eles Jean-Paul Sartre e Simone de Beauvoir. No livro em si, que saiu em outubro, Lévi-Strauss foi mais direto, dando estocadas calculadas no existencialismo e na tendência subjetivista dominante na filosofia. "A atitude demasiado indulgente [do existencialismo] em relação às ilusões da subjetividade", escreveu Lévi-Strauss, reduzia a filosofia a uma "metafísica para costureirinhas" (*métaphysique pour midinette*").[23] O problema central, para ele, era que "o entendimento se refere a si mesmo, não ao indivíduo" — isto é, ele mapeia como os fatos do mundo se relacionam entre si, em vez de procurar apreender a importância particular deles para nós, como nós os percebemos ou o que consideramos significativo neles. Para Lévi-Strauss, o existencialismo se debruçava sobre o próprio material que devia ser removido e descartado. Mesmo assim, aparentemente Sartre gostou de *Tristes Trópicos*, devido ao tom íntimo e confessional das descrições do trabalho de campo com todas as suas falhas — o que entendeu como a revelação do observador no ato de observar.[24]

Com efeito, foi precisamente essa luta de Lévi-Strauss com suas próprias "ilusões da subjetividade" que fez do livro um sucesso incondicional junto à crítica, quando foi publicado no outono. A combinação de ciência, filosofia, relato de viagem e confissão, escapando à classificação por gênero, suscitou a comparação com os grandes inovadores do passado. Raymond Aron, escrevendo em *Le Figaro*, comparou *Tristes Trópicos* a *Cartas Persas*, o romance epistolar satírico de Montesquieu; *Combat* comparou Lévi-Strauss a Cervantes, seu herói quando menino, ao passo que o escritor e crítico François-Régis Bastide saudou Lévi-Strauss como o novo Chateaubriand.[25]

Desta vez a não ficção tinha vencido o romance como veículo de ideias e observações contemporâneas. *Tristes Trópicos* foi devorado avidamente não só por acadêmicos, mas também por artistas como o dramaturgo Jacques Audiberti, figura central do Teatro do Absurdo, que escreveu a Lévi-Strauss dando suas congratulações — foi o início de uma longa correspondência entre ambos. Mesmo assim, sendo obra de não ficção, *Tristes Tropiques* não pôde concorrer ao prêmio literário mais prestigioso da França, o Prix Goncourt, e membros da academia lançaram um comunicado dizendo que lamentavam não poder incluir *Tristes Trópicos* na premiação de 1955. Numa guinada irônica, no ano seguinte o júri do Golden Pen ofereceu a Lévi--Strauss outro prêmio — na categoria de relato de viagem. Ele declinou.

A fama de *Tristes Trópicos* logo se difundiu fora da França. Em 1957, o livro saiu em português, no Brasil, onde o jornal *O Estado de S. Paulo* lhe dedicou uma resenha entusiástica em três partes. Como memória histórica do Brasil nos anos 1930, era "um dos estudos mais admiráveis já escritos sobre o Brasil contemporâneo", num campo onde predominavam os relatos impressionistas escritos por estrangeiros, embora a resenha não deixasse de assinalar que Lévi-Strauss não estava isento de uma espécie de condescendência europeia nas passagens mais críticas.[26] No mesmo ano, embora ainda não tivesse sido traduzido para o inglês, o *Times Literary Supplement* dedicou a ele um longo artigo de primeira página; seguiu-se outra matéria quando a primeira tradução para o inglês foi lançada em 1961, com o título de *A World on the Wane* (Um mundo em declínio).[27] Nos Estados Unidos, a crítica Susan Sontag, escrevendo em 1963 na *New York Review of Books*, criada pouco tempo antes, saudou *Tristes Trópicos* como "um dos grandes livros de nosso século". "É rigoroso, sutil e arrojado em suas ideias", seguiu ela. "É escrito com grande beleza. E, como todos os grandes livros, ele traz uma marca absolutamente pessoal..."[28]

Sem dúvida, *Tristes Trópicos* era original em muitos aspectos, mas Lévi-Strauss também recorreu maciçamente a seus contemporâneos. A obra se enquadrava numa longa tradição de intelectuais franceses que saíam da metrópole em busca da iluminação em suas viagens. Era o equivalente sul-americano da *Viagem ao Congo* de André Gide (1927), e deve muito a *L'Afrique fantôme* de Leiris (1934). O tom de diatribe de Paul Nizan contra a academia francesa em *Aden Arabie* (1931) perpassa o citadíssimo capítulo inicial da obra, "*Comment on devient ethnographe*" (Como se tornar um etnógrafo). Há toques de Conrad e Proust, ambos muito admirados por Lévi-Strauss. As longas passagens sobre o impacto geográfico do povoamento humano se baseavam nos escritos de seu amigo e colega Pierre Gouru, geógrafo dos trópicos.

O francês Pierre Mac Orlan, romancista, escritor de relatos de viagem e *flâneur* profissional, cujos livros Lévi-Strauss tinha lido com muito gosto na juventude, fornecia mais um fio. A abertura bombástica de Lévi-Strauss traz ecos do *Petit Manuel du parfait aventurier* (Pequeno manual do perfeito aventureiro) de Mac Orlan — um longo ensaio publicado em

1920, que adotava uma perspectiva filosófica em toda a concepção de viagem. A verdadeira exploração estava desaparecendo, afirmava Mac Orlan, o qual dividia os viajantes modernos entre os movidos pela necessidade de conquista, pela busca da fama ou de fortuna, e os mais cerebrais, mais contemplativos, cujo objetivo não era tanto chegar a um destino e sim evocar um local, um povo, uma cultura. Em termos mais gerais, o estilo de Mac Orlan, seu tom cosmopolita e familiar, a combinação entre intimidade e erudição, o gosto pelos portos, pelas ruelas e pela vida variegada dos mais humildes, serviram de molde inconsciente para Lévi-Strauss. Depois de publicar *Tristes Trópicos*, Lévi-Strauss vibrou de contentamento ao receber uma carta de congratulações "especialmente emocionante" de Mac Orlan. "Eu sabia que tinha escrito *Tristes Trópicos* tendo Mac Orlan em mente", relembrou ele depois da aposentadoria. "Provavelmente ele gostou de meu livro porque, sem perceber, encontrou coisas ali que vinham dele."[29]

Para muitos, *Tristes Trópicos* era mais do que uma simples leitura hipnotizante — era uma mudança de vida. Depois de ler a obra, Pierre Clastres passou da filosofia para a antropologia e foi para a América do Sul. "Lembro que Pierre Clastres ficou doido com *Tristes Trópicos*, e leu umas quatro ou cinco vezes", comentou seu amigo Alfred Adler, e também colega de conversão. O antropólogo belga Luc de Heusch, aluno de Griaule, passou por uma revelação semelhante. Ele tinha folheado as *Estruturas Elementares* antes de ir para a pesquisa de campo na África, no começo dos anos 1950. Lá, Heusch se lançou ao tipo de busca de Griaule, embrenhando-se nas profundezas das florestas do Congo Belga. "Na esperança utópica de ganhar um conhecimento esotérico, eu tinha me iniciado numa sociedade secreta, 'os senhores da floresta'. Mas todos os mistérios levavam a becos sem saída." Voltou desiludido à França. Mas então leu *Tristes Trópicos* e visitou Lévi-Strauss em seu escritório da Unesco. "Foi o começo de um longo diálogo", disse ele. "Eu poderia ter desistido da etnologia, por ter me decepcionado com o trabalho de campo, se naquele momento crítico Lévi-Strauss não tivesse revelado a possibilidade de um estudo comparado das sociedades 'arcaicas'." Voltando à África, Heusch se dedicou a uma análise estrutural da mitologia banta.[30]

O filósofo Jean Pouillon, grande amigo de Jean-Paul Sartre, foi mais um entre os inúmeros pensadores inspirados pela obra. Depois de ler *Tristes Trópicos*, Pouillon retomou a leitura de toda a obra publicada de Lévi-Strauss e escreveu uma súmula elogiosa em *Les Temps modernes*, "L'Œuvre de Claude Lévi-Strauss".[31] (Curiosamente, Pouillon se referiu no artigo a um livro de Lévi-Strauss, chamado *Ethnologie et marxisme* [Etnologia e marxismo], que estaria para sair e na verdade nunca foi lançado.) Nessa época, Pouillon começou a frequentar os seminários de Lévi-Strauss, antes de se transferir para a antropologia. Em 1958, ele estava no Chade, saboreando suas próprias experiências agridoces no trabalho de campo etnográfico.

O livro teve um efeito cristalizador, reunindo os descontentes num novo paradigma intelectual, ao evocar a melancolia crescente de uma França que logo seria pós-colonial. Lévi-Strauss revestia novas ideias com o ar de um tédio pela vida, dando-lhes uma gravidade solene que atraía certos tipos de intelectuais. "Eu me identifiquei com o pessimismo, essa sensação de fim de estrada", comentou outro de seus futuros colaboradores constantes, Michel Izard, sobre seu primeiro contato com *Tristes Trópicos*.[32]

Com *Tristes Trópicos*, Lévi-Strauss estava conquistando acólitos, a infantaria da revolução estruturalista que se aproximava. Mas, conforme crescia a fama, estreitava-se o cerco dos críticos. Caillois o atacou pela Direita; o historiador marxista Maxime Rodinson investiu pela Esquerda. Rodinson, historiador marxista judeu especialista no Oriente Médio, tinha se radicalizado desde cedo. Os pais russos imigrantes, ele alfaiate e ela costureira de classe média baixa, tinham entrado no Parti Communiste Français logo após a fundação do partido. Ambos morreram em Auschwitz em 1943, quando Rodinson estava servindo na Síria e no Líbano. Em dois artigos para *La Nouvelle Critique*, Rodinson investiu contra o que lhe parecia ser, em última análise, o agnosticismo político de Lévi-Strauss. Como seria possível o progresso político num mundo de invenções culturais avulsas — cada criação aparentemente tão válida quanto a seguinte? Adotando uma perspectiva marxista, Rodinson argumentava que os antropólogos fetichizavam o trivial, colocando rituais, jogos e a cultura material em pé de igualdade com realidades socioeconômicas fundamentais, como a propriedade ou a divisão do trabalho. E concluía que a abordagem relativista de *Tristes Trópicos* negava a possibilidade da transformação revolucionária, posição que iria "levar a desesperança a Billancourt" — o núcleo industrial de Paris, onde os operários da Renault, altamente sindicalizados, lutavam por melhores condições e salários.

Embora os paralelos entre os proletários franceses e os nhambiquaras nômades pudessem parecer forçados, muitos concordavam com a crítica de Rodinson, usando exemplos mais próximos, extraídos das zonas de conflito colonial. Apesar das diatribes de Lévi-Strauss contra o Ocidente, seu tom filosófico elevado se afastava do engajamento político. "Lévi-Strauss nos levou a esse lugar de paz", disse-me o antropólogo Alban Bensa. "Era uma espécie de escapismo das realidades da vida indígena do século XX." Bensa, que escreveu clássicos da etnografia dos canaques da Nova Caledônia, foi um dos muitos antropólogos da geração subsequente que, como Rodinson, viria a questionar o estruturalismo de um ponto de vista político. Para ele, a imobilidade e a simetria do estruturalismo estavam em descompasso com o mundo violento da segunda metade do século XX, que testemunhava na Nova Caledônia. "Lévi-Strauss pintava um quadro perfeito, tudo se encaixando dentro de um esquema geral. Mas, quando comecei a ir a campo e a ver os efeitos do colonialismo, comecei a ter minhas dúvidas."

Nos anos 1950, essa linha de pensamento tinha seu representante mais típico em Georges Balandier, figura central na formação da antropologia na França. Como Lévi-Strauss, Balandier começara como socialista militante; ao contrário de Lévi-Strauss, seu trabalho de campo na África, às vésperas da descolonização, fez com que sua posição se radicalizasse ainda mais. Entre 1946 e 1951, Balandier trabalhou no Senegal, na Mauritânia, na Guiné, no Gabão e no Congo, envolvendo-se ativamente nos movimentos de libertação que se formavam. O que ele encontrou nesses países não foram os vestígios nostálgicos de culturas indígenas outrora vicejantes, e sim a miséria opressiva e a revolta política contra séculos de exploração. Entrevistado pelo historiador François Dosse, ele extraiu conclusões diametralmente opostas ao tipo de pessimismo desesperançado de Lévi-Strauss:

> Não posso de maneira alguma aceitar a ideia de que, nessas sociedades, o mito dê forma a tudo e que a história esteja ausente, em nome de uma noção segundo a qual tudo é um sistema de relações e códigos, com uma lógica de combinações possíveis que permite à socie-

dade manter um equilíbrio [...] as sociedades não são produzidas, elas produzem a si mesmas; nada escapa à história, mesmo que a história se faça de diferentes maneiras e mesmo que existam múltiplas histórias.[33]

Como colegas e amigos na Unesco, Lévi-Strauss e Balandier ainda mantinham boas relações nos anos 1950, mas depois iriam se afastar. Os estudantes mais radicais — como o escritor e intelectual esquerdista Régis Debray e os antropólogos Marc Augé e Emmanuel Terray — frequentavam os cursos de Balandier, criando uma divisão no próprio cerne das ciências humanas na França. Afinal, a descolonização naquela época era tema de discussões candentes, à medida que a luta na Argélia se intensificava. Enquanto Balandier e seus alunos protestavam contra o papel da França na guerra, o interesse de Lévi-Strauss pela política diminuía — posição em si mesma radical, numa época em que o engajamento político era uma exigência *sine qua non* do intelectual parisiense.

Na França, o colonialismo — especialmente quanto à deterioração na Argélia — tinha se tornado tema de um debate apaixonado. Talvez não tenha sido uma coincidência que, no mesmo ano em que foi publicado *Tristes Trópicos*, Lévi-Strauss se engajou em sua última ação política de destaque.[34] Somou-se a Jean-Paul Sartre, André Breton e Georges Bataille, entre outros, assinando uma carta apoiando a criação de um *Comité d'action* pela paz na Argélia, a qual foi publicada em novembro em *L'Express*. Mas, a partir daí, ele se afastou de qualquer envolvimento político. No final dos anos 1950, declarou que o pensamento político era "uma atitude essencialmente emocional", que não tinha nada a ver com seu papel de intelectual destacado.[35] Em 1960, declinou o convite para participar do importante *Manifeste des 121*, moção em defesa da independência argelina, assinada pelos grandes luminares da época, que se mobilizaram em favor dela.[36] Anos depois, ele até esqueceria que tinha assinado a carta de 1955.[37]

Mesmo sua oposição retórica ao colonialismo podia ter laivos conservadores. Em 1956, ele manifestou seu apoio à concepção que embasava a catastrófica retirada britânica da Índia, cujas consequências presenciara pessoalmente, com o seguinte comentário:

Cinquenta anos de pesquisa modesta e humilde, feita por um número suficiente de etnólogos, preparariam o Vietnã e a África do Norte para as soluções do tipo que a Inglaterra conseguiu utilizar na Índia — em questão de meses — graças ao trabalho científico que ela havia feito durante um século: talvez ainda haja tempo para isso na África Negra e em Madagascar.[38]

Politicamente, *Tristes Trópicos* pode ter assinalado a direção conservadora para a qual rumava Lévi-Strauss, mas, como obra de não ficção, estava à frente de sua época. Anulando as fronteiras entre estudo acadêmico sério, memórias autobiográficas e narrativa de viagem, ele tinha criado um híbrido que hoje pode ser corriqueiro, mas era raro nos anos 1950, quando sólidas fortificações ainda dividiam linguagem acadêmica e linguagem popular. O fato gerou indignação entre os especialistas, como Paul Rivet, para quem o livro equivalia a uma traição. Rivet rompeu relações com Lévi-Strauss e só veio a se reconciliar com ele no leito de morte.[39] Mas o número de insatisfeitos foi superado de longe pelo número de novos leitores, muito curiosos em ter alguns vislumbres do mundo do antropólogo profissional.

Depois do sucesso de *Tristes Trópicos*, Lévi-Strauss aparentemente continuou a acalentar a ideia de prosseguir na carreira literária, talvez como jornalista.[40] Mas é difícil imaginá-lo dando uma guinada tão brusca a essas alturas. Pelo contrário, seu compromisso com a academia estava se fortalecendo. Ao mesmo tempo em que fantasiava escrever matérias de jornal, apresentou um projeto pedindo verbas à Fundação Rockefeller para criar um instituto de antropologia (foi negado). E no inverno de 1955-56, em seus seminários na École Pratique des Hautes Études, ele voltou à obra anterior sobre o parentesco, mais técnica, dando um curso chamado *Prohibitions du Marriage* (Proibições matrimoniais).

Apesar das rejeições anteriores, sua estrela voltou a subir na segunda metade da década. Resolvidos seus problemas financeiros, ele voltou ao 16º *arrondissement* com a nova esposa, Monique Roman, para um prédio residencial solidamente burguês, onde fui visitá-lo numa manhã nublada de fevereiro, cinquenta anos depois de ter se mudado para lá e onde morou até a morte. Lá instalou sua biblioteca, então uma coleção colossal cobrindo todo o mundo, organizada não por temas nem por ordem alfabética, e sim por ordem geográfica, a América do Norte em cima do Brasil, a África abaixo da Europa. O novo lar foi consagrado com o nascimento do segundo filho, Matthieu, em 1957. "Minha vida tinha mudado", comentou ele.[41]

Mas a simples ideia de Lévi-Strauss como repórter ou romancista é fascinante. Infelizmente, *Tristes Trópicos* foi o único de sua espécie. Afora o breve ensaio avulso com suas reminiscências de Nova York durante a guerra, ele nunca mais voltou ao gênero. A paixão que levou Lévi-Strauss a escrever *Tristes Trópicos* se extinguiu ao cumprir sua finalidade, tal como o tema — sua intensa relação com o Brasil nos anos 1930 — tinha se apagado quando retornou à França.

Tristes Trópicos avança rapidamente para o fim. Como que recuando para uma pré-história mítica, os bororos, os caduveus e os nhambiquaras desaparecem em suas florestas e cerrados distantes. O cenário brasileiro é bruscamente substituído pelo subcontinente indiano, que Lévi-Strauss visitara pouco tempo antes, e os sertões quase despovoados da América do Sul cedem lugar à alta densidade demográfica do Oriente. Os dias se transformam em séculos, que se estendem em milênios, quando Lévi-Strauss se põe a discorrer sobre toda a história da humanidade, com as filosofias e religiões mundiais.

Ele reservou seu juízo mais duro para o islamismo, religião que considerava perigosamente excludente e xenófoba, incapaz de enxergar além de si e de seu sistema asfixiante. A severidade, as regras rígidas, a obsessão com o asseio e a marginalização das mulheres faziam do islamismo "uma religião ideal de caserna".[42] Uma parte dessa sua repulsa estava relacionada com uma incômoda identificação. Lévi-Strauss via no islamismo um reflexo de algumas tendências do pensamento francês: a mesma orientação retrógrada, a mesma fé cega em soluções abstratas, a mesma aplicação dogmática da doutrina e o desprezo arrogante pelas outras culturas.[43] Embora Lévi-Strauss fosse ateu, não era contrário à religião em si. "Eu me dou melhor com crentes do que com racionalistas completos", disse a Didier Eribon. "Pelo menos, eles têm um senso de mistério — um mistério que a mente, a meu ver, é intrinsecamente incapaz de solucionar."[44] Mas sentia-

-se incomodado pelo doutrinarismo que via no Islã, e ao longo da vida Lévi-Strauss manifestou várias vezes sua aversão pelo islamismo, chegando às raias da controvérsia numa França cada vez mais multicultural e multirreligiosa.

Nas páginas finais de *Tristes Trópicos*, Lévi-Strauss procurou alternativas. Voltou ao período que passou nas montanhas de Chittagong, numa pequena aldeia budista pobre, onde as batidas suaves do gongo se misturavam com os sons das crianças da escola, repetindo o alfabeto birmanês. Acompanhado por monges locais, ele subiu descalço os caminhos enlameados de um morro até o *jédi* — um pagode rudimentar de barro cercado por paliçadas de bambu. O templo era uma palhoça de sapé erguida sobre estacas, com o chão de bambu trançado, estátuas de latão e a cabeça de um cervo. Depois de lavar os pés para tirar a lama, eles entraram. "Reinava uma pacífica atmosfera de sítio e o ar cheirava a feno", escreveu Lévi-Strauss.[45] O aposento parecia "um celeiro vazio" e a sonoridade abafada, a simplicidade, a quietude tomaram conta dele, enquanto observava os monges se prostrando diante do santuário.

Avesso ao islamismo, Lévi-Strauss descobriu uma afinidade intelectual com o budismo, que considerava como um corolário de sua postura filosófica pessoal.[46] Tal como um monge budista, ele procurava a anulação do eu e a dissolução do significado. Seu método estruturalista funcionava numa espécie de ciclo meditativo de uma existência sem raízes, infindavelmente combinando e recombinando elementos, esvaziando-os de sua significação original. O budismo era a aceitação de um paradoxo que estava presente em todas as atividades humanas, resumido na fórmula de Lévi-Strauss, desconcertante em suas convoluções: "a verdade está numa dilatação progressiva do sentido, mas em ordem inversa e levada até o ponto de explosão".[47] Tanto o pensamento budista quanto o pensamento "selvagem" chegavam constantemente no limiar dessa zona espiritual onde desaparecem todas as distinções entre o sentido e a falta de sentido, onde "as formas fluidas são substituídas por estruturas, e a criação, pelo nada".[48] Era uma busca de imersão total, de encarnação desintelectualizada. Como a mescla indissociável do religioso e do cotidiano entre os bororos, que conjuravam os espíritos girando seus zunidores na casa dos homens, onde também dormiam, trabalhavam e conviviam, o budismo parecia integrar a espiritualidade profunda e a vida cotidiana, criando uma sintonia mental entre ambas.

A mescla era sedutora: sozinho, o estruturalismo podia parecer brutal e reducionista, mas, enquadrado pelo budismo, adquiria um elemento de mistério. Tal como as matérias-primas de Lévi-Strauss — os mitos oníricos dos pueblos, os coloridos ritos funerários dos bororos, a arte corporal sensual e assim por diante — atenuavam o golpe da abstração, uma ponta de misticismo também ajudaria a popularizar suas teorias.

Mas sua perspectiva também podia ser desoladora. "O mundo começou sem o homem e terminará sem ele", escreveu Lévi-Strauss. As atividades humanas não passam de uma "efervescência transitória", uma reação química crepitante, destinada a se consumir, findando na esterilidade e na inércia. A antropologia deveria se chamar "entropologia", concluía ele, visto que na verdade ela está registrando um processo de destruição, de desmantelamento de estruturas, quando culturas como a dos nhambiquaras se desagregam, perdendo suas formas e ideias próprias.[49] Os nhambiquaras, como foram documentados por Lévi-Strauss, já estavam a meio caminho da desintegração, lutando para sobreviver nas margens de uma fronteira degradada.

"No entanto eu existo", escreveu Lévi-Strauss, oferecendo uma centelha de esperança, apenas para prosseguir: "Não, evidentemente, como indivíduo", mas como uma parte precária "na luta entre uma outra sociedade, formada por alguns milhões de células nervosas abrigadas sob o formigueiro de meu crânio, e meu corpo, que lhe serve de robô". Não havia escapatória. Desde a perspectiva distanciada do tempo cosmológico à intimidade do eu, tudo estava imbuído de fatalismo. Entre a "efervescência transitória" da história humana e o "formigueiro" do crânio de Lévi-Strauss, pouco lugar poderia haver para a esperança, o entusiasmo ou a alegria. No final, conforme a prosa ganhava velocidade para chegar ao pensamento grandioso derradeiro, a única coisa que poderíamos esperar era a experiência direta e imediata, o tipo de sensorialidade pura que ainda era central na cultura indígena — o perfume de um lírio, a contemplação de um minério precioso "ou a piscadela carregada de paciência, de serenidade e de mútuo perdão que um entendimento involuntário às vezes permite trocar com um gato".[50]

Os últimos capítulos de *Tristes Trópicos* completavam a visão de Lévi-Strauss — uma fusão melancólica de ciência, filosofia e ascetismo. Assim como seu trabalho mais acadêmico via com otimismo os novos horizontes científicos que se abriam com a linguística e a cibernética, da mesma forma um veio romântico e passadista se amalgamava com matizes de Baudelaire, Mallarmé e Proust. Essa nota em tom grave, de sua meia-idade, repercutiu em todo o trabalho maduro de Lévi-Strauss, introduzindo sugestões dramáticas e sombrias numa obra que encontrava sua forma própria.

8
Modernismo

> Na metade do século iniciou-se um afastamento da humanidade. Mais uma vez, olhavam-se as estrelas e iniciava-se uma intensa medição e contagem.
>
> Karlheinz Stockhausen, cit. in Ivan Hewett, "Karlheinz Stockhausen obituary", *Guardian*, 7 de dezembro de 2007

Nos meados dos anos 1930, Lévi-Strauss estava dirigindo o Ford caindo aos pedaços de René Courtin pelas terras vermelhas do Brasil Central. No planalto, tinham passado por uma área em obras: "metade terreno baldio, metade campo de batalha, eriçado com postes de fios elétricos e estacas de agrimensura". A futura capital do estado, Goiânia, estava sendo construída do zero numa região plana e vazia.[1] Na segunda metade dos anos 1950, um pouco a leste de Goiânia, começava a se implantar um projeto arquitetônico ainda mais ambicioso. Engenheiros traçaram as superquadras de Brasília seguindo uma grade de demarcação topográfica num planalto a mil quilômetros de distância da costa. Como ainda não havia acesso rodoviário ao local, as construtoras tinham de remeter por via aérea milhares de toneladas de cascalho, aço e maquinários a custos exorbitantes. Os operários despejavam quantidades enormes de concreto, esculpindo-o em formas côncavas e convexas, em rampas e perímetros curvilíneos. No final da década, filas de edifícios ministeriais seguiam a fuselagem central do projeto em forma de avião, numa cascata de avenidas sem nenhuma árvore, cruzadas por elevados e vias rápidas com várias faixas. Mais tarde, construíram-se os bairros geométricos, multiplicados ao longo das asas.

Brasília era uma visão peculiar própria dos anos 1950, construída seguindo linhas claras e planos matemáticos. Os modelos dos blocos residenciais iguais, em pilotis, espaços abertos aqui e ali com arbustos distribuídos com regularidade, carros trafegando em pistas largas e desimpedidas, podiam ser fascinantes na maquete, mas desorientavam na escala natural. Na verdade, a proposta original dos arquitetos Lúcio Costa e Oscar Niemeyer se baseava em 15 esboços a mão livre e um breve manifesto. O detalhe — estudos demográficos, avaliações econômicas ou sobre o impacto social, noções de como o projeto funcionaria efetivamente como cidade construída — não existia. Até hoje, Brasília é uma cidade difícil de percorrer.

Nos meados dos anos 1980, meio século depois de ter passado pela região, Lévi-Strauss parou em Brasília, numa visita oficial com o presidente Mitterrand. Interessante notar que era a primeira vez que ele voltava ao Brasil desde aquela época da pesquisa de campo, não por falta de convite ou de oportunidade, mas por uma estranha indiferença pelo país onde ele iniciara sua carreira de antropólogo e que lhe fornecera a matéria-prima para suas memórias de tanto sucesso de vendas. Quando perguntei como lhe parecera Brasília, não consegui discernir nenhuma reação, positiva ou negativa. Sondando uma possível afinidade entre o estruturalismo e as ideias por trás de Brasília, deparei-me com sua pronta rejeição de qualquer vínculo entre seu trabalho e o modernismo. Mas e sua antiga ligação com o grupo de intelectuais reunidos em torno de Mário de Andrade, figura central para o movimento modernista brasileiro que nascia em São Paulo? Lévi-Strauss esclareceu rapidamente que se sentira atraído por eles por motivos políticos, e não artísticos. Constituíam uma espécie de oásis de esquerda num deserto autoritário, explicou ele.[2]

No entanto, Lévi-Strauss era um homem de seu tempo. Influenciou e foi influenciado por um momento cultural específico, uma mudança de interesses e orientações. Reinava uma certa austeridade nos anos 1950. A energia vibrante dos inícios do modernismo estava se acabando, a expressão artística se cristalizando numa abstração mais cerebral. Era um momento de imobilidade, de análise formal, de mobiliários simples e roupas anônimas. Apareciam nas artes ressonâncias da guinada lévi-straussiana para os sistemas abstratos. Pairava no ar sua mescla de racionalismo e misticismo, lógica e mistério. Toda uma linhagem de pensadores, artistas e músicos passava a investigar um mundo mais impessoal de objetos, cores e sons e suas relações recíprocas.

Num estúdio precário em Paris, o compositor Karlheinz Stockhausen estava mexendo em mesas de som rudimentares, decompondo a melodia, cortando e juntado sons, montando ruídos eletrônicos inertes em paisagens sonoras feéricas, na busca de "uma estrutura que se realizaria num Estudo". O compositor grego Iannis Xenakis também estava em Paris, compondo um novo tipo de música, que usava modelos extraídos das ciências exatas para estruturar espacialmente os sons. Linhas em onda distribuídas em papel milimetrado eram convertidas em partituras desconcertantes, como *Metastasis* (1953-55). Da mesma forma, o serialismo de Pierre Boulez e Olivier Messiaen incluía experimentações com técnicas matemáticas de composição usando formatos abstratos — grades de tempos, níveis e diapasão. Como observou Alex Ross em sua história da música do século XX, a composição de vanguarda do pós-guerra se enquadrava numa estética de Guerra Fria. Desapareceram as obras de títulos neoclássicos, os *Scherzos* ou as *Sinfoniettas* — "os títulos arcaicos sumiram de vista, substituídos por expressões de tom intelectual: *Música em Duas Dimensões, Sintaxe, Anepígrafe*. Foi a onda de substantivos abstratos no plural: *Perspectivas, Estruturas, Quantidades, Configurações...*",[3] além de paródias tecnológicas da tradição, como *O Microfone bem Temperado* (1952), de Stockhausen.

Nas artes visuais, as fantasias barrocas dos surrealistas e dos expressionistas cederam lugar a uma postura mais distante e contemplativa. Nas telas de Barnett Newman e Mark Rothko, grandes blocos cromáticos substituíram a narrativa visual para reflexão, enquanto na França a *Art Informel* dava um verniz abstrato a técnicas de improvisação. Pintura Materialista, Campo de Cor, Grupo Zero — a arte da Guerra Fria estava esvaziando o conteúdo, voltando a trabalhar num discurso acadêmico em torno do próprio ato de expressão artística. Não era o otimismo modernista da primeira leva do abstracionismo geométrico — os Mondrians e os Maléviches —, mas uma reflexividade mais atenuada, um apagamento. Não remetia à promessa de alguma utopia, e sim a um presente mítico, a mente em comunhão consigo mesma. A literatura vanguardista francesa, que ficou conhecida como *nouveau roman*, se baseava num efeito de aplainamento parecido.

A própria substância do romance — as linhas temporais da narrativa, o enredo e os personagens plausíveis com suas motivações — desapareceu num movimento, como descreveu Alain Robbe-Grillet, que se afastava dos "velhos mitos da profundidade" e seguia para "um universo plano e descontínuo onde cada coisa se refere apenas a si mesma".[4]

Com o avançar da década, surgia na França uma nova geração de pensadores. Sartre, Beauvoir e Camus ainda dominavam a cena após a Segunda Guerra Mundial, mas logo seriam contestados por outra maneira de ver o mundo. Em 1953, o crítico literário Roland Barthes publicou *O Grau Zero da Escritura*, que entendia a escrita autêntica como uma luta constante contra os efeitos embrutecedores das convenções literárias. Como Lévi-Strauss já tentara demonstrar nos contextos totalmente diversos do parentesco e da cultura indígena, Barthes argumentaria em livros posteriores que a criatividade absoluta era uma ilusão, escrevendo uma partida que se jogava nos limites do sistema literário. Em 1954, o filósofo Michel Foucault estava na Universidade de Uppsala, na Suécia, explorando a enorme coleção de textos médicos dos séculos XVII e XVIII, conservada na biblioteca Carolina Rediviva, em busca de referências para a tese que começara a escrever. Suas pesquisas iriam resultar em *A História da Loucura na Idade Clássica* — estudo épico da relação entre loucura e razão ao longo do tempo. Foucault tomava a história mais como um conjunto de configurações do que como uma série de acontecimentos, configurações estas que se rompiam e se metamorfoseavam periodicamente; a loucura se tornava um conceito arbitrário, adquirindo significado apenas em relação com os costumes sociais cambiáveis da sociedade dominante. Ao mesmo tempo, Jacques Lacan desenvolvia suas heresias psicanalíticas, revivendo Freud pelo prisma da linguística. Lacan sustentava que o inconsciente era "estruturado como uma linguagem".[5] Estando o eu fragmentado em cadeias de significantes, Lacan prosseguiu em sua jornada para os campos mais densos e mais contorcidos do projeto estruturalista.

Mesmo a história, disciplina contra a qual se pronunciara Lévi-Strauss, estava avançando numa direção mais estruturalista. A nova história, tendo como pioneira a escola dos *Annales* então liderada por Fernand Braudel, ex-colega de Lévi-Strauss na Universidade de São Paulo, tinha estendido o tempo "pelas estradas calmas e monótonas da *longue durée* (longa duração)". Como um *nouveau roman*, os episódios e os personagens foram eliminados; no lugar deles estavam tendências seculares: o aumento e a queda dos preços dos alimentos, movimentos glaciais da população, realinhamentos geopolíticos graduais. Braudel escreveu sobre a "história inconsciente", operando aquém da experiência do cotidiano, num ritmo imperceptivelmente lento. As pressões — climáticas, geográficas, culturais, mentais — podiam confinar a humanidade em longos períodos de relativa imobilidade.[6] Essa lenta petrificação caía como uma luva no estado de espírito cultural dos anos 1950. Mais uma vez o homem se encolhia perante um panorama épico, preso em sistemas dos quais não tinha consciência, mas que reproduzia zelosamente.

A marca de Lévi-Strauss estava presente em todos esses diversos projetos. Em diferentes momentos, Lacan, Barthes, Foucault e Braudel reconheceram explicitamente o impacto de Lévi-Strauss em suas concepções. Mas Lévi-Strauss sempre manteve distância, recusando qualquer filiação. De fato, à exceção de Lacan, com quem manteve amizade próxima (o casal Lévi-Strauss jantava regularmente com o casal Lacan em Paris, e iam visitá-los na casa de campo em Guitrancourt), geralmente ele evitava contatos pessoais ou intelectuais. Mesmo com Lacan, sua amizade se baseava mais na *persona* do psicanalista como esteta milionário, colecionador de arte e *bon vivant* do que como teórico. Lévi-Strauss declarou em várias ocasiões que não entendia as ideias de Lacan. Quando assistiu a um dos seminários dele, Lévi-Strauss ficou impressionado não tanto pelo conteúdo, e sim pelo estilo:

> O que chamava a atenção era uma espécie de irradiação que emanava tanto da pessoa física de Lacan quanto de sua dicção, de seus gestos. Vi muitos xamãs atuando em sociedades exóticas, e redescobria ali uma espécie de equivalente do poder xamânico. Confesso que, até onde ouvi, não entendi. E me via no meio de uma audiência que parecia entender. [...][7]

Para um pensador tão importante, era solitário o caminho que trilhava Lévi-Strauss. "Era uma figura intelectualmente solitária", disse-me Philippe Descola. "Ele cultivava relações próximas com Roman Jakobson e

Georges Dumézil, mas, tirando isso, era isolado."[8] E sendo uma pessoa com sensibilidade e interesse profundo pela arte e pela música, é curioso esse seu afastamento ativo da vanguarda dos anos 1950. Seu trabalho acadêmico desmontava as narrativas tradicionais e produzia modelos que poderiam ser difíceis de relacionar com o tema original. As abstrações resultantes oscilavam entre a arte e a ciência. Mas, quanto mais Lévi-Strauss avançava nessa rota da abstração metodológica, menos ele tolerava experiências análogas em seu próprio meio cultural.

O ano de 1955 foi o *annus mirabilis* de Lévi-Strauss. Depois do sucesso de *Tristes Trópicos*, ele retornou ao lado acadêmico de sua produção, com outra publicação que se tornou um marco, "O Estudo Estrutural do Mito", que saiu em inglês no *Journal of American Folklore*. Tal como o artigo sobre a aplicação da linguística ao parentesco, publicado em *Word*, "O Estudo Estrutural do Mito" era uma breve reflexão que lançava as bases para décadas de trabalho futuro. Assim como o artigo em *Word* abriu o campo metodológico para *As Estruturas Elementares*, aqui também essas vinte e poucas páginas apresentavam as ideias que serviriam de guia para o magistral quarteto das *Mitológicas*. No ensaio, Lévi-Strauss aparecia em sua posição mais radical, demonstrando um método que — mesmo que ele jamais o admitisse — não pode ser dissociado daquele momento, em que dominava o modernismo em sua fase final. O texto passa da narrativa para a abstração, da literatura para a matemática, destruindo deliberadamente uma pedra fundamental da cultura ocidental.

O mito era uma área de interesse cada vez maior para Lévi-Strauss. A narração de histórias sinuosas, povoadas de animais estranhos, de forças sobrenaturais e elementos naturais, aparecia como elemento profundamente entranhado na psique humana. Tomados individualmente, os mitos indígenas eram narrativas estranhas e caóticas; coletivamente, repetiam-se temas comuns. Num sentido, os mitos eram fantasias de tipo onírico. Noutro sentido, destilados pela repetição, tornavam-se expressões de puro pensamento. Com o mito, Lévi-Strauss dispunha de um amplo cenário onde poderia explorar um tema que o fascinava desde seus primeiros contatos com Freud e os surrealistas — o jogo entre a expressão poética e a lógica.

"O Estudo Estrutural do Mito" seguia um padrão familiar: a apresentação de um problema perpétuo, a ridicularização de séculos de teorizações toscas e *ad hoc*, à qual se seguia uma solução abstrata arrojada, nos moldes da linguística estrutural, que modificava todo o terreno teórico. Nas páginas iniciais do artigo, Lévi-Strauss despachava sumariamente as explicações prévias. As noções de que os mitos eram religiões metafóricas, sonhos coletivos, reflexos de relações sociais concretas ou explicações protocientíficas incipientes reduziam a mitologia a um "jogo ocioso ou uma espécie grosseira de especulação filosófica", fadadas a se revelar como "platitude e sofisma".[9] O problema central das abordagens anteriores era a tentativa de extrair diretamente verdades sociológicas do conteúdo de um determinado mito. Aqui também, Lévi-Strauss traçava um paralelo com a linguística e suas tentativas falhadas de vincular certos sons a significados específicos — as líquidas com a água, as vogais abertas com objetos grandes e assim por diante. Só poderia haver um avanço efetivo quando as palavras fossem dissociadas dos referentes e a linguagem começasse a ser moldada como sistema formal.

Seguindo Saussure, Lévi-Strauss propunha desmontar as narrativas míticas em suas partes constituintes. Esses elementos, a que ele deu o nome de "mitemas", consistiam tipicamente em breves resumos dos eventos narrativos (como o "incesto entre irmãos" ou o "sacrifício do irmão e da irmã"), ou em características dos protagonistas ou das coisas ("amoroso" ou "estéril", "cru" ou "cozido"). Uma vez decompostos em "mitemas", o analista pode ordená-los em colunas temáticas, procurando não só relações discretas entre os elementos, mas aqui também utilizando um conceito extraído da linguística estrutural, "feixes de relações" ("*paquets de relations*"). Lévi-Strauss se antecipava à crítica ao frisar que estava aplicando a teoria linguística ao mito por analogia, e não como uma correspondência direta. Os próprios mitos, afinal, eram constituídos pela linguagem; os "mitemas", como expressões curtas, não poderiam ser analisados como fonemas, meras frações de palavras. Mesmo assim, a transposição de ideias e conceitos para um campo totalmente novo era uma empreitada mais ambiciosa e arriscada do que nunca.

Para explicar o que, à primeira vista, parece mostrar-se de um hermetismo muito obscuro, Lévi-Strauss recorreu a uma analogia borgeana.

Arqueólogos alienígenas visitam a Terra depois do apocalipse e escavam um edifício enorme, repleto de milhões de páginas encadernadas em pequenos blocos, como se fossem tijolos, cobertos de símbolos a tinta. Eles começam uma longa e laboriosa análise, finalmente extraindo um alfabeto e as coordenadas principais. Descobrem que os códigos correm apenas num sentido, da esquerda para a direita e de cima para baixo, numa espiral achatada que — se fosse estendida — formaria uma série quase infinita de sequências. Mas então os alienígenas se deparam com um subconjunto de papéis, onde estão impressas linhas horizontais em pauta, marcadas com pequenas curvas, pontos e arcos, que parecem não seguir aquela regra inflexível. Tentam, mas não conseguem decifrá-las, e então percebem que uma linha não se segue à outra, mas que as peças do código estão empilhadas umas sobre as outras; entendem que as relações percorrem a página de cima a baixo, num conjunto complexo de harmonia e dissonância.

A partitura de orquestra passou a ser uma metáfora muito cara a Lévi-Strauss. Fascinava-o o paradoxo de que as pautas, os tempos e as chaves, com seu rigor, pudessem gerar sons rodopiantes e intensamente românticos. Por algum processo misterioso, a lógica se convertia em emoção. Estruturalmente, a partitura exercia um apelo à abordagem diagramática de Lévi-Strauss. O empilhamento vertical de elementos diferentes, mas intimamente relacionados, na página da partitura — as partes do violoncelo, da flauta, dos tímpanos e do fagote, por exemplo —, fundindo-se para formar uma unidade estética, veio a ser para Lévi-Strauss uma imagem central para ilustrar como a cultura estava estruturada.

Lida da esquerda para a direita feito um texto, como os arqueólogos alienígenas tinham tentado inicialmente, a partitura se tornava uma série vibrante de inversões, repetições e variações temáticas. Num salto imaginativo, Lévi-Strauss descobriu que ela ressoava estruturalmente com a composição da narrativa mítica, profusa em ressonâncias temáticas, guinadas inesperadas do enredo e inversões súbitas. E ele raciocinou: se fosse possível ler verticalmente um mito, tal como o músico lê uma partitura, enfileirando as harmonias e os contrapontos narrativos do mito, trazendo à tona seus *leitmotifs*, seria possível revelar sua essência.

Num floreio teatral, Lévi-Strauss escolheu o grande mito ocidental, Édipo Rei, de Sófocles, para fins de demonstração. Como um *cut-up* de

Brion Gysin, Lévi-Strauss montou o mito como uma colagem de personagens e acontecimentos. Dos fragmentos surgiram certos temas, que então ele dispôs numa tabela com quatro colunas. Agora o mito podia ser lido em duas direções: da esquerda para a direita, era a narrativa conhecida — Édipo, que vem a entender seu terrível passado. Mas Lévi-Strauss estava mais interessado nas colunas como partitura, onde os elementos da história se agrupavam em temas contrastantes. Era um exercício excêntrico, mas fascinante, e até este momento o ensaio constituía uma exibição virtuosística de malabarismo intelectual e ousadia intuitiva.

A primeira coluna, que trazia o casamento de Édipo com a mãe e Antígone quebrando um tabu ritual ao enterrar o irmão, representaria uma exacerbação das relações de sangue; a segunda, onde Édipo matava o pai e Etéocles matava o irmão, exprimiria uma desvalorização dos laços de sangue. A explicação de Lévi-Strauss para a terceira e a quarta colunas, com os títulos respectivos de "monstros sendo mortos" (Cadmo matando o dragão, e Édipo, a Esfinge) e "coxeadura" (os pés inchados de Édipo ao nascer, a postura inclinada para a esquerda do pai Laio), era mais complicada. A dificuldade em andar é um tema recorrente na mitologia, para personagens nascidos da terra, aparecendo em mitos pueblos e kwakiutles, explicava Lévi-Strauss; os monstros são supraterrenos. Portanto, a oposição se dava entre a persistência versus a negação das origens terrenas do homem — linha de raciocínio que, como diria mais tarde o antropólogo britânico Edmund Leach, "fazia lembrar vagamente um tema de *Alice através do Espelho*".[10]

Nas últimas páginas, Lévi-Strauss juntou todos os fios. O mito de Édipo, na verdade, trataria do conflito fundamental entre a teoria religiosa grega — segundo a qual o homem nascia da terra, como a vida vegetal — e o conhecimento de que os seres humanos resultam das relações de sangue na união entre um homem e uma mulher. Na superfície, Édipo Rei contava uma história — a tragédia de um homem que, sem saber, desposa a mãe e mata o pai; mas, sob a superfície, num nível estrutural profundo, o mito era uma configuração lógica — um retrato da mente, ao ruminar subconscientemente as contradições sociais insolúveis, neste caso entre a crença religiosa e as realidades do mundo.

Como *A Interpretação dos Sonhos* de Freud, o projeto de Lévi-Strauss estava seguindo numa direção cada vez mais idiossincrática. Quantos teóricos chegariam às mesmas conclusões de sua leitura de Édipo, mesmo que estivessem tentando aplicar os métodos estruturalistas do próprio Lévi-Strauss? Quem, além dele, daria o salto passando da morte dos monstros para os pés inchados, e daí para a origem terrena do homem? Ou da associação dos pés de Édipo à coxeadura nos mitos pueblos e kwakiutles? E no entanto, nas observações finais, esse exercício essencialmente interpretativo se apresentava como algo muito mais exato, como se Lévi-Strauss estivesse abordando o mito tal como um cientista trataria de um gás ou de um cristal, adivinhando seu comportamento através da experimentação. A lógica do pensamento mítico, concluía Lévi-Strauss, "era tão rigorosa quanto a da ciência moderna" — com efeito, tão rigorosa que podia ser reduzida a uma única fórmula matemática, a "lei genética do mito": $F_x(a) : F_y(b) \simeq F_x(b) : F_{a-1}(y)$.[11]

É difícil entender a breve explicação de Lévi-Strauss sobre o que realmente significaria essa fórmula, ou ver como poderíamos aplicá-la de maneira sistemática. Na verdade, nem parece ser uma fórmula — isto é, um método prescrito para atingir sistematicamente um determinado resultado —, e sim uma modelagem de uma estrutura narrativa, utilizando símbolos matemáticos como abreviaturas, neste caso para a "*torsion surnuméraire*" ou "dupla torção": uma espécie de versão retorcida da expressão mais simples de A está para B assim como C está para D (A: B :: C: D), que ele tinha utilizado em sua análise do avunculado.[12] Mas os seguidores de Lévi-Strauss não precisariam se preocupar com os detalhes — iriam esperar mais dez anos, antes que a equação voltasse a ser mencionada, no segundo volume da série das *Mitológicas*, em *Do Mel às Cinzas* (*Du miel aux cendres*). "Foi necessário citá-la pelo menos mais uma vez, como prova do fato de que nunca deixei de me guiar por ela", explicou Lévi-Strauss, numa alusão curiosa que guarda uma ressonância quase religiosa.[13]

Mas, se se deixassem de lado suas pretensões exageradas de rigor científico, o exercício de fato redefinia problemas no campo da mitologia de uma maneira interessante e potencialmente produtiva. Tal como no caso do parentesco, ele oferecia ao analista um ponto de apoio numa área que, de outra maneira, seria enganosamente aleatória. No mais autêntico estilo lévi-straussiano, os argumentos complexos tinham um efeito em última análise simplificador. O agrupamento abstrato em temas e oposições significava que seria possível explicar as pequenas variações entre diferentes versões do mesmo mito dentro da mesma estrutura geral. Não era mais necessário procurar a versão mais antiga ou mais autêntica. De um continente a outro, os elementos míticos se combinavam e recombinavam infindavelmente, como os genes ao longo das gerações. Era esse tipo de abordagem epidemiológica que Lévi-Strauss iria explorar durante grande parte de sua vida acadêmica, ao tomar o mito em geral, examinando centenas de variações míticas recolhidas nas Américas.

Se a análise estrutural de um mito isolado podia parecer arbitrária, a abordagem geral era muito mais convincente. A análise de quatro versões diferentes de "La Geste d'Asdiwal" ("A gesta de Asdiwal"), que Lévi-Strauss publicou no ano seguinte, levava o argumento para outra dimensão. Examinando as variações de um mito tsimshian, da Costa Noroeste americana, compilado por Franz Boas, Lévi-Strauss descobriu que as diferenças eram sistemáticas, e elas mesmas faziam parte de uma lógica estrutural. Quando o mito passou de seu local de origem para as culturas próximas, ele começou a se degradar. Mas, em certo ponto, o mito se desprendeu e se reconfigurou numa forma invertida. Lévi-Strauss comparou o resultado às projeções óticas dentro de uma caixa de luz. Quando a abertura diminui, a imagem começa a se borrar até que, num momento muito preciso, ela fica nítida, mas de ponta-cabeça e de trás para a frente.[14]

Para Lévi-Strauss, o mito era quase um ser vivo ou um processo físico. Como um cristal, "um mito cresce em espiral até se esgotar o impulso intelectual que o produziu", escreveu ele.[15] A ideia de que um mundo poético de jaguares e tamanduás, rios e estrelas, criado por pequenos grupos indígenas de tecnologia rudimentar, poderia reproduzir as simetrias encontradas nos fenômenos naturais e nas equações matemáticas cativou a imaginação de toda uma geração de estudiosos. Essa ideia e a vitalidade vanguardista da técnica de bricolagem deslumbraram os contemporâneos. *Tristes Trópicos* havia dado uma base popular para Lévi-Strauss fora da academia, assim como a pura originalidade de suas ideias sobre o mito estava consolidando sua posição dentro dela.

A atração cada vez maior do estruturalismo não era apenas intelectual. As ideias de Lévi-Strauss se tornaram atraentes num momento político determinado, em que havia um ponto de fraqueza e incerteza na Esquerda francesa. Para muitos intelectuais progressistas, a França do pós-guerra tinha sido um período de engajamento político no Parti Communiste Français e com o marxismo. Alguns, destacando-se Jean-Paul Sartre, haviam apoiado o stalinismo, mesmo quando já vazavam as notícias sobre os crimes do regime. Nos meados dos anos 1950, Lévi-Strauss ainda sentia necessidade de se referir a Marx, chegando a citá-lo como uma de suas influências centrais em *Tristes Trópicos*. "Raramente enfrento um novo problema sociológico", escreveu ele, "sem antes estimular meu pensamento relendo algumas páginas do *Dezoito Brumário de Luís Bonaparte* ou da *Crítica da Economia Política*".[16]

Mas, no final de 1956, tudo isso tinha mudado. Em março do mesmo ano, conforme a situação na Argélia se deteriorava, o Parti Communiste Français votou a favor de enviar 400 mil soldados para reprimir a revolta, medida que provocou o afastamento de muitos simpatizantes. No mês de junho, o *Le Monde* publicou na íntegra o discurso de Nikita Kruschev durante o Vigésimo Congresso do Partido Comunista. Kruschev acusava Stálin de comandar um reinado de terror, com perseguição e execução dos próprios membros do partido, como o camarada Eikhe, comunista de longa data e membro leal do partido, executado em 1940 depois de ter sido obrigado a assinar uma confissão sob tortura. Coroando essas revelações, em novembro veio o esmagamento da revolução húngara. Quando os tanques soviéticos tomaram as ruas de Budapeste, a intelectualidade ocidental de esquerda entrou em crise. Embora o PCF tenha se mantido como grande força política, sua credibilidade despencou. Inúmeros intelectuais abandonaram o partido, e os pensadores dotados de iniciativa foram em busca de um novo paradigma. Foi "uma espécie de massacre cerimonial", lembrava o sociólogo René Lourau, que tinha 23 anos na época; "isso permitiu uma limpeza geral, um grande hausto de ar fresco, uma higienização".[17]

O estruturalismo lévi-straussiano rapidamente ocupou o vazio ideológico resultante — com a ressalva de que o estruturalismo, como ciência abstrata e distanciada da cultura, era ele mesmo uma espécie de vazio. E exatamente por isso exercia atração. Descartando a bagagem da política do pós-guerra, Lévi-Strauss oferecia uma saída. De uma hora para outra, enigmáticas análises de tribos minúsculas da América do Sul começaram a parecer atraentes, e até inspiradas. O novo paradigma "deixou de nos obrigar a ter esperança de qualquer coisa", relembrou Michel Foucault mais tarde.[18]

O abandono da Esquerda e o impacto de *Tristes Trópicos* moldaram a geração seguinte de antropólogos, enquanto os estudiosos jovens e insatisfeitos eram atraídos para a órbita do programa em desenvolvimento de Lévi-Strauss. Os filósofos comunistas Alfred Adler, Michel Cartry, Pierre Clastres e Lucien Sebag saíram do PCF em 1956 e começaram a frequentar os seminários de Lévi-Strauss na sexta seção. Não muito tempo depois, Sebag e Clastres foram fazer pesquisas de campo nas Américas, enquanto Adler e Cartry seguiam para a África. Françoise Héritier, outra figura central no desenvolvimento da antropologia estrutural e que seria a sucessora de Lévi-Strauss no Collège, transferiu seus interesses da história para a antropologia, com um trabalho de campo no Alto Volta (atual Burkina Fasso), com seu futuro marido e colaborador Michel Izard.

Para os novos adeptos, não era fácil reconstruir a evolução do pensamento de Lévi-Strauss. Em vista do perfil peripatético do início de sua carreira, os artigos estavam espalhados em revistas antropológicas, sociológicas e linguísticas brasileiras, americanas, inglesas, holandesas e francesas, alguns deles disponíveis apenas em inglês. Sentindo que esses fios agora começavam a se juntar para formar uma posição coerente, Lévi-Strauss já havia tentado reuni-los numa antologia, propondo essa sugestão ao escritor Brice Parain, que na época trabalhava para a principal editora da França, a Gallimard. A proposta foi recusada, com a justificativa de que seu pensamento "não tinha amadurecido".[19] Parain se arrependeria para sempre dessa decisão. (Depois cometeu mais um erro, recusando outra obra de início de carreira de outro pensador fundamental — a *História da Loucura* de Michel Foucault.) Depois do sucesso de *Tristes Trópicos* na Plon, Lévi-Strauss tinha se tornado um autor muito cobiçado, e o próprio Gaston Gallimard em pessoa, fundador da editora, entrou no jogo tentando conquistar suas graças. Mas a ofensiva pelo encanto não surtiu efeito — Lévi-Strauss se manteve fiel à Plon até o final de sua carreira de autor.[20]

A obra resultante, *Antropologia Estrutural* (1958), foi o primeiro livro a reunir o cânone lévi-straussiano. Os textos clássicos ficaram em sequência, desde o primeiro artigo pioneiro sobre o parentesco e a linguística até seus ensaios sobre o xamanismo e a psicanálise. Havia as pesquisas mais recentes do mito e algumas curiosidades anteriores, como "A Serpente de Corpo Repleto de Peixes", uma breve comunicação que Lévi-Strauss apresentara em Paris no final da guerra, traçando paralelos entre um mito andino e motivos em vasos nazcas e pacasmayos. No último momento, ele acrescentou dois pós-escritos para acertar as contas com seus críticos: Gurvitch e Rodinson, junto com Jean-François Revel, que haviam publicado pouco tempo antes um ataque a Lévi-Strauss em *Pourquoi des philosophes?* (Para que filósofos?).[21]

Curiosamente, o livro era dedicado a Émile Durkheim, cuja obra Lévi-Strauss repudiara na juventude, por considerá-la conservadora e socialmente normativista; o ano de 1958 correspondia ao centenário de nascimento de Durkheim, e Lévi-Strauss prestou homenagem como "um discípulo inconstante" ao homem que criara os instrumentos da antropologia moderna. "Havia algo de brilhante no pensamento de Durkheim", declarou ele mais tarde. "Era belamente construído, monumental." Mas ainda empalidecia diante da imaginação fértil de seu sobrinho Marcel Mauss, cuja obra Lévi-Strauss comparou a "um céu noturno atravessado por raios faiscantes".[22]

No começo da carreira, poderia parecer que Lévi-Strauss fora prejudicado pelas circunstâncias da época. Depois do Brasil, a guerra tinha interrompido sua progressão no sistema acadêmico francês. Voltando à França, perdeu o trem do pós-guerra, rejeitado várias vezes pelos conservadores no Collège de France. Mas, nos anos finais da década de 1950, tudo mudou. Com *Antropologia Estrutural*, Lévi-Strauss dava a *Tristes Trópicos*, obra mais acessível, o lastro intelectual que acumulara com paciência ao longo da carreira acadêmica. Suas primeiras incursões no mundo da mitologia indígena prenunciavam um corpo inteiramente novo de obras inovadoras e desafiantes.

Lévi-Strauss estava se firmando logo às vésperas da sublevação teórica e institucional mais radical nas ciências humanas na França do pós-guerra. Já se realizava uma expansão maciça do ensino superior. O número de alunos que receberam o bacharelado se multiplicou por sete entre os anos 1930 e os anos 1960. À medida que os estudantes ingressavam em enxurrada no sistema universitário, as pesquisas tiveram um crescimento vertiginoso. Em 1955, havia na França apenas vinte centros de pesquisas em ciências sociais; uma década depois, eram mais de trezentos.[23] As *trente glorieuses* (os anos de 1945 a 1975) — período de crescimento econômico inédito na França — remodelavam o país, resultando num espírito tecnocrático mais moderno. Nesse rearranjo, os estudos da linha antiga perderam terreno para métodos mais precisos, mais quantificáveis. No campo das humanidades, isso significava as abordagens estatísticas da sociologia e da nova história, além da construção de modelos abstratos na linguística e na psicanálise. Nesse novo contexto, o cacife de Lévi-Strauss estava aumentando rápido.

No final de 1958, Lévi-Strauss veio a ganhar o respaldo de Merleau-Ponty, figura central para fazer a ponte entre os esquemas formais do estruturalismo e as escavações subjetivas da fenomenologia. Merleau-Ponty tinha conseguido criar a primeira cadeira de antropologia no Collège de France —[24] posto destinado especificamente a Lévi-Strauss. No ano seguinte, seu nome foi apresentado à vaga, enquanto Merleau-Ponty fazia uma campanha agressiva entre seus colegas membros do Collège, tentando acalmar a ala mais conservadora. "Não só ele apresentou [a candidatura de Lévi-Strauss], mas dedicou três meses de sua vida a ela, e não viveria muito mais tempo", recordou Lévi-Strauss, que mantinha uma foto de Merleau-Ponty em sua escrivaninha, como gratidão.[25] Mais uma vez houve oposição, mas, graças ao apoio de Merleau-Ponty, Lévi-Strauss, agora com 50 anos, ingressou no Collège nesta sua terceira tentativa, banindo definitivamente seu "passado tão pesado" (*"passé aussi lourd"*), como diria mais tarde.[26]

Seu discurso de posse, apresentado em janeiro de 1960, começava com um velho enigma baseado na "estranha recorrência do número 8, já muita conhecida desde a aritmética de Pitágoras, a tabela periódica dos elementos químicos e a lei da simetria da água-viva". A elas somavam-se várias datas: em 1858 nasceram os "engenheiros da antropologia social", Durkheim e Boas; em 1908 foi criada a primeira cátedra universitária do mundo em antropologia social, que coube a Sir James Frazer, na Universidade de Liverpool; em 1958, o Collège finalmente criara uma na França. Lévi-Strauss, claro, também tinha nascido em 1908 — bem como Merlau-Ponty, que estava sentado no auditório, aparentemente não muito satisfeito em que o lembrassem sua idade.[27] De fato, ele teria apenas mais um ano de vida — em 1961, sofreu um forte derrame enquanto preparava uma aula sobre Descartes.

Lévi-Strauss prosseguiu situando sua obra no contexto dos grandes nomes, citando, entre muitos outros, Saussure, Freud, Marx, Montesquieu, Spencer, Cuvier, Goethe, além da lista usual dos antropólogos: Boas, Durkheim, Frazer, Mauss, Radcliffe-Brown — e até Malinowski. Estendeu-se sobre Mauss e o desenvolvimento de sua noção quase mística de "fato social total": "Uma concepção laminar [...] composta por uma multiplicidade de planos distintos, mas ligados [...] na qual corpo, alma, sociedade, tudo se funde."[28]

Enquanto esboçava suas ideias sobre o parentesco e o mito, ele fez as pazes com a história. Ambos se reconciliavam com a noção do movimento lento. Com a *longue durée* (longa duração), a história chegara quase à imobilidade. Num gesto de reciprocidade, Lévi-Strauss deu a suas estruturas cristalinas um grau mínimo de animação. "A própria estrutura ocorre num processo de desenvolvimento", disse citando Durkheim. "Está se formando e se rompendo incessantemente; é a vida que atingiu um certo grau de solidificação."[29]

Ele terminou o discurso com uma nota melancólica, lamentando que a cátedra não tivesse sido criada séculos antes, quando Jean de Léry e André Thévet escreviam sobre os tupis, quando ainda caminhavam descalços pelas florestas e praias da Baía da Guanabara, no Rio de Janeiro. (Mais tarde, ele comentou com Didier Eribon que era uma alusão também ao fato de terem lhe recusado uma vaga dez anos antes.) "Homens e mulheres que, enquanto eu falo, a milhares de quilômetros daqui, em algum sertão devastado pelo fogo nos arbustos ou em alguma floresta encharcada de chuva, estão voltando para o acampamento para dividir uma magra porção e invocar seus deuses em coro" — foi àqueles grupos andrajosos, à beira da extinção, que Lévi-Strauss, como "aluno e testemunha deles", dedicou sua cátedra.[30]

Ele tinha ingressado num mundo rarefeito, regido pela tradição e pelo protocolo. Merleau-Ponty o ajudou a enfrentar os primeiros rituais, conseguindo uma planta da sala de reuniões dos professores e reservando a cadeira ao lado dele, para que Lévi-Strauss não passasse pelo constrangimento de se sentar no lugar de outra pessoa. Mas, para além das cerimônias do Velho Mundo, estendiam-se grandes oportunidades numa instituição de elite dedicada exclusivamente ao cultivo do espírito. Iniciada a década, as únicas obrigações oficiais de Lévi-Strauss consistiam em apresentar cursos originais a cada ano, com a expectativa (respaldada por recursos financeiros) de que ele montasse seu próprio centro de pesquisas.

O papel dominante de Lévi-Strauss nos anos 1960 e começo dos anos 1970 não se baseava apenas em sua originalidade e carisma intelectual, mas em algo muito mais prosaico — sua habilidade para construir uma instituição num momento de abertura do sistema acadêmico francês. Quando era estudante, ele tinha liderado um grupo de estudos de esquerda, antes de se tornar o secretário pessoal do deputado socialista Georges Monnet. Em Nova York, fora o diretor da École Libre e adido cultural na embaixada francesa. De volta a Paris, foi vice-diretor de etnologia no Musée de l'Homme e secretário-geral do Conselho Internacional de Ciências Sociais da Unesco. Eleito para o Collège, logo começou a construir seu império institucional próprio.

Os inícios foram humildes. No começo, seu centro de pesquisas, o Laboratoire d'Anthropologie Sociale, ficava num edifício anexo ao Musée Guimet, no 16º *arrondissement*, na Avenue d'Iéna, não muito longe do Musée de l'Homme. No edifício principal, estavam em exposição bustos de Buda, indianos, cambojanos e japoneses, com mil anos de idade, frutos das expedições de coleta do industrial lionês Emile Guimet, do século XIX, à Índia e ao Extremo Oriente. A serenidade da galeria contrastava com a realidade dos escritórios precários de Lévi-Strauss — o esqueleto do banheiro de uma suíte, que ele dividia com Jean Pouillon. "Pedaços de cano ainda saíam das paredes, que eram azulejadas", lembrava Lévi-Strauss, "e eu tinha sob os pés o que sobrara do ralo da banheira".[31] O quarto anexo estava abarrotado de pilhas de Arquivos por Área de Relações Humanas, uma enorme base de dados em papel, cobrindo centenas de culturas, que a Unesco tinha reservado para a França, produzida por um conglomerado de universidades americanas. Os arquivos, que faziam a indexação cruzada de características culturais individuais, como métodos de conservação dos alimentos (secos, defumados, em conserva e assim por diante), aspectos de sistemas religiosos e termos de parentesco, formavam um depósito estruturalista, ideal para o estilo de trabalho de Lévi-Strauss, poupando horas de pesquisas em bibliotecas. Com sua ênfase na América do Norte, os Arquivos por Área iriam ter um papel fundamental, quando ele começou a ver o hemisfério ocidental cada vez mais como um único bloco cultural.[32] Era tão grande o volume dos arquivos que havia o medo de que o chão cedesse. Isac Chiva, um pioneiro da etnografia rural francesa que veio a trabalhar intimamente com Lévi-Strauss, como seu vice-diretor no Laboratoire, lembrou o espanto deles quando Susan Sontag descreveu o espaço abarrotado como "um instituto de pesquisas amplo e muito bem-dotado", num artigo para a *New York Review of Books*, no começo dos anos 1960.[33]

Foi nesse ambiente longe do ideal que Lévi-Strauss conheceu o promissor teórico literário Roland Barthes, que estava procurando um orientador para sua tese sobre a moda. Mais tarde, Barthes contou que foi recebido por Lévi-Strauss no patamar da escada, com um par de cadeiras dobráveis velhas, enquanto seu amigo, o semiótico Algirdas Julien Greimas, aguardava ansioso num café de esquina. Barthes voltou ao café desanimado — Lévi-Strauss não aceitara orientá-lo. Mas depois o encontro se revelou frutífero. Durante a conversa, Lévi-Strauss sugeriu a Barthes que lesse *Morfologia do Conto Maravilhoso* de Vladimir Propp, publicado inicialmente nos anos 1920, mas que fora lançado pouco tempo antes em sua primeira tradução para o inglês. A análise protoestruturalista dos contos maravilhosos, exposta no livro, viria a exercer uma grande influência no desenvolvimento das ideias de Barthes sobre a "narratividade".[34]

Apesar das similaridades iniciais entre seus trabalhos, com o tempo Lévi-Strauss passou a ter suas dúvidas sobre o projeto de Barthes. "Nunca me senti próximo dele", lembrou mais tarde, "e meus sentimentos foram confirmados posteriormente pela direção que suas ideias tomaram". Nos anos 1970, Lévi-Strauss recebeu o convite de escrever um prefácio ao livro *S/Z* de Barthes — uma análise estruturalista do conto "Sarrasine" de Balzac. Quando Barthes enviou um exemplar do livro a Lévi-Strauss, este respondeu com uma pequena paródia do método estruturalista, incluindo oposições masculino/feminino, um diagrama de parentesco e a conclusão de que os dois personagens do conto, Filippo e Marianina, mantinham uma relação incestuosa. Embora fosse de brincadeira, pelo visto Barthes levou a análise a sério, dizendo que era "assombrosamente convincente".[35]

A carta mostrava uma faceta maliciosa de Lévi-Strauss, que desmentia sua fama de pensador frio e analítico. No final da vida, Margaret Mead comentou com o antropólogo Scott Atran que Lévi-Strauss, embora parecesse "reservado e frágil", "ele é mais brincalhão do que aparenta, e vai viver uns trinta anos mais do que eu".[36] (No caso, Lévi-Strauss sobreviveu 31 anos a ela.) Mas nem sempre os alvos de suas brincadeiras gostavam delas. Nos meados dos anos 1950, André Breton estava tentando desenvolver um projeto sobre a magia. Enviou questionários aos amigos, entre eles Lévi-Strauss, em que pedia que classificassem pinturas conforme o grau de magia delas. Nessa altura, cético em relação ao interesse diletante de Breton por algo que lhe parecia um tema antropológico sério, Lévi-Strauss ignorou o questionário. Quando Breton lhe enviou novamente, Lévi-Strauss passou o questionário a seu filho Laurent, de sete anos, para preenchê-lo. Breton ficou furioso, despachando uma carta ofendida a Lévi-Strauss, e mais tarde remeteu um exemplar do livro resultante, *L'Art magique* (A arte mágica), com uma brusca dedicatória a Laurent.[37]

Agora com renome firmado, Lévi-Strauss também estava se beneficiando com um salto quântico na apresentação de figuras intelectuais ao público francês — o surgimento de programas de arte na televisão. *Lectures pour tous* começou a ser transmitido em março de 1953. Passava no horário nobre, às 21h30, na única emissora que existia na época. Em austeras entrevistas de estúdio, apareciam pensadores já estabelecidos e também pensadores em ascensão, incluindo os filósofos Gaston Bachelard e Raymond Aron, o historiador filosófico Michel Foucault, o escritor Albert Camus e o próprio Lévi-Strauss. Pela primeira vez, o público mais amplo podia realmente ver essas pessoas — desde a barba esvoaçante e os ralos cabelos brancos de Bachelard à calvície mais acentuada de Foucault — e construir uma imagem viva que se fundisse às ideias.

Em 1959, Lévi-Strauss foi entrevistado por Pierre Dumayet, debatendo o livro *Soleil Hopi*, para o qual ele escrevera um prefácio.[38] Originalmente publicado pelo Instituto de Relações Humanas da Universidade de Yale em 1942, com o título *Sun Chief: The Autobiography of a Hopi Indian*

(Chefe Sol: a autobiografia de um índio hópi), o livro foi uma das primeiras edições da coleção *Terre humaine* da Plon. Acompanhava a vida de Don Talayesva, que narrara sua história a um antropólogo de Yale por 35 centavos a hora. Sentado num estúdio escuro, tendo ao fundo o que parecia ser um mural semiabstrato com serpentes, estrelas e nuvens se avolumando, Lévi-Strauss respondeu com eficiência às perguntas do entrevistador Dumayet, situando a narrativa de Talayesva com um quadro geral sobre os hópis, sua história e seus problemas atuais. Conduziu-se como um técnico altamente informado. Curiosamente, essa atitude funcionou, pois sua relativa formalidade compensava o exotismo do tema.

Mais tarde, no mesmo ano, Lévi-Strauss deu uma série de entrevistas radiofônicas ao produtor Georges Charbonnier, que foram transmitidas pela Radiodiffusion-Télévision Française (RTF) durante o outono.[39] Numa nova linha para Lévi-Strauss, a conversa se ampliou e passou da antropologia para a cultura contemporânea, com alguns comentários reveladores sobre a música e a arte moderna. Quando jovem, Lévi-Strauss ficara fascinado com as tendências do modernismo. Mas agora, na meia-idade, começava a se sentir desiludido com a arte moderna. Para Lévi-Strauss, as grandes rupturas que o faziam vibrar na juventude não tinham levado a lugar algum. A via da abstração tinha se tornado a história de um fracasso, quando a arte moderna degenerou numa série de extravagâncias e gestos estéticos vazios.

Nas entrevistas a Charbonnier, ele comentou como via o desdobramento desse processo. O primeiro movimento autenticamente moderno, o impressionismo, era uma tentativa de abandonar a representação estudada, academicizada do objeto — as convenções e regras do passado — e de representar a realidade "ao natural". Para isso, ela diminuía as ambições, afastando-se das paisagens grandiosas e panorâmicas para os retratos mais íntimos da vida urbana e rural — as medas de feno, as pontes ferroviárias, os parques. Mas o impressionismo era essencialmente uma "revolução reacionária", "superficial e apenas à flor da pele", que procurava meramente refinar as técnicas de representação.[40] O cubismo tinha feito a ruptura radical. Os artistas cubistas eram genuinamente revolucionários ao redescobrir o sentido estético não figurativo — o mosaico de associações sensoriais e conceituais que cercam um determinado objeto.

O crítico de arte Robert Hughes afirmou que o cubismo se baseava na ideia de que "a realidade não é figura e vazio, é totalmente composta de relações, um campo cintilante de eventos inter-relacionados".[41] A afirmativa tem um sabor estruturalista, e o fato de que artistas como Picasso tinham se inspirado em artefatos indígenas sugeria possíveis afinidades. Mas, desenvolvendo seu raciocínio, Lévi-Strauss se sentia cada vez mais cético em relação ao movimento. A arte "primitiva" era um empreendimento coletivo, entranhada nas sociedades em que era produzida e amalgamada com sua vida ritual e religiosa, ao passo que o cubismo era uma fuga forçada para um mundo estético individualizado. Enquanto artistas como Picasso faziam malabarismos deliberados com diferentes estilos, criando pastiches de ideias anteriores conforme produziam, outros se retiravam para a abstração árida. A perspectiva era desoladora. Com as artes, o Ocidente tinha chegado a um impasse. O próprio fato de que as pessoas estavam "tentando de modo deliberado e sistemático inventar novas formas [...] é precisamente o sinal de um estado de crise", concluía Lévi-Strauss. Era possível que o Ocidente estivesse até ingressando numa era apictórica, na qual a arte desapareceria completamente.[42]

Isso não significava que Lévi-Strauss pensasse que a abstração em si era sempre nefasta. Um xamã mongol que pintava grosseiramente as paredes da casa de um doente com um mural de imagens semiabstratas, representando vários episódios de seus sonhos, era um exemplo de criação estética da mais alta categoria. Mas, ao mesmo tempo, as tentativas dos artistas modernos em voltar a essa expressão espontânea por meio do experimentalismo eram, em certa medida, censuráveis. "Nós nos divorciamos do pensamento abstrato", deplorou ele. "Este cisma está a anos-luz do mundo de nossos chamados primitivos, para os quais cada cor, cada textura, cada aroma, cada sabor tem significado."[43]

O próprio trabalho de Lévi-Strauss enfrentava essas contradições. Suas críticas à arte moderna eram misteriosamente parecidas com os ataques à sua obra — que era abstrata demais, tinha se divorciado de seu contexto, não passava de um jogo estético fechado em si mesmo. Suas tentativas de criar um modelo da cultura "primitiva" beiravam a abstração deliberada que ele ridicularizava no modernismo. Primitivismo e romantismo wagneriano, colagem vanguardista e paisagismo pré-impressionista, ilusões clássicas e linguística moderna — Lévi-Strauss mesclava um sentimentalismo ultrapassado e uma sensibilidade de vanguarda. Suas preferências estéticas pessoais, reveladas durante as entrevistas a Charbonnier — a arte renascentista florentina, as paisagens épicas de Poussin, as imagens românticas de portos marítimos do artista francês setecentista Joseph Vernet —, formavam uma lista impassivelmente conservadora, vinda de um autor e teórico tão experimental. Pressionado, ele invocou a natureza como sua fonte última de inspiração: "O que me fez um estruturalista não foi tanto ver a obra de Picasso, Braque, Léger ou Kandinski, mas sim a visão de pedras, flores, borboletas ou pássaros."[44]

As entrevistas a Charbonnier também mostravam uma de suas ideias que se tornaram mais conhecidas — a distinção entre sociedades "quentes" e "frias". Numa longa conversa, ele descreveu as diferenças entre as sociedades tribais e as sociedades europeias modernas.[45] As sociedades "primitivas" viviam num zero figurativo absoluto. Rituais, organizações e estruturas de parentesco operavam em rotações, como os minúsculos dentes de engrenagem num relógio, e suas culturas existiam num eterno circuito fechado. As sociedades "quentes", inversamente, trabalhavam segundo o princípio da máquina a vapor. Alimentadas por diferenciais "termodinâmicos" — entre senhores e escravos, amos e servos, ricos e pobres —, elas avançavam por picos, expelindo energia. Contra o tique-taque suave da vida tribal, a sala lévi-straussiana das caldeiras da modernidade tinha seu fogo continuamente alimentado. O Ocidente era como um trem desgovernado arremessando com violência, entre o vapor que se avolumava, pelos trilhos da história.

A imagem era vívida e simples, ilustrando uma ideia extraída da teoria cibernética, que Lévi-Strauss ventilara primeiramente no final de *Tristes Trópicos*, ao lamentar a tendência entrópica intrínseca ao Ocidente, com sua propensão a destruir culturas delicadas e, em seu avanço, esgotar o meio ambiente do planeta. Embora apresentada com várias ressalvas (por exemplo, todas as sociedades possuem elementos inerentes do "quente" e do "frio"), a ideia o expôs à crítica de que estava reificando as culturas primitivas, preservando-as numa imagem congelada da tradição — sociedades que, em muitos casos, de fato estavam passando por mudanças drásticas resultantes do contato com o Ocidente. Para Lévi-Strauss, a questão não era essa. Claro que todas as sociedades estavam sofrendo mudanças. A diferença era a atitude delas perante o fato. As sociedades "primitivas" negavam ou minimizavam a importância da história "com uma habilidade que subestimamos", ao passo que o Ocidente se concentrava compulsivamente nela.[46] (Numa entrevista posterior, ele chegou a sugerir que agora o processo estava se invertendo — as sociedades primitivas nas fronteiras em rápida mudança estavam "esquentando", enquanto a França, com seu foco na preservação do patrimônio e no retorno a suas raízes, estava esfriando.)[47] Contudo, assim se reforçava a abordagem binária de Lévi-Strauss, com as imagens da locomotiva a vapor e o relógio, o primitivo e o moderno, "nós" e "eles", mesmo quando ele insistia na unidade fundamental da humanidade. Era uma tensão que percorreria toda a sua obra, quando tentava alinhar o lado relativista e o lado universalista de seu pensamento.

Modernismo e classicismo, cultura primitiva e cultura ocidental, ciência e arte — tais eram as polaridades nunca plenamente resolvidas do pensamento de Lévi-Strauss. Roman Jakobson se adaptara bem à associação entre modernismo e análise estruturalista, mas Lévi-Strauss nunca admitiria os paralelos evidentes. Em suas avaliações pessoais, ele era franco, até radical, em suas preferências pela cultura primitiva, pelo classicismo ocidental e pela ciência contemporânea. Mas, lendo sua obra, as distinções nunca são tão nítidas. Talvez Vincent Debaene, um dos editores da obra de Lévi-Strauss pela Bibliothèque de la Pléiade, publicada logo antes de seu centésimo aniversário, seja quem mais se aproximou da questão, ao afirmar que Lévi-Strauss, em seu trabalho, fez um casamento entre "o classicismo formal e o modernismo metodológico".[48] E foi devido a essa combinação singular que sua voz se fez tão distinta e suas ideias tão inesperadas. Quando ele pôde relaxar em sua nova vida no Collège, liberto das preocupações profissionais que o perseguiam desde o retorno a Paris, essas complexidades se desenvolveram e resultaram em alguns de seus trabalhos mais instigantes e originais.

9
"Mind in the Wild"

As ideias formam um sistema completo dentro de nós, comparável a um sistema do reino natural, uma espécie de florescência cuja iconografia será traçada por um homem de gênio que talvez passe por louco.

Honoré de Balzac, 1832

Quase no final da Primeira Guerra Mundial, o antropólogo americano Ralph Linton foi mobilizado. Serviu na 42ª Divisão nos campos de batalha exauridos de Champagne e Argonne, durante os últimos meses da Grande Guerra. Quando estava no Exército, Linton percebeu um fato sobre o qual já tinha lido muito nas obras de etnografia que estudara durante seu doutoramento na Universidade de Colúmbia. Enquanto a batalha prosseguia, os homens começaram a criar uma identidade quase espiritual com a divisão a que pertenciam. Deram-lhe o nome de "Arco-Íris" porque era formada por unidades de 26 estados diferentes, os regimentos usando todas as cores do espectro. Quando lhes perguntavam a que divisão pertenciam, respondiam: "Sou um Arco-Íris." Os arco-íris se tornaram bons presságios — alguns soldados de fato diziam vê-los no céu a cada vez que entravam em combate. Consideravam-se especiais e diferentes dos outros soldados, a tal ponto que, quando ficaram estacionados perto da 77ª Divisão, ou Divisão da Estátua da Liberdade, costuraram o símbolo de um arco-íris nos uniformes. No final da guerra, muitas divisões tinham desenvolvido algo parecido, adotando um símbolo e lhe atribuindo significação espiritual, usando-o para se diferenciar de outros grupos. Linton concluiu que algo similar ao totemismo tribal estava ocorrendo espontaneamente nos campos de batalha da Europa.¹

O exemplo de Linton, que Lévi-Strauss citou no começo de *O Totemismo Hoje*, simplificava uma questão que, na verdade, era uma área extremamente complexa de crenças e práticas. Na imaginação popular, os totens eram tidos como emblemas rituais de grupos indígenas — o totem do falcão representando o clã do falcão, por exemplo, assim como o arco-íris simbolizara a 42ª Divisão. Para a maioria das pessoas, as manifestações mais visíveis do fenômeno eram os chamados postes totêmicos — os postes de cedro magnificamente entalhados, da América do Norte, que enfeitavam os museus ao redor do mundo.

Mas, sob um exame etnográfico rigoroso, o conceito ficou muito mais matizado. Não só a designação "postes totêmicos" era errada (a finalidade deles era, de fato, extremamente variada — às vezes serviam para representar mitos, às vezes para comemorar acontecimentos importantes ou mesmo para envergonhar um indivíduo ou um grupo), como além disso os totens reais e as crenças associadas a eles eram de uma complexidade extremamente desorientadora. Os totens podiam ser ursos, cangurus, águias, rios ou montanhas; mas também podiam ser mosquitos, ostras, estrelas cadentes, pedaços de corda ou mesmo o ato de rir ou vomitar. Muitas vezes estavam ligados a mitos de origem e cultos aos ancestrais, associados a tabus alimentares e matrimoniais, mas, como tinham descoberto os antropólogos, não havia um padrão estabelecido. Entre os tikopias nas ilhas Salomão, por exemplo, a enguia representava um tabu tão forte que sua simples visão podia causar vômitos; mas se outro totem, o golfinho, encalhasse na praia, cortariam o animal, cozinhariam e dividiriam entre os clãs.² Tais exemplos proliferavam entre os registros etnográficos, numa sucessão de regras e atitudes aparentemente aleatórias.

Assim como o parentesco e o mito, o totemismo oferecia um enigma irresistível para Lévi-Strauss. As regras regendo os totens pareciam não seguir nenhuma lógica clara. Como o parentesco e o mito, parecia haver um descompasso entre o cuidado poético dedicado à criação desses esquemas elaborados e as teorias antropológicas pouco imaginativas que pretendia explicá-los. O século XIX tinha descartado o totemismo como superstição, uma espécie de precursor primitivo da verdadeira religião; no século XX, a escola funcionalista tentara racionalizá-lo, sustentando que ele alimentava a coesão social ou protegia plantas e animais valiosos. A abordagem de Lévi-Strauss foi, como de costume, abstrata, mais uma vez sondando a lógica interna do pensamento primitivo.

A gênese de seu interesse pelo totemismo provinha de seu mentor intelectual Georges Dumézil, que encomendou um pequeno livro sobre o tema para a série "Mitos e Religião" da editora Presses Universitaires de France. A coleção pretendia apresentar pesquisas de especialistas a um público mais amplo; o resumo de Lévi-Strauss apresentava uma questão controversa em forma de ensaio, utilizando o mínimo possível de notas de rodapé e uma bibliografia bastante concisa. Baseando-se no método que começara a adotar nos anos 1940, Lévi-Strauss pensava em formular sua primeira versão nos seminários do Collège como uma espécie de teste, pensando em voz alta, antes de burilar suas ideias e colocá-las em livro.

Mas, no decorrer do ano letivo, ele já avançara muito além do projeto. O exame das crenças totêmicas se transformara num trampolim para uma torrente de ideias filosóficas. Lévi-Strauss tinha passado de uma paciente avaliação da bibliografia antropológica para seminários de títulos abstrusamente abstratos, como "A Ciência do Concreto" e "Categorias, Elementos, Espécies, Nomes". Escreveu a Dumézil e pediu que a obra encomendada passasse a ser em dois volumes. Embora surpreso, Dumézil concordou, sob a condição de que incluísse no título referências discretas ao totemismo. No manuscrito original de Lévi-Strauss, que viria a ser *O Totemismo Hoje*, ele anotou algumas sugestões: "I. *Le Totémisme aujourd'hui (ou bien) La Fin du totémisme*. II. *Derrière le totémisme (ou bien) Au-delà du totémisme*" ("I. O totemismo hoje (ou) O fim do totemismo. II. Por trás do totemismo (ou) Além do totemismo").[3] Ao fim, Lévi-Strauss se ateve à encomenda inicial de um volume, e o segundo volume ganhou vida própria. Publicado como obra independente pela Plon, veio a se tornar um de seus trabalhos mais famosos: *O Pensamento Selvagem*.

Os dois livros estavam intimamente ligados. Com pouco mais de 150 páginas em tipo graúdo, *O Totemismo Hoje* é como um conto curto ao lado do mais substancioso *O Pensamento Selvagem*. O primeiro livro como que limpava o terreno conceitual, uma síntese peneirando as teorias antropológicas anteriores; no segundo, Lévi-Strauss irrompia livremente com uma explosão de ideias novas. Ele definiu *O Totemismo Hoje* como "uma espécie de introdução histórica e crítica" a *O Pensamento Selvagem*, e os dois livros — tomados em conjunto — como um prelúdio à tetralogia das *Mitológicas*. Juntos, constituíam "uma pausa entre dois surtos de atividade", enquanto ele retomava o fôlego entre seu exame anterior dos sistemas de parentesco e os trabalhos posteriores sobre o mito.[4]

Em 2007, Lévi-Strauss comentou com o antropólogo Frédéric Keck que tinha escrito *O Totemismo Hoje* "com pressa, precipitação, quase remorso".[5] Mas, no tom, é um de seus livros mais calmos. Ele transmite uma sensação de serenidade distanciada ao percorrer as teorias clássicas, descartando algumas de maneira sumária, detendo-se mais longamente em outras, lamentando que poucas tivessem chegado a abordar as características do sistema, e então tivessem se interrompido perante o último obstáculo intelectual. Seu objetivo era "retraçar passo a passo um itinerário que, mesmo que não leve a lugar algum, força-nos a procurar outro caminho".[6] Depois de um início sinuoso, porém, o percurso reconstituído por Lévi-Strauss é, na verdade, notavelmente retilíneo, conduzindo sempre ao intelecto. No final do livro, o conceito de totemismo desaparece com a mesma brusquidão com que aflorara como obsessão antropológica no final do século XIX, dissolvendo-se nas propriedades lógicas do pensamento. Para Lévi-Strauss, o que os antropólogos tinham registrado com entusiasmo não passava, no fundo, de uma miragem, de uma invenção de suas fantasias. "Até agora evitei mexer nesse vespeiro", disse a Gilles Lapouge, de *Le Figaro littéraire*, na época da publicação da obra. "Mas, mais cedo ou mais tarde, era preciso limpar o templo da etnologia, isto é, livrá-lo da noção de totemismo."[7]

"O totemismo é como a histeria", iniciava Lévi-Strauss em seu típico estilo melodramático. Os dois conceitos tinham surgido no século XIX, mais ou menos na mesma época, e não por acaso. Para Lévi-Strauss, ambos tinham desempenhado um papel semelhante como o avesso de valores caros ao Ocidente, a neurose e a religião primitiva contrapostas à racionalidade e à modernidade. O conceito de totemismo atingiu o auge nas primeiras décadas do século XX, com a publicação de obras como *Totemism and Exogamy* (Totemismo e exogamia), de Frazer, quatro volumes totalizando 2.200 páginas, que entendia o totemismo como uma protorreligião supersticiosa, e *Totem e Tabu* de Freud, tentativa de estabelecer uma equivalência entre as crenças totêmicas dos povos "primitivos" e as crenças dos neuróticos. Em 1920, o livro *L'Etat actuel du problème totemique* (O estado atual do problema totêmico), do etnógrafo francês Arnold van Gennep, arrolou mais de quarenta teorias diferentes sobre o fenômeno. E então o conceito tinha passado a recuar. Pesado, difícil de definir, o totemismo foi posteriormente "esvaziado de conteúdo", "desencarnado", "liquidado".[8] Nas décadas seguintes, o tema mal merecia menção nos principais manuais de antropologia. Tal como a soma de tiques e neuroses da histeria, as várias atitudes em relação a cangurus, ursos, caranguejos ou ventanias já não podiam ser reunidas num único conceito. Lévi-Strauss ficou fascinado com esse processo e com a quantidade de antropólogos modernos que tinham retornado aos diversos elementos originalmente reunidos no conceito, para tentar entendê-los.

O registro etnográfico era muito expressivo, sobretudo entre os aborígines australianos. Lévi-Strauss dedicou um capítulo ao trabalho do pastor anglicano A. P. Elkin, primeiro professor de antropologia na Austrália. No final dos anos 1920, Elkin passara um ano estudando diversos grupos aborígines, viajando de caminhonete, cavalo, mula e barco a motor, de Broome até o rio Draysdale, atravessando a região de Kimberley no norte da Austrália Ocidental. Esse trabalho de campo, somado a pesquisas bibliográficas sobre outras regiões, permitiu que Elkin tivesse contato com uma enorme variedade de crenças e práticas totêmicas. Ele descobriu que os totens podiam estar associados a qualquer grupo — à metade, à subseção, ao clã e assim por diante —, bem como a sonhos, ritos, sexos, cultos dos antepassados. Os indivíduos podiam ter seus totens pessoais e vários outros totens de grupo. No nordeste da Austrália Meridional, cada pessoa tinha totens "de carne" matrilineares, totens "de culto" patrilineares, um totem de sonho e o conhecimento secreto do totem de culto patrilinear do irmão da mãe. Entre os arandas do sul (na Austrália Central), havia mais de quatrocentos totens agrupados em sessenta categorias diferentes. Embora assombrado com os detalhes que Elkin conseguira compilar, Lévi-Strauss ficou desapontado com suas conclusões. Quando Elkin procurou sintetizar suas descobertas, restaram-lhe duas ideias bastante vagas: os totens expressavam a relação do homem com a natureza e a continuidade entre passado e presente. O problema que ficou martelando no espírito de Lévi-Strauss foi por que esses povos precisavam de sistemas intelectuais tão ricos para transmitir proposições tão banais.

Uma solução intuitiva proposta por Bronislaw Malinowski foi que os povos nativos ritualizavam as plantas e os animais para protegê-los, porque eram comestíveis ou úteis de alguma maneira para o grupo. Essa abordagem "funcionalista" era esquemática demais para Lévi-Strauss, e ele inundou o texto com exemplos contrários, extraídos de estudos etnográficos conhecidos. O antílope-d'água, o varano malaio, várias árvores, certas doenças, o couro cru, a formiga vermelha, o monorquidismo, o papiro, o pássaro durra, a cabaça, a corda — a lista parece um exercício psicanalítico de associação livre — e no entanto todos eles eram considerados totens pelos nuers da África Oriental. Ao mesmo tempo, plantas e animais essenciais na alimentação e na economia nuer eram tratados com total indiferença. Na Austrália Central, normalmente os mosquitos, as moscas e os crocodilos apareciam como totens, embora tidos como perniciosos. A solução funcionalista desse dilema, pouco convincente, afirmava que eram venerados por causarem incômodo aos inimigos. Lévi-Strauss foi sarcástico: "Neste sentido, seria difícil encontrar qualquer coisa que, de uma ou outra maneira, positiva ou negativamente (ou até por falta de significação?), não se pudesse considerar digna de interesse."[9] Infinitamente maleáveis, as teorias funcionalistas explicavam tudo e não explicavam nada.

Na virada do século XX, Baldwin Spencer, formado em Oxford, tinha se associado a Frank Gillen, chefe da Estação Telegráfica Terrestre de Alice Springs, homem de pouca instrução formal, mas dotado de vivo interesse pela cultura aborígine e com experiência direta com as comunidades locais. Em 1901-1902, a dupla organizou uma grande expedição pelas planícies desérticas da Austrália Central. Documentaram grupos que tinham tido contato apenas esporádico com os europeus, e rodaram alguns dos primeiros filmes dos australianos nativos — imagens impressionantes em branco e preto de homens pintados de lama, em danças rituais com ramos de folhas secas amarrados nos quadris, batendo ritmicamente os pés nas areias do deserto.

Spencer e Gillen haviam apresentado outra solução para o problema dos totens "negativos". Sustentavam que os aborígines ritualizavam as moscas e mosquitos e queriam que eles se multiplicassem porque estavam associados aos períodos de chuvas intensas. A ideia tinha laivos funcionalistas, mas reformulava o argumento de uma maneira sugestiva. As moscas e mosquitos tinham passado de "estímulos" a "sinais", de objetos naturais a símbolos. Era essa visão mais conceitual do totemismo que interessava a Lévi-Strauss. Ele fez elogios a uma longa linhagem de antropólogos, incluindo Raymond Firth e Meyer Fortes, que haviam interpretado os complexos totêmicos não em termos utilitários, e sim como representações simbólicas de relações humanas.[10] Mas aqui também a explicação parecia esquemática demais. Para Lévi-Strauss, a pergunta que retornava "como um *leitmotiv*", sempre que se discutiam os sistemas totêmicos, era a razão para a escolha de determinados animais ou vegetais em detrimento de outros. Por que o falcão e não a águia, o casuar e não a ema, o canguru-pequeno em vez do canguru?

Mais uma vez, ele encontrou a solução no campo da abstração lógica. A escolha dos totens não tinha nada a ver com a utilidade ou a analogia — era uma expressão puramente intelectual. Como exemplo, Lévi-Strauss voltou a Radcliffe-Brown: não a suas teorias funcionalistas anteriores, mas a uma preleção que havia apresentado em 1951, quatro anos antes de sua morte. Numa abordagem transcultural, Radcliffe-Brown notara que os totens relativos às metades normalmente eram de duas espécies, em geral pássaros. Na Colúmbia Britânica, as metades opostas eram denominadas "águia" e "corvo". Para alguns grupos australianos do rio Darling, era o gavião e o corvo; a cacatua branca e o corvo eram usados na Austrália Ocidental, e a cacatua branca e a cacatua preta em Victoria. Na Austrália Oriental, o morcego e a coruja noturna figuravam respectivamente como totem masculino e totem feminino. A águia marinha e a águia-pescadora eram comuns na Melanésia. Outros pares de animais também eram utilizados: duas espécies de canguru, dois tipos de abelha, o coiote e o gato selvagem. Examinando os mitos associados a esses pares, Radcliffe-Brown concluiu que tais escolhas se referiam não tanto aos animais em si, mas às relações entre eles — cada par expressava um tipo de dualidade interligada, uma união dos semelhantes, mas diferentes. Os animais estavam relacionados, mas como opostos, cada emparelhamento trazendo os ecos das relações entre as metades representadas, como uma espécie de *yin* e *yang* do pensamento indígena.[11]

Para Lévi-Strauss, essa percepção de Radcliffe-Brown foi fundamental. Ao transferir a ênfase da "animalidade" para a "dualidade", como disse o filósofo francês Henri Bergson, ele tinha avançado "além de uma generalização etnográfica simples — para as leis da linguagem e mesmo do pensamento".[12] Os povos indígenas estavam envolvidos num jogo conceitual, construindo modelos metafísicos a partir do que estava ao alcance deles. O que interessava ao pensamento nativo não eram as características individuais dos animais, e sim a maneira como formavam contraste, constituindo um código com símbolos extraídos da natureza. De um lado, as relações de parentesco; de outro lado, as relações entre plantas e animais. No sistema tomado como um todo, "não são as similaridades, mas as diferenças que os fazem semelhantes entre si", numa fórmula de acrobacia mental. Assim, o totemismo não existia como uma entidade separada — uma protorreligião, um ritual primitivo utilitário —; era apenas um aspecto de um estilo metafórico de um pensamento altamente abstrato. "As espécies naturais são escolhidas não porque são 'boas para comer' (*bonnes à manger*), mas porque são 'boas para pensar' (*bonnes à penser*)", concluía Lévi-Strauss, no famoso trocadilho gracejando com Malinowski.[13]

O Totemismo Hoje continha todos os tropos do estilo pessoal de Lévi-Strauss. O detalhe etnográfico casado com a lógica, a inesperada guinada se afastando das teorias antropológicas clássicas e passando para os modelos linguísticos e, com a excêntrica comparação entre uma passagem de Henri Bergson e as reflexões de um sábio dakota no último capítulo, a fusão entre filosofia francesa e pensamento indígena. O livro também trazia a exposição mais clara do estruturalismo até aquela data, ao longo de todo o texto. No capítulo inicial, Lévi-Strauss expunha o método estruturalista passo a passo: "(1) defina o fenômeno em estudo como uma relação entre dois ou mais termos, reais ou supostos; (2) monte uma tabela de permutações possíveis entre esses termos; (3) tome esta tabela como o objeto geral de análise que, apenas neste nível, pode oferecer conexões necessárias."[14] Essas proposições concisas permitem ver o radicalismo intrínseco do empreendimento, e também seu estranho distanciamento. Lévi-Strauss era fascinado pelas minúcias etnográficas, mas apenas como matéria-prima para uma análise de segundo grau.

Mais ou menos na metade do livro, ele deixou claro o passo intelectual que o afastava do pensamento antropológico da época, fosse a escola britânica do funcionalismo estrutural ou as recentes abordagens simbólicas. O que havia de original na perspectiva de Lévi-Strauss era o salto conceitual da analogia figurativa para a analogia formal, de uma semelhança concreta para uma semelhança estrutural. Como em suas análises do parentesco, Lévi-Strauss estava interessado em comparar diversas *relações*, e não em fazer correspondências uma a uma. O totem de um urso não se relacionava diretamente com um clã do urso; os membros do clã não se assemelhavam ao urso em algum sentido metafórico, como afirmavam alguns antropólogos. Mas, em contraste com, digamos, o totem de um salmão do clã vizinho, ele constituía um dos elementos de uma equação cultural: o urso está para o salmão assim como o clã do urso está para o clã do salmão. O objetivo último de Lévi-Strauss era mapear essas "similaridades entre conjuntos de diferenças", como disse utilizando uma terminologia saussuriana, similaridades que podiam ser tão oblíquas, laterais e associativas quanto a arte abstrata que ele rejeitara.

A meticulosa documentação antropológica das culturas não era um fim em si mesmo, concluía Lévi-Strauss. Seu papel era rastrear os ecos estruturais que, a seu ver, reverberavam no pensamento, na produção cultural, nas relações sociais e mesmo no mundo físico. Com isso, afirmou aproximando-se da conclusão de *O Totemismo Hoje*, a antropologia desempenharia seu papel como disciplina central, integrando essência e forma, método e realidade.

Enquanto Lévi-Strauss trabalhava em *O Totemismo Hoje*, estava reunindo material para *O Pensamento Selvagem* em seus seminários no Collège. O resultado foi a publicação quase simultânea das duas obras. Apenas dois meses depois do lançamento de *O Totemismo Hoje*, em março de 1962, saiu *O Pensamento Selvagem*, objeto de resenhas extasiadas. Claude Roy, escrevendo em *Libération*, classificou a obra como "um grande acontecimento na história do humanismo moderno"; para Emmanuel Mounier, fundador da importante revista *Esprit*, que dedicou um número inteiro ao livro em 1963, dois "*événements philosophiques*" tinham ocorrido "em sequência" ("*coup sur coup*").[15]

O título do livro era um duplo trocadilho em francês — *pensée* significa "pensamento" e "amor-perfeito"; *sauvage* significa "selvagem" (no sentido de livre, não domesticado) e "primitivo". *Sauvage* era uma referência irônica ao termo depreciativo oitocentista para os povos primitivos e, ao mesmo tempo, uma alusão à secular tradição filosófica francesa tipificada por Rousseau e Montaigne, dos quais Lévi-Strauss se considerava herdeiro. Haveria ainda uma referência mais contemporânea a *"l'esprit sauvage"* — termo teórico que fora utilizado pelo finado Merleau-Ponty, a quem Lévi--Strauss dedicou o livro? De qualquer forma, Lévi-Strauss estava fazendo uma provocação deliberada: "Retomei o termo *sauvage* de propósito", declarou numa entrevista após a publicação da obra. "Ele transmite uma carga emocional e crítica, e penso que não devemos eliminar a vitalidade dos problemas."[16]

Pensée, como amor-perfeito, trazia um toque lírico e silvestre. Continha a ideia de sistema natural e talvez até uma alusão cifrada ao momento de revelação de Lévi-Strauss na Linha Maginot, como jovem recruta, quando se detivera a contemplar um conjunto de dentes-de-leão. Com *pensée* no sentido de pensamento, era como se ele entrasse na velha discussão filosófica sobre a existência ou não de diferenças fundamentais entre o modo de pensar dos "civilizados" e o dos "primitivos". Para o público intelectual parisiense do começo dos anos 1960, à primeira vista o livro parecia seguir na linha dos estudos anteriores de Lucien Lévi-Bruhl sobre *la mentalité primitive* (a mentalidade primitiva). Mas, conforme Lévi-Strauss desenvolvia seus argumentos, ficava claro que *O Pensamento Selvagem* se referia em última análise a algo muito mais abstrato e universal: não o pensamento primitivo, mas uma espécie de pensamento sem entraves, a mente correndo livre e solta. Tomado em si, o título reunia todos os elementos do projeto de Lévi-Strauss — a natureza, a cultura e o intelecto — numa única expressão de grande sonoridade.

Em *O Pensamento Selvagem*, Lévi-Strauss passava das dualidades simples de *O Totemismo Hoje* para um mundo de extrema complexidade. No cerne estava a ideia de que os povos "primitivos" eram movidos pela mesma curiosidade intelectual desinteressada de seus parceiros modernos. Fosse nos desertos da Austrália Central e do Novo México ou nas florestas das Filipinas e da África Ocidental, os grupos autóctones reuniam informações de maneira sistemática, explorando o ambiente e sintetizando suas descobertas com rigor lógico. Com isso, tinham reunido um conhecimento enciclopédico, rico em detalhes. Os hanunóos do extremo sul da ilha Mindoro no arquipélago filipino tinham nomeado mais de quatrocentos animais diferentes, incluindo sessenta classes de moluscos de água salgada; os tewas do Novo México diferenciavam mais de 45 tipos de cogumelos de terra e fungos de árvore; um etnógrafo registrou 8 mil termos animais e vegetais fornecidos por um único informante no Gabão. Lévi-Strauss utilizou estudos etnográficos de todo o globo, tomando exemplos a partir de um acervo de conhecimentos que chegavam a ser poéticos em sua precisão descritiva. Os tewas tinham quarenta maneiras diferentes de descrever o formato de uma folha; os fangs do Gabão dispunham de vocabulário para expressar diferenças sutis entre "ventos, luz e cor, o encrespamento da água e a variação na espuma das ondas, e as correntes de água e de ar".[17]

A classificação exaustiva de plantas e animais ia muito além das necessidades cotidianas dos grupos que não conheciam a escrita. Percorrendo o meio ambiente, os "selvagens" observavam, faziam experiências, classificavam e teorizavam, empregando uma espécie de forma livre de ciência. Combinavam e recombinavam materiais naturais em artefatos culturais — mitos, rituais, sistemas sociais — como artistas improvisando com a variedade de coisas avulsas que tinham no ateliê. A imagem central que Lévi-Strauss usou para descrever esse processo foi a do *bricoleur* — um artesão que improvisa trabalhando com o que tem à mão, juntando soluções para problemas práticos e estéticos. *O Pensamento Selvagem* — o pensamento correndo livre — era uma espécie de *bricolage* cognitivo empenhado em alcançar satisfação intelectual e estética. Era uma ideia muito francesa, que somava artista e ateliê, o artesão e os ofícios de uma época mais criativa, a qual Lévi-Strauss conhecera por experiência própria, quando menino, ajudando o pai a montar e reformar móveis na sala do apartamento da rue Poussin. "Meu pai era um grande *bricoleur*", comentou Lévi-Strauss mais tarde, "foi ele que me passou o gosto e a habilidade no *bricolage*".[18] Como conceitos teóricos, os termos *bricolage* e *bricoleur* eram muito expressivos, e nos anos seguintes se tornariam importantes para designar uma espécie de experimentalismo improvisado nas artes visuais, na literatura e na filosofia.

O Pensamento Selvagem se dedicava a explorar a lógica por trás do *bricolage*, aprofundando-se no campo da linguística saussuriana dos signos e símbolos, das oposições binárias e "relações entre diferenças" com que

Lévi-Strauss vinha trabalhando desde que assistira à conferência de Jakobson em Nova York, nos anos 1940. Agora não havia necessidade de invocar um leque de plantas e animais para construir um conjunto lógico com suficiente densidade. Uma única espécie podia render diferenças suficientes para o mais complexo modelo. Para os osages (siouxes do sul), a águia se divide em dourada, pintada e calva, por cores e até por idade. Por meio da águia os siouxes puderam criar uma "matriz tridimensional", em que um aspecto cotidiano do ambiente se tornava "objeto de pensamento", um valioso "instrumento conceitual".[19] Acrescentem-se o urso e a foca, e as permutações crescem exponencialmente. Lévi-Strauss listou as múltiplas possibilidades num diagrama que parecia a imagem de um cristal refratado. Nos vértices aparecem "ESPÉCIE" e "INDIVÍDUO"; nos eixos estão a foca, o urso, a águia, a cabeça, o pescoço, as patas. As interseções recebem valores: h1, h2, h3; f1, f2, f3 e assim por diante. As propriedades do "operador totêmico", na expressão de Lévi-Strauss, constituíam um verdadeiro destilado de retórica estruturalista:

> O conjunto inteiro, assim, constitui uma espécie de aparato conceitual que filtra a unidade através da multiplicidade, a multiplicidade através da unidade, a diversidade através da identidade, a identidade através da diversidade. Dotado de uma extensão teoricamente ilimitada em seu plano médio, ele se contrai (ou se expande) em pura compreensão em seus dois vórtices extremos, mas em formas simétricas inversas, e não sem passar por uma espécie de torção.[20]

Era Lévi-Strauss em seu aspecto mais esotérico; o discurso teórico em sua faceta mais francesa. E prosseguia explicando que o modelo, por complexo que parecesse, representava "apenas uma pequena parte de uma célula", uma "fração minúscula" das possibilidades, em vista da quantidade potencial de indivíduos, espécies e partes do corpo que podiam ser objeto de análise. A modelagem de um leque tão amplo de combinações lógicas era uma tarefa "reservada à etnologia do século vindouro", concluía ele, que "não poderia ser feita sem o auxílio de máquinas".

Em *O Pensamento Selvagem*, Lévi-Strauss também retomou *On Growth and Form* (Sobre o crescimento e a forma), do matemático e biólogo escocês D'Arcy Thompson, que tinha lido na Biblioteca Pública de Nova York quando escrevia sua tese *As Estruturas Elementares do Parentesco*. Foi a partir de D'Arcy Thompson que Lévi-Strauss elaborou um dos fundamentos do estruturalismo — a ideia das transformações. D'Arcy Thompson havia mostrado que a forma e a estrutura de diferentes espécies eram transformações matemáticas mútuas. Traçando uma grade geométrica, alongando, comprimindo ou afilando formas alocadas em suas coordenadas, o crânio de um tapir podia se transformar no crânio de um cavalo; o crânio de um cavalo no de um coelho, e este no de um cachorro. Os chifres dos antílopes, rinocerontes e bodes; os dentes, as presas e as conchas não passavam de transformações logarítmicas recíprocas.

Aqui também Lévi-Strauss pegou apenas o tom geral desses conceitos — a ideia de padrões gerados matematicamente e a lógica da forma —, aplicando-os de uma maneira muito pessoal. O que ele descobriu, examinando o panorama de diversas descrições etnográficas, não foi uma evolução gradual ou a infiltração de influências das culturas vizinhas, e sim uma transformação estrutural sistêmica usando as mesmas simetrias e proporções gerais. "Eu iria perceber logo que essa maneira de ver fazia parte de uma longa tradição", comentou ele. "Atrás de Thompson estava a botânica de Goethe, e atrás de Goethe, Albrecht Dürer e seu *Tratado sobre as Proporções do Corpo Humano*."[21]

Pode parecer estranho que um livro tão denso e técnico se tornasse um marco no pensamento francês, mas o primeiro e o último capítulo — respectivamente, um ensaio teórico em forma de fluxo de consciência e um ataque polêmico a Jean-Paul Sartre — levaram *O Pensamento Selvagem* a um público mais amplo. O primeiro capítulo era frenético. Num momento Lévi-Strauss estava discutindo a classificação vegetal hanunóo, no seguinte ele analisava os rufos de uma gola rendada num retrato feminino do pintor maneirista francês François Clouet, do século XVI, e as qualidades estéticas intrínsecas das miniaturas. Lévi-Strauss misturava referências a Charles Dickens, cenários do cineasta francês Georges Méliès, da época do cinema mudo, jardins japoneses, a Capela Sistina e o cubismo, com descrições etnográficas de uma dúzia de grupos indígenas diferentes. "A arte está a meio caminho entre o conhecimento científico e o pensamento mítico e mágico", afirmava a certa altura; em outra passagem, dizia que "o pintor está sempre entre o projeto e o episódico". Nem sempre era fácil acompanhar o texto, mas tinha uma abordagem eclética que era fascinante.

Havia também uma ponta de excentricidade em *O Pensamento Selvagem*. As ilustrações iam do intrigante ao bizarro. Ali estavam os desenhos oitocentistas de seres humanos com cabeça de animais, extraídos de *Les Métamorphoses du jour* (As metamorfoses do dia, 1828-29), de Grandville, ao lado dos esboços experimentais seiscentistas de cruzamentos entre fisionomias humanas e animais, de Charles Le Brun. Os primeiros tinham como legenda "O oposto do totemismo: a natureza humanizada", e os outros "O oposto do totemismo: o homem naturalizado", embora o texto não comentasse nem mesmo citasse nenhuma das ilustrações. Mais convencionais eram duas churingas, objetos sagrados de pedra entalhada utilizados pelos aborígines nos cultos aos ancestrais. Mas vinham acompanhando paisagens do interior da Austrália, pintadas em estilo europeu por aborígines, que Lévi-Strauss descreveu como "aquarelas insípidas e estudadas que se esperariam de uma velha solteirona" e cuja única *raison d'être* parecia ser um comentário depreciativo no Capítulo 3.[22]

Entre os fragmentos do intelecto de Lévi-Strauss havia uma peça filosófica mais convencional — uma longa comparação entre o modo de pensar científico e o modo de pensar *"sauvage"*. O pensamento científico era analítico e abstrato, decompondo o mundo numa série de problemas descontínuos, ao passo que *la pensée sauvage* buscava uma solução total. O cientista media, pesava e construía um modelo com distanciamento; o primitivo lidava diretamente com as experiências sensíveis de seu ambiente imediato, comparando-as, ordenando-as em fórmulas mitopoéticas. Numa entrevista para um documentário nos anos 1970, Lévi-Strauss descreveu o processo de pesquisa científica como uma escavação interminável — atravessando a realidade de superfície em busca de outro mundo analítico por detrás dela, que por sua vez levaria a outro mundo e assim por diante. "O progresso na ciência consistia em alcançar níveis sucessivos de mapas mais e mais secretos", prosseguia ele, "onde se encontravam as explicações para a essência do mapa que tínhamos antes". À diferença dessa "sondagem, penetração constante", *O Pensamento Selvagem* era só superfície, sem nenhuma profundidade, tomando o ambiente tal como se apresentava, mas mesmo assim modelando seus elementos em objetos de pensamento belamente harmonizados e rigorosamente lógicos.[23] Com essa dicotomia, Lévi-Strauss se aproximava do núcleo de seu próprio pensamento — um amálgama entre o sensível e o lógico, que foi sua obsessão durante toda a carreira.

Em campo, ele anotara observações sobre os sabores dos trópicos, desde os 13 sabores diferentes de mel que os nhambiquaras colhiam, com aromas que Lévi-Strauss comparou ao buquê de um Borgonha, até a degustação de frutas exóticas. O araçá tinha "um gosto de terebintina com uma leve ponta de acidez", o açaí esmagado produzia um "xarope grosso com sabor de framboesa" e o bacuri era "como uma pera roubada dos pomares do Paraíso". Na floresta, ele tinha respirado os aromas de chocolate da camada humífera do solo, o que o fez pensar como o solo produzia o cacau, e como a terra pedregosa da Alta Provença podia gerar o perfume floral da lavanda e a pungência da trufa. Foi lá, no coração da floresta, que a equipe da expedição passou três dias cozinhando e comendo, improvisando pratos de *haute cuisine*, provando beija-flor assado no espeto e *flambé* com uísque e um *ragoût* de mutum refogado com brotos de palmeira e creme de polpa de castanhas *au poivre*. Apesar de toda a austeridade intelectual e a desconfiança diante da experiência direta, Lévi-Strauss tinha sentidos apurados.

Em vez de combater essas contradições aparentes, ele tentou fundi-las. Com isso, acreditava que estaria resolvendo um venerando problema filosófico: a relação entre o entendimento intelectual abstrato e a percepção sensorial imediata, entre o "inteligível" e o "sensível", na formulação de Platão, ou entre as qualidades "primárias" e "secundárias" de John Locke. Uma longa linhagem de pensadores, desde o antigo filósofo grego Demócrito a Galileu Galilei, René Descartes e Isaac Newton, indagara se haveria alguma distinção fundamental entre qualidades que existem independentemente do observador — como as formas geométricas, os números, o movimento e a densidade — e as qualidades que são subjetivas: cores, cheiros e texturas, por exemplo. As ideias de vermelho, acre e áspero pareciam fundamentalmente diferentes de entidades mensuráveis e passíveis de definições precisas, como o círculo, o quadrado ou o número 3. Enquanto o Ocidente havia marginalizado as "qualidades secundárias" para instaurar a ciência, Lévi-Strauss sustentava que os grupos anteriores à escrita tinham ultrapassado esse debate, fundindo o sensível e o lógico num todo indissociável.

Para Lévi-Strauss, a sensação estética constituía o elemento corrente de *la pensée sauvage*, mas era aplicada de acordo com princípios rigorosos. Embora livre para vaguear à vontade, o pensamento não domesticado tinha acabado por criar um conjunto ordenado de proposições lógicas, alinhando os elementos em oposições e inversões metódicas — pele e pena, liso e arenoso, barulho e silêncio, fresco e podre, e assim por diante, que Lévi-Strauss apresentaria em seu próximo livro, *O Cru e o Cozido*, num capítulo chamado "A Fuga dos Cinco Sentidos".[24] Em vez das paisagens agrestes da natureza, a metáfora fazia pensar mais num parque parisiense com suas praças de cascalho, faixas de grama e filas de arbustos metodicamente podados. Sua tarefa era analisar essa fusão estranha — um sistema lógico construído a partir da pura experiência, uma gramática do som, do odor e da textura, uma estrutura formal constituída por percepções de plantas, animais e natureza, de ursos, algas marinhas, formigas e estrelas cadentes, a que ele deu o nome de "a ciência do concreto" ("*la science du concret*"). "Tivemos de esperar até a metade deste século para que caminhos separados desde muito tempo voltassem a se cruzar", escreveu ao concluir *O Pensamento Selvagem*.[25] O pensamento moderno se encaixava com o do Neolítico, e o conhecimento humano finalmente fechava o círculo completo.

O Pensamento Selvagem levou quatro anos até aparecer numa tradução em inglês. Rodney Needham, que então ainda era o defensor de Lévi-Strauss na Inglaterra, encomendou o serviço a Sybil Wolfram, professora de filosofia na Universidade de Oxford, com trinta e poucos anos. Wolfram começou a tradução, mas logo teve desavenças com Lévi-Strauss devido às críticas que ele fez aos rascunhos iniciais dos dois primeiros capítulos. Ela quase abandonou o projeto nessa altura, mas os editores insistiram para que ela terminasse a tradução. Quando entregou o manuscrito, Lévi-Strauss o rejeitou: "Não consegui reconhecer meu livro no que ela tinha feito", reclamou numa carta à revista *Man*. Por seu lado, Wolfram se dissociou da versão de seu trabalho, maciçamente editado por vários tradutores sob a coordenação do antropólogo Ernest Gellner, que acabou saindo em livro, a qual lhe pareceu "cheia de erros clamorosos, trechos com francas tolices, frases gramaticalmente erradas, escolhas extremamente infelizes, substituições sem sentido, muitas vezes resultando em absurdos e imprecisões, perda de alusões que eu tinha preservado cuidadosamente". Mais tarde, parafraseando Lévi-Strauss, Wolfram brincou dizendo que o processo de edição tinha conseguido o milagre de "converter o cozido em cru".[26]

Havia uma evidente incompatibilidade entre ambos, como revelam os excertos da correspondência entre eles, publicados na edição das obras de Lévi-Strauss na Bibliothèque de la Pléiade. Wolfram acusava Lévi-Strauss de ter "um conhecimento inadequado do inglês", dizendo que a palavra "*structuration*", que ele sugerira, era um "americanismo revoltante". A certa altura, ela enviou a Lévi-Strauss uma longa carta explicando a diferença entre *contingency* e *chance*; em outra carta, ela criticou o uso de termos filosóficos como *être* e *devenir* como substantivos, por ser "expressões metafísicas sem sentido". Ficou furiosa com as correções de Lévi-Strauss. "Se você não está dizendo o que eu pus, então não entendo o que está dizendo", escreveu exasperada.[27]

O trocadilho do título gerou outros problemas adicionais, com um leque de combinações possíveis em inglês: *The Wild Pansy, Untamed Thinking* ou a sugestão do próprio Lévi-Strauss, *Mind in the Wild*. Um dos editores propôs um nome mais acadêmico, *Natural Ideas — A Study in Primitive Thought*,[28] mas o livro saiu como *The Savage Mind* — uma distorção do original — sem as flores na capa e sem o apêndice, onde Lévi-Strauss tinha incluído uma série de descrições históricas de amores-perfeitos silvestres. (Lévi-Strauss teve a palavra final no assunto na edição Pléiade de 2008, inserindo uma citação de *Hamlet* em inglês na guarda: *and there is pansies, that's for thoughts*: "e há amores-perfeitos, para pensamentos".) *The Savage Mind* ainda é a única tradução disponível em inglês, mas, em justiça aos tradutores, nunca foi fácil transpor para o inglês a prosa filosófico-poética de Lévi-Strauss, cheia de trocadilhos, tarefa ainda mais difícil devido às constantes divergências com o autor.

A questão Wolfram mostra bem a distância entre Lévi-Strauss e seus colegas britânicos, entre a sensibilidade latina e a sensibilidade anglo-saxã. De fato, o estilo poético e elíptico de Lévi-Strauss era resistente a interpretações inglesas e americanas mais literalistas. O uso reiterado de metáforas das ciências exatas irritava os críticos, que achavam impossível isolar os detalhes dos argumentos, e na verdade desconfiavam que a prosa floreada do autor seria para mascarar uma falta de rigor.

Em parte, o problema se devia a uma falta de sensibilidade ao contexto em que Lévi-Strauss estava trabalhando. Para ele, a etnografia estava a serviço das ideias, conceito familiar a seu público intelectual francês, mas que não tinha boa aceitação do outro lado da Mancha. Na Inglaterra, a prosa empolada que vinha com a França era considerada espalhafatosa demais em termos intelectuais, mas mesmo Lévi-Strauss reconhecia nas páginas finais do livro que "há um pouco de falso lirismo", embora não considerasse em momento algum que isso poderia desacreditar suas ideias.[29]

Numa entrevista para a revista *Psychology Today*, no começo dos anos 1970, Lévi-Strauss deu sua interpretação dessa separação franco/anglo-americana:

> Acontece que na França [...] a filosofia cria uma espécie de vernáculo que funciona como meio de comunicação entre o mundo científico, o mundo acadêmico e o público instruído de um lado, e entre diferentes ramos de pesquisa de outro lado. Isso não se aplica à Inglaterra ou aos Estados Unidos. Eu até diria que o aspecto filosófico que você aponta em minha obra, que talvez seja atraente para alguns leitores franceses, é uma fonte de irritação considerável para os ingleses e os americanos.[30]

A facilidade com que os acadêmicos do continente se moviam entre a arte e a ciência também era estranha às abordagens anglo-americanas mais compartimentadas. No ano em que foi publicado *O Pensamento Selvagem*, por exemplo, Lévi-Strauss uniu forças com Roman Jakobson numa análise estrutural de *Les Chats*, um curto poema de Baudelaire. Depois de trocar extensa correspondência sobre o tema, os dois se sentaram no escritório de Lévi-Strauss e escreveram em conjunto um ensaio desmontando o poema. Uma espécie de entretenimento, talvez, mas que acabou saindo em *L'Homme* — a revista interna do Laboratoire d'Anthropologie, criada por Lévi-Strauss, Émile Benveniste e Pierre Gourou em 1961 como um equivalente francês da revista *Man* na Inglaterra e da *American Anthropologist* nos Estados Unidos.[31]

Enquanto os críticos ingleses e americanos muitas vezes se detinham em erros de conhecimento e interpretação de fontes, na França Lévi-Strauss era atacado e elogiado em bases estritamente filosóficas. Algumas avaliações eram tão densas e teóricas quanto a própria obra. Num debate entre Lévi-Strauss e Paul Ricoeur, na época um dos filósofos mais importantes da França, publicada em *Esprit*, no número de novembro de 1963, dedicado a uma leitura crítica de *O Pensamento Selvagem*, Ricoeur disse a Lévi-Strauss:

> O senhor resgata o sentido, mas é o sentido do sem sentido [*le sens de non-sens*], o ordenamento sintático admirável de um discurso que não diz nada. Vejo-o naquela confluência entre agnosticismo e hiperinteligência da sintaxe. É isso que o faz ao mesmo tempo fascinante e inquietante.[32]

Ricoeur descreveu algumas vezes o estruturalismo lévi-straussiano como um "kantismo sem o sujeito transcendental" (isto é, uma versão desencarnada das coerções mentais que, segundo Kant, moldavam nossa percepção da realidade), outras vezes como um "formalismo absoluto".[33] Lévi-Strauss tinha combatido muito o rótulo "formalismo", pois achava que era uma interpretação equivocada de sua posição. Quanto ao "kantismo sem o sujeito transcendental", ele gostou, e chegou a adotá-lo no primeiro livro da tetralogia das *Mitológicas*, *O Cru e o Cozido*, onde também citou outra descrição do estruturalismo feita por Ricoeur, com a qual concordava. À deriva do "sujeito pensante", o "sistema categorial" de Lévi-Strauss era "homólogo à natureza" — "talvez possa ser natureza", concluiu Ricoeur com uma ponta de misticismo.[34]

Ao final do encontro em *Esprit*, Ricoeur se mostrou encantado com o estruturalismo, mas no fundo desiludido:

> Vejo uma forma extrema de agnosticismo moderno. Para o senhor, não existe "mensagem" [...] o senhor renuncia ao sentido, mas se consola com o pensamento de que, se os homens não têm nada a dizer, pelo menos o dizem tão bem que seu discurso se faz acessível ao estruturalismo.[35]

* * *

O vazio de sentido, a ausência de vontade, o apagamento do "sujeito" — naquela época, o grande foco do pensamento filosófico — eram aspectos do estruturalismo que deixavam alguns desconcertados.[36] Mas outros, especialmente a nova geração de pensadores iniciando suas carreiras intelectuais, se interessavam. Lévi-Strauss não só contestava os postulados que haviam sustentado o pensamento francês durante toda uma geração, como também propunha postulados radicalmente contrários. Contra a ortodoxia humanista, estava criando um espaço intelectual onde as pessoas, ele inclusive, eram meros veículos de ideias, pontos de transição da cultura. Tais conceitos tinham sido ventilados ao longo dos anos 1950, com uma acolhida ambivalente. Agora os tempos estavam maduros para uma investida contra o pensador mais famoso da filosofia francesa: Jean-Paul Sartre.

Um filósofo que escreveu sobre a náusea de ser, a luta pela autenticidade e pela liberdade pessoal num mundo sem divindades; um intelectual de grande visibilidade pública cuja vida pessoal se tornou lendária; um ex-comunista militante que terminou como simpatizante maoísta — difícil pensar em alguém mais distante das ideias e da personalidade de Lévi-Strauss. Em público, Lévi-Strauss elogiava Sartre como um grande pensador que tinha "uma capacidade prodigiosa de se expressar nos mais variados gêneros: teatro, jornalismo, filosofia, romance".[37] Em particular, Lévi-Strauss ficava escandalizado com o estilo de vida *outré* de Sartre. Quando Lévi-Strauss estava nos Estados Unidos, a amante de Sartre em Nova York, Dolorès Vanetti, lhe perguntou se gostava de Sartre. "Como acha que eu poderia gostar dele depois de ler *A Convidada*?", respondeu, referindo-se a *L'Invitée*, o primeiro romance de Simone de Beauvoir, um relato romanceado de seu *ménage à trois* com Sartre e sua aluna Olga Kosakiewicz. "É Sartre retratado em sua inteireza, e ele aparece como um calhorda abominável." Dolorès transmitiu devidamente uma das raras indiscrições de Lévi-Strauss ao próprio Sartre, que a mencionou numa carta a Beauvoir. "Muito obrigado, minha bela amiga, pelo retrato", acrescentou secamente.[38]

Em 1960, Sartre publicou o segundo de seus grandes tratados filosóficos, a *Crítica da Razão Dialética*, que já tinha algumas seções publicadas em *Les Temps modernes*. Escrito em parte como resposta às críticas de Merleau-Ponty à sua obra, o livro se dedicava à árdua tarefa de unir existencialismo e marxismo num todo coerente. Quando foi publicado, Sartre enviou um exemplar a Lévi-Strauss com a dedicatória: "A Claude Lévi-Strauss.

Como testemunho de uma fiel amizade." E acrescentou que "as principais questões [do livro] foram inspiradas pelas questões que o ocuparam e sobretudo pela maneira como as colocou".[39] Sartre citara Lévi-Strauss várias vezes ao longo da *Crítica da Razão Dialética*, inclusive com um capítulo chamado "Estruturas — a obra de Lévi-Strauss", com exemplos extraídos de *As Estruturas Elementares do Parentesco*. Havia até sinais de influência do estruturalismo em Sartre, conforme avançava para uma concepção de liberdade mais restrita e dominada pelo sistema.

Com a assistência de Lucien Sebag e Jean Pouillon, Lévi-Strauss dedicou seu seminário do inverno de 1960-61 na École des Hautes Études a uma análise da *Crítica da Razão Dialética*, lendo e relendo Sartre ao mesmo tempo em que escrevia *O Totemismo Hoje* e *O Pensamento Selvagem*. Ele acabou acrescentando um capítulo final, "História e Dialética", mais ou menos independente do resto do livro, que abordava especificamente o livro de Sartre. No prefácio, ele descreveu sua crítica "como um tributo de admiração e respeito".[40] Mas, longe de retribuir o elogio de Sartre, a crítica de Lévi-Strauss foi contundente.

Densamente vazado no jargão intelectual de outra época, tornando algumas passagens praticamente incompreensíveis para o leitor leigo atual, Lévi-Strauss tentou compactar todo o projeto de Sartre em pouco mais de vinte páginas. Sua ofensiva se deu em várias frentes: uma defesa dos estilos "analógicos" do pensamento primitivo contra a razão dialética ocidental; um ataque ao foco solipsista no sujeito; mais investidas contra o primado da história e a posição essencialmente etnocêntrica de Sartre. Na base, muitos argumentos retomavam pontos já expostos em *Raça e História* e *Tristes Trópicos*, mas agora Lévi-Strauss tinha refinado e ampliado o ataque. Suas observações mais ferinas vinham expressas em conceitos antropológicos vitorianos: o privilégio que Sartre atribuía à história ocidental em detrimento dos habitantes de Papua equivalia a "uma espécie de canibalismo intelectual muito mais revoltante para o antropólogo do que o canibalismo real". Sua tentativa de contrapor o primitivo e o civilizado era uma oposição que "um selvagem da Melanésia formularia".[41] Lévi-Strauss sentia que estava trabalhando agora num quadro muito mais amplo do que o discurso marxista/existencialista sobre as forças históricas e as possibilidades de libertação pessoal. Para Lévi-Strauss, Sartre, junto com boa parte da elite intelectual de Paris, estava engajado num debate muito limitado e restrito a alguns séculos de história e costumes ocidentais. Filas nos pontos de ônibus, greves, lutas de boxe — os exemplos com que Sartre construía sua "antropologia filosófica" — pareciam provincianas em comparação ao alcance global do estruturalismo.

Sartre, um dos intelectuais mais combativos da época, que muitas vezes enfrentara seus adversários em debates de ampla divulgação pública, não esboçou nenhuma resposta imediata. Só veio a se referir ao texto muitos anos depois, quando o navio estruturalista já tinha zarpado, lamentando que Lévi-Strauss havia entendido mal suas ideias e fora injusto ao desacreditar a pesquisa histórica. Muito mais tarde, Lévi-Strauss minimizou a controvérsia. "Nunca foi propriamente uma briga...", disse a um jornalista do *Washington Post*. "Os discípulos de Sartre diziam que não se pode conhecer nada sem a história; tive de discordar. Mas não é que eu não acredite na história, apenas penso que não há nenhum privilégio nela."[42]

Na época, porém, o impacto de "História e Dialética" foi enorme. Houve um perceptível suspiro de alívio nos círculos intelectuais. Até que enfim alguém ousava atacar abertamente o homem que tinha dominado a vida intelectual francesa por um quarto de século. O apelo sartriano à autenticidade, ao engajamento e às ações gratuitas da vontade, numa época de crescente desilusão política, começara a parecer dissonante. A contestação de Lévi-Strauss tinha rompido o encanto de uma só vez. Ao sartriano "o inferno são os outros", Lévi-Strauss replicaria "o inferno somos nós"; "o homem está condenado a ser livre", escreveu Sartre, mas para Lévi-Strauss a noção toda de liberdade era ilusória.

Embora Lévi-Strauss fosse apenas três anos mais novo do que Sartre, havia a sensação de que se operava uma mudança geracional, uma ruptura da forma e do conteúdo. O poder estava passando de um frequentador assíduo dos cafés da Rive Gauche, fumante compulsivo e viciado em pílulas, para um esteta do 16º *arrondissement*. À imagem do intelectual de tribuna contrapunha-se o técnico sóbrio, como relembrou o sociólogo Pierre Bourdieu numa entrevista nos anos 1980:

> É verdade que filósofos como Sartre ainda são admiráveis e talvez também importantes: a pessoa que fala quando ninguém sabe o que dizer — em tempos de crise etc. Mas ao mesmo tempo estávamos um pouco cansados daquele tipo de discurso, pois os profetas também podem falar

no vazio, no momento errado. Então alguém [Lévi-Strauss] nos dizendo: "vejam, podemos entender, podemos analisar, existem instrumentos conceituais para entender coisas que pareciam incompreensíveis, injustificáveis, absurdas" — creio que foi uma coisa muito importante.[43]

A perspectiva de que o estudo das humanidades poderia ter bases científicas, em vez de uma retórica filosófica — embora na verdade Lévi-Strauss misturasse ambas despreocupadamente —, era muito atraente para jovens pensadores em busca de alicerces para uma atividade que se tornara altamente politizada. A terminologia técnica dos "signos", "significantes" e "oposições", que fora testada na linguística, disciplina com autênticas pretensões científicas, parecia mais concreta do que os termos interpretativos da filosofia alemã, como "ontoteologia", "*Dasein*" e "noema", a que eles vinham se substituir. Tal como o positivismo logo após a Primeira Guerra Mundial, o estruturalismo se propunha a depurar a filosofia, a livrá-la de sua vagueza e suas reflexões solipsistas; mas, ao contrário do positivismo lógico, não se fundava no empirismo, e sim num puro racionalismo.

Em sua "etnografia" da vida acadêmica francesa, *Homo academicus*, Bourdieu situa o ataque de Lévi-Strauss a Sartre no centro das mudanças sísmicas na ecologia intelectual da época. A crítica marcou o surgimento das ciências sociais, a ascendência da *"anthropologie"* (em oposição à *"ethnologie"*, mais estreita e especializada) como grande disciplina sintetizadora. Junto com a linguística e a história, a antropologia estava suplantando a incontestada superioridade da filosofia. A revista *L'Homme* e o periódico de história *Les Annales*, já bem consolidado, começaram a tomar a dianteira em relação a *Les Temps modernes*, que ficou "relegado à condição de fornecedor de ensaios literários e militantes em Paris".[44] A essa luz, o ataque contínuo de Lévi-Strauss à importância da história foi uma batalha travada dentro de outra batalha, uma disputa de liderança dentro da incipiente elite das humanidades.

A maré filosófica estava mudando. Mais uma vez, abria-se uma clara escolha entre o que o filósofo e escritor Alain Badiou definiu como os dois ramos do pensamento francês do século XX: a filosofia bergsoniana da "interioridade vital, uma tese sobre a identidade do ser e do devir", e a filosofia brunschvicguiana do "conceito com base matemática"; teorias que tomavam a experiência subjetiva como ponto de partida em oposição a teorias que examinavam relações entre objetos e conceitos no mundo. Uma buscava o sentido; a outra, a forma. O estruturalismo de Lévi-Strauss, inequivocamente situado na extremidade formal do espectro, representava uma ruptura radical com a ortodoxia pós-Segunda Guerra.[45]

Ironicamente, em vista do tom austero e anti-humanista de toda a sua obra, as reflexões filosóficas de Lévi-Strauss criavam a imagem de uma *persona*. Ele começara delineando um estilo de pensamento, mas terminava com uma figura — não o nobre selvagem, mas um indígena *bon vivant*. Conhecedor e sensualista com gosto pelas técnicas vanguardistas de *cut-up*, o selvagem de Lévi-Strauss tinha uma apreensão intuitiva daquilo que os pensadores ocidentais tentavam enunciar ao longo de séculos de trabalho. Lógico da natureza, ele percebia "como que através de uma nuvem" ("*comme à travers un nuage*") princípios de interpretação que apenas agora começavam a se evidenciar graças à tecnologia desenvolvida da época — computadores simples e microscópios eletrônicos de baixa potência. *Bricoleur*, ele lembrava a engenhosidade do artesão francês — espécie em extinção numa era de rápida industrialização padronizada.[46]

Nas páginas finais do livro, quando Lévi-Strauss recorre a uma série de metáforas e comparações para explicar como ele via as operações misteriosas do "pensamento selvagem", a presença da figura por trás da *pensée sauvage* se fazia quase palpável, como um personagem alegórico num romance de tese. Ele transparece no intelectual aborígine — figura usual nos escritos de Lévi-Strauss desde *As Estruturas Elementares* — riscando diagramas nas areias do deserto para representar seus complexos sistemas de parentesco, como um professor da escola politécnica fazendo uma demonstração matemática num quadro-negro da sala de aula. Ele reaparece metaforicamente no final do livro, numa sala mobiliada, forrada de espelhos, cada qual levemente desfocado, refletindo fragmentos dos móveis e da decoração, que ele precisa reunir de alguma maneira para formar um conjunto, como *imagines mundi* — as alegorias medievais dos continentes que os eruditos usavam para adornar mapas e bíblias.

O selvagem de Lévi-Strauss era um amálgama de seus gostos e preferências pessoais — um misto de elementos dos séculos XVIII, XIX e XX, da tradição e da vanguarda. Era seu alter ego, fragmentos de quem ele era e de quem queria ser. O vínculo era intelectual. Talvez tivesse se sentido atraído pela antropologia, como comentara em *Tristes Trópicos*, "por causa de uma afinidade estrutural entre as civilizações que são seu objeto de estudo e minha maneira particular de pensar".[47] Concebida na biblioteca, mais do que no campo, essa *persona* guardava pouca relação com os povos indígenas que ele realmente conhecera em carne e osso, 25 anos antes. Em 2005, quando o acadêmico Boris Wiseman perguntou sobre suas experiências como etnógrafo, Lévi-Strauss foi franco:

> *Wiseman*: O que o senhor admirava em especial nos caduveus?
> *L.*: A cerâmica e a pintura corporal — eles eram grandes artistas.
> *Wiseman*: Admirava o modo de vida deles?
> *L.*: De maneira nenhuma — eles viviam como camponeses brasileiros pobres.
> [...]
> *Wiseman*: O senhor falava sobre a França [com os nhambiquaras]?
> *L.*: Muito pouco — os meios de comunicação eram muito limitados.
> *Wiseman*: Identificava-se com os índios que estudava?
> *L.*: Não, de maneira nenhuma![48]

A imagem do selvagem alegórico luzia debilmente sob a capa do intelecto, do pensamento puro, da estrutura; mas nas últimas páginas de *O Pensamento Selvagem* ela se apagava por completo. O objetivo final das ciências humanas, segundo Lévi-Strauss, era "não constituir, e sim dissolver o homem". Quatro anos depois, em *As Palavras e as Coisas*, Michel Foucault acrescentaria um toque lírico a uma ideia semelhante: "o homem provavelmente não passa de uma espécie de fenda na ordem das coisas", declarou ele. "Mas é reconfortante e fonte de grande alívio pensar que o homem é apenas uma invenção recente, uma figura com menos de dois séculos, uma nova dobra em nosso conhecimento." Numa outra configuração do conhecimento, concluía ele, numa das frases mais citadas da época, "o homem seria apagado, como um rosto desenhado na areia à beira-mar".[49]

10
A Nebulosa do Mito

> Max Ernst construiu mitos pessoais a partir de imagens tomadas de empréstimo a uma outra cultura. [...] Nos livros de mitologia, também recortei um tema mítico e recombinei os fragmentos para extrair mais significado.
>
> Claude Lévi-Strauss, Didier Eribon, *De Perto e de Longe*, 1991

Ao se dedicar inicialmente à análise do mito nos anos 1950, Lévi-Strauss concebeu uma máquina — um "dispositivo especial" — consistindo numa série de pranchas com 2 metros de comprimento e 1,5 metro de altura, onde fichas contendo elementos míticos seriam "inseridas e movimentadas à vontade". Quando a análise passou a ser tridimensional, as fichas precisavam ser perfuradas e alimentadas com equipamentos IBM. O conjunto da operação demandava um espaço de trabalho considerável, com uma equipe de técnicos trabalhando para adivinhar a "lei genética do mito".[1]

Uma década depois, ao começar sua famosa tetralogia do mito, Lévi-Strauss trabalhava sozinho. Em fotos da época, ele aparecia curvado sobre a escrivaninha em seu apartamento em Paris, sentado no escuro, apenas com uma lâmpada de leitura iluminando pilhas de folhas datilografadas com inúmeras anotações à mão. Ao lado, ele guardava suas notas e referências num fichário, com marcadores separando uma variedade de tribos, temas, animais e lugares: "bicho-preguiça", "tapir", "México", "Califórnia", "lua", "meteoros", "tessitura", "caingangues", "iroqueses". Agora ele estava suplementando suas leituras antropológicas com a *Enciclopédia* de Diderot e D'Alembert, a zoologia de Alfred Brehm, Plínio e Plutarco, usando um antigo globo celeste para localizar as referências astronômicas. "Durante todo o projeto das *Mitológicas*, trabalhei dia e noite sem cessar", disse ao cineasta Pierre Beuchot num documentário rodado logo após a publicação do último volume, *O Homem Nu*. "Perdi qualquer noção dos sábados ou domingos, dos feriados, não me permitindo perder o fio [...] para poder entender as propriedades estruturais dos mais ínfimos detalhes do conteúdo."[2]

Nos meados dos anos 1960, o conceito do dispositivo especial com pranchas de madeira, fendas de inserção e fichas de computação tinha cedido lugar a algo muito mais delicado e conceitual: um móbile de arame e tiras finas de papel, que faziam curvas e se dobravam sobre si mesmas. Lévi-Strauss pendurou os móbiles no teto de seu escritório, onde ficavam girando suavemente enquanto ele explorava as possibilidades lógicas representadas por eles. No papel, os móbiles eram convertidos em gráficos idealmente tridimensionais de grupos de mitos. Num exemplo, quatro pontos externos representavam o "hóspede de confiança", a "virgem agarrada", o "irmão incestuoso" e o "marido aventureiro"; num eixo havia "cabeça rolando", "lua" e "arco-íris"; em outro eixo, "lua", "manchas" e "mulher apegada". Uma linha pontilhada cruzava os dois eixos na diagonal, dividindo o espaço em zona "(+) interna (-)" e zona "(-) externa (+)". Lévi-Strauss alocou os mitos (M_{393}, M_{255}, M_{401} etc.) em vários pontos do gráfico, de acordo com suas propriedades narrativas.[3]

Passado quase meio século, é estranho olhar essa iniciativa tão quixotesca e perceber que foi o elemento central de um movimento teórico que dominava as ciências humanas da época. Durante um período, os móbiles míticos de Lévi-Strauss foram a teoria dominante, pelo menos na França. Mas, com o andamento do trabalho, ficou cada vez mais claro que era um projeto extremamente pessoal, fruto de um intelecto individual e um grande volume de material.

Dez anos de reflexões, filtradas em seus seminários sobre o mito nos anos 1950, tinham dado a Lévi-Strauss uma percepção apurada das dissonâncias e progressões em contraponto da narrativa mítica. As tramas complicadas, os detalhes barrocos e aparentemente gratuitos, a maneira como a narrativa parecia ser impelida por sequências de acontecimentos rápidos, nem sempre muito encadeados, agora soavam como música a seus ouvidos. "Sinto alegria em ler mitos", disse ele ao crítico de cinema Raymond

Bellour, e lia muitos — vários milhares — encaixando-os nos modelos lógicos que vinha desenvolvendo por décadas.[4]

Lévi-Strauss tinha razões teóricas para escolher o mito indígena como área de estudos. O mito representava o intelecto no ato de criação espontânea, sem estar agrilhoado pela realidade. Ao contrário das estruturas de parentesco, cujos modelos eram corrompidos por todos os tipos de fatores sociológicos, o mito era pensamento puro, um reflexo fiel das propriedades da mente. Em certo sentido, o mito *era* a mente, desvendada por meio de suas operações instintivas.

A tetralogia das *Mitológicas* era, na verdade, um livro só, com quatro capítulos enormes. *O Cru e o Cozido*, *Do Mel às Cinzas* e *A Origem dos Modos à Mesa* apareceram em rápida sucessão entre 1964 e 1968. Depois de um intervalo de suspense, *O Homem Nu* encerrou a série no término de 1971, o "nu" final ecoando o "cru" do primeiro volume, tanto na sonoridade quanto no significado e na posição estrutural. Lévi-Strauss trabalhava depressa, escrevendo centenas de páginas por ano, numa urgência que mais tarde atribuiu ao desejo de terminar o projeto antes de morrer. Ele queria escapar ao destino de seu herói intelectual, o criador da linguística moderna, Ferdinand de Saussure, que passara décadas estudando a mitologia nórdica, mas nunca publicou uma linha em vida. Imerso nas infinitas complexidades do tema, Saussure só chegara a esboçar suas ideias numa série de cadernos de rascunho, que mais tarde Lévi-Strauss leu em microfilme.[5]

No início do projeto, Lévi-Strauss estava apenas com cinquenta e poucos anos, mas o falecimento de vários colegas próximos tinha acentuado sua percepção da mortalidade. Dois anos depois da morte de Merleau-Ponty no auge da carreira, Alfred Métraux se suicidou aos 61 anos, em 1963, deixando uma longa carta onde mencionava os amigos, entre eles Leiris e Lévi-Strauss. "O fato me esmagou, a mim e a todos os amigos dele", disse Lévi-Strauss a Didier Eribon. "Mas agora, quando penso de novo nisso, parece-me que sua vida particular foi uma longa preparação para o suicídio."[6] Dois anos depois, logo antes de apresentar um ciclo de palestras sobre a cosmologia dos índios pueblos na Fundação Loubat, Lucien Sebag — um intelectual jovem e promissor que Lévi-Strauss vinha cultivando por muito tempo — também tirou a própria vida.[7]

* * *

O conjunto das *Mitológicas* foi a grande exposição do estruturalismo, um esforço, como declarou Lévi-Strauss na primeira frase do primeiro volume, "de mostrar como categorias empíricas — tais como o cru e o cozido, o fresco e o podre, o molhado e o queimado etc. [...] podem servir como ferramentas conceituais para isolar noções abstratas e encadeá-las em proposições". Depois da teorização vaga em *O Pensamento Selvagem*, Lévi-Strauss estava pronto para aplicar sistematicamente suas ideias, traçando as formas algébricas de um corpo cultural. Ele comparou as comunidades nativas a um laboratório, e seu trabalho a uma experiência que "demonstre a existência de uma lógica das qualidades sensíveis, que elucide seus procedimentos e que manifeste suas leis".[8] Parecia um processo de destilação, de simplificação, uma conversão do caos em ordem, como Lévi-Strauss gostava de dizer, mas na verdade a série das *Mitológicas* elevou sua obra a novos patamares de complexidade. As narrativas míticas eram intrincadas, mas as análises de Lévi-Strauss podiam ser tão difíceis de acompanhar que precisavam vir apresentadas em fórmulas pseudomatemáticas, usadas como abreviaturas de configurações simbólicas. No terceiro volume, os argumentos estavam tão emaranhados que ele mesmo admitiu que teve de reler várias vezes o rascunho de *A Origem dos Modos à Mesa* para entender plenamente sua própria linha de raciocínio.[9]

Pontilhados de alusões, citações e epigramas da antiguidade, do Iluminismo e do século XIX, de Virgílio a Chateaubriand, de Balzac a Proust, os livros tinham um ar de erudição, temperado com alguns apartes jocosos. No começo de *O Homem Nu*, Lévi-Strauss colocou uma citação da revista *Playboy*, que aparentemente ele lia e apreciava, com a tirada "Incesto é bom enquanto fica em família".[10] Os títulos sugestivos dos capítulos, com pitadas de ficção científica — "Os Instrumentos da Escuridão", "A Harmonia das Esferas", "Efeitos de Eco" e "O Alvorecer dos Mitos" —, geravam uma sensação intrigante. A tetralogia somava mais de 2 mil páginas, mas o projeto não parava por aí. As chamadas *petites mythologiques* — *A Via das Máscaras*, *A Oleira Ciumenta* e *História de Lince* — acompanhariam Lévi-Strauss na velhice.

Havia momentos de humildade. "Por mais minucioso que possa ser este volume", escreveu Lévi-Strauss a respeito de *O Cru e o Cozido*, "ele não pretende ter senão erguido uma ponta do véu".[11] Enquanto trabalhava no terceiro volume, *A Origem dos Modos à Mesa*, Lévi-Strauss comentou com Raymond Bellour que sua contribuição à área era modesta, resumindo-se apenas a "virar algumas páginas de um imenso dossiê".[12] Mas às vezes ele também tinha delírios de grandeza. Situava sua obra na dianteira de um vasto processo histórico. Enquanto o mito desaparecia no plano de fundo, sua função fora retomada pela música de Bach, de Beethoven e sobretudo de Wagner. Posteriormente, o conteúdo mítico da música tinha se degenerado com a vanguarda, e assim o estruturalismo aparecia como o herdeiro de um discurso que remontava a milênios de anos.

As primeiras páginas de *O Cru e o Cozido* ocupam um lugar central da obra de Lévi-Strauss, como uma das passagens mais encantadoras de sua carreira como escritor. Depois do frenesi de *O Pensamento Selvagem*, a série das *Mitológicas* iniciava com serenidade e calma interior. Era como se ele tivesse alcançado o ápice de sua vida intelectual, e estivesse satisfeito. Numa posição ideal em termos institucionais, Lévi-Strauss encontrara um projeto aberto — uma jornada sem começo nem fim, como disse ele —, uma arena sem limites onde podia praticar suas artes estruturalistas.

A ideia era analisar grupos de mitos, estabelecendo ligações, comparações e sobreposições. Traçando um modelo semelhante a uma rosácea — uma fórmula matemática que gerava figuras florais —, Lévi-Strauss começava com um mito e seguia adiante, acrescentando mitos vizinhos em toda a volta, analisando uma florescência de materiais míticos. Ao longo da tetralogia, ele avançava lentamente para o norte, grupo por grupo, num encadeamento contínuo que se estendia da América do Sul à América do Norte. A jornada era não só geográfica, mas também estrutural. Tal como as transformações matemáticas da morfologia das espécies próximas, de D'Arcy Wentworth Thompson,[13] cada grupo representava uma variação estrutural do outro, em que alguns elementos mudavam, outros se invertiam e outros ainda desapareciam totalmente.

Os eixos dos "esquemas condutores" corriam como linhas de força pelo pensamento mítico, ligando conjuntos de mitos. Os pontos de cruzamento geravam outros eixos, correndo perpendiculares e intersectando com outros eixos em planos mais elevados, como um recife de coral se formando no leito marinho. "Segue-se que, conforme a nebulosa aumenta, seu núcleo se condensa e se organiza", escreveu Lévi-Strauss, mudando de metáfora. "Fios soltos se reúnem, lacunas se fecham, conexões se estabelecem, e do caos vê-se emergir algo que se assemelha a uma ordem." Ele via o mito *en bloc* como uma espécie de substância. Descreveu a proliferação dos temas nos mitos como uma "irradiação", comparando essas transformações por estilhaçamento à refração dos raios luminosos. Mitos mais remotos eram como um "organismo primitivo", "encerrado dentro de uma membrana", distendendo seu protoplasma à medida que "geram pseudópodes".[14]

Essa abundância de termos científicos vinha envolta na metáfora favorita de Lévi-Strauss — a música —, utilizada para estruturar o texto. De fato, a introdução a *O Cru e o Cozido* era a "Abertura", à qual se seguiam capítulos chamados "A Ária do Descobridor de Ninhos", "A Sonata das 'Boas Maneiras'", "A Cantata do Gambá" e "Astronomia Bem Temperada". Quando o crítico literário George Steiner lhe perguntou, numa entrevista na BBC nos meados dos anos 1960, por que tinha dado o nome de sonata a um dos capítulos, Lévi-Strauss descartou rapidamente a pergunta dizendo que era "uma brincadeira — porque eu achava aquilo muito enfadonho".[15] Mas na "Abertura" a explicação foi longa e séria. O mito e a música transcendiam a expressão verbal com suas combinações lógicas e estéticas intemporais; operavam em paralelo, colocando e resolvendo problemas estruturais análogos. Buscando o "senso de simultaneidade" que a música orquestral inspirava quando diversas partes se fundiam num todo, Lévi-Strauss modelou o livro seguindo as linhas de uma composição de diversos instrumentos com alternâncias no ritmo e na chave, com variações nos temas e contrastes entre os movimentos. Mais especificamente, foi na ópera — com suas árias e conjuntos instrumentais, suas melodias se alternando com os recitativos, seus *leitmotifs* — que ele encontrou um dispositivo pronto para apresentar a complexidade do discurso mítico.

O modelo supremo, porém, veio de suas experiências de infância, quando o pai o levou ao teatro para ouvir o poderoso Ciclo dos Nibelungos wagneriano — uma tetralogia, como as *Mitológicas* de Lévi-Strauss. Na época, ele tinha repudiado o melodrama exuberante de Wagner em favor da nova onda do modernismo, mas na meia-idade retornou às óperas de Wagner, e não apenas pelo prazer estético. Ouvia Wagner enquanto escrevia, a música se fundindo a suas reflexões sobre o mito. Lévi-Strauss chegou a dizer que Wagner foi o "inegável criador da análise estrutural do mito".[16] Mais tarde citaria dois versos de *Parsifal*, "*Du siehst, mein Sohn/ zum Raum wird hier die Zeit*" ("Vês, meu filho,/ aqui o tempo se torna espaço") como "provavelmente a mais profunda definição do mito já dada".[17]

O uso da metáfora musical contribuiu para um texto experimental — poderíamos até dizer modernista —, cujas alterações súbitas de estilo e gênero e mudanças bruscas entre a etnografia, a análise e a transcrição de mitos, realmente não facilitavam a leitura. Numa longa digressão sobre a *musique concrète* e o serialismo — o movimento de vanguarda que se iniciou nos anos 1920 com o dodecafonismo de Arnold Schoenberg —, de fato Lévi-Strauss finalmente ligou sua obra ao modernismo, apenas para negar de pronto qualquer afinidade. Havia similaridades entre o serialismo e o estruturalismo; ambos compartilhavam "uma abordagem decididamente intelectual, uma tendência em favor de arranjos sistemáticos e uma desconfiança por soluções mecanicistas ou empíricas". Exatamente por isso era preciso um especial cuidado em diferenciá-los. O serialismo, como uma espécie de idealismo formal, na verdade estava "no polo oposto" do estruturalismo, que Lévi-Strauss ainda insistia ser uma ciência puramente materialista.[18]

O estruturalismo, porém, era um tipo estranho de ciência, que montava suas provas a partir de interpretações poéticas e recusava sistematicamente qualquer conclusão definitiva. No final da "Abertura", Lévi-Strauss se desculpou por "essas páginas confusas e indigestas", que comparou às notas esotéricas na capa de um disco. Se o leitor se sentisse desencorajado, pedia-lhe que voltasse às fontes, os mitos indígenas em si, "a floresta de imagens e signos... ainda fresca com um sortilégio encantador".[19]

Lévi-Strauss iniciou essa maratona no mesmo ponto de onde partira, os bororos do Mato Grosso, no Brasil. Sua intenção original era começar no Novo México, com uma série de mitos pueblos que tinha abordado em seminários no começo dos anos 1950, mas considerou-os fechados demais em si mesmos. Em 1957-58, quando retornou aos mitos bororos, eles se destacaram como ponto de partida natural para futuras pesquisas. Havia uma conotação elegíaca na escolha, naturalmente, reconduzindo-o à sua juventude, quando visitara os bororos como um jovem aspirante a antropólogo, com 27 anos de idade, e sentira a "vertigem" dos primeiros momentos do etnógrafo num cenário visivelmente antropológico: os grupos de corpos praticamente nus e besuntados de tinta, as palhoças, os cocares de penas, os cães semisselvagens e as cinzas fumegantes das fogueiras do acampamento. Na época, ele tinha se interessado mais pela organização social dos bororos, estudando as plantas circulares da aldeia, mapeando uma geometria de trocas e obrigações mútuas. Agora ele voltava aos bororos para o M_1, "o mito de referência", e suas variações (M_7-M_{12}), conhecidos como os mitos do descobridor de ninhos, os primeiros elos, que depois se revelaram essenciais, numa cadeia de análises que se estenderia por todo o hemisfério ocidental, terminando, mais de oitocentos mitos adiante, nos rios gelados da Colúmbia Britânica, entre os salishes.

Lévi-Strauss extraiu seu material não de suas notas de campo, mas sim da obra *I Bororos Orientali*, escrita nos anos 1920 pelo missionário salesiano italiano Antonio Colbacchini. O livro era datado, com fotos inábeis de índios em processo de catequização — uma mulher bororo vestida de noiva da cabeça aos pés, o noivo de terno branco, durante um "casamento cristão"; três menininhas de 2 anos de idade, de mãos dadas, com batas até o tornozelo, com a legenda "*Tre bambine salvate dall'infanticidio e allevate dalle Suore*" ("Três meninas salvas do infanticídio e criadas pelas freiras"). Mesmo assim, os missionários salesianos tinham se mostrado mais sensíveis à sua congregação exótica do que muitos outros, e cultivavam um profundo interesse pela cultura bororo. Mais tarde, Lévi-Strauss diria num gracejo que foram os salesianos que tinham sido convertidos pelos índios, e não o contrário.[20] Junto com a propaganda missionária, havia um cuidadoso trabalho de etnografia. Colbacchini incluiu gramáticas, traduções de tabelas a cores, anotações dos rituais e desenhos dos artefatos. E, mais importante para Lévi-Strauss, ele tinha transcrito mais de cem páginas de mitos — alguns na língua original, com a tradução linear para o italiano em paralelo.[21]

O M_1, "*o xibae e iari*" ("As araras e seu ninho"), constituía o material típico com que Lévi-Strauss iria trabalhar — uma sucessão surreal de descontinuidades, episódios aparentemente supérfluos e passagens bruscas para a pura fantasia. O herói rouba alguns sininhos feitos com os cascos de um porco selvagem e recebe o auxílio de um grande gafanhoto; urubus mastigam suas nádegas, que são reconstituídas com uma massa de tubérculos esmagados, e depois ele se transforma num veado. As imagens são vívidas — depois que o pai do herói é devorado por peixes carnívoros, restam apenas seus ossos no leito do lago, e pulmões "em forma de plantas aquáticas" boiando na superfície. Num dado momento, o herói desperta "como de um sonho", e realmente há algo de onírico nos elementos surreais do mito. Entre as análises de Lévi-Strauss ressoam ecos das obsessões de uma geração anterior: *A Interpretação dos Sonhos* de Freud, o surrealismo, a livre associação e o automatismo. Significativamente, M_1 tem conotações edípicas — no parágrafo inicial, o "herói" violenta a mãe quando ela está coletando folhas de palmeira para fazer protetores de pênis; quase no final, ele mata o pai, empalando-o em seus chifres de veado.

O enredo é complicado, mas os elementos que seriam fundamentais para o conjunto das *Mitológicas* eram os seguintes: depois de violentar a mãe, o rapaz é atraído pelo pai furioso para subir num rochedo, a pretexto de capturar araras; lá ele se perde e sofre grandes privações, é salvo por abutres, volta à aldeia e se vinga do pai. Na cena derradeira, numa das versões do mito, sua vingança recai sobre toda a aldeia. Ele desencadeia "o vento, o frio e a chuva", e parte com sua fiel avó para uma "terra bela e distante".[22]

Nesse mundo freudiano abundam as referências escatológicas. A destruição do reto do herói no mito de abertura indicava o que estava por vir, desde a ocorrência generalizada do "ânus retentor" ao papel do vômito, do peido, da defecação, da menstruação e da ejaculação na narrativa mítica. Como Freud, Lévi-Strauss se deleitava com esse tipo de material; as múltiplas entradas e saídas pareciam sob medida para a análise estrutural. O personagem da avó em M_5 ("O original das doenças") tenta matar o neto peidando no rosto dele enquanto dorme, mas é atravessada por uma flecha pontiaguda "que penetrou tão fundo em seu ânus que os intestinos esguicharam para fora". Para Lévi-Strauss, este era um exemplo de "promiscuidade incestuosa triplamente invertida" — a avó em vez da mãe, passagem por trás e não pela frente, agressividade da mulher em vez do homem.[23]

Lévi-Strauss encerrou o primeiro capítulo, longo e tortuoso — compêndio de meia dúzia de mitos, digressões etnográficas vagamente interligadas, diagramas e provas pseudomatemáticas — com o que, à primeira vista, parecia um objetivo claro: "Proponho mostrar que M_1 (o mito de referência) pertence a um conjunto de mitos que explicam a origem do *cozimento da comida*." Mas então acrescentou entre parênteses: "embora este tema esteja, para todas as finalidades, ausente dele". Ou melhor, explicou ele, o tema estava "oculto" sob a forma de uma inversão de mitos das comunidades gês vizinhas. O mito de referência, na verdade, versava sobre a origem da água da chuva, uma inversão dos mitos sobre a origem do fogo, do ciclo gê. Talvez fosse pertinente, em vista da complexidade crescente de sua obra, que todo o projeto fosse montado em torno de uma ausência, de um exemplo negativo, que formaria o núcleo central de um enigma que se estendia não só pelas Américas, mas, como disse ele, pela "curvatura do espaço mitológico".[24]

O restante do livro aborda o primeiro lote de 187 mitos, submetendo-os a uma análise implacável. A origem do cozimento se assentava na oposição mais elementar de todas: natureza/cultura — como se via na transformação do cru (natureza), por meio do fogo, em cozido (cultura), um motivo central na mitologia indígena. Embora Lévi-Strauss identificasse muitos outros ordenamentos estruturais — oposições relacionadas a cada um dos cinco sentidos, por exemplo, aos corpos celestes ou aos eixos norte-sul e leste-oeste — era esse "código gustativo" que predominava, estando simbolicamente no próprio nascimento da sociedade humana. Nos mitos de origem, a polaridade cru/cozido expressava não só a passagem do homem da natureza para a cultural, mas também a perda da imortalidade. O cozimento processava o vivo em morto; incluía a queima de lenha — de árvores mortas ou podres — em fogueiras, ecoando a morte por causas naturais, ou a queima de uma árvore viva (objeto de tabu em muitos grupos de caçadores-coletores como ato de agressão contra o reino vegetal), muitas vezes equiparada à morte violenta.

Lévi-Strauss dava uma interpretação ampla aos termos, como ideias que ressurgiam metaforicamente em muitas culturas, em rituais realizados em momentos cruciais no ciclo de vida. No Camboja, uma mulher "cozida" — isto é, que acabava de dar à luz — dormia numa cama alta, montada sobre uma fogueira em fogo lento; em contraste, as meninas eram consideradas "cruas" na época da primeira menstruação, e ficavam confinadas ao frescor da sombra. As mulheres pueblos, por outro lado, davam à luz em cima da areia quente — um "cozimento" simbólico do recém-nascido.²⁵ O cru e o cozido abrangiam todo um conjunto de oposições inter-relacionadas no "código gustativo", desde o fresco e o estragado até o comestível e o não comestível, com as diferentes modalidades de cozimento como a defumação, o assamento e a fervura, ideias que Lévi-Strauss examinaria nos volumes posteriores das *Mitológicas*.

Ali postas, essas grades determinavam as interpretações dos mitos. Sob o olhar analítico de Lévi-Strauss, o cru e o cozido, o molhado e o queimado, o fogo e a água brotavam da matéria mítica, como que extraídos por alguma força centrífuga. Onde não existiam oposições óbvias, elas eram criativamente fabricadas: a pedra e a madeira se tornavam "anticomidas"; ornamentos como colares e braceletes eram a "antimatéria do cozimento", por serem feitos das partes não comestíveis dos animais — conchas, presas e plumas.

Mas aonde levava esse sofisticado exercício de análise? Com todas as suas fórmulas, gráficos e flechas, Lévi-Strauss trabalhava como se estivesse montando uma causa para uma demonstração final. Mas qualquer expectativa de uma solução definitiva era minada pela conclusão do livro:

> Cada matriz de sentidos remete a uma outra matriz, cada mito a outros mitos, e se agora se perguntar a que sentido final se referem esses sentidos mutuamente significativos — visto que, em última instância e em sua totalidade, eles devem se referir a algo — a única resposta a emergir deste estudo é que os mitos significam a mente que os expande utilizando o mundo ao qual ela mesma pertence.²⁶

Prometendo ciência, Lévi-Strauss fornecia uma espécie de antropologia zen — mente, mito e universo em comunhão estrutural, sobrepondo-se, interpenetrando-se, refletindo-se mutuamente. Não havia solução final; apenas senso de unidade, demonstração de interconectividade última, um nirvana de pensamento e natureza.

Enquanto trabalhava no segundo volume da tetralogia, Lévi-Strauss concedeu uma longa entrevista ao jornalista Henri Stierlin para o programa de televisão *Personnalités de notre temps*, uma parte dele filmada nos escritórios decadentes do Laboratoire d'anthropologie no Musée Guimet, outra parte no escritório forrado de livros na casa de Lévi-Strauss em Paris. Agora na faixa de 55 anos, com um terno escuro sóbrio, Lévi-Strauss estava adquirindo naturalidade diante das câmeras. Sentado atrás de uma pequena escrivaninha de metal encaixada num canto, em frente a uma parede de azulejos — restos do banheiro — ou de pé diante das filas de fichários de metal, ele expôs o trabalho do Laboratoire.

Em outro segmento filmado em seu escritório, Lévi-Strauss ficou de pé, segurando as lapelas do paletó, na frente de um mural indiano decorado, e respondeu a algumas perguntas: como tinha se tornado antropólogo ("por acaso") e se de fato era possível estudar cientificamente o homem. Estudar a humanidade, explicou ele, era como estudar um molusco — uma geleia amorfa e glutinosa que secreta uma concha de forma matemática perfeita, assim como o caos da humanidade produz artefatos culturais estruturalmente perfeitos. Ele deixava o corpo viscoso para os sociólogos e os psicólogos, enquanto a tarefa mais elevada do etnógrafo consistia em examinar a beleza geométrica da concha. As tomadas eram intercaladas com lentas panorâmicas mostrando as carreiras de arquivos que compunham os Arquivos de Área Humana no Laboratoire d'anthropologie, além das cenas de uma indígena de Bornéu deitada para receber uma tatuagem na garganta, não muito diferentes das cenas dos caduveus que Lévi-Strauss tinha filmado trinta anos antes. Uma música dissonante e meditativa criava uma atmosfera de fascínio e gravidade intelectual. Eram entrevistas assim que começavam a instaurar a mística da antropologia. Lévi-Strauss, como a única figura reconhecida fora dos círculos acadêmicos, emergia como o porta-voz da disciplina, e o estruturalismo se tornava a nova onda.

Por mais abstrusos que seus livros acadêmicos estivessem se tornando, Lévi-Strauss sabia ser um bom vulgarizador das próprias ideias para o público em geral — ideias que no fundo eram fáceis de captar e filosoficamente satisfatórias. O mito é como uma partitura musical, o parentesco é como uma variação sobre um tema; a cultura é a natureza mediada pelo intelecto; o estruturalismo é a busca de "harmonias ocultas"; sob a complexidade está a simplicidade, sob o caos está a ordem e assim por diante. Com efeito, parecia que, quanto mais complicados seus escritos, mais simples suas explicações. Os breves ensaios escritos para o *Unesco Courier*, de títulos incisivos — "Esses cozinheiros não estragaram o caldo", "Curandeiros e psicanálise" e "Matemática humana" —, eram a própria encarnação da clareza e da fácil legibilidade.²⁷ Entrevistas a *Le Monde*, *Le Figaro littéraire*, *Le Nouvel Observateur*, *L'Express* e *Le Magazine littéraire* levavam essa versão reduzida de Lévi-Strauss a círculos de leitores sempre mais numerosos.

Enquanto Lévi-Strauss mergulhava cada vez mais fundo no projeto das *Mitológicas*, as sementes teóricas que semeara nos anos 1950 estavam frutificando inesperadamente em campos variados. Ele ocupava o centro do que parecia ser, para os leigos, uma aglutinação súbita de ideias. Os anos 1965-67 foram um divisor de águas. Em 1965, saiu a publicação das releituras estruturalistas de Marx feitas pelo filósofo franco-argelino Louis Althusser, *Ler O Capital* e *Pour Marx*. No ano seguinte, foi lançado o livro *As Palavras e as Coisas*, a "arqueologia" do saber de Foucault, com sua conclusão do rosto que desaparece na areia, e *Escritos*, uma coletânea de novecentas páginas de textos de Lacan. Apesar da extensão e da densidade — e até impenetrabilidade — dos dois livros, ambos venderam bem. Em 1967, no mesmo ano em que Lévi-Strauss publicou o segundo volume das *Mitológicas*, *A Origem dos Modos à Mesa*, saiu também "A morte do autor", o famoso ensaio de Roland Barthes em que ressoava a declaração de Lévi-Strauss de que não era ele que escrevia seus livros como autor, e sim que seus livros "se escreviam através dele", além de ecos de toda a abordagem das *Mitológicas*. Os mitos eram, por excelência, artefatos sem autor. Talvez algum dia alguém tenha realmente concebido mentalmente os elementos das narrativas fantásticas a que Lévi-Strauss dedicava sua vida. Mas os mitos se convertiam rapidamente em conversas culturais soltas, flutuando no éter cognitivo, como ele afirmava na frase de que, em última instância, "os mitos se pensam entre si" ("*les mythes se pensent entre eux*").²⁸

Em *Sistema da Moda*, publicado no mesmo ano, Barthes adotou uma abordagem estruturalista da moda — o mesmo projeto que Lévi-Strauss declinara anos antes. Nem todos se impressionaram muito, e o ensaísta brasileiro José Guilherme Merquior, que assistiu às aulas de Barthes, veio a escrever mais tarde: "Alguns espíritos maldosos chegavam a sugerir que, embora fosse mais ou menos óbvio que o estruturalismo não conseguira explicar a moda, a moda podia muito bem ser capaz de explicar o estruturalismo."[29]

Mais promissoras eram as leituras estruturalistas das mitologias ocidentais modernas — não as óperas de Wagner, mas os filmes clássicos. Raymond Bellour tomou os mitemas do Ocidente — a cena do chuveiro em *Psicose* de Hitchcock; Melanie (Tippi Hedren), atravessando Bodega Bay de carro em *Os Pássaros*; a famosa sequência do pulverizador agrícola de Cary Grant em *Intriga Internacional*; Philip Marlowe interpretado por Humphrey Bogart conversando com Vivian (Lauren Bacall) numa viagem de carro, montada em estúdio, em *À Beira do Abismo* de Howard Hawk. A análise de Bellour, fotograma por fotograma, examinava como a câmera se alternava entre tomadas estáticas e em movimento, distantes e próximas, curtas e longas, do falante e do ouvinte. Com colunas, diagramas e eixos, ele levou o estruturalismo lévi-straussiano para um território novo e fecundo. Jim Kitses, em *Horizons West* (Horizontes a Oeste) (1969), utilizou a abordagem geral num estudo do faroeste, examinando as obras de diretores como John Ford, Sam Peckinpah e Sergio Leone. Estruturado em contrastes entre a sociedade e a fronteira, a civilização e o agreste, o gênero era um objeto natural para a análise estruturalista. Kitses extraiu uma série de polaridades centrais — Oeste/Leste, natureza/cultura, indivíduo/comunidade — que geravam outras oposições: pureza/corrupção, autoconhecimento/ilusão, humanidade/selvageria. Rastreou motivos comuns, como a comunidade em perigo, o forasteiro e o sacrifício. Como grande parte da obra de Lévi-Strauss, o revelador não era tanto a conclusão, mas a análise densa e cerrada. Ao submeter essas cenas e gêneros mais do que batidos a uma leitura minuciosa, decompondo-os em suas unidades constitutivas e examinando suas propriedades estruturais, eles adquiriam uma nova vida.[30] Era quase como passar pelo subconsciente do diretor.

Surgiram também grandes marcos na linguística e na psicologia, com *O Estruturalismo* de Piaget e *Linguagem e Mente* de Noam Chomsky, ambos publicados em 1968, junto com a nova edição da Payot do famoso *Curso de Linguística Geral* de Saussure. Houve uma avalanche de comentários, teses de doutorado e livros sobre o estruturalismo, entre eles *Clefs pour le structuralisme* (Chaves para o estruturalismo) de Jean-Marie Auzias e uma coletânea de reflexões em diferentes disciplinas, *Qu'est-ce que le structuralisme?* (O que é o estruturalismo?). Revistas literárias publicavam edições especiais sobre o fenômeno, sendo que *Les Temps modernes*, *L'Arc* e *Esprit* dedicaram números inteiros à obra de Lévi-Strauss. Todos recorriam à metáfora da linguagem, a matrizes anônimas, a sistemas de inter-relações e à concepção da cultura em termos lógicos e diagramáticos. "O estruturalismo era o ar que respirávamos", recordou Anne-Christine Taylor, diretora de pesquisas do Musée du Quai Branly, que tinha sido orientanda de Lévi-Strauss em sua pesquisa de doutorado, nos anos 1970.[31]

Em julho de 1967, saiu uma ilustração de Maurice Henry no periódico literário *La Quinzaine littéraire*, com caricaturas de Michel Foucault, Lévi-Strauss, Jacques Lacan e Roland Barthes como membros de uma tribo, com tangas de folhas, sentados numa floresta tropical. Foucault está sorrindo e explicando alguma coisa; Lacan, de peito nu e sua indefectível gravata-borboleta, faz uma cara de desaprovação; Lévi-Strauss está concentrado numa folha de papel, enquanto Barthes está à vontade, inclinado para trás, apoiando-se nas mãos. Com uma média de idade acima dos 50 anos (Lacan já estava na faixa dos 65), não eram exatamente da nova geração, mas mesmo assim estavam na vanguarda intelectual. Henry captou bem o momento: um grupo de homens na meia-idade, externamente conservadores, lidando com exotismos densamente intelectualizados — uma mescla de cultura tribal e psicanálise, de teoria literária e antropologia.

Quando o estruturalismo estava em seu auge na segunda metade dos anos 1960, Stanley Kubrick lançou *2001: Uma Odisseia no Espaço*. Com um clima de mistério desconhecido, os personagens que pareciam submetidos ao ambiente — afinal dominados por uma máquina — e a trilha sonora frenética e impessoal de György Ligeti, o filme captava o vazio assustador de um mundo pós-humanista. Foi também nessa mesma época que surgiu a música minimalista, quando compositores como Terry Riley e Steve Reich romperam com a dissonância angustiada que vinha caracterizando a música moderna fazia um bom tempo e começaram a experimentar novas formas de expressão. Melodias circulares gradualmente saindo do compasso, repetições com rupturas periódicas, o efeito de monotonia — tudo isso era o equivalente sonoro da sucessão de modelos similares e ao mesmo tempo diferentes que apareciam na tetralogia das *Mitológicas*. Ou nas tatuagens caduveias, conforme avançavam em suas centenas de variações sutis sobre o mesmo tema. Simultaneamente moderna e antiga, religiosa e ateia, fria e romântica, a estética estruturalista sinalizava um afrouxamento, uma descarga de tensão espiritual — não por meio de um reconforto tranquilizador, mas como resultado de se estar lançado no vazio.

Segundo o historiador François Dosse, o estruturalismo alcançou o auge em 1966, e em 1967 os intelectuais começavam a se distanciar do rótulo:

> Alguns autores procuravam trilhas menos batidas para evitar o epíteto de "estruturalistas". Alguns chegaram a negar que algum dia tivessem sido estruturalistas, à exceção de Claude Lévi-Strauss, que prosseguiu em sua obra independentemente das modas do momento.[32]

Já havia sinais do que viria a ser conhecido como pós-estruturalismo, com as objeções iniciais de Jacques Derrida a Lévi-Strauss e Foucault em *Gramatologia* e *Escritura e Diferença*, ambos publicados em 1967 (embora vários dos ensaios fossem muito anteriores). Dosse afirmou também que foi neste exato momento de desagregação que os meios de comunicação realmente assimilaram o fenômeno.[33]

Coisa única para um antropólogo francês — na verdade, para qualquer antropólogo —, Lévi-Strauss conquistou fama mundial. Agora seus livros apareciam em traduções para o inglês: *The Savage Mind*, a controversa tradução de *O Pensamento Selvagem*, saiu em 1966, e *The Elementary Structures of Kinship* saiu tardiamente em 1969, junto com *The Raw and the Cooked*. O *Newsweek* publicou um artigo, "Lévi-Strauss's Mind" ("O pensamento de Lévi-Strauss"), acompanhando a publicação de *O Pensamento Selvagem*. A revista *Time* reagiu com o ensaio "Man's New Dialogue with Man" ("O novo diálogo do homem com o homem"), o *New York Times* se seguiu com um texto mais penetrante, "There Are No Superior Societies" ("Não existem sociedades superiores"), escrito pelo autor e biógrafo franco-americano Sanche de Gramont (assinando como Ted Morgan, anagrama de De Gramont). Lévi-Strauss falou na televisão americana, entrevistado na CNBC por Edwin Newman, no programa *Speaking Freely*, e apareceu em "People Are Talking About..." ("As pessoas estão falando de..."), página de ensaios fotográficos da *Vogue*, fotografado por Henri Cartier-Bresson. Enquanto isso, não paravam de se multiplicar os títulos honorários — de Yale, Colúmbia, Chicago e Oxford — e os simpósios Lévi-Strauss se espalharam pelas universidades do mundo. Como disse um antropólogo americano, no final dos anos 1960 Lévi-Strauss "era tão inevitável nos coquetéis como azeitona de aperitivo".[34]

Para Lévi-Strauss, toda essa exposição era uma faca de dois gumes. Sem dúvida ela lhe dava uma consolidação institucional. Depois de conseguir verbas da sexta seção de Braudel e do CNRS, o Laboratoire d'anthropologie finalmente se transferiu de suas instalações precárias no Musée Guimet, no começo de 1966, para o próprio Collège, em salas antes ocupadas pela cátedra de geologia. Os escritórios espaçosos, guarnecidos com mesas de carvalho maciço e armários de mogno antigos onde Luís XVIII tinha guardado suas coleções minerais, eram a materialização de um sonho de Lévi-Strauss. Ele ficou encantado com a atmosfera tradicional, sua "aura de biblioteca ou laboratório da metade do século XIX". As instalações combinavam com a imagem que Lévi-Strauss tinha a respeito do Collège, com suas alas consagradas e pátios com arcadas, onde grandes estudiosos haviam trabalhado ao longo dos séculos. "Era assim que eu via o Collège de France onde aspirava ingressar: o local de trabalho de Claude Bernard, Ernest Renan", comentou depois de se aposentar.[35] Embora o mobiliário fosse transferido para uma mansão em Meudon, perto de Paris, Lévi-Strauss supervisionou a renovação e polimento das madeiras e das antigas estantes de livros em seu escritório. Quando o projeto das *Mitológicas* avançou para a América do Norte, ele afixou um mapa dos Estados Unidos, de 2 por 3 metros, na parede atrás de sua enorme escrivaninha. Como se fosse uma sala de guerra, ele podia marcar as coordenadas de novos mitos no avanço para o norte.

O Laboratoire se converteu num grande centro internacional de pesquisas, frequentado por estudiosos de todo o mundo, como o importante antropólogo americano Marshall Sahlins, que passou o final dos anos 1960 em Paris. O foco do Laboratoire sempre seria a antropologia, mas era tido como o centro mais avançado em ciências humanas e abrigava seminários interdisciplinares, inclusive sessões com as novas estrelas ascendentes do pós-estruturalismo: o semiótico lituano Greimas, o teórico do cinema

Christian Metz, a crítica literária búlgaro-francesa Julia Kristeva e o teórico cultural Tzvetan Todorov.[36]

Agora o trabalho de Lévi-Strauss era alimentado pelos relatórios de campo dos estudiosos do instituto — uma nova geração de etnógrafos, muitos nascidos na década de 1930, quando era Lévi-Strauss que estava em campo. Antes de se suicidar, Lucien Sebag tinha ido a campo com Pierre Clastres, para pesquisar os grupos indígenas guaiaquis, euiaques e ayorés no Paraguai e na Bolívia. Arlette Frigout estava estudando os hópis no Arizona; outro grupo — incluindo Pouillon, Robert Jaulin, Isac Chiva, Ariane Deluz e Françoise Héritier — trazia dados de toda a África. Desde 1967, Maurice Godelier estava na Nova Guiné estudando os baruias, tribo das montanhas cujos contatos com estrangeiros haviam se iniciado apenas nos anos 1950. O arranjo agradava a Lévi-Strauss — "eles ficam felizes em passar um ano numa terra tropical, e eu fico feliz em permanecer em Paris e escrever em meu 'laboratório', ouvindo música clássica", disse ao escritor Guy Sorman.[37] A expansão do Laboratoire facilitou muito o trabalho de Lévi-Strauss. Agora dispunha de uma grande equipe de apoio para o projeto das *Mitológicas* — Pouillon transcrevia suas aulas, Isac Chiva e Monique, a mulher de Lévi-Strauss, liam e corrigiam os primeiros rascunhos, e outros pesquisadores compilavam mitos.

Mas, no plano intelectual, a súbita voga do estruturalismo gerou atritos. Tão logo ficou sob os holofotes, Lévi-Strauss começou a se distanciar publicamente da "mania jornalística", como dizia ele, de relacionar seu trabalho aos outros pensadores — Lacan, Foucault, Barthes — aos quais era constantemente associado.[38] Na entrevista com Gramont para a matéria do *New York Times*, ele foi muito direto ao rejeitar sua nova posição de ídolo:

> No sentido em que hoje entende a opinião francesa, não sou um estruturalista. [...] A melhor maneira de explicar a atual paixão pelo estruturalismo é que os intelectuais franceses e o público francês cultivado precisam de novos brinquedos a cada dez ou 15 anos. Vamos deixar algo muito claro. Nunca guiei nem dirigi nenhum movimento ou doutrina. Faço meu trabalho praticamente isolado, cercado apenas por uma equipe de etnólogos. Quanto aos outros, não quero citar nomes, mas falar em estruturalismo em relação a certos filósofos

e nomes literários, por mais talentosos ou inteligentes que possam ser, parece ser um caso de confusão completa entre as coisas. Tenho a maior admiração pela inteligência, pela cultura e pelo talento de um homem como Foucault, mas não vejo a mais remota semelhança entre o que ele faz e o que eu faço.[39]

Os únicos verdadeiros estruturalistas, segundo Lévi-Strauss, eram ele mesmo, o linguista Émile Benveniste e o mitógrafo e filólogo comparativista Georges Dumézil.[40] Era uma escolha estranha. Embora ele sentisse claras afinidades intelectuais com Benveniste e Dumézil, que eram colegas e amigos, na verdade Lévi-Strauss raras vezes se referiu a eles em sua obra, que possuía um perfil muitíssimo mais avançado.

O que Lévi-Strauss não conseguia enxergar era que ele mesmo era, em parte, o responsável pelo culto em torno de si e de sua obra. Estava aparecendo muito nos meios de comunicação e, além disso, sua obra de maturidade dava uma aura mística a um material já por si exótico. Lendo Lévi-Strauss — como também algumas passagens de Foucault ou Lacan —, tinha-se a impressão que era um profeta sugerindo verdades profundas.[41] Lévi-Strauss podia julgar que estava sendo objeto de mal-entendidos grosseiros. Como disse a um jornalista de Le Monde: "O estruturalismo, praticado sensatamente, não traz uma mensagem, não possui uma chave mestra, não procura formular uma nova concepção do mundo, nem mesmo da humanidade; não pretende fundar uma terapia nem uma filosofia." Mas o simples fato de lhe parecer necessário negar qualquer significado mais profundo em sua obra falava por si só.

Mesmo antropólogos profissionais não eram imunes aos aspectos carismáticos do pensamento de Lévi-Strauss. Claude Meillassoux conta que havia assistido aos seminários de Lévi-Strauss no auge do projeto das *Mitológicas*:

> Eu ia aos cursos de Lévi-Strauss no Collège de France. Ele era o rei que abria a porta; no momento em que parecia ter se encontrado a pedra filosofal, ele fechava de novo a porta e escolhia outro tema no seminário seguinte. Mesmo assim, era fascinante porque ele aparecia com comparações e combinações intelectualmente instigantes.[42]

Em seus momentos mais expansivos, Lévi-Strauss era grandiloquente, discorrendo sobre a Natureza com N maiúsculo, os modos universais de pensamento, o budismo, a morte da arte e a eliminação do eu. Mas, a seus próprios olhos, ele era um mero artesão da investigação cultural, um estudioso documentando e analisando pacientemente os mitos indígenas. Quanto mais protestava, mais os comentadores e críticos viam os contornos de um discurso unificado que percorria não só as ciências humanas, mas também a política e a cultura da atualidade.

Alguns consideravam que o surgimento do estruturalismo era mais do que o simples nascer de um novo movimento intelectual, sendo também um reflexo da França contemporânea. Depois do fim traumático da guerra na Argélia, a França ingressara numa fase de imobilidade sob o governo do velho general De Gaulle, de um conservadorismo esclerosado. Golpeado repetidamente pelas forças históricas do século XX, o país voltava a suas raízes provinciais enquanto se modernizava discretamente. Os sistemas fechados e inertes do estruturalismo se adequavam a uma época em que a história francesa se esgarçava, se esfriava, diminuía o passo; seus apelos à ciência, à matemática e à geometria se adequavam a uma era tecnocrática. Como escreveu Gramont em *New York Times*: "Apesar dos pronunciamentos do general De Gaulle nos dois hemisférios, a França já não exerce muita influência nos assuntos mundiais. De Gaulle parece, de fato, querer congelar a história [...] talvez venha a ser lembrado como o primeiro chefe de Estado estruturalista."[43]

O argumento recebeu um viés político num artigo de François Furet para o periódico liberal de esquerda *Preuves*. Furet associava o surgimento do estruturalismo ao declínio das aspirações políticas marxistas. A revolução não estava mais no ar; a ordem repressora de De Gaulle tinha silenciado a Esquerda.[44] Sartre, tendo se recuperado dos ataques sofridos em *O Pensamento Selvagem*, colocou a questão em termos mais incisivos — o estruturalismo era "a última barreira que a burguesia ainda pode erguer contra Marx".[45]

Conforme avançava a década de 1960, Lévi-Strauss se engolfava cada vez mais no projeto das *Mitológicas*. Estava numa identificação total com a obra. Levantava-se diariamente às cinco da manhã, e entrava em comunhão com os grupos indígenas com que estava trabalhando, habitando seu mundo e seus mitos "como num conto de fadas".[46] Era um processo de imersão absoluta. "Os mitos se reconstituem por meu intermédio", disse a Raymond Bellour. "Tento ser o lugar por onde passam os mitos. Eu me deixei ser totalmente, inteiramente penetrado pela matéria dos mitos. O que quero dizer é que, durante aquele período, os mitos existiram mais do que eu."

Lévi-Strauss comparava os elementos míticos a átomos, moléculas, cristais e fragmentos de vidro num caleidoscópio, mas na verdade seu método se baseava na intuição, no instinto e no talento intelectual — e até no acaso. "É preciso deixar o mito incubando dias, semanas, às vezes meses", disse ele nos anos 1980, "até que de repente algo dá um estalido".[47] Ele também comentou que fazia anotações em fichas que depois distribuía aleatoriamente, na esperança de encontrar correlações imprevistas.[48] A abordagem artística era sedutora, mas muitos antropólogos profissionais — em especial os anglo-americanos — ficavam indiferentes a ela.

No segundo volume da tetralogia das *Mitológicas*, *Do Mel às Cinzas*, alguns já começavam a perder a paciência. O antropólogo inglês David Maybury-Lewis, então professor em Harvard, estava em boa posição para fazer uma crítica ao projeto em andamento das *Mitológicas*. Ele era um brasilianista que tinha feito pesquisas de campo entre os xavantes e seus vizinhos xerentes em meados dos anos 1950 — os dois pertenciam ao grupo gê do Brasil Central, intimamente ligados aos bororos e bem dentro da esfera de análise de Lévi-Strauss. Embora tivesse simpatias pela abordagem estruturalista, Maybury-Lewis tinha escrito em 1960 uma crítica pormenorizada do ensaio "Existem Organizações Duais?" de Lévi-Strauss, contestando-o em bases etnográficas e também teóricas, à qual Lévi-Strauss tinha respondido com uma longa refutação, até cáustica em algumas passagens.[49]

Numa resenha para o periódico *American Anthropologist*, Maybury-Lewis descreveu a leitura de *Do Mel às Cinzas* como "uma das tarefas mais exasperantemente ingratas que me lembro de ter assumido na vida. [...] O que era desculpavelmente experimental em *O Cru e o Cozido*", prosseguia ele, "se torna francamente irritante em sua continuação". Com efeito, *Do Mel às Cinzas* era um livro difícil, onde os argumentos de Lévi-Strauss se afastavam cada vez mais das interpretações correntes. Prosseguindo com as investigações do primeiro volume sobre as origens do cozimento, Lévi-Strauss injetou dois outros elementos simetricamente opostos, o mel e o tabaco. O mel, como alimento que se encontrava pronto na natureza, era "menos do que cozido", colocado ao "lado contíguo do cozido"; o tabaco, sendo "mais do que cozido" — de fato, transformado em fumaça e cinzas — ocupava uma posição estrutural no "lado distante do cozido". Opunham-se em termos sensoriais, um úmido e viscoso, o outro seco e friável, levando a mais oposições entre a chuva e a seca, a fartura e o jejum. O mel, como tentação da natureza, representava a descida à terra; o tabaco, com o evolamento ascendente da fumaça, representava a subida aos céus, e portanto o jogo entre alto/baixo, céu/terra, mundo/paraíso presente nos mitos. À medida que Lévi-Strauss avançava além do núcleo de mitos ameríndios que examinara em *O Cru e o Cozido*, surgia outro conjunto mais fundamental de oposições: a lógica das formas. Continente/conteúdo, vazio/cheio, fora/dentro eram temáticos — como se via, por exemplo, na proliferação de cabaças vazias e cheias; ou, num contraste mais complexo, no tronco sem casca contraposto ao bambu: o primeiro era um cilindro sólido, o segundo um envoltório oco; aquele com uma ausência externa, este um vazio interno. *Do Mel às Cinzas* trazia mais fórmulas matemáticas e mais elementos de uma lógica da *pensée sauvage*, além de momentos poéticos: a rá está para a abelha como o molhado está para o seco, por exemplo.

Mas Maybury-Lewis não se convenceu. As oposições pareciam forçadas com excessiva frequência, baseando-se apenas muito levemente na etnografia. Lévi-Strauss parecia mais interessado em fechar seus próprios circuitos lógicos do que em apresentar fielmente as crenças dos povos indígenas abordados. O problema, em parte, residia no estilo da prosa, repleta de contradições, suposições e saltos associativos improváveis, "tal como a arenga de um feiticeiro para distrair a atenção do que está realmente acontecendo".[50]

Como Leach em suas críticas a *Estruturas Elementares*, o trabalho de campo de Maybury-Lewis lhe permitia contestar diretamente o uso lévi-straussiano da etnografia do Brasil Central. Uma característica estrutural básica da mitologia centro-brasileira nos dois primeiros volumes das *Mito-

lógicas era que a onça-macho (muitas vezes a guardiã do fogo, a figura fundadora nas origens do cozimento) tinha uma esposa humana. Lévi-Strauss tirou esse dado de um parêntese numa versão de um mito caiapó, e passou a aplicá-lo a toda uma série de outros mitos. Mas, segundo Maybury-Lewis, informantes dos caiapós, apinagés, xerentes e xavantes negaram categoricamente esse elo, afirmando que a mulher da onça-macho era mesmo uma onça-fêmea.

Afora o detalhismo etnográfico, Maybury-Lewis considerava insatisfatória toda a base do projeto. Apesar de invocar a ciência, as proposições de Lévi-Strauss, como interpretações altamente idiossincráticas, eram por essência indemonstráveis. A abrangência interpretativa de Lévi-Strauss era tão ampla que seria possível extrair uma infinidade de significados. Como escreveu o romancista John Updike em *New Yorker*, "concedida uma tal licença de busca, fica fácil embolsar paralelos e homologias — uma brincadeira de criança para um cérebro tão ágil como o de M. Lévi-Strauss".[51] Mas, a despeito de sua avaliação, Maybury-Lewis não podia deixar de sentir admiração pelo projeto extraordinário de Lévi-Strauss: "mesmo que essas [ideias] sejam indemonstráveis ou indemonstradas, isso não significa necessariamente que são insignificantes ou mesmo implausíveis. É por isso que *Do Mel às Cinzas* é tão instigante. Muita coisa nele parece certa".[52]

Rodney Needham, na época professor de antropologia na Universidade de Oxford, foi menos indulgente com a abordagem intuitiva de Lévi-Strauss nas pesquisas. Quando começou a organizar a tradução de *As Estruturas Elementares*, quase vinte anos depois da publicação original, Needham, antigo defensor de Lévi-Strauss na Inglaterra, já tinha traduzido *O Totemismo Hoje* (publicado pela Merlin Press em 1964, com o título *Totemism*). O processo era trabalhoso, envolvendo dois tradutores na Austrália que remetiam cada capítulo de volta a Oxford, com suas dúvidas sobre o idioma, a interpretação e as fontes, para que Needham cotejasse de novo com o francês. Needham esmiuçou as quinhentas páginas do livro de Lévi-Strauss, encontrando inúmeras discrepâncias, citações mal-transcritas e erros nas referências. Em parte, isso se devia a todo o estilo de trabalho de Lévi-Strauss — a abordagem enciclopédica e a ambição teórica, a abrangência dos projetos e a cobiça intelectual às vezes levavam a erros, fato que ele admitia abertamente. ("Não há nenhuma pretensão de que a obra esteja isenta de erros factuais e interpretativos", escrevia ele de maneira desarmante no prefácio da primeira edição, ao passo que na segunda edição declarou espontaneamente: "Reconheço que sou um revisor de provas execrável [...] depois de pronto, o livro se torna um corpo estranho, um defunto incapaz de prender meu interesse.") Mas seu método de seguir as ideias em movimento era um anátema para Needham; acadêmico ao estilo antigo, fanático pela exatidão das referências e pela precisão etnográfica, ele começou a alimentar dúvidas. "O conhecimento dele era inconfiável", disse-me Needham. "Se tomarmos os exemplos em *Estruturas Elementares*, muitas vezes estavam errados em si ou com a interpretação errada — não é possível remeter os estudantes às obras de Lévi-Strauss com um mínimo de confiança."⁵³

Depois do fiasco de *The Savage Mind*, Lévi-Strauss quase não se envolvia mais no processo de tradução.⁵⁴ Mas encontrou tempo para acrescentar um prefácio de última hora, onde criticava a interpretação de Needham de suas teorias, reiterando os comentários que fizera na Conferência em Memória a Huxley, que tinha apresentado em Oxford em 1965. Os pontos tratados agora podem parecer enigmáticos — o argumento girava em torno das distinções entre sistemas de casamentos prescritos e preferenciais, regras teóricas e comportamentos efetivos. Mas, para Needham, esse acréscimo tardio, na edição final de um projeto ao qual ele dedicara tanto tempo e energia, foi doloroso.

Quando visitei o professor Needham, logo antes de sua morte em 2006, em seu apartamento na Holywell Street, bem no centro das faculdades de Oxford, ele ainda estava ressentido, mesmo décadas depois. "Eu ia ler algumas coisas de Lévi-Strauss para me preparar para nossa entrevista", disse-me quando sentamos em sua sala meticulosamente arrumada, simples e elegante, com uma decoração despojada anos 50, "mas *recuei* da ideia".⁵⁵ A divergência ainda era funda — Needham tinha forrado as paredes de seu gabinete com fotos de grandes intelectuais, e o retrato de Lévi-Strauss virado para a parede. Outrora partidário de Lévi-Strauss e figura central no surgimento de uma versão britânica do estruturalismo, Needham agora considerava Lévi-Strauss um escritor exagerado, artificial, grandiloquente. Depois do afastamento entre ambos, ele escreveu no *Times Literary Supplement* que a obra de Lévi-Strauss devia ser vista como "um empreendimento surrealista [...] liberto das restrições da exatidão, da lógica e da responsabilidade do estudioso".⁵⁶ Quando perguntei a Lévi-Strauss sobre Needham, ele respondeu com simplicidade: "Ele foi bondoso e prestativo tentando popularizar minhas ideias para o mundo anglo-saxão, mas da maneira como ele fez ela foi mal-interpretada, e eu disse isso — o mesmo vale para Leach."⁵⁷ Mas talvez o sucessor de Lévi-Strauss no Collège de France, Philippe Descola, tivesse uma explicação mais convincente: Lévi-Strauss não gostava de imitadores, disse-me ele, e rejeitava colaborações, mesmo que os laivos programáticos de suas pesquisas atraíssem potenciais colaboradores.⁵⁸

Sob as fissuras havia diferenças concretas na cultura intelectual de um Lévi-Strauss e seus colegas anglo-saxões. De fato é difícil imaginar um antropólogo inglês ou americano escrevendo uma frase como: "[...] *it is in the last resort immaterial whether in this book the thought processes of the South American Indians take shape through the medium of my thought, or whether mine take shape through the medium of theirs*" ["é em última instância irrelevante se neste livro os processos de pensamento dos índios sul-americanos tomam forma por meio de meu pensamento, ou se os meus tomam forma por meio do deles"].⁵⁹ A longa permanência de Lévi-Strauss nos Estados Unidos não havia modificado sua perspectiva filosófica essencialmente europeia. Apesar de todos os apelos à autoridade mais alta das ciências exatas, apesar de todo o uso de metáforas extraídas da física, da química, da astronomia e sobretudo da linguística, a abordagem de Lévi-Strauss se tornava mais literária e mais filosófica com o avançar dos anos. A tal ponto que, quando a University of Chicago Press, sua editora americana, acrescentou o subtítulo "Introdução a uma Ciência da Mitologia" em todos os volumes das *Mitológicas*, Lévi-Strauss parece ter ficado muito desgostoso. As pretensões estritamente científicas de sua obra começavam a perder a importância para ele. Afinal, ainda estava usando os modelos linguísticos estruturais de Jakobson, de vinte anos antes, como molde para suas próprias teorias, numa época em que a linguística como disciplina estava em franco avanço.

O linguista Noam Chomsky, que encabeçara a revolução, mencionou rapidamente a obra de Lévi-Strauss em *Linguagem e Mente* (1968), publicado no auge do estruturalismo francês. Embora simpatizasse com sua orientação geral, Chomsky rejeitava o uso da linguística em Lévi-Strauss. Aspectos formais da linguagem identificados por linguistas estruturais como Jakobson não passavam, para Chomsky, de epifenômenos de regras mais profundas — a gramática gerativa que ele e seus colegas estavam investigando na época. "Não há nada a dizer sobre a estrutura abstrata dos vários padrões que aparecem em diversas fases de derivação", concluía ele. "Se isso estiver correto, não se pode esperar que a fonologia estruturalista em si forneça um modelo útil para o exame de outros sistemas culturais e sociais." Era uma ideia até irônica: será que, apesar da insistência de Lévi-Strauss em atravessar as realidades de superfície e encontrar verdades estruturais mais profundas, o modelo linguístico por ele escolhido representava uma simples capa externa por sobre os mecanismos da linguagem, ocultos num nível ainda mais profundo? Lévi-Strauss jamais parou para contemplar essa hipótese. Suas coordenadas já estavam estabelecidas e o ritmo de produção era tão acelerado que não havia retorno.

Talvez não seja de admirar que um dos críticos mais perspicazes de Lévi-Strauss estivesse dos dois lados das fronteiras latinas/anglo-saxãs e antropológicas/linguísticas. O antropólogo francês Dan Sperber tinha estudado sob a orientação de Georges Balandier e fora trabalhar com Rodney Needham em Oxford, além de assistir aos seminários de Noam Chomsky e Lévi-Strauss nos anos 1960. Na juventude, sentira-se atraído por Lévi-Strauss e pelo estruturalismo, e foi para Oxford para divulgá-lo, mas logo considerou a teoria lévi-straussiana insuficiente. "O modelo não funcionava sequer em seu campo inicial, a linguística. Sua pretensão de funcionar para o resto do universo era extremamente duvidosa", disse Sperber ao historiador François Dosse.[60]

Numa das críticas mais penetrantes a Lévi-Strauss, Sperber concluía que, embora suas intuições fossem corretas, o estruturalismo "era uma moldura pouco inspiradora para um quadro sob outros aspectos inspirado e estimulante".[61] Nos anos 1970, ele começou a trabalhar do zero, somando os avanços contemporâneos na linguística, na psicologia cognitiva e na neurociência, na tentativa de fundar uma verdadeira ciência — a que deu o nome de "epidemiologia" das ideias. Lévi-Strauss não se interessou pelo trabalho, embora fosse diretamente inspirado pelas questões centrais que haviam alimentado toda a sua carreira. "Quanto a Sperber", disse ele a

Eduardo Viveiros de Castro nos anos 1990, "não entendo nada do que ele escreve! E esse negócio sobre epidemiologia me parece uma volta tão grande ao passado!".[62]

Com a publicação de *A Oleira Ciumenta* — a segunda parte das *petites mithologiques*, que escreveu depois como acompanhamento da tetralogia original —, Lévi-Strauss disse a Sperber que concebera o livro como uma resposta a suas ideias. Sperber foi correndo comprar um exemplar, mas se decepcionou ao ver que não havia uma única referência a seu trabalho. Quando comentei isso com Lévi-Strauss, ele deu risada. "Era uma brincadeira", respondeu. "Sperber tinha me criticado porque, depois de introduzir a fórmula canônica para os mitos, $F_x(a) : F_y(b) \simeq F_x(b) : F_{a-1}(y)$", mencionada primeiramente em sua análise estrutural de Édipo Rei e depois rapidamente citada em *Do Mel às Cinzas*, "nunca mais me referi a ela. Em *A Oleira Ciumenta*, eu a mencionei". Numa última ironia, em 2009 Dan Sperber foi o primeiro a receber o Prêmio Claude Lévi-Strauss, concedido a nomes de excelência nas ciências sociais.

Indiferente às críticas, Lévi-Strauss prosseguia e no começo de 1968 estava terminando o terceiro volume, *A Origem dos Modos à Mesa*. Nessa época, já tinha chegado a mais de quinhentos mitos, tomando cada um em separado, selecionados por afinidades lógicas e recombinados em conjuntos estruturais. Ele comparou o processo ao paciente trabalho de desmontar os mecanismos de um relógio — mas este era um relógio de tipo estranho, cujas rodas e engrenagens pareciam ter se juntado ao acaso, com simetrias e proporções que só se revelavam após comparações exaustivas entre dezenas de mecanismos sutilmente diferentes. Ele fez outra comparação mais plausível: um fotógrafo trabalhando no quarto escuro da consciência humana, revelando as "propriedades latentes, mas ocultas" dos mitos.[63]

Etnograficamente, Lévi-Strauss tinha chegado à América do Norte, trocando as selvas amazônicas pelas pradarias do Meio-Oeste e os índios das planícies, numa mudança de foco que disse ser "quase equivalente a explorar um outro planeta".[64] Conceitualmente, o terceiro volume acrescentava um elemento que complicaria ainda mais um esquema já complexo: o tempo. Inspirando-se na proliferação de mitos com viagens de canoa, Lévi-Strauss começou a examinar as configurações sempre variáveis entre o "aqui" e o "lá", o perto e o longe, a maré baixa e a maré cheia, o aumento e a diminuição do nível das águas, e assim por diante.

Os mitos com viagens de canoa levaram às jornadas pelos rios, aos vaus e às inundações, a discussões sobre figuras míticas constantes — o barqueiro, "um semicondutor", transportando alguns e impedindo outros[65] — e a "mulher agarrada", um personagem curioso que se agarra às costas do herói. Lévi-Strauss traçou paralelos entre o sol e a lua, entre o timoneiro e o remador, ambos viajando juntos, com uma distância fixa entre eles — exatamente como grupos com relações de parentesco. O sol e a lua geraram outras oposições mais: verão e inverno, grupos nômades e grupos sedentários, caça e agricultura, guerra e paz, conforme Lévi-Strauss passava de oposições simples para estruturas quaternárias mais complexas. Embora agora estivesse trabalhando num meio cultural totalmente diverso, ele descobriu que o mito norte-americano das "esposas do sol e da lua" era, de fato, uma transformação da série original do descobridor de ninhos. Agora surgia uma visão panorâmica das Américas, "com os mitos dos descobridores de ninhos num eixo vertical, e a saga da Lua correndo na horizontal".[66]

Havia mais materiais escatológicos valiosos, sobretudo no exame a que procedeu sobre o bloqueio e os personagens obstruídos, como o M_{524}, um relato taulipangue da Guiana explicando as origens do ânus. No começo, nem homens nem animais tinham ânus, e defecavam pela boca. Um ânus sem corpo vagueava entre eles, e escarnecia de todos peidando na cara deles e fugindo. Mas eles o perseguiram e pegaram, cortaram-no em pedaços e distribuíram entre todos os animais — alguns maiores, outros menores, dependendo do tamanho atual de seus orifícios. É por isso que todos os seres vivos possuem ânus, do contrário teriam de defecar pela boca ou explodiriam, assim contava a história.[67]

Numa seção final, que parecia estranhamente desvinculada do resto do livro, Lévi-Strauss reintroduziu seu famoso "triângulo culinário" — uma versão gastronômica da linguística estrutural de Jakobson, que fora publicada inicialmente na revista *L'Arc* em 1965.[68] Usando o modelo triangular de Jakobson das distinções sonoras, Lévi-Strauss substituiu os fonemas por "gustemas". As vogais e as consoantes se tornaram o cru, o cozido e o podre, que ficavam nos vértices do triângulo, com o ar e a água em dois lados operando como mediadores.

Era uma argumentação complexa, examinando todas as várias permutações entre assar, ferver e defumar dentro desse esquema. A fervura, por exemplo, era comparada ao apodrecimento, pois, por intermédio da água, ela "decompunha" o cozido; a defumação, por sua vez, era uma forma lenta e completa de cozimento por meio do ar, em oposição ao cozimento parcial e intenso do assado. Numa comparação entre alimentos fervidos e assados, Lévi-Strauss sustentou que aqueles estavam associados à frugalidade doméstica, enquanto estes tinham um papel teatral, cerimonial. "A fervura oferece um meio de preservação completa da carne e seus sucos", concluiu ele, "ao passo que o assamento é acompanhado pela perda e pela destruição. Assim, um denota economia, o outro prodigalidade; este é aristocrático, aquele é plebeu".[69] Para demonstrar suas afirmações, ele apresentou exemplos extraídos de Aristóteles, da *Enciclopédia* de Diderot e D'Alembert e do Marquês de Cussy, ao lado de dados etnográficos dos caingangues, maoris e jivaros, num verdadeiro *tour de force* de estruturalismo popular.

Num processo de recapitulação constante, ele avançava e recuava em seu estoque de mitos, comparando, traçando paralelos, encontrando novos ângulos ao incorporar materiais anteriores em desdobramentos analíticos posteriores. Tudo está ligado, declarou ele no prefácio a *A Origem dos Modos à Mesa*, "M_{428} se liga a M_{10} em *O Cru e o Cozido*. [...] M_{495} coincide com um grupo de mitos (M_1, M_{7-12}, M_{24})" — a série bororo e gê que dera início a todo o projeto. Assim, o leitor podia começar pelo volume III e ir para o volume I, e aí, "se se interessar, pode embarcar no volume II".[70] Também poderia começar pelo volume II, explicou Lévi-Strauss, então voltar para o volume I e terminar com o III, ou ainda passar em sequência do volume II para o III, e deixar o volume I por último.

Após algumas centenas de mitos, os argumentos de Lévi-Strauss sempre tomavam uma nova direção. Sua jornada geográfica pelas Américas vinha a par de uma jornada conceitual, um acréscimo progressivo de camadas lógicas — sensoriais, formais, espaciais — que percorriam as narrativas míticas. Comparando conjuntos de mitos, ele viu que diferentes grupos indígenas não só tinham invertido elementos míticos específicos, mas também os haviam transposto para códigos totalmente novos, culinários e astronômicos, sexuais e cosmológicos. *A Origem dos Modos à Mesa* representava o passo mais ousado na argumentação, como o ponto em que o elemento temporal entrava na equação. As relações entre os termos se tornavam oposições relativas, não absolutas, e numa espécie de guinada modernista ameríndia, os próprios mitos eram meditações sobre a natureza dessas relações. Para Lévi-Strauss, as histórias sobre a lua, os espinhos de ouriço, o rio Rosa, uma velha repulsiva e lasciva eram veículos para a reflexão sobre propriedades cada vez mais abstratas — a conjunção, a disjunção e a mediação.[71]

Lévi-Strauss tinha chegado aos limites extremos da *pensée sauvage*, o ponto em que "a ciência do concreto" começava a admitir o pensamento abstrato. Chegando à periferia, o pensamento mítico começava a se degradar, suas narrativas se convertendo numa série de episódios curtos e repetitivos que Lévi-Strauss comparou ao *roman-feuilleton* — os romances publicados em partes nos suplementos dos jornais, uma espécie de *pulp fiction* oitocentista. Para ele, o último herdeiro do colapso do pensamento mítico era o romance moderno. Preso em gêneros rígidos, com temas e personagens repetitivos, o romance se alimentava de elementos míticos extraídos de seu contexto original, como Lévi-Strauss explicou com essa imagem lírica:

> O romancista segue à deriva entre esses fragmentos flutuantes que se desprenderam da banquisa, por assim dizer, derretidos pelo calor da história. Ele coleta esses elementos dispersos e os reutiliza conforme aparecem, tendo ao mesmo tempo a vaga consciência de que eles se originam de alguma outra estrutura, e que se tornarão cada vez mais raros à medida que ele for levado por uma corrente diferente da que os unia.[72]

Antes, em conversas com Georges Charbonnier e na "Abertura" de *O Cru e o Cozido*, Lévi-Strauss tinha previsto a morte da pintura e o nascimento de uma nova era apictórica. A música de vanguarda também estava se afastando do ouvinte, como um corpo celeste se distanciando acelerado num universo em expansão.[73] Agora o romance estava desaparecendo, saturado de imagens tomadas à aurora da cultura. Era a visão de um apocalipse cultural, uma aniquilação tão grave quanto a ruína ambiental provocada pela expansão do Ocidente. Esse profundo pessimismo vinha unido a um anelo pelos poderes declinantes da *pensée sauvage*, um estilo de pensamento outrora dominante, mas que agora mal conseguia sobreviver nas fendas da modernidade.

Na era da entropia, a única coisa que restava era se dedicar à difícil tarefa de exegese estrutural, numa tentativa de reviver vicariamente um pensamento mais puro, mais integrado, desencavando suas propriedades formais. E foi com esse espírito contemplativo que Lévi-Strauss se aproximou do quarto e último volume da poderosa tetralogia das *Mitológicas*. Mas, sem qualquer aviso prévio, o sortilégio da meditação estruturalista foi rompido por uma súbita irrupção no cerne da vida acadêmica francesa.

11

Convergência

> Em tudo o que escrevi sobre mitologia, quis mostrar que nunca se chega a um sentido final. Isso acontece alguma vez na vida?
> Claude Lévi-Strauss, Didier Eribon, *De Perto e de Longe*, 1991

Nas primeiras semanas de maio de 1968, as ruas em redor do Collège de France se tornaram palco dos famosos *événements*. Perto dos escritórios do Laboratoire d'anthropologie, grupos estudantis armados de canos e tábuas, usando tampas de latas de lixo como escudos, investiram contra as tropas de choque da CRS, dando vazão às insatisfações com um sistema universitário antiquado e o ultraconservadorismo da França gaullista. Chuvas de paralelepípedos caíam entre as fileiras das forças da ordem, enquanto bombas de gás lacrimogêneo eram arremessadas na direção contrária.

Depois de noites de tumulto, o Quartier Latin estava um caos. Os manifestantes tinham amontoado pilhas de paralelepípedos para usar como munição e haviam derrubado árvores e cercas. Restos de carros queimados, emborcados de lado, formavam barricadas improvisadas ao longo de uma das ruas. Em todo o bairro, os muros estavam pichados com frases que ficariam famosas: "*Sous les pavés, la plage*", "*La poésie est dans la rue*", "*J'ai quelque chose à dire mais je ne sais pas quoi*" ("Sob as calçadas, a praia", "A poesia está na rua", "Tenho algo a dizer, mas não sei o quê"). Entre os choques, os estudantes percorriam as ruas, colando cartazes, sentando-se em protestos passivos e montando grupos de discussão. Em meados de maio, a Sorbonne foi ocupada; em outro conflito independente, um terço dos trabalhadores franceses estava em greve, enquanto o governo De Gaulle periclitava. As forças históricas tinham voltado à cena da maneira mais teatral possível, irrompendo entre a repressão conservadora.

O semioticista Greimas contou que encontrara Lévi-Strauss quando os protestos estavam em curso. "Acabou", disse-lhe Lévi-Strauss. "Todos os projetos científicos vão retroceder vinte anos."[1] Na juventude, ele estaria nas barricadas. Agora, aproximando-se dos 60 anos, perambulava pela Sorbonne ocupada como um completo forasteiro, observando as coisas com "o olho de um etnógrafo", como disse ele. Retirou-se para seu apartamento, onde aguardou ser chamado pelos colegas do Laboratoire. Seu único envolvimento foi uma reunião da qual participaram, entre outros, o intelectual público liberal Raymond Aron e o classicista Jean-Pierre Vernant, na qual aprovaram uma moção condenando o uso de violência. "Achei o maio de 1968 repugnante", comentou mais tarde. Ficou especialmente transtornado com a destruição desenfreada nas ruas do Quartier Latin, as árvores derrubadas e os edifícios depredados. Para Lévi-Strauss, era o retorno a uma espécie de governo da ralé. "Ainda tenho as tripas de um homem de esquerda. Mas em minha idade sei que são as tripas, e não os miolos", tinha dito em 1967.[2] Agora parecia que mesmo nas tripas ele era um conservador.

Foi o grande momento de Sartre — o único intelectual com credibilidade para entrar na Sorbonne ocupada e, com o auxílio de um sistema de som improvisado às pressas, falar com as multidões de estudantes que se espalhavam pelos andares e corredores. À exceção de Michel Foucault,[3] que tinha crédito devido à idade relativamente jovem e a seu crescente engajamento político, os pensadores ditos estruturalistas eram vistos como parte de um sistema universitário elitista e desacreditado. Não era uma época para análises abstratas de mitos ou para uma semiologia da narrativa.

Os alunos de Barthes e Greimas se rebelaram, criando seus grupos de discussão mais politizada. Impedidos de falar durante seus próprios seminários, esses grandes pensadores ficaram reduzidos a responder quando lhes fizessem alguma pergunta. Num dia, um estudante escreveu "Estruturas não tomam as ruas" de fora a fora no quadro-negro; no outro dia, alguém afixou um cartaz com "Barthes diz: estruturas não tomam as ruas. Nós dizemos: nem Barthes" — lema que depois apareceu nos quadros-

-negros dos auditórios universitários nos Estados Unidos, durante o ciclo de palestras de Greimas pelo país, durante o outono. Homem sensível que temia multidões e protestos violentos, Barthes se sentiu ferido com essa súbita guinada contra ele e seus estudos, sobretudo porque se considerava um marxista e um esquerdista com bases mais autênticas do que seus alunos rebeldes.[4]

Houve quem sentisse uma espécie de *Schadenfreude* diante do que parecia ser uma súbita exposição das limitações do pensamento estruturalista. O psicanalista Didier Anzieu, que havia rompido com Lacan acusando-o de obscurantismo, se sentiu vingado ao declarar: "Não é apenas uma greve estudantil em Paris... mas também uma condenação à morte do estruturalismo." Meses depois, *Le Monde* publicou um suplemento intitulado "*Le structuralisme, a-t-il été tué par Mai '68?*" ("O estruturalismo foi morto por Maio de 68?"),[5] em que Georges Balandier, que desde longa data era cético em relação a Lévi-Strauss, escreveu: "Toda a ideia de 1968 desmentiu o mundo estrutural e o homem estrutural."[6] Muito daquilo seguia o espírito generalizante da época, com seus slogans e atitudes politizadas, mas o Maio de 1968 realmente entrava em choque com a sensibilidade estruturalista. A França fora abalada pelo retorno do sujeito, pelo retorno da história em letras maiúsculas. O estruturalismo, em sentido amplo, junto com o pensamento pós-estruturalista em surgimento, ainda continuaria a dominar a academia francesa nos anos subsequentes, porque os estudiosos influenciados por Lévi-Strauss vieram a ocupar posições centrais no sistema universitário, mas o otimismo em torno do projeto se esvaziara.

Mesmo Lévi-Strauss sentiu a mudança da maré:

> Nos meses seguintes, senti claramente que a imprensa e o chamado público culto que tinham saudado o estruturalismo — além do mais, erroneamente — como o nascimento de uma filosofia dos tempos modernos se afastaram dele com brusquidão, com uma espécie de despeito, como se tivessem apostado no cavalo errado. É verdade que os jovens de maio se mostraram muito distantes do estruturalismo e muito mais próximos de posições, embora velhas, que Sartre definiu logo após a Segunda Guerra Mundial.[7]

Mas, ao mesmo tempo, ele recebeu bem a pausa no frenesi dos meios de comunicação que de súbito tinha cercado o estruturalismo antes de maio de 1968. Ele acreditava que seu trabalho existia num plano totalmente diverso, pairando acima das brigas políticas de uma França em transformação. O Maio de 1968 era apenas uma inconveniência, uma interrupção que, junto com um problema de saúde que o afetaria no ano seguinte, tinha diminuído o ritmo de seu trabalho no projeto das *Mitológicas*. Quando ele começou a escrever o quarto e último volume, seu espírito estava em outro lugar. "Eu era um monge", comentou a propósito daquele período.[8]

Dedicado à memória do pai e à mãe (que, com 85 anos na época, pôde acompanhar o sucesso do filho), *O Homem Nu* abria com uma panorâmica do noroeste dos Estados Unidos. Das Montanhas Rochosas à ventosa costa pacífica dos estados do Oregon e Washington, ele percorria dobras vulcânicas, formações rochosas jurássicas, desfiladeiros profundos e afloramentos basálticos. A partir daí, a jornada de Lévi-Strauss avançava para a costa, cruzando a fronteira com a Colúmbia Britânica e chegando aos estreitos e fiordes em torno da ilha de Vancouver. Ao longo da tetralogia das *Mitológicas*, as florestas tropicais se converteram em pradarias, as várzeas em estuários e passagens pelo oceano. As onças, tapires, papagaios e macacos que povoavam as narrativas do Brasil Central agora eram ursos-cinzentos, lontras, salmões e pica-paus. Os personagens tinham mudado, mas ainda trilhavam os mesmos caminhos estruturais, que passavam pelas picadas de um subconsciente pan-humano.

Baseado em aulas ministradas no Collège de France entre 1965 e 1971,[9] *O Homem Nu* foi um livro de difícil redação. Depois do terceiro volume, Lévi-Strauss ficou com receio de que nunca terminaria a série, tão complexas tinham se tornado as análises. Cada novo veio de pensamento mítico trazia outro, cada grupo de mitos colocava problemas novos, sugerindo novos eixos que indicavam novas direções. No começo da Segunda Guerra Mundial, Lévi-Strauss criticara *Catégories matrimoniales et relations de proximité dans la Chine ancienne*, de Marcel Granet, pelas tentativas demasiado complicadas de formalizar as relações de parentesco. Agora, ele parecia cair na mesma armadilha. Quisera alcançar a ordem entre o caos, mas se viu tenteando seu caminho por entre câmaras lógicas interligadas, perdido num labirinto da razão. Para que a tarefa não se reduzisse a um trabalho de Sísifo — como a pesquisa escandinava de Saussure —, Lévi-Strauss teria de ser pragmático. O resultado foi um livro borbulhando de ideias, algumas ambiciosas, com sínteses abrangentes do projeto das *Mitológicas*, outras ligeiramente esboçadas, como notas para futuras pesquisas.

Por mais fragmentárias e imperfeitas que fossem as *Mitológicas*, no final de *O Homem Nu* a substância mítica começara a dar frutos. Numa estranha simetria, quanto mais Lévi-Strauss se afastava do ponto de partida no Brasil Central, mais similares se tornavam os mitos em termos estruturais. Quando ele avançou pela costa pacífica, do norte da Califórnia até a Colúmbia Britânica, dos klamath-modocs aos salishes, começou a decifrar uma espécie de convergência estrutural. O mito bororo original do "descobridor de ninhos", com o qual Lévi-Strauss iniciara a série, reapareceu, mas, como no caso da analogia das projeções óticas numa caixa de luz, que tinha usado para "La Geste d'Asdiwal" muitos "mitemas" tinham se invertido.

Em linhas gerais da narrativa, o mito de referência bororo (M_1) e as variações klamath (M_{530}, M_{531}), por exemplo, eram misteriosamente semelhantes. Contavam a história de um menino ou rapaz que devia escalar um lugar alto para apanhar aves. Depois de se perder, ele é salvo por animais e volta para se vingar de quem o enganou. Mas, na leitura de Lévi-Strauss, cada elemento da narrativa tinha se invertido. No mito bororo, as aves eram araras, no mito klamath eram águias: uma típica ave frugívora e uma ave de rapina genérica. O menino em M_1 tem as nádegas devoradas por abutres, enquanto na variação klamath ele passa fome: portanto, privação por agressão externa *versus* decadência interna. No mito sul-americano, ele é salvo por abutres carnívoros machos; nos norte-americanos, é salvo por fêmeas borboletas inofensivas. No final do mito bororo, a vingança do herói é invocar os elementos; nas variações klamath, o herói convoca uma tempestade de fogo.[10] Tomados em conjunto, os mitos se encaixavam como peças de um quebra-cabeça.

Lévi-Strauss começara a refletir sobre a mitologia bororo mais de dez anos antes de chegar ao quarto volume das *Mitológicas*. Quando iniciara *O Cru e o Cozido*, a escolha da história bororo do "descobridor de ninhos" como mito de referência tinha sido mais ou menos arbitrária — uma coincidência autobiográfica que o conduzira a um conjunto de mitos no Brasil Central. Agora ele via sua importância, seu lugar central nas estruturas pan-americanas do pensamento mítico, que viera mapeando ao longo da última década. Uma história simples de conflito entre pai e filho mostrara, ao final, que continha em si "o sistema inteiro em embrião".[11] Era como se tivesse sido conduzido pelo destino ou por uma necessidade subconsciente: "[...] compreendemos por que foi ele, entre todos os mitos americanos disponíveis, que se impôs a nós antes que soubéssemos a razão disso", escreveu ele.[12] A expressão "se impôs" é interessante — mais uma vez Lévi-Strauss se apresentava como receptor passivo, sua mente como caixa de ressonância dos ecos míticos.

Agora se entreteciam temas comuns entre o emaranhado de fios míticos. O trânsito do hemisfério sul para o hemisfério norte tinha resultado na transformação de um código culinário num código indumentário. O cru se tornava nu; o cozido, vestido; as preocupações com as entranhas do corpo tinham se transferido para seus ornamentos externos. Embora os mitos da Costa Pacífica Noroeste tratassem de um leque mais sofisticado de questões — ornamentos corporais, relações de comércio, guerras, alianças pelo matrimônio —, todos eram formalmente análogos, em nível profundo. Ao fim e ao cabo, as questões giravam em torno de problemas perpétuos de natureza filosófica, que os mitos (e o próprio Lévi-Strauss) tentavam cercar, debatiam-se com eles, refletiam a respeito, sem chegar jamais a conclusões definitivas: a passagem da natureza para a cultura e a decorrente separação entre o homem e seu meio natural, entre o céu e a terra.[13]

Como um universo em colapso, os milhares de páginas de análises se precipitavam para um ponto de singularidade. E, ao encerrar seu estudo épico, Lévi-Strauss indagou: "Poderemos concluir que, em todo o continente americano, existe apenas um mito, o qual foi desenvolvido por todas as populações devido a algum impulso misterioso, mas que é tão rico nos detalhes e na multiplicidade de suas variantes que muitos volumes são insuficientes para descrevê-lo?" A pergunta ficou sem resposta, mas nem precisaria. Para Lévi-Strauss, o mito ameríndio era uma mesma imensa conversa passando aos murmúrios de uma fogueira a outra pelas aldeias do continente; um movimento constante de imagens e sensações expressas em proposições lógicas, que se alternavam conforme percorriam as Américas. O mundo do pensamento mítico era esférico — para qualquer direção que se seguisse, sempre se voltaria ao ponto de partida; todas as linhas se cruzavam, orbitando no espaço mitológico. *O Pensamento Selvagem* tinha encontrado sua fórmula matemática perfeita.

Nas últimas linhas, Lévi-Strauss passou do *nous* (nós) para o *je* (eu), do estilo densamente analítico da exegese mítica para o do filósofo oitocentista, com suas reflexões sobre a arte, a música, seus aforismos e dramas intelectuais.[14] Nas páginas finais, montou uma última barricada em defesa do método que havia inaugurado, frisando que se radicava em processos concretos e naturais que a ciência moderna vinha revelando. Mesmo a percepção dos sentidos se fundava, em última instância, em operações lógicas. O odor das rosas, dos alhos-porós ou dos peixes se baseava em diferentes combinações dos sete odores primários — canforáceo (como naftalina), musgoso, floral, mentolado, etéreo (como querosene), pungente (como vinagre) e pútrido —, que decorriam de disposições precisas das moléculas em contato com seus correlatos no local receptor.[15] A faculdade da visão operava como uma análise estruturalista invertida: as células da retina, cada uma delas especializada em determinados estímulos, respondiam a um dos termos de uma oposição binária — em cima/embaixo, reto/inclinado, móvel/parado, escuro/luz e assim por diante — remetendo a informação de volta ao cérebro, para processá-la numa imagem. "A análise estrutural, que alguns críticos descartam como um jogo gratuito e decadente", resumiu ele, "só pode surgir na mente porque seu modelo já está presente no corpo".

Não deixa de ser curioso que todos os seus escritos, no exato momento em que Lévi-Strauss invoca a ciência em sua defesa, paradoxalmente deixem transparecer uma espécie de misticismo. "Apenas seus praticantes podem saber, por experiência interna", afirmou ele, "o sentimento de satisfação que ele [o estruturalismo] é capaz de trazer, fazendo a mente se sentir em verdadeira comunhão com o corpo".[16] Parecia uma epifania religiosa — e quem duvidaria que ele não teria experimentado, ao escrever as páginas finais do quarto e último volume da tetralogia das *Mitológicas*, depois de dedicar metade de sua existência a viver entre as ricas imagens das mentes ameríndias, alguma espécie de sentimento quase religioso de unidade, de arrebatamento intelectual?

A primavera de 1974 encontrou Lévi-Strauss num salão exclusivo, provando os trajes cerimoniais da Académie Française. Dois alfaiates, um com uma almofadinha de alfinetes presa no braço e uma fita métrica em volta do pescoço, se revezavam em torno da figura esguia de Lévi-Strauss, ajustando o famoso *habit vert* que os membros da Académie usavam desde séculos. Ajudaram-no a vestir um colete branco, depois uma casaca bem-ajustada, com lapelas verdes de muitos alamares bordados, e por fim uma longa capa negra nos ombros, fechando os botões, alisando e endireitando todas as peças. O toque final foi o *bicorne* — um chapéu de dois bicos com plumas negras —, a última moda nos círculos militares do século XIX.

Diante dos espelhos antigos do salão, Lévi-Strauss parecia sem graça — uma versão canhestra de si mesmo, e não metamorfoseado por trajes tão vistosos, tal como sempre ficara nas várias fotos de divulgação para as quais tinha posado ao longo dos anos.

— Não posso dizer que me sinto à vontade — disse para os alfaiates, enquanto estava ali de pé, desconfortável. — Vou precisar praticar com essa roupa.

— Como o senhor se sente? Estranho? — perguntou um jornalista fora do campo de visão da câmera.

— Um calor sufocante [...] e só. [...] Sinto-me como um cavalo arreado.

— Além de sentir calor, como o senhor se sente? — insistiu o jornalista.

— Gosto — respondeu Lévi-Strauss sem muita convicção. — Creio que os homens deviam se vestir de maneira mais garrida do que costumam fazer hoje em dia. Afinal, esta é uma das raras ocasiões em nossa civilização em que um homem pode se vestir como uma mulher.[17]

Jean-Paul Sartre tinha declinado a *Légion d'honneur* e recusou o prêmio Nobel por princípio — o primeiro a fazer isso. Lévi-Strauss, pelo contrário, agora na faixa dos 65 anos e já membro da *Légion d'honneur*, gostou decididamente de ocupar a cadeira 29 da Académie, vacante com a morte do escritor Henry de Montherlant, e de se somar a *les immortels* numa das instituições intelectuais mais antigas e conservadoras da França. Para Lévi-Strauss, receber a *épée* (a espada cerimonial) foi como receber um chocalho bororo. A importância da tradição, do ritual, da cerimônia, a preservação da cultura, da língua, tudo isso se harmonizava com suas experiências de antropólogo. Com a idade, ele se tornava "cada vez mais britânico", como disse seu biógrafo, admirando Oxford e Cambridge, bem como uma certa imagem ultrapassada da Inglaterra em geral, como "uma sociedade que ainda sabe como reservar um lugar para o ritual".[18] (Ou, pelo menos, ele gostava da *ideia* das tradições e dos rituais — na verdade, detestava comparecer a eventos de cerimônia, com seus discursos intermináveis e seus protocolos vazios. Depois de um banquete presidencial no Palace Elysée, Lévi-Strauss disse a um colega que tinha aceitado o convite apenas por obrigação, e que não tinha dito uma única palavra durante a noite inteira.)[19]

Sendo o único candidato daquele ano e o primeiro antropólogo a se apresentar, Lévi-Strauss foi eleito com uma margem de três votos (16 num possível total de 27), tendo o apoio de Roger Caillois, com o qual havia discutido nos anos 1950. Como forma de agradecimento, Lévi-Strauss convidou Caillois para fazer o discurso de recepção — normalmente uma breve sucessão ritual de elogios ao novo acadêmico. Caillois, porém, reservou a parte final de seu discurso para atacar Lévi-Strauss e o estruturalismo. Aludindo à briga anterior entre eles, Caillois afirmou que *Raça e História* fora "talvez escrito com excessiva rapidez", mas guardou suas palavras mais duras para o estruturalismo:

> O método estrutural não escapa ao pecado original das ciências sociais, que é se afastar aos poucos da conjetura plausível para uma espécie de injustificável dedutivismo [*déductivité*], infalível em todas as circunstâncias. [...] Parece-me, porém, que a dúvida nunca deixou de atormentá-lo. Cada vez menos o senhor tende a ir além da pura descrição. Tem censurado aqueles seus seguidores cujos excessos o alarmam. Tem se atemorizado com a expansão do estruturalismo. [...][20]

* * *

Numa passagem interessante, Caillois definiu o estruturalismo como uma espécie de antimatéria intelectual/espiritual: "uma coleção de intuições ou aspirações [...] que não são de fato uma ciência, mas sem as quais mal se poderia conceber a ciência; que nada têm de religioso, mas que nenhuma religião ignora; que não constituem uma filosofia, sendo mais abstratas e limitadas". O estruturalismo, em suma, era produto de um quadro mental em parte empírico, em parte fantasioso, "constantemente em busca de ecos, reflexos, harmonias que sabem constituir o arcabouço do universo".[21] Segundo Lévi-Strauss, o discurso de Caillois foi muito mais brando do que a versão escrita que submetera antes, mas depois foi persuadido a amenizar o tom. Depois dessa explosão, até admira que Caillois tenha, em primeiro lugar, votado a favor de Lévi-Strauss.

Muitos colegas de Lévi-Strauss no Laboratoire d'anthropologie ficaram um tanto ressentidos com sua eleição, mas por motivos diferentes das de Caillois. A Académie Française, afinal de contas, era um clube literário de cavalheiros franceses (na época da eleição de Lévi-Strauss, não havia ainda nenhuma mulher) — uma instituição enfadonha e elitista, que não se casava bem com o tom geralmente progressista da nova disciplina da antropologia. Mas este era o homem que Lévi-Strauss vinha se tornando. Agora era dono de uma grande propriedade em Lignerolles, na Borgonha, com portões de ferro e uma estrada interna que levava a um castelo de proporções clássicas, onde passava os meses de verão. Depois de um substancioso desjejum inglês de ovos, bacon e torradas, ele saía para longas caminhadas entre os bosques circundantes. À tarde, ele se retirava para a sala de estar muito espaçosa, banhada pela luz natural que entrava pelas amplas janelas e portas-janelas, onde retomava seus escritos, verificava a pilha de correspondência ou folheava sua enciclopédia de ciências naturais em 72 volumes, do começo do século XIX.[22]

Conforme envelhecia, algumas ideias que alimentava desde longa data se consolidaram. Seus receios pela explosão demográfica, a homogeneização da cultura e a destruição ambiental se soldaram numa cáustica retórica anti-humanista e antiocidental. "Penso que a humanidade não é muito diferente dos vermes que se multiplicam num saco de farinha e começam a se envenenar com suas próprias toxinas, muito antes que falte comida ou mesmo espaço físico", declarou certa vez. Em outra ocasião, ele comparou o Ocidente a um vírus, "processador de uma fórmula que injeta em células vivas [isto é, as culturas indígenas], com isso obrigando-

-as a se reproduzirem de acordo com um determinado modelo". O humanismo, ideologia que combatera após a guerra, submetendo-o a uma crítica que "o esvaziou gradualmente de seu conteúdo", passou a ser um alvo especial de Lévi-Strauss.[23] "Não acredito em Deus", declarou no artigo da revista *Time*, "mas tampouco acredito no homem. O humanismo fracassou. Não impediu as ações monstruosas de nossa geração. Ele tem se prestado a desculpar e justificar todas as espécies de horrores. Ele entendeu mal o homem. Tentou separá-lo de todas as outras manifestações da natureza." Numa entrevista a *Le Monde*, foi mais específico: o humanismo tinha culminado no colonialismo, no fascismo e nos campos de morte nazistas.[24]

Mais uma vez Lévi-Strauss estava nadando contra a corrente, agora como conservador radical. Em 1971, ele fora convidado para apresentar a conferência inaugural do Ano Internacional do Combate ao Racismo, da Unesco, e a entidade esperava que Lévi-Strauss retomasse as ideias incontroversas que apresentara em *Raça e História*, quase vinte anos antes. Mas, quando Lévi-Strauss enviou o texto à Unesco, 48 horas antes do evento, o diretor-geral René Maheu ficou apavorado. Lévi-Strauss usava o discurso para questionar se a luta contra o racismo, tal como fora concebida, não estaria alimentando um processo de decadência cultural — "levando a uma civilização mundial, ela mesma capaz de destruir o antigo individualismo ao qual devemos a criação da estética e dos valores espirituais que tornam a vida digna de ser vivida".[25] Embora se opusesse com veemência ao racismo, Lévi-Strauss seguia numa linha muito fina, argumentando que era necessário um certo grau de superioridade e mesmo de antipatia cultural entre os grupos, para manter uma distância que preservasse ideias e costumes que, do contrário, se degradariam pelo contato entre eles. A adesão do mundo moderno ao multiculturalismo e à mútua aceitação estava sufocando as centelhas de criatividade geradas pela troca cultural. Era uma referência óbvia aos alertas do conde Gobineau sobre os perigos de miscigenação em seu racista *Ensaio sobre a Desigualdade das Raças*, do século XIX, homenagem galhofeira que dificilmente seria apropriada para inaugurar uma campanha contra o racismo.[26] Mortificado, Maheu fez um longo discurso de abertura, na tentativa desesperada de usar uma parte do tempo destinado a Lévi-Strauss.

Sempre original, Lévi-Strauss desconcertava constantemente seus interlocutores, frustrando as expectativas que teriam diante de um importante intelectual francês, crítico do Ocidente. Numa entrevista em *La Nouvelle Critique*, em 1973, ele se esquivou de tomar posição sobre a Guerra do Vietnã, dizendo que os nativos das montanhas estavam sob igual ameaça do Norte e do Sul. Mais tarde, ele se estenderia sobre o tema, reavaliando seu antigo apoio à descolonização, com o argumento de que muitas vezes a situação dos povos autóctones piorava sob os novos regimes independentes.[27] Em maio de 1976, depondo perante um comitê de reforma legislativa da Assemblée Nationale, ele sustentou que a ideia de liberdade era totalmente relativa. Atacou a Declaração Universal dos Direitos Humanos, de 1948, por ser descabida para os países subdesenvolvidos, e acrescentou que, referindo-se à vida nos estados totalitários, "ter um regime de trabalho forçado, racionamento de comida e controle do pensamento poderia até se afigurar como uma libertação para pessoas privadas de tudo".[28] Politicamente, sua posição gaullista da época da guerra continuava a mesma, e comemorava sempre que os conservadores ganhavam o poder. E em 1980 ele foi contrário à eleição da primeira mulher para a Académie Française, a romancista Marguerite Yourcenar, dizendo que contrariava séculos de tradição.

Lévi-Strauss estava perdendo o contato com a França das últimas décadas do século XX. No final dos anos 1970, as sequelas da descolonização se faziam cada vez mais visíveis nas esquinas de Paris, nas lojas e restaurantes, transformando o rosto da cidade. O multiculturalismo que tanto o fascinara em Nova York, na época da guerra, agora parecia uma ameaça à sua cultura. A área onde Lévi-Strauss morava, o 16º *arrondissement*, fora tomado por outras forças, tornando-se um bairro nobre que expulsou os ateliês dos artistas e as lojinhas de antiguidades de sua juventude. Em meados dos anos 1950, Lévi-Strauss já tinha lamentado o fim daquela área, nas páginas de *Tristes Trópicos*: "Não muito tempo atrás, o 16º *arrondissement* era vicejante, mas agora seu brilhante vigor está obscurecido pela proliferação de edifícios comerciais e residenciais que o está tornando indiscernível da periferia parisiense." Nos anos 1980, já condenava: "Agora a área me incomoda", disse a Didier Eribon.[29] Tal como havia feito seu pai, ele se retirou deliberadamente para um passado reverenciado, para uma França que não existia mais ou talvez nunca tivesse existido.

Essa sensação de retirada repercutiu em seu afastamento progressivo do debate intelectual. Em 1974, Lévi-Strauss participou num encontro histórico dos gigantes intelectuais da época, que desde então se tornou um evento central nas ciências cognitivas. O antropólogo americano Scott Atran, na época um jovem de vinte e poucos anos, estudante de pós-graduação na Universidade de Colúmbia, teve o arrojo de reunir um conjunto extraordinário de pensadores, desde o linguista Noam Chomsky ao psicólogo Jean Piaget, do antropólogo Gregory Bateson ao biólogo Jacques Monod, além do próprio Lévi-Strauss. Durante vários dias, na atmosfera envolvente da Abbaye de Royaumont, um mosteiro cisterciense do século XIII nas cercanias de Paris, esses pensadores debateram as grandes questões a que Lévi-Strauss tinha dedicado a vida — as relações entre linguagem, cultura e mente, aproximações entre a filosofia e a cognição, a busca de universais humanos.

O debate foi intenso e estimulante, com Chomsky, então no auge do vigor, com sua típica combatividade, conduzindo os trabalhos sobre um amplo leque de temas e refutando as críticas. Mas, ao contrário daquele outro marco da revolução epistemológica, a conferência de Bloomingdale em Indiana, duas décadas antes, Lévi-Strauss se manteve num estranho silêncio. "Lévi-Strauss ficou pacientemente sentado e não disse nada, enquanto os outros expunham seus textos ou pontificavam, ou contestavam e apresentavam suas objeções aos brados", relembrou Atran. "Saindo para nosso último almoço, Noam Chomsky [...] foi até Lévi-Strauss e perguntou com alguma timidez: 'Talvez se lembre de mim, quando assisti à sua aula em Harvard com Roman Jakobson.' Lévi-Strauss olhou para Chomsky e respondeu: 'Lamento, mas não lembro.' Foram as únicas palavras que ele pronunciou na sala de conferências." Lévi-Strauss passou grande parte do tempo rabiscando papéis, e os desenhos — "de gatos e outros animais reais e imaginários" — que ele deixou na mesa foram ferozmente disputados. As recordações de Atran são comoventes. A mente de Lévi-Strauss continuava ágil como sempre ao desmontar novos conjuntos de mitos ameríndios, mas parece que, na faixa dos 65 anos, não conseguia mais acompanhar as novas perspectivas intelectuais. Apesar de sua participação apagada, mais tarde ele elogiou o ciclo de conferências de Abbaye de Royaumont, saudando-o como o acontecimento intelectual mais importante da segunda metade do século XX, mas isso condizia com seu velho hábito de louvar o trabalho de seus contemporâneos, sem se engajar realmente nele.

Estando intelectualmente isolado, seus instintos conservadores em relação às artes também se fortaleciam. A cultura contemporânea significava pouco para ele. Não gostava do teatro moderno, e raramente ia ao cinema, preferindo assistir em casa a velhas gravações de filmes de Hitchcock e Mizoguchi. Na época em que se aposentou, seu interesse pela arte e pela música do século XX tinha praticamente desaparecido, enquanto crescia sua veneração pela pintura e pela ópera do século XIX. O romance moderno estava morto, embora numa concessão à cultura popular Lévi-Strauss gostasse de ler histórias de detetives dos Estados Unidos — os contos de Perry Mason, de Erle Stanley Gardner, e a série de Nero Wolfe, de Rex Stout.[30] Quanto aos grupos de rock e histórias em quadrinhos, "não têm nenhuma atração para mim", declarou nos anos 1980, "e isso é um eufemismo!". Ele podia adorar os mais rústicos artefatos indígenas, mas mantinha uma distinção rigorosa entre a alta cultura e a baixa cultura na sociedade a que pertencia. "Idolatrar a 'cultura do rock' ou a 'cultura da história em quadrinhos' é distorcer um sentido da cultura em benefício de outro, é cometer uma espécie de fraude intelectual."[31]

Apesar de tudo, Lévi-Strauss ainda exerce uma espécie de apelo radical. Ideias suas repercutiam na esquerda, e encontravam repercussão entre estudantes e docentes. Com *Raça e História* e *Tristes Trópicos*, ele levara a um amplo público uma ideia central da antropologia do século XX — a de que toda a humanidade compartilhava uma unidade psicológica fundamental. "O que quer que o homem seja hoje", disse à revista *Time*, "o homem já foi". Era uma mensagem poderosa, com implicações potencialmente revolucionárias para os oprimidos de todo o mundo. Embora não se envolvesse politicamente na defesa dos povos indígenas, Lévi-Strauss não se abstinha de fazer declarações contundentes nos meios de comunicação, ressaltando os crimes do Ocidente (e, por extensão, da antropologia), numa época em que essa linha ainda era recente e controvertida. "É porque os matamos e os exploramos durante séculos que podemos olhá-los como meras coisas", disse a George Steiner na entrevista da BBC nos meados dos anos 1960. "Podemos estudá-los como objetos porque os tratamos como objetos. Não há dúvida de que a antropologia é filha dessa era de violência."[32] Ele também antecipou o movimento ecológico com seus prognósticos sombrios sobre o futuro do planeta, a começar pelos lamentos em *Tristes Trópicos* e continuando em seu discurso sobre a superpopulação e a pilhagem humana da natureza.

Os títulos sugestivos e as capas de seus livros transmitiam um senso de contracultura. A reedição de *Tristes Trópicos* na Plon, por exemplo, usou o desenho abstrato de uma caduveia tatuada substituindo uma das imagens que Lévi-Strauss fotografara em campo — parecia uma adolescente nhambiquara, mas na verdade era um menino com cabelos compridos despenteados e lábios grossos, com um elegante enfeite de palha no nariz. Com a cabeça inclinada para trás, o olhar vítreo, ele fita a lente da câmera com ar indiferente. Lévi-Strauss não ficou satisfeito com a mudança, mas a imagem era poderosa. Sugeria juventude e exotismo; insinuava algo erótico, vibrando uma corda afinada com a revolta cultural da época. O clássico de Lévi-Strauss, com os demais volumes da série *Terre humaine* da Plon, entrou nos anos 1970 com apelo renovado.

Em *O Homem Nu*, Lévi-Strauss tinha comparado o estudo da mitologia ameríndia à tessitura de um tecido gigantesco — um movimento de vaivém, reunindo fios de várias cores, na esperança de obter uma textura coesa. Muito tempo depois de terminar a tetralogia, Lévi-Strauss continuou a cerzir e a alinhavar, na tentativa de "reforçar os pontos fracos", como disse ele, para que "os mais ínfimos detalhes, por gratuitos, bizarros e mesmo absurdos que pudessem parecer no início, adquiram significado e função". O resultado foi o que ele chamou de *petites mythologiques*, que apareceram entre 1975 e 1991, uma coletânea de codas à sua grande tetralogia. Em *A Via das Máscaras* (1975), *A Oleira Ciumenta* (1985) e *História de Lince* (1991), Lévi-Strauss não só preencheu lacunas que haviam restado nas *Mitológicas*, como também integrou trabalhos anteriores no projeto dos mitos.

La Voie des masques (sendo que *voie* [via] soa como *voix* [voz], em um título intraduzível que em português ficou *A Via das Máscaras*) retornava a um dos locais prediletos de Lévi-Strauss quando estava no exílio: as salas do Museu Americano de História Natural, em Nova York. Entre os postes totêmicos estavam as filas de máscaras índias da Costa Pacífica Noroeste que tinham sido organizadas sob os cuidados de Franz Boas no final do século XIX. Entalhadas em madeira e pintadas em cores primárias, as máscaras com olhos protuberantes, línguas saltadas, narizes curvos e bocas em formato de O, tinham despertado o interesse estético de Lévi-Strauss durante muito tempo. Desde a teatralidade do frenesi kwakiutl de cores e formas às máscaras azul-cobalto mais calmas dos índios de Bella Coola e ao primitivismo mais rústico dos salishes, eram imagens impressionantes — uma mistura de catedral e quermesse, de escultura clássica e carnaval, na descrição de Lévi-Strauss.[33]

O livro nasceu de duas visitas à Colúmbia Britânica, região que já tinha ocupado papel de destaque em sua obra, em particular no último volume das *Mitológicas*. Ele passou o mês de fevereiro de 1973 em Vancouver e arredores, a convite da Universidade da Colúmbia Britânica, e voltou com a família numa visita mais informal no verão de 1974. Acompanhado pelo amigo Pierre Maranda, Lévi-Strauss visitou lojas de antiguidades e de objetos etnográficos, além de ir aos museus de arte da Costa Noroeste, mantidos por indígenas.[34] Num deles, surpreendeu-se ao ver as máscaras tradicionais que tinha em tão alta estima expostas ao lado de uma máscara do Mickey, feitas em "*papier mâché* ou plástico".[35] Assistiu à famosa cerimônia do *potlatch* — antigamente, uma grande ocasião de troca de presentes, em que as partes rivalizavam em prodigalidade, e que constituía o elemento central de *Ensaio sobre a Dádiva*, de Marcel Mauss, mas agora se reduzira à troca de pequenas lembrancinhas.

Com o auxílio de dois psiquiatras do Hospital Geral de Vancouver, que tinham estabelecido relações com os grupos indígenas da Colúmbia Britânica, Maranda conseguiu levar Lévi-Strauss a uma dança noturna na reserva musqueam, ocasião normalmente vedada aos brancos. A cerimônia consistia na presença de jovens índios com problemas de drogas e alcoolismo, que tinham sido trazidos do centro de Vancouver e Seattle, submetidos a jejuns e banhos nas corredeiras geladas do rio Frazer. Nas "danças de inverno", eles concluíam o tratamento de desintoxicação passando por um processo de renascimento, sob a orientação de xamãs. A longa noite de cantos e tambores deixou uma profunda impressão em

Lévi-Strauss — nove meses depois, em Paris, ele escreveu a Maranda dizendo que estava "ainda perplexo" pelo que presenciara. Na outra visita no verão seguinte, desta vez com a esposa Monique e o filho Matthieu, ele foi a Harrison Springs, onde conheceu indivíduos do povo salish. Sem a menor ideia do trabalho de Lévi-Strauss, eles discorreram espontaneamente sobre a importância do "cru" e do "cozido" na cultura salish.

Durante a primeira visita, Lévi-Strauss tinha visto artesãos indígenas modernos recriando formas dos ancestrais. Em Victoria, na ilha de Vancouver, ele conversou com o entalhador nuu-chah-nulth Ron Hamilton, em sua oficina, entre vários postes totêmicos semiprontos, da altura de um tronco, estendidos no chão coberto de lascas de madeira. A cena, filmada para o documentário canadense *Behind the Masks*, era muito marcada pelo estilo dos anos 1970. Hamilton, usando calças jeans e um colete grosso de lã, com desenhos, ostenta um bigodão e cabelos escuros compridos repartidos no meio; Maranda está com um pulôver de gola polo e um paletó de camurça, e há outra pessoa com óculos de aviador. Em contraste, a echarpe e o sobretudo comum de Lévi-Strauss ficam deslocados — parece alguém que caiu de repente num cenário de estúdio cuidadosamente montado. Ele fez inúmeras perguntas a Hamilton sobre o simbolismo das figuras e suas relações com a mitologia local, em particular as diversas maneiras de entalhar os olhos nas máscaras tsonokwa, e se os olhos encravados fundo ou semicerrados indicavam cegueira.

Ele estava tentando analisar estruturalmente as máscaras, em grupos, como tinha feito com os mitos na série das *Mitológicas*. Em lugar dos "mitemas", Lévi-Strauss em *A Via das Máscaras* trabalhou com unidades estéticas: cavidades *versus* saliências, olhos abertos *versus* olhos semifechados, protuberantes ou fundos; língua visível *versus* língua escondida, cores escuras *versus* cores claras, uso de plumas ou de pele. Em outra demonstração virtuosística do método, Lévi-Strauss descobriu que as máscaras guardavam uma relação simetricamente inversa com os mitos: quando a mensagem de mitos vizinhos era constante, as formas plásticas das máscaras correspondentes eram invertidas (olhos fundos se tornavam protuberantes, por exemplo, ou a pele era substituída por plumas); e quando a mensagem dos mitos se modificava, as propriedades formais das máscaras se mantinham as mesmas.³⁶

"Eu mesmo sinto a insuficiência de meu trabalho, devido à sua natureza claramente elíptica", escreveu Lévi-Strauss em resposta aos comentários de Pierre Maranda sobre *A Via das Máscaras*. "Depois que acabei de escrevê-lo, descobri coisas novas: já é material suficiente para mais um capítulo."³⁷ De fato, ele conseguiu acrescentar o material. Publicado inicialmente em dois volumes finos com fartas ilustrações pela Editions Albert Skira, uma editora de arte suíça, foi reeditado mais tarde pela Plon, num volume só, com vários capítulos adicionais.

As gavetas de Lévi-Strauss ainda estavam repletas de ideias, partes eliminadas da tetralogia das *Mitológicas*, caminhos nunca seguidos, projetos de livros nunca escritos. Mesmo assim, ele sentia que seu trabalho chegava ao fim. Maranda lembra que Lévi-Strauss lhe disse, depois da publicação de *A Via das Máscaras*, que este seria seu último livro. Mas, depois de passar tantos anos à escrivaninha, a ideia de não escrever lhe parecia existencialmente penosa. "Trabalhar não me faz mais feliz", comentou com Didier Eribon. "Mas pelo menos ocupa o tempo."³⁸

Em dezembro de 1977, Lévi-Strauss gravou as Massey Lectures, uma série de cinco palestras em inglês para o programa *Ideas*, da Canadian Broadcasting Corporation. "Mais uma vez fui obrigado a ver como meu inglês era fraco", lamentou mais tarde, "insatisfeito como fico, até com minhas transmissões em francês".³⁹ Na verdade, ele era fluente no inglês, embora falasse devagar e com forte sotaque francês, e neste caso o efeito simplificador de se expressar numa segunda língua operou em seu favor. As palestras, publicadas em forma de livro com o título *Mito e Significado*, estão entre as exposições mais claras do pensamento de Lévi-Strauss. Entre as ideias já conhecidas, havia uma humildade minimizando a importância delas. O estruturalismo não passava de uma "imitação muito fraca e pálida do que as ciências exatas estão fazendo". Depois de dez livros e muitas dezenas de artigos, todo o seu trabalho se reduzia a uma pretensão extremamente simples e modesta: "Meu problema era tentar descobrir se havia alguma espécie de ordem por trás dessa aparente desordem — só isso. E não pretendo que existam conclusões a tirar."⁴⁰

Quando Lévi-Strauss finalmente se aposentou em 1982, depois de uma carreira de meio século, o estruturalismo estava se acabando. No ano seguinte, ele publicou a terceira e última coletânea de ensaios. *Antropologia Estrutural Dois* tinha saído em 1973, mas agora Lévi-Strauss considerou que não poderia dar prosseguimento a ele com uma *Anthropologie structurale trois* — "o 'estruturalismo' tinha se degradado tanto e era vítima de tantos abusos que ninguém sabia o que significava", disse a Eribon. "A palavra tinha perdido seu conteúdo."[41] O livro, dedicado a Roman Jakobson, que falecera no ano anterior, acabou recebendo o título elegíaco de *Le Regard éloigné* (Olhar distanciado).

Entrevistado em 1985 pela antropóloga e ex-aluna Bernadette Bucher, ele mesmo chegou a expressar certa ambivalência sobre a carreira que escolhera. "Se posso lhe perguntar, o que o interessa atualmente?", perguntou Bucher, ao que Lévi-Strauss respondeu:

> Não sei. Cenários. Uma vez tive a oportunidade de montar cenários, e nunca me diverti tanto na vida como na época em que estava trabalhando no palco, não só com carpinteiros e pintores, mas também com técnicos, montando a iluminação e esse tipo de coisas. Tenho uma espécie de vocação reprimida pelo trabalho manual, e se eu pudesse. [...] De qualquer forma estou velho demais e não há nenhuma possibilidade de que apareça algo do gênero, então vou continuar como antropólogo até o final da vida.[42]

O estruturalismo podia estar em declínio, mas o renome de Lévi-Strauss na França era maior do que nunca. Depois da morte de Jean-Paul Sartre em 1980, a revista literária *Lire* pediu a seiscentos intelectuais, políticos e estudantes que citassem os três pensadores contemporâneos mais importantes. Lévi-Strauss foi o mais citado, seguido por Raymond Aron e Michel Foucault, e logo atrás Jacques Lacan e Simone de Beauvoir. A classificação perdeu o sentido nos anos 1980. Em fevereiro de 1980, Roland Barthes morreu no hospital depois de ser atropelado por um furgão de entregas, quando atravessava a rue des Écoles, perto do Collège de France. No ano seguinte, Jacques Lacan morreu aos 80 anos. Jakobson foi o próximo, em 1982, seguido por Aron em 1983, Foucault em 1984, Braudel em 1985, e

Dumézil e Beauvoir em 1986. Aproximando-se o final da década, Lévi-Strauss era um dos únicos representantes vivos de uma geração intelectual extraordinária do pós-guerra.

Em outubro de 1985, Lévi-Strauss voltou ao Brasil numa visita oficial de cinco dias, acompanhando o presidente François Mitterrand. O séquito presidencial visitou São Paulo e Brasília, onde foram recebidos pelo presidente brasileiro, José Sarney. Quando estava em São Paulo, Lévi-Strauss conseguiu escapar um dia de manhã, pegou um táxi e foi até a avenida Paulista, procurando sua velha casa na Cincinato Braga. A cidade que ele tinha conhecido e amado na juventude, com suas ladeiras e casas de arquitetura colonial, tinha praticamente desaparecido. Agora viadutos ligavam o alto das subidas e vias expressas se estendiam lá embaixo das descidas. Qualquer senso de ondulação natural das ruas fora eliminado pelos blocos de edifícios altos que se encravavam na paisagem como fechos de um cadeado. São Paulo, fervilhando de ônibus, trólebus e carros, estava 15 vezes maior. Lévi-Strauss acabou ficando preso num congestionamento e foi obrigado a voltar.

Numa viagem organizada pelo jornal *O Estado de S. Paulo*, ele tomou um aviãozinho em Rondonópolis, no Mato Grosso, e foi até a aldeia bororo onde fizera seu trabalho de campo nos meados dos anos 1930. Chegando ao local, o avião sobrevoou em círculos os cerrados, alguns trechos de floresta e um rio sinuoso e lamacento que se perdia na distância. Lévi-Strauss tinha acabado de divisar um grupo de palhoças bororos numa clareira, quando o piloto lhe disse por sobre o ruído dos motores que até poderia aterrissar, mas não conseguiria decolar. Foi mais uma tentativa abortada de voltar ao passado. O único contato de Lévi-Strauss com os bororos seria lá de cima, enquanto observava o povoado. A vista aérea continuava parecida com o desenho da planta da aldeia em forma de roda de bicicleta, que ele tinha reproduzido em seus artigos e livros; as trilhas irradiavam do cubo da roda, a casa comprida dos homens, indo até as palhoças dispostas no que seria o aro da roda. Depois de meio século de ausência, era como um anticlímax. Passados mais vinte anos, perguntei-lhe se ficara desapontado com o Brasil. "Não", respondeu ele. "Fiquei emocionado."

Para uma inteligência tão inquisitiva, parece extraordinário que Lévi-Strauss nunca tenha voltado ao Brasil, nem mesmo para dar palestras ou assistir a conferências, e, quando voltou, tenha sido nessa visita de Estado como representante da França e não em seus próprios termos. De forma bastante análoga, ele tinha esperado até o final de sua carreira acadêmica para visitar a Colúmbia Britânica, outra região que ele tinha explorado muito em termos artísticos e etnográficos durante toda a sua carreira de autor. Quando esteve lá, tomou uma balsa para chegar à ilha de Vancouver e, enquanto observava no cais as enseadas cobertas de florestas, disse a Pierre Maranda: "A ecologia é tão importante para mim, e penso que é parte tão integrante do mito que há muitas coisas que deviam ser não só vistas, mas vividas, por assim dizer, para entendê-las."[43] O sentimento estava ali, mas o desejo de levá-lo adiante estava de certa forma ausente.

Essa falta de curiosidade por experiências culturais em primeira mão foi desmentida pelo fascínio tardio de Lévi-Strauss pelo Japão. Entre 1977 e 1988, ele esteve cinco vezes lá, dando palestras e também reservando tempo para explorar o país. Declarou que o Japão era uma espécie de Ocidente invertido. Situado no extremo oriente da Eurásia, ele espelhava a França, que ficava nas margens ocidentais da massa continental. Com suas paisagens esculpidas pela mão humana, em terraços de arrozais, plantações de chá, bosques de bambus e cerejeiras em flor, e sua cultura antiga de cerimônias muito formais, o Japão tocou a sensibilidade intelectual e estética de Lévi-Strauss. Uma sociedade de biombos delicados, máscaras de laca, rituais estilizados e negação do eu — não admira que atraísse vários pensadores estruturalistas, não só mais sabidamente Roland Barthes, mas também Michel Foucault.

Voltando do Brasil, Lévi-Strauss publicou a segunda parte das *petites mythologiques*, *A Oleira Ciumenta* — que comparou a um balé em relação à tetralogia operística. Texto mais incisivo e jocoso, era Lévi-Strauss se divertindo com materiais que tinha "deixado de reserva" desde os anos 1960. Naquela época, ele tinha trabalhado às cegas, passando de um a outro ciclo de mitos, numa viagem de descoberta intelectual; agora tinha perspectiva e, trabalhando com base em suas "provas" anteriores, entregou-se ao que mais amava — a livre associação em torno de grandes ideias e grandes pensadores.

O livro revisitava Freud, um ponto de referência desde que Lévi-Strauss conhecera sua obra como estudante do colegial nos anos 1920. Afora o impulso teórico geral da obra de Freud, durante toda a carreira Lévi-Strauss tinha utilizado conceitos freudianos específicos, como a inversão, o deslocamento, a elaboração secundária e a transformação. Assim como Freud extrapolava as fontes primárias e fazia associações ou metáforas inesperadas e reveladoras (o tema da Lenda do Labirinto é realmente um nascimento anal, em que os caminhos tortuosos do labirinto são os intestinos e o fio de Ariadne o cordão umbilical, por exemplo), da mesma forma Lévi-Strauss fazia conexões laterais muito inventivas. Como disse ele, Freud era grande porque "conseguia pensar como os mitos", capacidade que Lévi-Strauss reivindicava também para si.[44]

Sendo um torneio escatológico com a psicanálise, *A Oleira Ciumenta* apresentava o bicho-preguiça e o bacurau da mitologia jivaro da América do Sul como símbolos da retenção e incontinência anal e oral. O ciúme humano era uma forma de retenção psicológica; o corpo, um forno de olaria, mas para cozer excrementos em vez de argila. As teorias de Freud, concluía Lévi-Strauss, já tinham sido inventadas pelos jivaros muitos séculos antes que a psicanálise fosse apresentada como técnica revolucionária no Ocidente. "Como os americanos são sábios ao chamar os psicanalistas de *headshrinkers* ['encolhedores de cabeças']", brincou ele, "assim associando-os espontaneamente aos jivaros!".[45]

Mais a sério, ele afirmava que o grande erro de Freud — e de uma série de pensadores que tinham tentado decifrar mitos: Müller, Frazer e Jung — era tentar atribuir significados específicos a cada elemento, interpretando cada mito (ou sonho) segundo um único código. Para Lévi-Strauss, era uma tarefa impossível. Não havia como procurar universais no plano das imagens de superfície. A questão estava nas relações mútuas dos "mitemas" e no jogo recíproco de diferentes códigos utilizados ao mesmo tempo pelos mitos. Era a lógica invariante dessas relações que unia a massa de tramas e imagens barrocas. O pensamento mítico flutuava livre pelo espaço, girando, virando e tombando, revoluteando, mas nunca perdendo a forma estrutural geral, "livre da preocupação de se ancorar numa referência exterior e absoluta, independentemente de qualquer contexto".[46]

* * *

Lévi-Strauss foi descrito muitas vezes como um indivíduo recluso, inclusive por si mesmo — "Não gosto muito de socializar", disse certa vez. "Meu impulso inicial é evitar as pessoas e voltar para casa."[47] Mas, ao chegar aos 80 anos, ele deu uma longa entrevista ao escritor e jornalista Didier Eribon, que foi publicada em livro com o título *De perto e de longe* (*De Près et de loin*). Ele tinha se impressionado com um trabalho parecido com seu mentor Georges Dumézil, *Entretiens avec Didier Eribon*, e agradeceu a Eribon "por me permitir ouvir a voz de Georges Dumézil além do túmulo" (Dumézil falecera um ano antes da publicação do livro). Lévi-Strauss também se sentiu curioso:

> Que perguntas me faria, que aspectos de minha vida e obra interessariam a um jovem escritor que podia ser meu filho ou até meu neto? Foi divertido, confesso, descobrir quantos acontecimentos em que estive envolvido ou que presenciei tinham adquirido uma aura lendária para alguém de uma geração posterior. E assim tomei como regra que não me esquivaria a nenhuma das perguntas, mesmo que não estivessem de acordo com o ângulo pelo qual eu olharia o passado.[48]

Embora evitando cuidadosamente o terreno da vida pessoal, Lévi-Strauss deu respostas longas e muito atenciosas a um amplo leque de perguntas sobre sua vida, sua obra e suas ideias. Muitas delas já tinham sido respondidas nas dezenas de entrevistas que dera à imprensa durante toda a carreira. Mas às vezes ele ia além, falando abertamente sobre sua preferência estética por alguns tipos raciais (os japoneses), admitindo sua falta de paciência para o trabalho de campo, lamentando seu "sotaque terrível" em inglês e sua falta de talento em geral para os idiomas.[49]

Pressionado, ele falou sobre a sensação de ser judeu, não em termos religiosos ou ancestrais, mas como estado mental. Pertencer a um grupo tradicionalmente perseguido intensificava a percepção e a sensação de que teria de mostrar realizações acima da média para ter a chance de concorrer em condições de igualdade. Mesmo assim, a ideia de Israel o fascinava. "Hesitei muito tempo antes de ir a Israel, porque restabelecer contatos físicos com as próprias raízes é uma experiência intimidadora." Mas, quando finalmente foi até lá, em meados dos anos 1980, para presidir a um simpósio sobre arte e comunicação nas sociedades pré-letradas, no Museu de Israel, não houve nenhuma reverberação. Seu senso de ligação ficara "reduzido a um conhecimento abstrato" pelo vasto decurso de tempo desde que seus ancestrais tinham saído da Palestina até a época em que chegaram à Alsácia, no começo do século XVIII.[50]

Enquanto tratava da questão judaica, Eribon mencionou uma carta que Lévi-Strauss tinha escrito a Raymond Aron, e que reaparecera nas memórias de Aron publicadas em livro. Lévi-Strauss manifestava na carta seu apoio à causa palestina, embora reiterando sua aversão à cultura islâmica. "É óbvio que não posso sentir a destruição dos índios como uma ferida fresca no flanco", escreveu ele, "e sinto a reação oposta quando se trata dos árabes palestinos, mesmo que (como é o caso) os breves contatos que tive com o mundo árabe tenham me inspirado um profundo desagrado". Lévi-Strauss explicou o comentário dizendo que tinha exagerado, pois "eu não queria que Aron fizesse uma ideia errada de minha atitude, atribuindo-me simpatias pró-árabes".[51]

Durante as entrevistas de Eribon, ele expôs as linhas gerais de mais um trabalho sobre o mito indígena que estava em preparação, uma peça de acompanhamento de *A Oleira Ciumenta*. Indagava-se "se é realmente necessário acrescentar mais uma prova mitológica a todas as outras", e declarou que era a falta de um título que o estava segurando — "É o título que dá o tom à obra", explicou ele.[52]

Publicado em 1991, *História de Lince* reunia os fios de cinquenta anos de estudos, tecendo-os numa conclusão densa e ordenada. Nos anos 1940 e 1950, Lévi-Strauss tinha se debatido com o problema dos sistemas duais de organização social — tinha visto um exemplo disso entre os bororos, com as plantas da aldeia organizadas simetricamente, que funcionavam como esquemas para a troca de direitos, obrigações, casamentos e funerais.[53] Nos anos 1960, tinha examinado e posto de lado uma série de mitos salishes, envolvendo a neblina e o vento, o lince e o coiote, e gêmeos que se diferenciam gradualmente. Agora percebia que todos eles, na verdade, correspondiam ao mesmo problema, formulado de diferentes maneiras. Todos se enquadravam num conceito que fora tema de sua obra anterior sobre o parentesco, a ideia de um acordo intrinsecamente instável entre reciprocidade e hierarquia. Esta era a preocupação no cerne do estruturalismo. Embora a invenção cultural aparecesse em equilíbrio, num balanço perfeito de simetrias sociais e culturais, esse equilíbrio corria o risco constante de se dissolver em hierarquias com divisões de castas.

Com essa inquietação, Lévi-Strauss encerrou seu grande empreendimento sobre o mito. O detalhismo, a complexidade e a originalidade do projeto, que agora cobria duas décadas e cerca de 2.500 páginas, eram inegáveis. Mas nos anos 1990 Lévi-Strauss era praticamente o único que restara. Desde os meados dos anos 1970, seus seguidores tinham começado a se afastar. As *petites mythologiques* ainda eram populares — em especial *A Oleira Ciumenta* —, mas as ideias já não eram novas nem avançadas. "O estímulo imaginativo desapareceu, e em seu lugar há apenas a continuação dos movimentos", escreveu Needham sobre suas últimas obras.[54] Para o público mais amplo, o estruturalismo lévi-straussiano tinha se tornado uma espécie de grife intelectual — conhecida, confiável, quase reconfortante. Como um autor talentoso que encontrou sua voz própria ou um grande pintor que acertou seu passo, Lévi-Strauss era perdoado por retornar sempre ao mesmo trabalho, com ligeiras variações no enredo ou na paleta.

Alguns estudiosos interessados restantes — sobretudo na França e no Brasil — continuaram a seguir aspectos de sua obra, mas Lévi-Strauss terminou essencialmente como uma escola de um homem só, oferecendo um tipo de análise que se tornara tão absolutamente idiossincrática que era impossível servir de base para outros estudos. As imensas energias que ele dedicou a modelar o mundo do mito nunca tiveram um prosseguimento sistemático, fato que se imaginaria no mínimo decepcionante, mas, chegando ao fim da vida, Lévi-Strauss parecia sublimemente despreocupado com os destinos de sua herança.

É difícil avaliar a influência de Lévi-Strauss. Na imaginação popular dos franceses, ele estará sempre associado aos caduveus, aos bororos e aos nhambiquaras, povos que passou alguns meses estudando, mais de setenta anos atrás; ou ao estruturalismo, ideia tomada de empréstimo à linguística estrutural por volta de 1940 e que, a despeito dos rápidos avanços subsequentes da linguística, nunca foi realmente atualizada. Ele também é conhecido como o grande mestre teórico, mas negava que o estruturalismo sequer fosse uma teoria ou, menos ainda, uma filosofia. Era um método de análise, declarou inúmeras vezes, uma ferramenta para desvendar "harmonias ocultas". Lévi-Strauss era famoso por ser impenetrável, mas o modelo geral com que trabalhou ao longo de toda a carreira era notavelmente simples.

Respondendo a um questionário do antropólogo britânico Edmund Leach, nos anos 1960, Lévi-Strauss resumiu sua abordagem com uma metáfora prosaica. A realidade, escreveu ele, era como um sanduíche. Compunha-se de três estratos organizados de maneira semelhante: a natureza, o intelecto e o mito. Cada elemento provinha do outro — o cérebro era apenas um aspecto da natureza, e o pensamento mítico um subgrupo do funcionamento mental. Esses estratos eram separados por "duas camadas de caos: a percepção sensível e o discurso social".[55]

Para além da desordem de nossas primeiras impressões, para além das excentricidades de uma cultura viva, havia relações lógicas — as simetrias, as inversões e as oposições que Lévi-Strauss nunca cansava de identificar. Essas estruturas sustentavam a ordem de todos os fenômenos naturais, fossem cristais, organismos, a linguagem, sistemas de parentesco ou o livre curso do pensamento humano nas culturas orais, quando um xamã repetia um mito pela milésima vez em torno de uma fogueira comunitária nas profundezas da selva amazônica ou nas pradarias norte-americanas. "Estou muito mais próximo do materialismo do século XVIII do que de Hegel", concluía Lévi-Strauss, visto que "as leis de funcionamento [do cérebro humano] são iguais às leis da natureza".

As ideias de Lévi-Strauss eram de grande envergadura e amplitude, mas ficaram encerradas dentro desse espaço intelectual que, no fundo, era claustrofóbico. Durante toda a sua carreira, as descrições etnográficas, as narrativas míticas e suas próprias ideias se dobravam sobre si mesmas num processo interminável de autorreferência. A colega mitóloga Wendy Doniger comparou seu modo de pensar à garrafa de Klein — uma forma matemática tridimensional feita com a união de duas faixas de Moebius invertidas, que Lévi-Strauss reproduz em *A Oleira Ciumenta* para ilustrar a estrutura de um mito. A comparação é pertinente. A forma ondulante e bulbosa da garrafa, gerada matematicamente, mas com um toque orgânico, consome a si mesma e é de difícil apreensão conceitual. Não possui superfície externa ou interna. Como a obra de Lévi-Strauss, ela se retroalimenta perpetuamente.

O que arejava a produção de Lévi-Strauss, introduzindo aquele lirismo que desorientava seus críticos anglo-americanos, era um profundo interesse pela expressão e pela fruição estética, que corria em paralelo com o lado epistemológico da obra. Seu profundo empenho em reconciliar o "sensível" e o "inteligível" — isto é, como a percepção sensorial bruta, que constitui uma experiência especialmente rica nas culturas orais, está relacionada com um entendimento intelectual mais abstrato — adicionava um sabor artístico ao que, do contrário, seria um árido exercício acadêmico. Numa entrevista com o crítico de cinema Raymond Bellour, nos anos 1960, Lévi-Strauss afirmou que todo o projeto sobre o mito era, em verdade, a busca de respostas para as eternas perguntas: O que é o belo? O que é a emoção estética? — problemas que o ocupavam cada vez mais à medida que sua carreira avançava. Em outra entrevista, ele se delongou:

> Os mitos são objetos de grande beleza e a pessoa nunca se cansa de contemplá-los, de manipulá-los ou de tentar entender por que os considera tão belos. E se dedico muito tempo ao estudo dos mitos, é na esperança, ao desmontar esses objetos esteticamente admiráveis, de poder contribuir de alguma maneira para entender o que é o sentimento de beleza, e por que temos a impressão de que uma pintura, um poema ou uma paisagem é bela.[56]

Essa faceta de sua obra veio ao primeiro plano no último livro de Lévi-Strauss, *Olhar, Escutar, Ler*, que em larga medida se libertou da exegese obsessiva da cultura indígena. Aqui era o lado clássico de sua matriz modernista/classicista, percorrendo uma história das ideias estéticas e as teorias de sons, cores e palavras, com reflexões sobre os gostos de Diderot, Rousseau, Proust, Poussin e Chabanon, um musicólogo setecentista protoestruturalista quase esquecido. O tom era coloquial, repleto de observações intrigantes, como "na França preferimos um amarelo-dourado", ao que Lévi-Strauss acrescentava, citando o intelectual jesuíta setecentista Louis-Bertrand Castel, "deixando aos ingleses um amarelo puro que achamos insípido", e o fascínio com cruzamentos sensoriais — desde a excêntrica invenção do "clavicórdio ocular ou cromático" de Castel aos conceitos de "audição colorida" e ao entrelaçamento de códigos musicais e linguísticos.[57]

O estruturalismo nunca se inseriu na cultura popular, como aconteceu com o existencialismo. Flutuava no ar, seguindo os ventos da invenção intelectual. Pairando acima da angustiada busca existencialista da autenticidade, invocava um plano mais elevado: nunca se encontraria o autêntico nas insignificantes escolhas pessoais da intelectualidade da Rive Gauche, porque já existia nas operações abstratas da mente. Não fazia sentido lutar pela autenticidade — ela estava em torno de nós, dentro de nós, *era* nós. Não tinha nada a ver com a filosofia ocidental do século XX ou com uma alma torturada numa mansarda — a autenticidade vinha sendo praticada sem esforço desde que o cérebro humano surgira e o intelecto começara a funcionar. Na melhor das hipóteses, o filosofar ao estilo da Sorbonne tinha embotado a mente, e a formação ocidental conspurcava a pureza de uma função.

O estruturalismo supunha a profundidade, mas, com seu jogo de signos sem referentes, muitas vezes parecia deslizar em vidro liso. O apagamento do eu, atomizado num amálgama de estruturas cegas, gerava uma sensação vaga e solta, mas intensa. Lévi-Strauss e muitos intelectuais sob sua influência instauraram uma vertigem tardomodernista, conforme os pontos de referência do passado — Deus, a experiência interior, o eu, a humanidade — desapareciam no vazio. O significado, como "uma vibração obscura, uma vazão indistinta de sentido profundamente enigmático", perdeu sua solidez.[58] Alguns argumentavam que o estruturalismo era a volta a um mundo pré-cartesiano, pré-humanista, de necessidade divina, uma versão etnográfica da exegese cabalística. Mas, para outros, era um retorno a algo muito diferente. Num debate fascinante em *La Quinzaine Littéraire*, em 1966, Michel Foucault fez sua avaliação desde o surgimento do estruturalismo:

> *Pergunta*: Quando você deixou de acreditar no "sentido"?
> *Foucault*: A ruptura veio no dia em que Lévi-Strauss demonstrou — a respeito das sociedades — e Lacan demonstrou — a respeito do inconsciente — que o "sentido" provavelmente não passava de

uma espécie de efeito de superfície, uma cintilação, uma espuma, e que o que nos atravessava, o que estava sob nós e diante de nós, o que nos sustentava no tempo ou no espaço era o sistema.

[...]

Pergunta: Mas então quem secreta esse sistema?

Foucault: O que é esse sistema anônimo sem sujeito, o que ele pensa? O "eu" explodiu — vemos isso na literatura moderna —, é a descoberta do "há". Há um "se". Em alguns aspectos, retorna-se ao ponto de vista seiscentista, com a seguinte diferença: coloca-se não o homem, mas o pensamento anônimo, o saber sem sujeito, a teoria sem identidade, em lugar de Deus.[59]

Uma maneira de abordar Lévi-Strauss é a imagem que ele tinha de si mesmo — um *artiste manqué*, um homem que adoraria ter sido pintor como o pai, ou músico, se tivesse talento para isso. Durante as Massey Lectures, ele relembrou uma conversa com o compositor Darius Milhaud nos anos 1940, quando ambos estavam exilados em Nova York. Milhaud lhe disse que a primeira vez que soube que se tornaria compositor foi na infância, quando estava deitado na cama, quase adormecendo, e ouviu uma composição musical desconhecida tocando mentalmente — suas tentativas iniciais e subconscientes de compor. Aquela conversa se gravou em sua memória, mostrando que o talento musical era inato, e que, por mais que fizesse, ele nunca conseguiria realizar seus verdadeiros desejos.[60]

Lévi-Strauss logo abandonou as tentativas de escrever literatura, como dramaturgo ou poeta, mas como fotógrafo ele produziu algumas imagens memoráveis — um expressivo registro da vida dos povos caduveus, bororos, nhambiquaras, mundés e tupis-cauaíbes. Eram imagens capturadas num momento histórico importante, quando o Estado brasileiro concluía o longo processo desencadeado pelo colonialismo europeu. Mas, no final da vida, Lévi-Strauss descartou a ideia de fotografia como arte. "Nunca atribuí muita importância à fotografia", disse numa entrevista a *Le Monde* em 2002. "Eu costumava fotografar porque era necessário, mas sempre tive a sensação de que era um desperdício de tempo, um desperdício de atenção." E era igualmente cético em relação às imagens em movimento na antropologia: "Devo confessar que os filmes etnográficos me entediavam."[61]

Saudades do Brasil, publicado em 1995, era em muitos aspectos o tipo de livro que Lévi-Strauss criticara violentamente no passado — um álbum de fotos em estilo antiquado, do explorador que volta ao lar, com legendas que pareciam escritas nos anos 1930, quando Lévi-Strauss tirou as fotos. (O charme dos nhambiquaras, apesar de sua terrível reputação, é em grande parte explicado pela presença em seu meio de mulheres muito jovens que eram graciosas apesar da cintura um tanto larga.[62]) No prólogo, ele comentava que, em comparação ao cheiro de inseticida em seus cadernos de notas com meio século de existência, que imediatamente lhe trazia à memória sua experiência em campo, as fotos não redespertavam nada. A única sensação que teve ao folhear as imagens de sessenta anos antes foi "a impressão de um vazio, a falta de alguma coisa que a lente é intrinsecamente incapaz de capturar".[63] Mas, para qualquer outra pessoa, as imagens são extremamente evocativas e revelam um olho muito sensível à expressão visual.

Finalmente ele encontrou voz própria como escritor em *Tristes Trópicos*, mas nessa altura seus rumos já estavam definidos. Ia ser um pensador, um acadêmico, um profissional das ideias. O artista em seu íntimo encontraria expressão não só na forma de escrever, mas nas ideias, na maneira de montar, como uma colagem, a profusão de materiais etnográficos que tinha acumulado. Sendo Lévi-Strauss um analista da forma, sua obra era um hino às proporções; se fosse um quadro, seria uma das telas de Poussin que tanto amava, uma composição de equilíbrio clássico sem revelar tensão ou esforço. A obra que deixava era uma espécie de *pensée sauvage* da academia; percorrendo as bibliotecas, ele colhia e misturava elementos que então processava, resultando em ideias admiráveis, embora especulativas: sociedades quentes e frias, *bricolage*, a ciência do concreto, além das belas e estranhas imagens nas oposições criadas na tetralogia das *Mitológicas*. Suas teorias grandiosas sobre a mente humana, a cultura e o pensamento indígena foram se fazendo cada vez mais impressionistas — um pano de fundo operacional para as imagens de sua obra. Assim como não tinha paciência para a pesquisa de campo, da mesma forma ele nunca se detinha a examinar sistematicamente as implicações de seu pensamento. Pelo contrário, continuava avançando, empilhando ideias e mais ideias. Mesmo que suas faculdades inventivas possam ter se enfraquecido na velhice, quem não haveria de invejar um pensador que criou algo da qualidade de *Olhar, Escutar, Ler* aos 85 anos de idade?

A obra de Lévi-Strauss é de tal envergadura que mesmo os críticos mais rigorosos não podem deixar de admirar sua produção. O antropólogo americano Clifford Geertz, que certamente não tinha nenhuma simpatia pela abordagem estrutural, colocou bem:

> Aconteça o que acontecer com a circulação de mulheres, os mitemas, a razão binária ou a ciência do concreto, o sentido de importância intelectual que o estruturalismo trouxe à antropologia, e mais especialmente à etnografia, não desaparecerá tão cedo. A disciplina já abrira caminho na vida cultural geral anteriormente: Eliot leu Frazer; Engels leu Morgan; Freud, infelizmente, leu Atkinson; e nos Estados Unidos, pelo menos, quase todo mundo leu Mead. Mas nunca tinha ocorrido nada semelhante à invasão em massa de campos próximos (literatura, filosofia, teologia, história, arte, política, psicologia, linguística, e mesmo alguns setores da biologia e da matemática). [...] Mais do que qualquer outra coisa, ele abriu um espaço que uma geração de personagens em busca de uma peça correu a ocupar.[64]

Num mundo com áreas do conhecimento cada vez mais especializadas, talvez nunca volte a existir uma obra de tanto alcance e de ambição tão revigorante. Poucos pensadores mostraram uma criatividade tão incansável; e menos ainda cobriram um terreno tão amplo. Quando Lévi-Strauss se distanciou do pensamento dominante nos meados do século, esse seu inspirado afastamento veio a transformar definitivamente o campo das ciências humanas. Da perspectiva desses primeiros anos do século XXI, sem rumo desde o colapso das "grandes narrativas" que guiaram o pensamento durante boa parte do século passado, finalmente podemos olhar a produção extraordinária de Lévi-Strauss sentindo nostalgia por uma época em que os pensadores ainda dispunham de espaço intelectual para trabalhar, e não eram obrigados a se comprimirem nos corredores atuais do conhecimento, cada vez mais estreitos.

Epílogo

> Quando eu tinha 6 anos de idade, meu pai me deu uma linda gravura japonesa. Foi, pode-se dizer, minha primeira experiência exótica com outra cultura. Ainda tenho aquela gravura. Agora está muito velha e em condições precárias — como eu. Durante toda a vida procurei entender o significado daquela gravura. Às vezes penso que consegui.
>
> Claude Lévi-Strauss cit. in Paul Hendrickson, "Behemoth from the Ivory Tower", *Washington Post*, 24 de fevereiro de 1978

Não resta muito da paisagem que Claude Lévi-Strauss percorreu durante o trabalho de campo no final dos anos 1930, nos atuais estados do Mato Grosso e Rondônia. Aqueles sertões empoeirados no extremo oeste do Brasil agora constituem a fronteira da agroindústria — um cenário desolado de plantações de soja e cana-de-açúcar, tendo aqui e ali pequenas centrais de fornos de carvão, de formato arredondado, que queimam a madeira trazida em caminhões das florestas amazônicas, mais ao norte. Tendo ao fundo um céu azul intenso, pequenas nuvens de poeira se formam nas estradas secundárias entre as plantações — sendo o produto para exportação transportado em carretas rodoviárias — numa paisagem que, afora isso, se estende nua. As árvores exóticas de frutas do cerrado, que antes coloriam as planícies com suas espetaculares flores amarelas e lilases, foram em grande parte derrubadas.

Os remanescentes da linha Rondon serpenteiam pelas florestas secundárias das reservas indígenas, com centenas de transformadores de porcelana espalhadas pelo chão. Os descendentes dos povos que Lévi-Strauss lutou para entender em sua penosa jornada pelo planalto agora vivem isolados em povoados com casas de tábua, subsistindo com os pacotes de comida distribuídos pelos funcionários dos serviços indígenas. Agora, ao ler as notas de campo de Lévi-Strauss, é difícil deixar de sentir a emoção, o pessimismo que ele já expressava tão bem meio século atrás, em *Tristes Trópicos*.

Lévi-Strauss viveu para ver seus maiores receios confirmados — o crescimento inexorável da população mundial, a destruição brutal do meio ambiente, a eliminação de culturas que tinham levado milhares de anos para se desenvolverem, e as quais passara a vida tentando decifrar. "Não é o mundo que eu conheci, que amei ou que sequer consiga imaginar", disse na velhice, comentando as realidades contemporâneas. "Para mim, é um mundo incompreensível."[1]

A longevidade veio acompanhada por um afastamento cada vez maior. Ainda em 1987, um jornalista do *New York Times* comentou que Lévi-Strauss continuava "ágil e alerta", como se fosse uma surpresa que um homem de 79 anos ainda estivesse em tão boa forma. Naquela ocasião, Lévi-Strauss gracejou dizendo que estava trabalhando em suas "obras póstumas".[2] Mas, chegado aos 90 anos, a idade começou a pesar. Tinha praticamente parado de escrever e não se deu ao trabalho de renovar o passaporte. Numa recepção em sua homenagem no Collège de France, ele descreveu seu estado mental de maneira comovente:

> Montaigne disse que o envelhecer nos diminui diariamente de tal maneira que, quando finalmente sobrevém a morte, ela leva apenas um quarto da metade do homem. Mas Montaigne viveu apenas até os 59 anos, de modo que não podia fazer ideia da extrema velhice em que me encontro hoje. Nessa idade avançada que jamais pensei que atingiria, sinto-me como um holograma quebrado.[3]

Ele apresentou sua vida como um diálogo entre o nonagenário decrépito que se tornara e um eu ideal que ainda pensava em projetos intelectuais que nunca viriam à luz. Conforme avançava na casa dos 90 anos, o diálogo prosseguiu. Aos 92, Lévi-Strauss comentou que a velhice estava diminuindo sua curiosidade intelectual, mas acrescentou que ainda lia vorazmente em inglês e francês — Jane Austen, Thackeray, Trollope e Dickens, além de reler Balzac pela "quadragésima vez com absoluto encanto".[4] Ao mesmo tempo, porém, a sensação de deslocamento aumentava. Dois anos depois, numa entrevista a *Les Temps modernes*, perguntaram-lhe se ele pensava na morte. "Sim", respondeu. "Não que eu esteja pedindo a morte, mas não tenho mais lugar neste mundo. É um mundo diferente e terminei meu trabalho aqui."[5]

Poucos meses antes de completar 100 anos, Lévi-Strauss se tornou um dos poucos autores vivos a ter lugar na Bibliothèque de la Pléiade, da Gallimard — uma coleção prestigiosa de edições anotadas que inclui os grandes nomes da literatura francesa e heróis de Lévi-Strauss, como Marcel Proust, Paul Verlaine, Charles Baudelaire e Arthur Rimbaud. Lévi-Strauss fez uma seleção curiosa das obras que iriam integrar os sete volumes da antologia. Lá estavam os clássicos, como *Tristes Trópicos* e *O Pensamento Selvagem*, mas ele optou pelas *petites mythologiques*, em vez da peça central de sua carreira, a maciça tetralogia das *Mitológicas*. O único vestígio dessa grande obra foi a inclusão de uma curta entrevista que ele havia dado a Raymond Bellour, explicando a lógica labiríntica que havia orientado os três primeiros volumes.[6] Outra ausência era a tese de doutorado de Lévi-Strauss, *As Estruturas Elementares do Parentesco*, reinterpretação do campo de estudos sobre o parentesco, que o firmara como um dos principais pensadores na França do pós-guerra. Era como se, no momento derradeiro, escolhesse extirpar o próprio coração da obra de sua vida.

Seu centenário foi comemorado em todo o mundo, e especialmente na França. O presidente Nicolas Sarkozy foi visitá-lo em seu apartamento; Arte, o canal de televisão franco-alemão, dedicou-lhe um dia inteiro de programação, enquanto o canal France 3 apresentava um debate ao vivo entre Vincent Debaene, o jovem professor de francês de Colúmbia e um dos responsáveis pela edição Pléiade, e o antropólogo octogenário Georges Balandier, crítico de velha data de Lévi-Strauss e uma das raras vozes dissonantes num dia de homenagens calorosas. Foi franqueado o ingresso no Musée du Quai Branly, onde uma centena de estudiosos se reuniu no Auditório Lévi-Strauss para lhe prestar tributo. Agora confinado a uma cadeira de rodas depois de quebrar o fêmur, Lévi-Strauss não fez nenhuma aparição pública, mas disse sentir que não havia muito o que celebrar por ter alcançado um marco tão mórbido. É difícil imaginar tal entusiasmo por um intelectual, e ainda por cima um antropólogo, nos Estados Unidos ou na Inglaterra. Mas, na França, Lévi-Strauss se inseria numa longa tradição de pensadores literário-filosóficos que sempre ocuparam um lugar especial na alma da nação.

Logo antes da morte de Lévi-Strauss, Gilles de Catheu, um médico francês que trabalhava com os povos índios em Rondônia, foi visitá-lo em seu apartamento. Num artigo para o jornal brasileiro *O Globo*, ele descreveu seu encontro com Lévi-Strauss, bem-vestido, fisicamente debilitado, mas intelectualmente alerta, sentado na cadeira de rodas atrás da escrivaninha. Conversaram sobre os mundés, tribo que Lévi-Strauss tinha visitado rapidamente durante a expedição à Serra do Norte. Ao sair, Catheu deu a Lévi-Strauss um marico — um cesto índio feito com fibras de tucumã. "Ele segurou o marico, olhando as alças com interesse", contou Catheu, "tocando delicadamente com mãos centenárias um objeto nascido de uma tradição milenar. [...] Nunca vi tanta felicidade e emoção [...]".[7]

Lévi-Strauss morreu de insuficiência cardíaca duas semanas mais tarde, pouco antes de seu 101º aniversário. Quando a morte foi anunciada em 3 de novembro de 2009, mais uma vez multiplicaram-se os tributos, com cobertura completa na tevê, e o jornal *Le Monde* com meia dúzia de páginas e três obituários.[8] Entre os milhares de homenagens, o presidente Sarkozy cometeu um deslize, escrevendo num comunicado oficial que Lévi-Strauss tinha sido um "humanista incansável".[9]

Um funeral público para uma figura intelectual tão reverenciada atrairia uma procissão grandiosa nas ruas de Paris, que terminaria numa cerimônia de sepultamento lotada com a presença de grandes nomes e admiradores sinceros — políticos, intelectuais, estudantes, além de milhares de pessoas comuns prestando seus respeitos ao último gigante do pensamento dos meados do século XX. Mas não era o estilo de Lévi-Strauss. Quando foi anunciada sua morte, ele já estava enterrado num pequeno cemitério perto de seu castelo em Lignerolles. Na cerimônia estavam presentes os parentes próximos: a esposa Monique, os dois filhos Laurent e Matthieu e dois netos, além do prefeito da cidade, Denis Cornibert. Seu último desejo foi ser baixado ao túmulo em completo silêncio. "Não foi fácil", lembrou Cornibert.¹⁰ Na sepultura cascalhada, há uma placa de ouro simples com os dizeres "Claude Lévi-Strauss — 1908-2009". A uma pequena distância desse túmulo singelo ficam as florestas por onde Lévi-Strauss costumava passear nas tardes de verão, colhendo cogumelos silvestres e guardando-os num lenço enquanto prosseguia a caminhada.

Notas

Introdução

1. Claude Lévi-Strauss. *Tristes Tropiques*. Tradução de J. e D. Weightman. Londres: Picador, 1989, p. 277. (*Tristes Trópicos*. Tradução de Rosa Freire d'Aguiar. São Paulo: Companhia das Letras, 1996.) Esta imagem, tirada durante a expedição de Lévi-Strauss entre os bororos, está reproduzida in Claude Lévi-Strauss. *Saudades do Brasil: A Photographic Memoir*. Tradução de Sylvia Modelski. Seattle e Londres: University of Washington Press, 1995, p. 87. (*Saudades do Brasil*. Tradução de Paulo Neves. São Paulo: Companhia das Letras, 1994.)
2. Dina, a mulher de Lévi-Strauss, tinha abandonado a expedição, devido a uma forte infecção nos olhos no início da viagem.
3. Claude Lévi-Strauss. *Tristes Tropiques* (Tristes trópicos). Paris, Plon, 1971, p. 59.
4. Marc Augé. "Ten Questions Put to Claude Lévi-Strauss" (Dez questões colocadas a Claude Lévi-Strauss), *Current Anthropology*, vol. 31, nº 1, fevereiro de 1990, p. 86.
5. Pierre Dumayet com Claude Lévi-Strauss. "Claude Lévi-Strauss à propos de 'Soleil Hopi'" (Claude Lévi-Strauss sobre "Soleil Hopi"), *Lectures pour tous*, 15 de abril de 1959. http://www.ina.fr/art-et-culture/litterature/video/I00014610/claude-levi-strauss-a-propos-de-soleil-hopi.fr.html.
6. Claude Lévi-Strauss in Claude Lévi-Strauss e Didier Eribon. *Conversations with Claude Lévi-Strauss*. Tradução de Paula Wissing. Chicago, Il.: University of Chicago Press, 1991 (doravante Eribon. *Conversations*), p. 59. (*De Perto e de Longe*. Tradução de Léa Mello e Julieta Leite. Rio de Janeiro: Nova Fronteira, 1990/ São Paulo: Cosac Naify, 2005.)
7. Ibid., p.vii.
8. Alfred Métraux. *Itinéraires I (1935-1953): Carnets de notes et journaux de Voyage* (Cadernos de notas e diários de viagens). Paris, Payot, 1978, p. 41.
9. Françoise Héritier. "Claude Lévi-Strauss était 'un passeur exceptionnel'", *Le Monde*, 4 de novembro de 2009.
10. Entrevista com o autor, março de 2005.
11. Lévi-Strauss. *Tristes Tropiques*. Picador, p. 71. Vincent Debaene et al. (orgs.). *Claude Lévi-Strauss: Œuvres*. Paris: Gallimard, Bibliothèque de la Pléiade, 2007, p. 47.
12. Ver Denis Bertholet. *Claude Lévi-Strauss*. Paris: Plon, 2003, p. 404.

13. Cit. in David Pace. *Claude Lévi-Strauss: The Bearer of Ashes*. Londres: Routledge & Kegan Paul, 1983, p. 4. (*Claude Lévi-Strauss. O Guardião das Cinzas*. Tradução de Maria Clara Fernandes. Rio de Janeiro: Bertrand, 1992.)

1 Os Primeiros Anos

1. Pablo Picasso, cit. in Françoise Gilot e Carlton Lake. *Life with Picasso*. Londres: Penguin, 1966, p. 257. (*A minha vida com Picasso*. Tradução de Carmen Gonzalez e Antônio Ramos Rosa. São Paulo: Samambaia, 1965.)
2. Marcel Mauss. *The Gift*. Londres: Routledge, 2006. ("Ensaio sobre a dádiva", *Sociologia e Antropologia*. Tradução de Paulo Neves. São Paulo: Cosac Naify, 2003.)
3. Mauss dirigia o instituto com o sociólogo Paul Rivet e o filósofo e teórico da "mentalidade primitiva" Lucien Lévy-Bruhl.
4. Marcel Fournier. *Marcel Mauss*. Princeton, NJ: Princeton University Press: 2006, p. 277-8.
5. Michel Leiris. *L'Age d'homme*. Paris: Gallimard, 1946, p. 189-90 (*A Idade Viril*. Tradução de Paulo Neves. São Paulo: Cosac Naify, 2003); tradução de Colin Nettelbeck, *Dancing with de Beauvoir: Jazz and the French*. Melbourne: Melbourne University Press, 2004, p. 113.
6. James Clifford. *The Predicament of Culture: Twentieth Century Ethnography, Literature and Art*. Cambridge: University of Harvard Press, 1988, p. 117-51. (*A Experiência Etnográfica: Antropologia e Literatura no Século XX*. Tradução de José Reginaldo dos Santos Gonçalves. Rio de Janeiro: Ed. UFRJ, 2002.)
7. Ver Vincent Debaene. "Les surréalistes et le musée d'ethnographie." *Labyrinthe*, vol. 12, 2002 (http://labyrinthe.revues.org/index1209.html), para uma discussão sobre esse tema.
8. Claude Lévi-Strauss no documentário de Pierre-André Boutang e Annie Chevallay. *Claude Lévi-Strauss in His Own Words* (*Claude Lévi-Strauss par lui-même*). Paris: Arte Editions, 2008, aos 33:43 min.
9. De uma entrevista de 1973 a Jean-José Marchand para l'Office de Radiodiffusion-Télévision française (ORTF). Emile Joulia (org.). *Lévi-Strauss: l'Homme derrière l'œuvre*. Paris: Editions Jean-Claude Lattès, 2008, p. 167.
10. Lévi-Strauss. *Tristes Tropiques*. Picador, p. 300. (*Tristes Trópicos*. Tradução de Rosa Freire d'Aguiar. São Paulo: Companhia das Letras, 1996.)
11. Eribon. *Conversations*, p. 6. (*De perto e de longe*. Tradução de Léa Mello e Julieta Leite. Rio de Janeiro: Nova Fronteira, 1990/ São Paulo: Cosac Naify, 2005.)
12. Boutang e Chevallay. *Claude Lévi-Strauss in His Own Words*, 32:08.
13. Eribon. *Conversations*, p. 93-4.
14. Ibid., p. 93.
15. Ibid., p. 172.
16. Claude Lévi-Strauss. *The View from Afar*. Oxford: Basil Blackwell, 1985, p. 275. (*O Olhar Distanciado*. Tradução de Carmen de Carvalho. Lisboa: Edições 70, 1986.)
17. Lévi-Strauss, entrevista a *L'Express*, trad. Peter B. Kussell. *Diacritics*, vol. I, nº 1, outono 1971, p. 46. Aqui Lévi-Strauss se refere ao 27º volume do ciclo de romances de Romains,

Les Hommes de bonne volonté (Os homens de boa vontade) (1932-46), ambientado mais ou menos na época da infância de Lévi-Strauss. Os personagens — o filósofo Pierre Jallez e o político Jean Jerphanion — fazem amizade quando estudam na École normale supérieure, no primeiro volume, e depois reaparecem ao longo do ciclo como comentadores, discutindo os acontecimentos da época e a sociedade francesa, em cartas e durante longas caminhadas por Paris.

18. Lévi-Strauss. *Tristes Tropiques*. Picador, p. 494.
19. Claude Lévi-Strauss. *The Raw and the Cooked: Introduction to a Science of Mythology I*. Chicago, Il.: University of Chicago Press, 1983, p. 15. (*O Cru e o Cozido. Mitológicas I*. Tradução de Beatriz Perrone-Moisés. São Paulo: Cosac Naify, 2004.)
20. Entrevista a Jean-José Marchand para ORTF in Joulia (org.). *Lévi-Strauss: L'Homme derrière l'œuvre*, p. 174.
21. Vauxcelles havia criado os termos *fauvisme* e *cubisme* ("Braque reduz figuras, casas a esquemas geométricos, a cubos"), junto com o menos conhecido *tubisme*, para descrever o estilo tubular de Léger, mas era extremamente cético em relação ao modernismo. Era indiferente ao tema proposto por Lévi-Strauss, mas mesmo assim incentivou-o a escrever.
22. Eribon. *Conversations*, p. 172.
23. Ibid., p. 5.
24. Bertholet. *Claude Lévi-Strauss*, p. 28.
25. Lévi-Strauss cit. in Philippe Simonnot. "Claude Lévi-Strauss: un anarchiste de droite." *L'Express*, 17 de outubro de 1986.
26. Eribon. *Conversations*, p. 8.
27. Ver a entrevista com Jean-José Marchand para o ORFT. Joulia (org.). *Lévi-Strauss: L'Homme derrière l'œuvre*, p. 170-1.
28. Cit. in Bertholet. *Claude Lévi-Strauss*, p. 27.
29. Naquela época, a faculdade de direito não era integrada à Sorbonne.
30. Entrevista de Claude Lévi-Strauss a Jean-José Marchand. Arte France TV, 1972. Em tom mais acerbo, ele disse a um jornalista da revista *Time*, nos anos 1960, que tinha escolhido a filosofia "não porque tivesse qualquer vocação real para ela, mas porque tinha experimentado outros ramos do conhecimento e detestei todos eles". "Man's New Dialogue with Man." *Time*, 30 de junho de 1967.
31. Claude Lévi-Strauss in Boutang e Chevallay. *Claude Lévi-Strauss in His Own Words*, 31:25.
32. Bertholet. *Claude Lévi-Strauss*, p. 31.
33. "Claude Lévi-Strauss, 'Autoportrait' (Autorretrato)." *Le Magazine littéraire*, número especial 5, 4º trimestre, 2003, p. 8. Eribon. *Conversations*, p. 8.
34. Eribon. *Conversations*, p. 15.
35. Bertholet. *Claude Lévi-Strauss*, p. 49.
36. Ibid., p. 56-7.
37. Claude Lévi-Strauss (assinando como Georges Monnet). "Picasso et le Cubisme." *Documents*, edição especial sobre Picasso. 1929-30, p. 139-40.
38. Fournier. *Marcel Mauss*, p. 285.
39. A. A. Akoun, F. Morin e J. Mousseau. "A Conversation with Claude Lévi-Strauss: The Father of Structural Anthropology Takes a Misanthropic View of Lawless Humanism." *Psychology Today*, vol. 5. 1972, p. 83.

40. Bertholet. *Claude Lévi-Strauss*, p. 42. Joulia (org.). *Lévi-Strauss: L'Homme derrière l'œuvre*, p. 169.
41. Lévi-Strauss cit. em 1929 in Bertholet. *Claude Lévi-Strauss*, p. 44.
42. Lévi-Strauss. *Tristes Tropiques*. Picador, p. 64.
43. Eribon. *Conversations*, p. 12.
44. Ibid., p. 11.
45. Ibid., p. 10.
46. Ibid., p. 13.
47. Pierre Dreyfus se tornaria diretor-presidente da Renault e ocuparia o Ministério da Indústria no governo de François Mitterand.
48. Lévi-Strauss in Boutang e Chevallay. *Claude Lévi-Strauss in His Own Words*, 34:23.
49. Claude Lévi-Strauss. *Tristes Tropiques*. Picador, p. 69. Richard Fortey. "Life Lessons." *Guardian*, 7 de abril de 2005.
50. "Três fontes de inspiração", Lévi-Strauss. *Tristes Tropiques*. Picador, p. 71. "*Trois maîtresses*", *Tristes Tropiques* in *Claude Lévi-Strauss: Œuvres*, p. 46.
51. "Ce que je suis, par Claude Lévi-Strauss." (Esse que eu sou, por Claude Lévi-Strauss) *Le Nouvel Observateur*, 28 de junho de 1980, p. 16.
52. Paul Nizan. "Aden Arabie." *Monthly Review Press*, 1968, p. 61, 65.
53. Véronique Mortaigne. "Claude Lévi-Strauss, grand témoin de l'Année du Brésil." (Claude Lévi Strauss, grande testemunho do ano no Brasil) *Le Monde*, 22 de fevereiro de 2005.
54. Bertholet. *Claude Lévi-Strauss*, p. 71.
55. James A. Boon. *From Symbolism to Structuralism* (Do simbolismo ao estruturalismo). Oxford: Blackwell, 1972, p. 144.
56. Claude Lévi-Strauss. *Tristes Tropiques*. Picador, p. 55-6.
57. Jean Maugüe. *Les Dents agacées*. Paris: Editions Buchet/Chastel, 1982, p. 76.
58. Cit. in Thomas E. Skidmore. "Lévi-Strauss, Braudel and Brazil: A Case of Mutual Influence." (Lévi-Strauss, Braudel e Brasil: um caso de influência mútua). *Bulletin of Latin American Research*, vol. 22 (3), 2003, p. 345.
59. Lévi-Strauss. *Tristes Tropiques*. Picador, p. 21.
60. A França Antártica foi uma tentativa de estabelecer uma colônia protestante francesa na Baía da Guanabara, Rio de Janeiro, em 1555. Mas os atritos religiosos tomaram conta da colônia, antes de ser eliminada pelos portugueses em 1560.
61. Bertholet. *Claude Lévi-Strauss*, p. 100.
62. Eribon. *Conversations*, p. 12.
63. Claude Lévi-Strauss. *Myth and Meaning*. Londres: Routledge, 2006, p. 47. (*Mito e Significado*. Tradução de Antônio Marques Bessa. Lisboa: Edições 70, 1985; 2000.)

2 Arabesco

1. Lévi-Strauss. *Tristes Tropiques*. Picador, 1989, p. 75.
2. Ibid., p. 87.
3. Maugüe. *Les Dents agacées*, p. 81.
4. Lévi-Strauss. *Tristes Tropiques*. Picador, p. 77-84.

5. Ibid., p. 96.
6. Ibid., p. 106.
7. Entrevista com o autor, março de 2005.
8. Lévi-Strauss. *Tristes Tropiques*. Picador, 1989, p. 104.
9. Ibid., p. 113.
10. Claude Lévi-Strauss. *Saudades de São Paulo*, p. 18. (*Saudades de São Paulo*. Tradução de Paulo Neves. São Paulo: Companhia das Letras, 1996.)
11. Ibid., p. 43.
12. Oscar Niemeyer. *The Curves of Time: The Memoirs of Oscar Niemeyer*. Londres: Phaidon, 2000, p. 62. (*As Curvas do Tempo: Memórias*. Rio de Janeiro: Revan, 1998.)
13. "Um francês se sente em casa no Brasil", escreveu Louis Mouralis, escritor de viagens francês que visitou o nordeste e São Paulo no começo dos anos 1930: "fala-se a língua correntemente; a cultura, assimilada de maneira desigual, mas geralmente bem, é tema de conversas; os costumes e as opiniões cotidianas semelhantes, com um acento ibérico mais marcado". In G. Harvey Summ (org.). *Brazilian Mosaic: Portraits of a Diverse People and Culture* (Mosaico: retratos de um povo e uma cultura diversos). Wilmington: SR Books, 1995, p. 102.
14. Lévi-Strauss, entrevista a *L'Express*, trad. Kussell. *Diacritics*, p. 45.
15. Peter Fleming. *Brazilian Adventure* (Aventura brasileira). Albuquerque: World Books, 1940, p. 72.
16. Claude Lévi-Strauss. *Saudades do Brasil: A Photographic Memoir*. Seattle: University of Washington Press, 1995, p. 22. (*Saudades do Brasil*. Tradução de Paulo Neves. São Paulo: Companhia das Letras, 1994.)
17. Lévi-Strauss. *Saudades de São Paulo*, p. 25, 51, 71, 80.
18. Lévi-Strauss. *Tristes Tropiques*. Picador, 1989, p. 138. Lévi-Strauss. *Saudades do Brasil*, p. 20.
19. Maugüé. *Les Dents agacés*, p. 102.
20. Eribon. *Conversations*, p. 23.
21. Marcel Mauss. *Marcel Fournier*. Princeton, NJ: Princeton University Press, 2006, p. 291.
22. Eribon. *Conversations*, p. 20.
23. Fernanda Peixoto, "Lévi-Strauss no Brasil: A formação do etnólogo", *Mana*, 4 (I), 1998, p. 90-1.
24. Ibid., p. 88-9.
25. Lévi-Strauss, entrevista a *L'Express*, trad. Kussel. *Diacritics*, p. 45.
26. Braudel, cit. in Thomas E. Skidmore. "Lévi-Strauss, Braudel and Brazil", p. 345.
27. Entre eles incluíam-se Sérgio Milliet, Rubens Borba de Moraes, Paulo Duarte e Mário de Andrade.
28. Dina foi também a força propulsora, com Mário de Andrade, por trás da criação da Sociedade de Etnografia e Folclore.
29. Cit. in Dorothea Voegeli Passetti. *Lévi-Strauss, Antropologia e Arte: minúsculo — incomensurável*. São Paulo: Edusp, 2008, pp. 85, 93.
30. Ibid., p. 82.
31. Lévi-Strauss. *Tristes Tropiques*. Picador, p. 150.
32. Ibid., p. 150-4.

33. Eribon. *Conversations*, p. 21.
34. Lévi-Strauss. *Tristes Tropiques*. Picador, p. 197.
35. Ibid., p. 150-4.
36. Eribon. *Conversations*, p. 21.
37. Lévi-Strauss. *Tristes Tropiques*. Picador, p.197.
38. Claude Lévi-Strauss. *Saudades do Brasil*, p. 21.
39. A grafia varia: "caduveu", "kaduveu", "kaduveo"; ao longo de todo o livro, uso a grafia de Lévi-Strauss para os nomes indígenas. (Obs.: aqui abrasileiramos os nomes. N. da T.)
40. Dina Lévi-Strauss. "Tristes Tropiques: Docs préparatoires 2/10, récit du voyage São Paulo — Porto Esperança para Dina Lévi-Strauss". Archives de Lévi-Strauss, Bibliothèque nationale de France, p. 2.
41. Ibid., p. 1.
42. *Claude Lévi-Strauss: Œuvres*, p. 1724.
43. Agora o estado do Mato Grosso do Sul.
44. Dina Lévi-Strauss. "Tristes Tropiques, Docs préparatoires", p. 3.
45. Sobre a doença de Dina, que não é mencionada em *Tristes Trópicos*, ver "Note sur les expéditions" (Nota sobre as expedições). *Claude Lévi-Strauss: Œuvres*, p. 1724.
46. Dina Lévi-Strauss. "Tristes Tropiques, Docs préparatoires", p. 10.
47. Ibid., p. 14.
48. Lévi-Strauss. *Tristes Tropiques*. Picador, p. 221.
49. Ibid., p. 239.
50. "Lettres à Mário de Andrade". *Les Temps modernes* (Os tempos modernos), nº 628, agosto-outubro de 2004, p. 257.
51. Boris Wiseman. *Lévi-Strauss, Anthropology and Aesthetics* (Antropologia e estética). Cambridge: Cambridge University Press, 2007, p. 137.
52. Lévi-Strauss. *Tristes Tropiques*. Picador, p. 216-7.
53. Lévi-Strauss. "Le Coucher de Soleil: entretien avec Boris Wiseman" (O pôr do sol: entrevista com Boris Wisemen). *Les Temps modernes*, nº 628, p. 4.
54. Lévi-Strauss. *Tristes Tropiques*. Picador, p. 275.
55. Lévi-Strauss in Boutang e Chevallay. *Claude Lévi-Strauss in His Own Words*, 15:30.
56. Lévi-Strauss. *Tristes Tropiques*. Picador, p. 278.
57. Lévi-Strauss, entrevista ao autor, fevereiro de 2007.
58. Lévi-Strauss. *Tristes Tropiques*. Picador, p. 279.
59. Ibid., p. 283.
60. Ver nota de rodapé in Claude Lévi-Strauss. "Contribution à l'étude de l'organisation sociale des Indiens Bororo" (Contribuição ao estudo da organização social dos índios bororos), *Journal de la Société des Américanistes*, 1936, vol. 28, nº 2, p. 275-6.
61. Lévi-Strauss in Boutang e Chevallay. *Claude Lévi-Strauss in His Own Words*, 22:50.
62. Lévi-Strauss. *Tristes Tropiques*. Picador, p. 318.
63. Ibid., p. 320.
64. No documentário *À Propos de Tristes Tropiques* (A propósito de Tristes Trópicos), de Jean-Pierre Beaurenaut, Jorge Bodanzky e Patrick Menger. Paris: Editions l'Harmattan, 2005.
65. Até a metade do século XX, às vezes Mato Grosso era grafado com dois "t".
66. Eribon. *Conversations*, p. 21.

67. *Jornal do Commercio* in Luís Donisete Benzi Grupioni. *Coleções e Expedições Vigiadas: Os Etnólogos no Conselho de Fiscalização das Expedições Artísticas e Científicas no Brasil*. São Paulo: Hucitec/ANPOCS, 1998, p. 137.
68. Claude Lévi-Strauss. "Contribution à l'étude de l'organisation sociale des Indiens Bororo". *Journal de la Société des Américanistes*, 1936, vol. 28, nº 2, p. 269-304.
69. Cit. in Bertholet. *Claude Lévi-Strauss*, p. 95.
70. Eribon. *Conversations*, p. 24.
71. Grupioni. *Coleções e Expedições Vigiadas*, p. 150.
72. Lévi-Strauss cit. in Bertholet. *Claude Lévi-Strauss*, p.90.
73. Lévi-Strauss cit. in Grupioni. *Coleções e Expedições Vigiadas*, p. 124.
74. Lévi-Strauss. *Saudades do Brasil*, p. 56.
75. Maugüé. *Les Dents agacées*, p. 118-9.
76. Lévi-Strauss. *Tristes Tropiques*. Picador, p. 158.
77. Maugüé. *Les Dents agacées*, p. 121.
78. Lévi-Strauss. *Sociedade de Etnografia e Folclore*, Boletim nº 2, 1937, p. 5. A cultura aurignaciana (c. 32.000-25.000 anos atrás) apresenta algumas das mais antigas obras de arte, inclusive as famosas pinturas rupestres de Aurignac, no sul da França, de onde deriva seu nome.
79. Maugüé. *Les Dents agacées*, p. 121.
80. Ibid., p. 111.
81. Lévi-Strauss in *Le Magazine littéraire*, nº 223, outubro de 1985, p. 20.
82. Eribon. *Conversations*, p. 54.

3 A Linha Rondon

1. Lévi-Strauss. *Tristes Tropiques*. Picador, p. 325-8.
2. Sobre a extraordinária história da construção da linha Rondon, ver Todd. A. Diacon, *Stringing Together a Nation: Cândido Mariano da Silva Rondon and the Construction of a Modern Brazil, 1906-1930*. Durham: Duke University Press, 2004.
3. Ibid., p. 357.
4. Grupioni. *Coleções e Expedições Vigiadas*, p. 142-6.
5. Entrevista de Castro Faria, *Acervo Histórico de Luiz de Castro Faria*. Rio de Janeiro: Museu de Astronomia e Ciências Afins, 1997.
6. Cit. in Luiz de Castro Faria. *Um Outro Olhar: Diário da Expedição à Serra do Norte*. Rio de Janeiro: Ouro Sobre Azul, 2001, p. 17.
7. In Bernardo Carvalho. *Nine Nights*. Londres: Vintage Books, 2008, p. 33. (*Nove Noites*. São Paulo: Companhia das Letras, 2008.)
8. Grupioni. *Coleções e Expedições Vigiadas*, p. 152.
9. Castro Faria. *Um Outro Olhar*, p. 43
10. Ibid., p. 50.
11. Ibid., p. 51.
12. Lévi-Strauss. *Tristes Tropiques*. Picador, p. 345.
13. Entrevista de Castro Faria, *Acervo Histórico de Luiz de Castro Faria*, 1997.

14. Carta a Rivet, 17 de junho de 1938, de Utiariti, in *Critique*, janeiro-fevereiro de 1999, 620-1, reproduzida entre as páginas 96 e 97; 40 mil francos correspondiam a cerca de 20 mil dólares pelo câmbio atual.
15. Lévi-Strauss. *Tristes Tropiques*. Picador, p. 346.
16. Castro Faria. *Um Outro Olhar*, p. 59.
17. Lévi-Strauss. *Tristes Tropiques*. Picador, p. 351.
18. Castro Faria. *Um Outro Olhar*, p. 63.
19. Lévi-Strauss cit. in *Les Temps modernes*, nº 628, p. 260.
20. Lévi-Strauss. *Tristes Tropiques*. Picador, p. 354. Castro Faria, *Um Outro Olhar*, p. 68.
21. Lévi-Strauss a Andrade, cit. in *Les Temps modernes*, nº 628, p. 260-1.
22. Castro Faria. *Um Outro Olhar*, p. 73.
23. Lévi-Strauss. *Tristes Tropiques*. Picador, p. 363.
24. Ibid., p. 374.
25. Ver Lévi-Strauss, *Saudades do Brasil*, p. 126.
26. Lévi-Strauss. *Tristes Tropiques*. Picador, p. 374, 427.
27. Castro Faria. *Um Outro Olhar*, p. 85.
28. Lévi-Strauss também incluiu o vocabulário em português, língua com que ainda se debatia. Numa página, ele escreve: "*Nombre d'expressions employées pour dire: on* = 'o homem', 'o camarada', 'o collega', 'o negro', 'o tal', 'o fulano'"; em outra, consta: "*Arroz-sem-sal (riz-sans-sel). On prononce 'Rossemsal*". Claude Lévi-Strauss, "Tristes Tropiques: Docs préparatoires 4/10 souvenirs". Archives de Lévi-Strauss, Bibliothèque nationale de France, p. 100, 104.
29. As notas de campo de Lévi-Strauss agora se encontram em seu arquivo na Bibliothèque nationale de France em Paris. Há trechos in *Claude Lévi-Strauss: Œuvres*, p. 1617-26.
30. Cit. in Bertholet. *Claude Lévi-Strauss*, p. 116.
31. Ver "Cahiers du terrain"(Cadernos de terreno), Archives de Lévi-Strauss, Bibliothèque nationale de France, boîtes 4-6.
32. Castro Faria. *Um Outro Olhar*, p. 88, 93.
33. Ibid., p. 85; Luiz de Castro Faria, cit. in "Mission Tristes Tropiques", *Libération*, 1º de setembro de 1988.
34. Grupioni. *Coleções e Expedições Vigiadas*, p. 152.
35. Castro Faria. *Um Outro Olhar*, p. 102, 109-10.
36. Claude Lévi-Strauss, "Cahiers du terrain, Tiroir 'expéditions' Campos Novos (2e quinzaine août 1938)", Archives de Lévi-Strauss, Bibliothèque nationale de France: "*Route très longue et sans interêt ... une longue et pénible traversée de forêt sèche.*"
37. Lévi-Strauss. *Tristes Tropiques*. Picador, p. 492-3.
38. Lévi-Strauss descreve a peça em *Tristes Trópicos* (ed. Picador, p. 495-500); o texto foi publicado na edição da Bibliothèque de la Pléiade, da Gallimard (p. 1632-50).
39. Lévi-Strauss. *Tristes Tropiques*. Picador, p. 493.
40. Ibid., p. 495-500.
41. Robert F. Murphy e Buell Quain. *The Trumai Indians of Central Brazil* (Os índios trumai do Brasil Central). Nova York: J. J. Augustin, 1955, p. 103-6.
42. Alfred Métraux. *Itinéraires (1935-1953): Carnets de notes et journaux de voyage* (Cadernos de notas e diários de viagem). Paris: Payot, 1978, p. 41.

43. Carta de Buell Quain a Heloísa Alberto Torres, 2 de agosto de 1939, in Mariza Corrêa e Januária Mello (orgs.). *Querida Heloísa: cartas de campo para Heloísa Alberto Torres*. Campinas: Editora da Unicamp, 2008, p. 84.
44. Ibid., p. 103.
45. As múltiplas interpretações foram entretecidas no fascinante romance histórico de Bernardo Carvalho. *Nove Noites*. Companhia das Letras, 2008.
46. Murphy e Quain. *The Traumaí Indians*, p. 2.
47. Lévi-Strauss. *Tristes Tropiques*. Picador, p. 393.
48. Ver *Tristes Tropiques*. Picador, p. 389-90.
49. Castro Faria. *Um Outro Olhar*, p. 131. *Claude Lévi-Strauss: Œuvres* (Obras), p. 1727.
50. Lévi-Strauss. *Tristes Tropiques*. Picador, p. 416.
51. Ibid., p. 421-2.
52. Ibid., p. 449.
53. Ibid., p. 435.
54. Ibid., p. 434, 221.
55. Ibid., p. 436.
56. Ibid., p. 451.
57. Castro Faria. *Um Outro Olhar*, p. 174.
58. Reed. in *Le Magazine littéraire*, nº 223, 1985, p. 56.
59. Reed. in *Le Magazine littéraire*, nº 311, 1993, p. 17. Cf. Lévi-Strauss. *Saudades do Brasil*, p. 191.
60. Lévi-Strauss. *Tristes Tropiques*. Picador, p. 456-7.
61. *Claude Lévi-Strauss: Œuvres*, p. 1767.
62. Lévi-Strauss. *Tristes Tropiques*. Picador, p. 471-2.
63. Castro Faria. *Um Outro Olhar*, p. 185.
64. Nos anos 1950, Lévi-Strauss passou uma semana estudando duas aldeias em trechos do monte Chittagong, na época pertencente ao Paquistão Ocidental, e nos anos 1970 fez duas rápidas visitas à Colúmbia Britânica — mas seria um tanto forçado definir essas viagens como trabalhos de campo etnográficos.
65. Lévi-Strauss, cit. in *Les Temps modernes*, nº 628, p. 263.
66. Ver Lévi-Strauss, entrevista a *L'Express*, trad. Kussell, *Diacritics*, p. 47.
67. "Claude Lévi-Strauss in Conversation with George Steiner" (Claude Lévi-Strauss em conversa com George Steiner), BBC Terceiro Programa, 29 de outubro de 1965.
68. *Les Temps modernes*, nº 628, p. 6. Eribon. *Conversations*, p. 45.
69. Eribon. *Conversations*, p. 44-5.
70. Lévi-Strauss. *Tristes Tropiques*. Picador, p. 492-3.
71. Castro Faria. "Mission Tristes Tropiques", *Libération*, 1º de setembro de 1988.
72. Lévi-Strauss, entrevista ao autor, fevereiro de 2007.
73. Lévi-Strauss, *The Raw and the Cooked*, p. 8.
74. Alban Bensa, entrevista ao autor, janeiro de 2007.
75. Alfred Métraux. *Itinéraires I*, p. 42.
76. De fato, somando todas as suas expedições, Lévi-Strauss deixou no Brasil apenas 328 de um total de 1.200 artefatos — talvez felizmente, pois, enquanto seus acervos estão bem preservados em Paris, o que está no Brasil ficou largado sem catalogação no Museu de

Arqueologia e Etnologia da Universidade de São Paulo, onde algumas peças simplesmente se desintegraram. Ver Elio Gaspari, "Parte da coleção de Lévi-Strauss virou pó", *Folha de São Paulo*, 11 de novembro de 2009. Quando o autor visitou a USP em 2005, os funcionários do museu não conseguiram sequer localizar onde estava a coleção Lévi-Strauss.
77. Lévi-Strauss. *Tristes Tropiques*. Paris: Plon, p. 29. Tradução minha; a tradução em *Tristes Tropiques*, Picador, p. 34, usa "*half-naked nigger boys*", com ressonância racista, para o original muito mais leve "*une bande de négrillons à demi nus*" [O autor usa: "*half-naked negro boys*". N. da T.].

4 Exílio

1. À exceção das palavras finais, "vento cortante, mas purificador", a tradução do francês para o inglês foi extraída de Jeffrey Mehlman, *Emigré New York: French Intellectuals in Wartime Manhattan, 1940-1944*. Baltimore: Johns Hopkins University Press, 2000, p. 62-3.
2. "*Il respira profondément [...] de façon très vague, Paul Thalamas pensa à Berkeley et à la célèbre théorie par laquelle l'évêque anglais prétend prouver, par la différence entre les dimensions apparentes de la lune au zénith et sur l'horizon, la relativité de nos impressions visuelles.*" Lévi--Strauss: *Œuvres*, p. 1628, 1630.
3. Lévi-Strauss in Eribon. *Conversations*, p. 91
4. Lévi-Strauss in Bertholet. *Claude Lévi-Strauss*, p. 121.
5. Ibid., p. 121.
6. Bertholet. *Claude Lévi-Strauss*, p. 122.
7. Entrevista com o autor, fevereiro de 2007.
8. Bertholet. *Claude Lévi-Strauss*, p. 122; "*la buffonerie la plus totale*".
9. Entrevista com Lévi-Strauss, Jérôme Garcin. *Boîte aux lettres*. France 3, 1984.
10. Jean Rouch in Lucien Taylor, "A Conversation with Jean Rouch". *Visual Anthropology Review*, primavera de 1991, vol. 7, nº 1, p. 95.
11. Lévi-Strauss in Eribon. *Conversations*, p. 25.
12. Gaston Roupnel in Braudel. *On History*. Chicago, Il.: University of Chicago Press, 1982, p. 7. (*Escritos sobre a História*. Tradução de Jacó Guinsburg e Tereza Cristina Sileira da Mota. São Paulo: Perspectiva, 1978.)
13. As condições podiam ser muito difíceis. Em Gurs, os funcionários do campo descobriram que "tio Raaf", que vinha aparecendo com frequência cada vez maior nas cartas aos parentes, era um código que significava fome, e todas as referências foram eliminadas pela censura. Richard Vinen. *The Unfree French: Life under the Occupation* (A França prisioneira: a vida sob a ocupação). Londres: Allen Lane, 2006, p. 142.
14. Eribon. *Conversations*, p. 26.
15. Entrevista com o autor, fevereiro de 2007.
16. Eribon. *Conversations*, p. 99.
17. Lévi-Strauss. *Tristes Tropiques*. Picador, p. 24.
18. *Claude Lévi-Strauss: Œuvres*, p. 1734-5.
19. Isso segundo o próprio Lévi-Strauss, numa entrevista com o autor, fevereiro de 2007.

20. Victor Serge in Martica Sawin. *Surrealism in Exile and the Beginning of the New York School* (Surrealismo no exílio e o início da New York School). Cambridge, MA: MIT Press, 1995, p. 120.
21. Lévi-Strauss. *Tristes Tropiques*. Picador, p. 25.
22. Ibid., p. 25.
23. Victor Serge in Mark Polizzotti. *A Revolution of the Mind: The Life of André Breton* (Uma revolução da mente: a vida de André Breton). Londres: Bloomsbury, 1995, p. 494.
24. Victor Serge, cit. in *Claude Lévi-Strauss: Œuvres*, p. 1736.
25. Lévi-Strauss, *Tristes Tropiques*. Picador, p. 26.
26. Claude Lévi-Strauss, entrevista com o autor, fevereiro de 2007.
27. Lévi-Strauss, *Tristes Tropiques*. Picador, p. 25-6.
28. Ver Claude Lévi-Strauss. *Look, Listen, Read*. Basic Books, 1997, p. 143-51; "*prise de conscience irrationelle*": Lévi-Strauss, *Regarder, écouter, lire*. Paris: Plon, 1993, p. 141. (*Olhar, Escutar, Ler*. Tradução de Beatriz Perrone-Moisés. São Paulo: Companhia das Letras, 1997.)
29. Breton in Polizzotti. *Revolution of the Mind*, p. 496.
30. Lévi-Strauss, *Tristes Tropiques*. Picador, p. 27-8.
31. Ibid., p. 26.
32. Claude Lévi-Strauss in Paul Hendrickson, "Behemoth from the Ivory Tower." *Washington Post*, 24 de fevereiro de 1978.
33. Polizzotti. *Revolution of the Mind*, p. 497.
34. Lévi-Strauss. *Tristes Tropiques*. Picador, p. 39; *Claude Lévi-Strauss: Œuvres*, p. 1736.
35. Lévi-Strauss. *Tristes Tropiques*. Picador, p. 40.
36. Lévi-Strauss. *The View from Afar*, p. 259-60.
37. Ibid., p. 259.
38. Ibid., p. 263.
39. Lévi-Strauss, "Anthropology: Its Achievements and Future." (Antropologia: sua realizações e futuro) *Nature*, vol. 209, nº 5018, janeiro de 1966, p. 10.
40. Lévi-Strauss in Tom Shandel. *Behind the Masks* (Por trás das máscaras). National Film Board of Canada, 1973.
41. Claude Lévi-Strauss. *The Way of the Masks*. Londres: Jonathan Cape, 1983, p. 10. (*A Via das Máscaras*. Tradução de Manuel Ruas. Lisboa: Presença, 1981.)
42. Wadberg in Bertholet. *Claude Lévi-Strauss*, p. 133.
43. Isso segundo as lembranças de Claudine Herrmann — que teve aulas com Lévi-Strauss em Nova York e depois trabalhou com ele, datilografando suas fichas por "um salário fantástico de três dólares a hora" — in Emilie Joulia (org.). *Lévi-Strauss: L'homme derrière l'œuvre* (O homem por trás da obra). Paris: Lattès, p. 20-1.
44. Ver ilustração entre as páginas 264 e 265 in Michel Izard (org.). *Claude Lévi-Strauss*. Paris: L'Herne, nº 82, 2004.
45. Lévi-Strauss. *The View from Afar*, p. 260.
46. Sawin. *Surrealism in Exile*, p. 185.
47. Entrevista com Lévi-Strauss, *Boîte aux lettres*. France 3, 1984.
48. Lévi-Strauss in Eribon. *Conversations*, p. 31.
49. Waldberg in Bertholet. *Claude Lévi-Strauss*, p. 142.

50. Ibid., p. 143.
51. Bill Holm e Bill Reid. *Indian Art of the Northwest Coast: A Dialogue on Craftsmanship and Aesthetics*. Houston, Texas: Institute of the Arts, Rice University, 1975, p. 9-10.
52. Lévi-Strauss. *The View from Afar*, p. 260-1.
53. *VVV: Poetry, Plastic Arts, Anthropology, Sociology, Psychology*, nº 1, 1942, p. 2.
54. Lévi-Strauss. "Indian Cosmetics", ibid., p. 33-5.
55. Lévi-Strauss. "Souvenir of Malinowsky [sic]", ibid., p. 45.
56. Lévi-Strauss in Eribon. *Conversations*, p. 38.
57. Lévi-Strauss. *The Scope of Anthropology*. Londres: Jonathan Cape, 1967, p. 44.
58. Lévi-Strauss in Eribon. *Conversations*, p. 38.
59. Ibid., p. 30.
60. Peter M. Rutkoff e William B. Scott. *New School: A History of the New School for Social Research*. Free Press, 1986. Claus-Dieter Krohn. *Intellectuais in Exile: Refugee Scholars and the New School for Social Research*. Amherst: University of Massachusetts Press, 1993.
61. Isabelle Waldberg in Patrick Waldberg. *Un Amour acéphale: Correspondance 1940-1949* (Um amor acéfalo: correspondência 1940-1949). Paris: La Différence, 1992, p. 184-5.
62. Lévi-Strauss. *The View from Afar*, p. 102.
63. A comparação com Marx foi extraída de Robert Parkin. *One Discipline, Four Ways: British, German, French and American Anthropology* (Uma disciplina, quatro caminhos: antropologia britânica, alemã, francesa e americana). Chicago, Il.: University of Chicago Press, 2005, p. 209.
64. Lévi-Strauss in Eribon. *Conversations*, p. 43.
65. Lévi-Strauss. *The View from Afar*, p. 267.
66. Ver, por exemplo, Jerry Fodor e Massimo Piattelli-Palmarini. *What Darwin Got Wrong*. Londres: Profile Books, 2010.
67. Lévi-Strauss in Eribon. *Conversations*, p. 41.
68. François Dosse. *History of Structuralism*, vol. 1: *The Rising Sign, 1945-1966*. Minneapolis, MN: University of Minnesota Press, 1997, p. 53. (*História do Estruturalismo*, vol. 1: *O Campo do Signo*. Tradução de Álvaro Cabral. São Paulo: Ensaio, 1993/ Bauru: EDUSC, 2007.)
69. Bengt Jangfeldt. "Roman Jakobson in Sweden 1940-41", *Cahiers de l'ILSL*, nº 9, p. 141-9. Andrew Lass. "Poetry and Reality: Roman O. Jakobson and Claude Lévi-Strauss", in Christopher Benfey e Karen Remmler (orgs.). *Artists, Intellectuals and World War II: The Pontigny Encounters at Mount Holyoke College, 1942-1944*. Amherst: University of Massachusetts Press, 2006, p. 173-84.
70. Lévi-Strauss. "Cahiers du terrain", Archives de Lévi-Strauss, boîtes 4-6; "*langue semble différente*": ver boîte 6, Tiroir "expéditions" Campos Novos (2e quinzaine août 1938).
71. Lévi-Strauss, entrevista a *L'Express*, tradução de Kussell, *Diacritics*, p. 47.
72. Lévi-Strauss in Eribon. *Conversations*, p. 114.
73. Roman Jakobson, *Six Lectures on Sound and Meaning*. Brighton, Sussex: Harvester Press, 1978, p. 19. (*Seis Lições sobre o Som e o Sentido*. Tradução de Luís Miguel Cintra. Lisboa: Moraes, 1977.)
74. Ibid., p. 20.
75. Ibid., p. 66.
76. Lévi-Strauss in ibid., p. xiii.

5 Estruturas Elementares

1. Fournier. *Marcel Mauss*, p. 345.
2. Lévi-Strauss in Jean-Marie Benoît. "Claude Lévi-Strauss Reconsiders: from Rousseau to Burke." (Claude Lévi-Strauss reconsidera: de Rousseau a Burke) *Encounter*, nº 53, julho de 1979, p. 20.
3. Denis de Rougemont. *Journal des Deux Mondes*. Paris: Gallimard, 1948, p. 151-3.
4. Lévi-Strauss. *Structural Anthropology*. vol 1. Londres: Penguin, 1972, p. 226, 257. (*Antropologia Estrutural*. Tradução de Beatriz Perrone-Moisés. São Paulo: Cosac Naify, 2008.)
5. Ibid., p. 261.
6. Lévi-Strauss in *Le Magazine littéraire*, nº 223, outubro de 1985, p. 23.
7. Jeffrey Mehlman. *Emigré New York: French Intellectuals in Wartime Manhattan, 1940-1944* (Emigrante Nova York: intelectuais franceses em Manhattan nos tempos de Guerra). Baltimore: Johns Hopkins University Press, 2000, p. 133.
8. Lévi-Strauss. in Eribon. *Conversations*, p. 5.
9. *Claude Lévi-Strauss: Œuvres*, p. 1689.
10. Lévi-Strauss. in Eribon. *Conversations*, p. 46.
11. Lévi-Strauss in *Le Magazine littéraire*, hors-série nº 5, 4º trimestre de 2003, p. 13.
12. Maurice Merleau-Ponty. *The Phenomenology of Perception*. Londres: Routledge & Kegan Paul, 1962, p. 91-3. (*A Fenomenologia da Percepção*. Tradução de Carlos Alberto Ribeiro de Moura. São Paulo: Martins Fontes, 2006.)
13. Mehlman. *Emigré New York*, p. 184.
14. Ibid., p. 181.
15. Lévi-Strauss. in Eribon. *Conversations*, p. 45.
16. "L'Analyse structurale en linguistique et en anthropologie", *Word: Journal of the Linguistic Circle of New York*. Vol. 1, nº 2, agosto de 1945, p. 1-21, reed. in *Structural Anthropology*. Vol. 1, p. 31-54. ("A análise estrutural em linguística e em antropologia", in *Antropologia Estrutural*. Tradução de Chaim Samuel Katz e Eginardo Pires. Rio de Janeiro: Tempo Brasileiro, 1975. *Antropologia Estrutural*. Tradução de Beatriz Perrone-Moisés. São Paulo: Cosac Naify, 2008.)
17. Lévi-Strauss. *Structural Anthropology*. Vol. 1, p. 34, 46.
18. Isto é, sociedades em que se segue a descendência por parte de mãe.
19. Para Lévi-Strauss, o tio materno era uma espécie de taquigrafia estrutural para um "doador de esposa" — papel que poderia caber a outros no grupo. Ver seu esclarecimento deste ponto em *Structural Anthropology*. Vol. 2. Penguin, 1978, p. 83.
20. Lévi-Strauss. *Structural Anthropology*. Vol. 1, p. 42.
21. Agradeço a meu irmão Hugo por essa frase.
22. Lévi-Strauss. *Structural Anthropology*. Vol. 1, p. 50.
23. Annie Cohen-Solal. "Claude L. Strauss in the United States." *Partisan Review*, vol. 67, nº 2, 2000, p. 258.
24. Lévi-Strauss. *The Way of the Masks*, p. 10.
25. Lévi-Strauss in Eribon. *Conversations*, p. 48.
26. Lévi-Strauss in Bertholet. *Claude Lévi-Strauss*, p. 162.

27. Lévi-Strauss. "The Use of Wild Plants in Tropical South America." *Handbook of South American Indians: Physical Anthropology, Linguistics and Cultural Geography of the South American Indians*, vol. 6, p. 465-86.
28. Cohen-Solal. "Claude L. Strauss in the United States." *Partisan Review*, p. 258-9.
29. Lévi-Strauss. *The View from Afar*, p. 266.
30. In Alfred Métraux. *Itinéraires I (1935-1953): Carnets de notes et journaux de Voyage*. Paris: Payot, 1978, 13 de março de 1947, p. 171.
31. Lévi-Strauss in Eribon. *Conversations*, p. 56.
32. James Atlas. *Bellow: A Biography*. Londres: Faber & Faber, 2000, p. 138.
33. Michel Foucault in David Macey. *The Lives of Michel Foucault* (As vidas de Michel Foucault). Londres: Hutchinson, 1993, p. 33.
34. Lévi-Strauss cit. in Bertholet. *Claude Lévi-Strauss*, p. 180.
35. In Fournier. *Marcel Mauss*, p. 349, 423.
36. *Le Magazine littéraire*, nº 233, outubro de 1985, p. 23.
37. Lévi-Strauss. *The Elementary Structures of Kinship*. Londres: Eyre and Spottiswoode, 1969, p. 125. (*As Estruturas Elementares do Parentesco*. Tradução de Mariano Ferreira. Petrópolis: Vozes, 1982.) Lévi-Strauss cita o antropólogo australiano W. E. H. Stanner, embora de maneira seletiva. Quando Stanner iniciou o trabalho de campo no assentamento do rio Daly no Território Norte em 1932, ele escreveu: "Fiquei impressionado com a genuína perplexidade deles e suas expressões cômicas ao descobrir, depois de uma vã tentativa de traçar os termos com marcas claras no solo, que não conseguiam se lembrar." Ver Melinda Hickson. "The Intercultural Challenge of W. E. H. Stanner's First Fieldwork." *Oceania*, vol. 75, nº 3, março-junho de 2005, p. 198.
38. Lévi-Strauss. *Elementary Structures*, p. xxiii.
39. Ibid., p. 12; ou, como disse mais tarde: "A proibição do incesto é, portanto, a base da sociedade humana; em certo sentido, ela é a sociedade." "The Scope of Anthropology." *Structural Anthropology*. Vol. 2, p. 19.
40. Marcel Mauss. *The Gift, Forms and Functions of Exchange in Archaic Societies*. Nova York: Norton, 1967, p. 77-8. ("Ensaio sobre a dádiva", in *Sociologia e Antropologia*. Tradução de Paulo Neves. São Paulo: Cosac Naify, 2005, p. 183-314.)
41. Lévi-Strauss. *Elementary Structures*, p. 454.
42. Ibid., p. 51.
43. Depois reformulado por Lacan como: "O que se troca não são as mulheres, mas os falos." In Dosse. *History of Structuralism*. Vol. 1, p. 118.
44. Lévi-Strauss. in Eribon. *Conversations*, p. 105. Cf. a afirmação claramente contrária no texto inicial de Lévi-Strauss para a revista de linguística *Word*: "Na sociedade humana, são os homens que trocam as mulheres, e não vice-versa." Lévi-Strauss. *Structural Anthropology*. Vol. 1, p. 47.
45. Lévi-Strauss. *Elementary Structures*, p. 124.
46. Ibid., p. 443.
47. Ibid., p. 497.
48. Simone de Beauvoir. "L'Être et la parenté" (O ser e o parentesco), in *Le Magazine littéraire*, hors-série nº 5, 4º trimestre de 2003, p. 60.
49. Ibid., p. 63. O "*la*" se refere à "*œuvre*".

50. Georges Bataille. *Eroticism*. Londres: Penguin, 2001, p. 200-1. (*O Erotismo*. Tradução de C. Fares. São Paulo: Arx, 2004.)
51. Segundo o antropólogo americano Robert F. Murphy, "*Estruturas Elementares* foi publicado numa tiragem tão reduzida que logo se esgotou. Os exemplares nas bibliotecas ou se desmancharam (a edição era péssima) ou foram roubados, e os poucos restantes eram guardados ciosamente por seus donos, tal como costumava ocorrer com os exemplares pirateados de Henry Miller". "Connaissez-vous Lévi-Strauss?", *Saturday Review*, 17 de maio de 1969, p. 52-3, reed. in E. Nelson Hayes e Tanya Hayes (orgs.). *The Anthropologist as Hero*. Cambridge, MA: MIT Press, 1970, p. 165.
52. Dosse, *History of Structuralism*. Vol. 1, p. 18-9.
53. 53 Mas os antropólogos que não dominavam o francês dispunham de um resumo de *Estruturas Elementares* escrito pelo antropólogo holandês Josselin de Jong, o qual, numa trajetória independente da de Lévi-Strauss, estivera experimentando as mesmas ideias em relação aos dados etnográficos na Indonésia.
54. In Stanley Jakobson Tambiah. *Edmund Leach: An Anthropological Life* (Edmund Leach: uma visa antropológica). Cambridge: Cambridge University Press, 2002, p. 114-5.
55. Das entrevistas Cambridge University Anthropological Ancestors in http://www.dspace.cam.ac.uk/handle/1810/25. Os pontos específicos da argumentação são extremamente complexos. Ver o artigo original de Leach. "The structural implications of matrilineal cross-cousin marriage." *Journal of the Royal Anthropological Institute*. Vol. 81, 1951, p. 166-7, e o resumo de Tambiah in *Edmund Leach*, p. 117.
56. Edmund Leach. "Claude Lévi-Strauss — Anthropologist and Philosopher." *New Left Review*, Vol. 34, novembro-dezembro de 1965, p. 20.
57. Lévi-Strauss. *Elementary Structures*, p. 49, nota 5; Lévi-Strauss estava respondendo a uma crítica semelhante, feita por David Maybury-Lewis.
58. Ver Arthur P. Wolf e William H. Durham (orgs.). *Inbreeding, Incest and the Incest Taboo* (Endogamis, incesto e o tabu do incesto). Stanford: Stanford University Press, 2004, p. 5.
59. Ver Maurice Godelier. *Métamorphoses de la parenté* (Metamorfoses do parentesco). Paris: Fayard, 2004. Ver também a resenha de Jack Goody. "The Labyrinth of Kinship." *New Left Review*, vol. 36, novembro-dezembro de 2005.
60. Claude Lévi-Strauss. "Entretien par Raymond Bellour", in *Claude Lévi-Strauss: Œuvres*, p. 1659.
61. Lévi-Strauss. *Elementary Structures*, p. xxvii.
62. Ver, por exemplo, Claude Lévi-Strauss. *The Raw and the Cooked* , p. 10: "Em *Estruturas Elementares*, por trás do que parecia ser a contingência superficial e a diversidade incoerente das leis regendo o casamento, discerni um pequeno número de princípios simples, graças aos quais uma massa muito complexa de usos e costumes [...] pôde ser reduzida a um sistema dotado de significado."

6 No Divã do Xamã

1. Claude Lévi-Strauss. "A Confrontation." *New Left Review*, 1/62, julho-agosto, originalmente publicado como "Réponse à quelques questions", *Esprit*, nº 322, novembro de 1963.

2. Claude Lévi-Strauss. "The Sorcerer and His Magic", in *Structural Anthropology*, vol. 1, p. 167-85. ("O feiticeiro e sua magia", in *Antropologia Estrutural*.)
3. Claude Lévi-Strauss. "The Effectiveness of Symbols", in ibid., p. 186-205 ("A eficácia dos símbolos", in ibid.).
4. Claude Lévi-Strauss. "Witch-doctors and Psychoanalysis." *Unesco Courier*, nº 5, 2008 [1956], p. 31-2.
5. Lévi-Strauss. *Structural Anthropology*, vol. 1, p. 204.
6. Claude Lévi-Strauss. *An Introduction to the Work of Marcel Mauss*. Londres: Routledge & Kegan Paul, 1987, p. 45. ("Introdução à obra de Marcel Mauss", in *Sociologia e Antropologia*. Tradução de Paulo Neves. São Paulo: Cosac Naify, 2003.)
7. Claude Lefort. "L'échange et la lutte des hommes", *Les Formes de l'histoire*, Gallimard, 1978, p. 17; originalmente publicado em *Les Temps modernes*, nº. 6 (64), fevereiro de 1951. ("A troca e a luta dos homens", *As Formas da História*. Tradução de Marilena Chauí e Luiz Roberto Salinas Fortes. São Paulo: Brasiliense, 1979.)
8. Lévi-Strauss. *The Scope of Anthropology*, p. 50.
9. Lévi-Strauss in Eribon. *Conversations*, p. 49.
10. Ibid., p. 34.
11. Jonathan Judaken. *Jean-Paul Sartre and the Jewish Question* (Jean-Paul Sartre e a questão dos judeus). Lincoln, NE: University of Nebraska Press, 2006, p. 69.
12. Lévi-Strauss in Eribon. *Conversations*, p. 50.
13. Lévi-Strauss. *Tristes Tropiques*. Picador, p. 165.
14. Ibid., p. 166.
15. Ibid., p. 175, 176.
16. Claude Lévi-Strauss. "Kinship Systems of the Chittagong Hill Tribes (Pakistan)", *Southwestern Journal of Anthropology*, vol. 8, nº 1, primavera de 1952, p. 40-51; "Miscellaneous Notes on the Kuki of the Chittagong Hill Tracts, Pakistan", *Man*, vol. 51, dezembro de 1951, p. 167-9.
17. *Claude Lévi-Strauss: Œuvres*, p. 1689.
18. Lévi-Strauss. *Tristes Tropiques*. Picador, p. 169.
19. Ibid., p. 161-2.
20. Ibid., p. 179.
21. Lévi-Strauss in Eribon. *Conversations*, p. 50.
22. Ibid., p. 102.
23. Claude Lévi-Strauss. *Anthropology and Myth: Lectures 1951-1982*. Oxford: Basil Blackwell, 1984, p. 2. (*Paroles Données*. Paris: Plon, 1984.)
24. Para um relato das provações de Descola, ver *The Spears of Twilight: Life and Death in the Amazon Jungle*. Londres: HarperCollins, 1996, p. 22-3. (*As Lanças do Crepúsculo: Relações Jivaro no Alta Amazônia*. Tradução de Dorothée de Bruchard. São Paulo: Cosac Naify, 2006.)
25. Philippe Descola, entrevista com o autor, fevereiro de 2007.
26. Lévi-Strauss. *Anthropology and Myth*, p. 199.
27. Lévi-Strauss. *Structural Anthropology*, vol. 1, p. 70. A ideia de que o cérebro poderia ser composto de funções separadas e semi-independentes de fato ganhou adeptos, depois que Lévi-Strauss ridicularizou a hipótese. Ver Jerry Fodor. *The Modularity of Mind: An Essay on Faculty Psychology*. Cambridge, MA: MIT Press, 1983.

23. In Pace. *Claude Lévi-Strauss: The Bearer of Ashes*, p. 154.
29. Lévi-Strauss, in Sol Tax et al. (orgs.). *An Appraisal of Anthropology Today*. Chicago, Il.: University Chicago Press, 1953, p. 293. (*Panorama da Antropologia*. Tradução de Vanda Vasconcelos. Rio de Janeiro: Fundo de Cultura, 1966.) Para as ferramentas, por exemplo, ele propôs um esquema de análise com três camadas de diferenças: o modo de usá-las (bater, esfregar ou cortar); o tipo de gume (afiado, cego ou serrilhado); o modo de manipulá-las (movimentos perpendiculares, oblíquos ou circulares).
30. Ibid., p. 294.
31. Ibid., p. 321.
32. Ibid., p. 349-52.
33. Elisabeth Roudinesco. *Jacques Lacan & Co: A History of Psychoanalysis in France 1925-1985*. Chicago, Il.: University of Chicago Press, 1990, p. 560. (*História da Psicanálise na França*. Vol. 2: *Os Cem Anos de Batalha, 1925-1985*. Tradução de Vera Ribeiro. Rio de Janeiro: Zahar, 1989.)
34. Bertholet. *Claude Lévi-Strauss*, p. 209.
35. Claude Lévi-Strauss. *Race et histoire*. Paris: Gonthier, 1969, p. 46-50. (*Raça e História*, in *Raça e Ciência* I. Tradução de D. Ruhman e G. G. de Souza. São Paulo: Perspectiva, 1970.)
36. No Collège, o sagrado era concebido não tanto em termos religiosos, mas como qualquer coisa que inspirasse uma exacerbação da sensibilidade, fosse medo, fascínio ou reverência. Acompanhando as obsessões intelectuais de Bataille, o erotismo e a morte eram temas constantes. O grupo se dedicava a ressacralizar a sociedade, infundindo-lhe as energias humanas que haviam sido eliminadas pela modernidade. Caillois ficou obcecado com a imagem da fêmea do louva-a-deus, virando a cabeça para trás para devorar o macho acasalador, imagem que comparou à *femme fatale* na literatura — a mulher que atrai o parceiro para a morte.
37. Lévi-Strauss in Eribon. *Conversations*, p. 85.
38. Roger Caillois. "Illusion à rebours." *La Nouvelle Revue française*, nº 24, dezembro de 1954, p. 1010-24; e nº 25, janeiro de 1955, p. 58-70.
39. In Claudine Frank (org.), *Caillois: The Edge of Surrealism* (Caillois: o limite do surrealismo). Durham, NC: Duke University Press, 2003, p. 48.
40. "Illusion à rebours." *La Nouvelle Revue française*, nº 25, janeiro de 1955, p. 67-70.
41. Lévi-Strauss. "Diogène couché." *Les Temps modernes*, nº 110, 1955, p. 1214.
42. Alfred Métraux in Bertholet. *Claude Lévi-Strauss*, p. 219.
43. Lévi-Strauss in Eribon. *Conversations*, p. 85.
44. Lévi-Strauss. "Diogène couché." *Les Temps modernes*, nº 110, p. 1218-9.

7 Memória

1. Jan Borm. *Jean Malaurie: un homme singulier* (Jean Malaurie: um homem singular). Paris: Editions du Chêne, 2005, p. 53, 56.
2. Vincent Debaene. "Atelier de théorie littéraire: La collection Terre humaine: dans et hors de la literature." (Ateliê de teoria literária: a coleção terra humana: dentro e fora da litera-

tua) *Fabula*, 2007. http://www.fabula.org/atelier.php?La_collection_ Terre_humaine%3 A_dans_et_hors_de_la_litt %26eacute%3Brature
3. Lévi-Strauss. *Le Magazine littéraire*, nº 223, outubro de 1985, p. 24.
4. Dosse. *History of Structuralism*, vol. I, p. 130.
5. "Auto-portrait de Claude Lévi-Strauss", in *Claude Lévi-Strauss*. Paris: Editions Inculte, 2006, p. 183.
6. Lévi-Strauss. *Tristes Tropiques*. Picador, p. 543.
7. "Tristes Tropiques: docs préparatoires 10/10 carnet vert", Archives de Lévi-Strauss, p. 56: *"Voyages = même chose et contraire d'une psychanalyse."*
8. Lévi-Strauss. *Tristes Tropiques*. Picador, p. 256: "Adorável civilização, cujo sonho as rainhas cercam com sua maquiagem: hieróglifos descrevendo uma inacessível idade de ouro que, à falta de código, elas celebram em sua ornamentação, e cujos mistérios desvelam ao mesmo tempo com sua nudez."
9. *Claude Lévi-Strauss: Œuvres*, p. 1695.
10. *"Que sont nos poudres et nos rouges à côté!"*, "Tristes Tropiques: vol. 2 de la dactylographie", Archives de Lévi-Strauss, Bibliothèque nationale de France, p. 200.
11. *Claude Lévi-Strauss: Œuvres*, p. 1746, 1769.
12. Lévi-Strauss. *Tristes Tropiques*. Picador, p. 15-6.
13. Lévi-Strauss, cit. in Grupioni. *Coleções e Expedições Vigiadas*, p. 150.
14. Ver Pace. *Claude Lévi-Strauss: The Bearer of Ashes*, p. 20-1.
15. Claude Lévi-Strauss in Boutang e Chevallay. *Claude Lévi-Strauss in His Own Words*, 1:04:50.
16. Lévi-Strauss. *Tristes Tropiques*. Picador, p. 43.
17. Tragicamente, mais tarde os nhambiquaras iriam sofrer os efeitos colaterais de preparar a comida em tambores vazios de DDT.
18. Lévi-Strauss. *Tristes Tropiques*. Picador, p. 534-5.
19. Ibid., 348.
20. Lévi-Strauss. *Tristes Tropiques*. Picador, p. 256.
21. Claude Lévi-Strauss. "Des Indiens et leur ethnographe." *Les Temps modernes*, nº 116, agosto de 1955, p. 1; tradução a partir de Lévi-Strauss. *Tristes Tropiques*. Picador, p. 229.
22. Lévi-Strauss. *Tristes Tropiques*. Picador, p. 229.
23. "metafísica de costureirinha": Lévi-Strauss. *Tristes Tropiques*. Picador, p. 71; *"métaphysique pour midinette"*: Lévi-Strauss. *Tristes Tropiques*. Plon, p. 63.
24. Isso segundo Jean Pouillon, amigo e colega de Sartre no conselho editorial de *Les Temps modernes*. Ver Dosse. *History of Structuralism*, vol. 1, p. 7. Apesar da visível divergência, *Les Temps modernes* continuou a publicar ensaios de Lévi-Strauss e comentários sobre sua obra.
25. Para um resumo da presença de *Tristes Trópicos* na imprensa francesa, ver Dosse. *History of Structuralism*, vol. 1, p. 133. Bertholet. *Claude Lévi-Strauss*, p. 219.
26. *Claude Lévi-Strauss: Œuvres*, p. 1717.
27. John Peristiany. "Social Anthropology." *Times Literary Supplement*, 22 de fevereiro de 1957. David Holden. "Hamlet among the Savages." *Times Literary Supplement*, 12 de maio de 1961.
28. Susan Sontag. "A Hero of Our Time." *New York Review of Books*, vol. 1, nº 7, 28 de novembro de 1963.

29. Eribon. *Conversations*, p. 59.
30. Entrevista com Luc de Heusch, por Pierre de Maret. *Current Anthropology*, vol. 34, nº 3, junho de 1993, p. 290-1.
31. Jean Pouillon. "L'Œuvre de Claude Lévi-Strauss." *Les Temps modernes*, nº 126, julho de 1956, p. 150-73.
32. François Dosse. *History of Structuralism*, vol. 1, p. 137.
33. Ibid., p. 266.
34. Lévi-Strauss de fato interveio em mais uma ocasião, em 1968. Somou-se a mais de cem acadêmicos, entre eles Michel Leiris, Louis Dumont, Maxime Rodinson e Georges Balandier, assinando uma carta aberta ao ditador militar brasileiro, o general Costa e Silva, denunciando as atrocidades sofridas pelos povos indígenas do Brasil, depois de uma série de acusações de torturas e assassinatos contra o Serviço de Proteção aos Índios.
35. Charbonnier. *Conversations with Claude Lévi-Strauss*, p.13.
36. Entre eles estavam o músico de vanguarda Pierre Boulez, a atriz Simone Signoret, a escritora Marguerite Duras, os amigos e colegas de Lévi-Strauss, Jean Pouillon e Michel Leiris.
37. Bertholet. *Claude Lévi-Strauss*, p. 230.
38. Ibid., p. 229.
39. Eribon. *Conversations*, p. 59.
40. "Depois de *Tristes Trópicos*, houve vezes em que eu imaginei que alguém da imprensa iria me pedir para viajar e escrever", admitiu mais tarde a Didier Eribon. *Conversations*, p. 159.
41. Bertholet. *Claude Lévi-Strauss*, p. 220.
42. Lévi-Strauss. *Tristes Tropiques*. Picador, p. 529.
43. Ibid., p. 530.
44. Eribon. *Conversations*, p. 7.
45. Lévi-Strauss. *Tristes Tropiques*. Picador, p. 539.
46. Ver I. Strenski. "Lévi-Strauss and the Buddhists." *Comparative Studies in Society and History*, vol. 22, 1980, p. 3-22.
47. Lévi-Strauss. *Tristes Tropiques*. Picador, p. 542. *Claude Lévi-Strauss: Œuvres*, 2007, p. 442.
48. Lévi-Strauss. *Tristes Tropiques*. Picador, p. 541.
49. Lévi-Strauss. *Tristes Tropiques*. Picador, p. 543.
50. Ibid., p. 544.

8 Modernismo

1. Lévi-Strauss. *Tristes Tropiques*, Picador, p. 157.
2. Entrevista com o autor, março de 2005.
3. Alex Ross. *The Rest Is Noise: Listening to the Twentieth Century*. Londres, Fourth Estate, 2008, p. 392. (*O Resto É Ruído: Escutando o Século XX*. Tradução de Claudio Carina e Ivan Weisz Kuck. São Paulo: Companhia das Letras, 2009.)
4. Kristin Ross. *Fast Cars, Clean Bodies: Decolonisation and the Reordering of French Culture*. Cambridge, MA: MIT Press, 1995, p. 2.

5. Dosse. *History of Structuralism*, vol. 1, p. 105.
6. Fernand Braudel. *On History*. Chicago, Il.: University of Chicago Press, 1980. (*Escritos sobre a História*. Tradução de Jacó Guinsburg e Teresa da Mota. São Paulo: Perspectiva, 1998.)
7. Lévi-Strauss in Elisabeth Roudinesco. *Jacques Lacan & Co: A History of Psychoanalysis in France 1925-1985*. Chicago, Il.: University of Chicago Press, 1990, p. 362. (*História da Psicanálise na França*. Vol. 2: *Os cem Anos de Batalha, 1925-1985*. Tradução de Vera Ribeiro. Rio de Janeiro: Zahar, 1989.)
8. Entrevista com o autor, fevereiro de 2007.
9. Lévi-Strauss. *Structural Anthropology*, vol. 1, p. 207.
10. Edmund Leach. *Claude Lévi-Strauss*. Londres: Penguin, 1976, p. 65.
11. Lévi-Strauss. *Structural Anthropology*, vol. 1, p. 228.
12. Em 1969, Lévi-Strauss disse ao pesquisador canadense Pierre Maranda que "nunca vi isso como algo além de 'um desenho' para ilustrar a 'dupla torção' que se traduz na passagem das metáforas para as metonímias e vice-versa". In Elli Kongäs Maranda e Pierre Maranda. *Structural Models in Folklore and Transformational Essays*. Haia: Mouton, 1971, p. 28.
13. Este ponto foi extraído de Dan Sperber. "Claude Lévi-Strauss Today", in *On Anthropological Knowledge*. Cambridge: Cambridge University Press, 1985, p. 65-6. (*O Saber dos Antropólogos*. Lisboa: Edições 70, 1992; São Paulo: Edições 70 Brasil, 2011.) Para Sperber, ao usar as palavras "nunca deixei de me guiar" por sua fórmula, Lévi-Strauss "parece não um cientista, mas um meditador transcendental afirmando ser guiado por seu mantra".
14. Lévi-Strauss. "The Story of Asdiwal", *Structural Anthropology*, vol. 2, p. 184.
15. Lévi-Strauss. *Structural Anthropology*, vol. 1, p. 229.
16. Lévi-Strauss. *Tristes Trópicos*, Picador, p. 70.
17. Dosse. *History of Structuralism*, vol. 1, p. 160.
18. Foucault in ibid., p. 160.
19. Eribon. *Conversations*, p. 68.
20. Embora mais tarde a Gallimard tenha conseguido publicar uma coletânea de ensaios e comentários, bem como relançar *Raça e História* em sua coleção Folio. Ver Raymond Bellour e Catherine Clément (orgs.). *Claude Lévi-Strauss*. Paris: Gallimard, 1979. Claude Lévi-Strauss. *Race et histoire*. Paris: Gallimard, 1987. No final da vida de Lévi-Strauss, a Gallimard também publicou uma coleção de suas obras na prestigiosa Bibliothèque de la Pléiade. Ver Claude Lévi-Strauss. *Œuvres*, ed. Vincent Debaene et al. Paris: Gallimard, 2007.
21. Como os ataques de Lévi-Strauss a Caillois, estes também eram disparos retóricos. Ele descartou as críticas do sociólogo Georges Gurvitch, que tachara suas tentativas de criar modelos matemáticos para as relações sociais de "fracasso completo", dizendo que Gurvitch não era qualificado para comentar os avanços na antropologia. Utilizou uma manobra parecida contra Jean-François Revel, enquanto a crítica marxista de Rodinson foi rebatida com um insultuoso "minha concepção está infinitamente mais próxima da posição de Marx do que a dele", baseando-se numa leitura um tanto seletiva de *Das Kapital*. Lévi-Strauss. *Structural Anthropology*, vol. 1, p. 338. David Pace. *Claude Lévi-Strauss*, p. 96-9.
22. Beatriz Perrone Moisés. "Entrevista: Claude Lévi-Strauss, aos 90." *Revista de Antropologia*, vol. 42, ns. 1-2, 1999.
23. Ver Kristin Ross. *Fast Cars, Clean Bodies*, p. 186.

24. Apesar do tema de sua obra, Marcel Mauss tinha ocupado a cátedra de sociologia.
25. Lévi-Strauss in Eribon. *Conversations*, p. 60.
26. Eribon. *Conversations*, p. 61. Claude Lévi-Strauss e Didier Eribon. *De près et de loin*. Paris: Editions Odile Jacob, 1988, p. 90. (*De Perto e de Longe*. Tradução de Léa Mello e Julieta Leite. Rio de Janeiro: Nova Fronteira, 1990/ São Paulo: Cosac Naify, 2005.)
27. Lévi-Strauss. "The Scope of Anthropology", *Structural Anthropology*, vol. 2, p. 7-8. Eribon. *Conversations*, p. 61.
28. Lévi-Strauss. "The Scope of Anthropology", *Structural Anthropology*, vol. 2, p. 6-7.
29. Ibid., p. 17.
30. Ibid., p. 32.
31. Eribon. *Conversations*, p. 63.
32. Os Arquivos por Área não deixavam de ter seus críticos. Margaret Mead, ao que consta, descreveu os catálogos como "antropologia instantânea como café instantâneo". Cit. in Isac Chiva. "Une communauté de solitaires: le Laboratoire d'anthropologie sociale", in Michel Izard (org.). *Claude Lévi-Strauss*. Paris: L'Herne, nº 82, 2004, p. 74.
33. Ibid., p. 68. Susan Sontag. "The Anthropologist as Hero", in E. Nelson Hayes e Tanya Hayes (orgs.). *Claude Lévi-Strauss: The Anthropologist as Hero*. Cambridge, MA: MIT Press, 1970, p. 186.
34. Ver Louis-Jean Calvet. *Roland Barthes: A Biography*. Londres: Polity Press, 1994, p. 129-30. (*Roland Barthes: Uma Biografia*. Tradução de Maria Ângela Villela da Costa. São Paulo: Siciliano, 1993.)
35. A carta depois foi impressa no final de uma coletânea de ensaios, publicada pela Gallimard no final dos anos 1970. Ver *Claude Lévi-Strauss*. Paris: Gallimard, 1977, p. 495-7. A versão de Lévi-Strauss está in Eribon. *Conversations*, p. 73. O "assombrosamente convincente" de Barthes é citado in Dosse. *History of Structuralism*, vol. 2: *The Sign Sets, 1967-present*. Minnesota: University of Minnesota Press, 1997, p. 115. (*História do Estruturalismo*, vol. 2: *O Canto do Cisne*. Tradução de Álvaro Cabral. São Paulo: Ensaio, 1994; Bauru: EDUSC, 2007.)
36. Scott Atran. "A memory of Lévi-Strauss." *Cognition and Culture.net*, 4 de novembro de 2009. http://www.cognitionandculture.net/Scott-Atran-s-Blog/scott-atrans-memories--of-levi-strauss.html
37. Eribon. *Conversations*, p. 34.
38. Pierre Dumayet com Claude Lévi-Strauss. "Claude Lévi-Strauss à propos de 'Soleil Hopi'." *Lectures pour tous*, 15 de abril de 1959. http://www.ina.fr/video/I00014610/claude-levi-strauss-a-propos-de-soleil-hopi.fr.html
39. As entrevistas foram publicadas posteriormente. Georges Charbonnier. *Entretiens avec Claude Lévi-Strauss*. Paris: Plon, 1969. (*Arte, Linguagem, Etnologia. Entrevista com Lévi-Strauss*. Tradução de Nícia Adan Bonatti. Campinas: Papirus, 1989.) Versão em inglês: Georges Charbonnier. *Conversations with Claude Lévi-Strauss*. Londres: Jonathan Cape, 1969.
40. Georges Charbonnier. *Conversations with Claude Lévi-Strauss*, p. 69-70.
41. Robert Hughes. "The Artist Pablo Picasso." *Time*, 8 de junho de 1998.
42. Esses comentários eram leves em comparação aos que viriam depois. Mais tarde, Lévi--Strauss acusou os artistas modernos de conspurcar suas fontes de inspiração. Numa entrevista à revista *Arts*, sobre uma nova exposição de Picasso no Grand Palais, Paris, em

1966, ele qualificou o movimento como algo equivalente ao "que os americanos chamam de 'decoração de interiores', uma espécie de acessório ao mobiliário". Ver Lévi-Strauss. *Structural Anthropology*, vol. 2, p. 277, 283.
43. Lévi-Strauss. Entrevista a *L'Express*. Tradução de Kussel, *Diacritics*, p. 50.
44. Lévi-Strauss. *Structural Anthropology*, vol. 2, p. 278.
45. Charbonnier. *Conversations with Claude Lévi-Strauss*, p. 32-42.
46. Claude Lévi-Strauss. *The Savage Mind*. Londres: Weidenfeld and Nicolson, 1966, p. 234. (*O Pensamento Selvagem*. Tradução de Tânia Pellegrini. Campinas: Papirus, 2004.)
47. Ver Eduardo Viveiros de Castro. "Entrevista: Lévi-Strauss nos 90, a antropologia de cabeça para baixo." *Mana*, 4 (2), 1998, p. 119.
48. Vincent Debaene in *Claude Lévi-Strauss: Œuvres*, p. xxxiv.

9 "Mind in the Wild"

1. Claude Lévi-Strauss. *Totemism*. Londres: Penguin, 1973, p. 76.
2. Ibid., p. 97. O golfinho, porém, é tabu apenas para uma linhagem específica do clã tafua, os korokoros.
3. *Claude Lévi-Strauss: Œuvres*, p. 1775.
4. Lévi-Strauss. *The Raw and the Cooked*, p. 9.
5. "*dans un état de hâte, de précipitation, presque de remords*", *Claude Lévi-Strauss: Œuvres*, p. 1777.
6. Lévi-Strauss. *Totemism*, p. 83.
7. Bertholet. *Claude Lévi-Strauss*, p. 262.
8. Lévi-Strauss. *Totemism*, p. 72.
9. Ibid., p. 134.
10. Fortes, por exemplo, tinha traçado paralelos entre o sistema totêmico altamente complexo dos tallensis e seus cultos aos ancestrais. Para os tallensis, seus antepassados "eram agitados, esquivos, ubíquos, imprevisíveis, agressivos", tal como os crocodilos, cobras ou leopardos que apareciam em seu sistema totêmico. Lévi-Strauss. *Totemism*, p. 146.
11. Ibid., p. 155-61.
12. Ibid., p. 163
13. Ibid., p. 162. *Le Totémisme aujourd'hui*, in *Claude Lévi-Strauss: Œuvres*, p. 533.
14. Lévi-Strauss. *Totemism*, p. 84.
15. *Claude Lévi-Strauss: Œuvres*, p. 1792-3.
16. Ibid., p. 1777.
17. Lévi-Strauss. *The Savage Mind*, p. 3-9.
18. Claude Lévi-Strauss in Boutang e Chevallay. *Claude Lévi-Strauss in His Own Words*, 34:23.
19. Lévi-Strauss. *The Savage Mind*, p. 149.
20. Ibid., p. 153.
21. Eribon. *Conversations*, p. 113.
22. Falando dos aborígines australianos, Lévi-Strauss disse que, em alguns aspectos, eles eram "verdadeiros esnobes [...] tão logo aprenderam as atividades de lazer, orgulhavam-se de

pintar as aquarelas insípidas e estudadas que se esperariam de uma velha solteirona". Lévi--Strauss. *The Savage Mind*, p. 89.
23. Claude Lévi-Strauss in Boutang e Chevallay. *Claude Lévi-Strauss in His Own Words*, 1:10:00.
24. Lévi-Strauss. *The Raw and the Cooked*, p. 147-63.
25. Lévi-Strauss. *The Savage Mind*, p. 269.
26. Ver a troca de cartas em "The Savage Mind", Claude Lévi-Strauss e Sybil Wolfram, *Man*, 1967, New Series, vol. 2, nº 3, setembro de 1967, p. 464. M. Estellie Smith. "Sybil Wolfram Obituary." *Anthropology Today*, vol. 9, nº 6, dezembro de 1993, p. 22.
27. *Claude Lévi-Strauss: Œuvres*, p. 1799-801.
28. Ibid., p. 1800, nota 2.
29. "Claude Lévi-Strauss: A Confrontation." *New Left Review*, 62, julho-agosto de 1970, p. 72. O penúltimo capítulo, por exemplo, chamado "Le Temps retrouvé" ["O tempo reencontrado"], se encerra com um diagrama representando o ritual aborígine australiano — um triângulo cujas pontas representam VIDA (+-), SONHO (+) e MORTE (-), uma espécie de *structuralisme à la Proust*.
30. A. A. Akoun, F. Morin e J. Mousseau. "A Conversation with Claude Lévi-Strauss: The Father of Structural Anthropology Takes a Misanthropic View of Lawless Humanism." *Psychology Today*, vol. 5, 1972, p. 79.
31. "*Les Chats* de Charles Baudelaire." *L'Homme*, II, 1962, p. 5-22.
32. "Claude Lévi-Strauss: A Confrontation." *New Left Review*, 62, julho-agosto de 1970, p. 74.
33. Bertholet. *Claude Lévi-Strauss*, p. 279.
34. Lévi-Strauss. *The Raw and the Cooked*. Chicago, Il.: University of Chicago Press, p. 11.
35. "Claude Lévi-Strauss: A Confrontation." *New Left Review*, 62, julho-agosto de 1970, p. 74.
36. Para o crítico Jean Lacroix, escrevendo em *Le Monde*, *O Pensamento Selvagem* representava "a filosofia mais rigorosamente ateísta de nossos tempos", enquanto *Les Temps modernes*, em dois números de 1963, submeteu as ideias de Lévi-Strauss a uma crítica marxista. Dosse. *History of Structuralism*, vol. 1, p. 234.
37. Entrevista de Claude Lévi-Strauss a Philippe Simonnot. "Un anarchiste de droite." *L'Express*, 17 de outubro de 1986.
38. Carta de Sartre a Beauvoir, fevereiro de 1946. Jean-Paul Sartre e Simone de Beauvoir. *Lettres au Castor et à quelques autres*, vol. 2. Paris: Gallimard, 1983, p. 335.
39. *Claude Lévi-Strauss: Œuvres*, p. 1778.
40. Lévi-Strauss. *The Savage Mind*, p. xxi.
41. Ibid., p. 257-8, 249.
42. Lévi-Strauss cit. in Paul Hendrickson. "Claude Lévi-Strauss: Behemoth from the Ivory Tower." *Washington Post*, 24 de fevereiro de 1978.
43. Pierre Bourdieu. *Réflexions faites*. Arte France TV, 31 de março de 1991.
44. Pierre Bourdieu. *Homo Academicus*. Stanford, CA: Stanford University Press, 1988, p. xxi.
45. Alain Badiou. "The Adventure of French Philosophy." (A aventura da filosofia francesa) *New Left Review*, vol. 35, setembro-outubro de 2005, p. 68.
46. Essa ideia provém de J. G. Merquior. *From Prague to Paris: A Critique of Structuralist and Post-Structuralist Thought*. Londres: Verso, 1988, p. 89. (*De Praga a Paris: O Surgimento*,

a Mudança e a Dissolução da Ideia Estruturalista. Tradução de Ana Maria de Castro Gibson. Rio de Janeiro: Nova Fronteira, 1991.)
47. Lévi-Strauss. *Tristes Tropiques*. Picador, p. 64.
48. Claude Lévi-Strauss. "Le Coucher de Soleil: Entretien avec Boris Wiseman." *Les Temps moderns*, nº 628, agosto-outubro de 2004, p. 4.
49. Michel Foucault. *Les mots et les choses: une archéologie des sciences humaines*. Paris: Gallimard, 1966, p. 398. (*As Palavras e as Coisas: Uma Arqueologia das Ciências Humanas*. Tradução de Salma Tannus Muchail. São Paulo: Martins Fontes, 1999.)

10 A Nebulosa do Mito

1. Lévi-Strauss. *Structural Anthropology*, vol. 1, p. 228-9.
2. Claude Lévi-Strauss in Boutang e Chevallay. *Claude Lévi-Strauss in His Own Words*, 1:15:00.
3. Claude Lévi-Strauss. *The Origin of Table Manners: Introduction to a Science of Mythology 3*. Londres: Jonathan Cape, 1978, p. 102. (*A Origem dos Modos à Mesa*. Tradução de Beatriz Perrone-Moisés. São Paulo: Cosac Naify, 2006.)
4. Lévi-Strauss. "Entretien par Raymond Bellour", in *Claude Lévi-Strauss: Œuvres*, p. 1657.
5. Eribon. *Conversations*, p.132.
6. Ibid., p. 36.
7. Sebag estava fazendo psicanálise com Lacan, quando se apaixonou por Judith, a filha dele. Depois que Lacan encerrou as sessões, Sebag se deu um tiro na cabeça.
8. Lévi-Strauss. *The Raw and the Cooked*, p. 1.
9. Sanche de Gramont (pseud. Ted Morgan). "There Are no Superior Societies", in Hayes e Hayes (orgs.). *The Anthropology as Hero*, p. 16 (publicado originalmente na revista *New York Times*, 28 de janeiro de 1968).
10. Claude Lévi-Strauss. *The Naked Man: Introduction to a Science of Mythology 4*. Londres: Jonathan Cape, 1981, p. 25. (*O Homem Nu*. Tradução de Beatriz Perrone-Moisés. São Paulo: Cosac Naify, a sair.) Sanche de Gramont, "There Are no Superior Societies", in Hayes e Hayes (orgs.). *The Anthropologist as Hero*, p. 17.
11. Lévi-Strauss. *The Raw and the Cooked*, p. 31.
12. Lévi-Strauss. "Entretien par Raymond Bellour", in *Claude Lévi-Strauss: Œuvres*, p. 1664.
13. Numa entrevista à BBC em 1966, Lévi-Strauss deixou explícita essa relação, dizendo a George Steiner que, embora as estruturas míticas fossem recorrentes, poderiam existir "várias espécies" de mitos. "Claude Lévi-Strauss in Conversation with George Steiner." BBC Third Programme, 29 de outubro de 1965.
14. Lévi-Strauss. *The Raw and the Cooked*, p. 3-6.
15. "Claude Lévi-Strauss in Conversation with George Steiner." BBC Third Programme, 29 de outubro de 1965.
16. Lévi-Strauss. *The Raw and the Cooked*, p. 15.
17. Lévi-Strauss. *The View from Afar*, p. 219.
18. Lévi-Strauss. *The Raw and the Cooked*, p. 27.

19. Ibid., p. 31-2.
20. Claude Lévi-Strauss in Boutang e Chevallay. *Claude Lévi-Strauss in His Own Words*, 20:10.
21. D. Antonio Colbacchini. *I Bororos Orientali "Orarimugudoge" del Matto Grosso (Brasile)*. Turim: Società Editrice Internazionale, 1925. No exato momento em Lévi-Strauss terminava o rascunho final de *O Cru e o Cozido*, veio à luz outra importante fonte salesiana, o primeiro volume da *Enciclopédia Bororó*, obrigando-o a adiar a publicação até poder ler a obra e incorporá-la em suas análises.
22. Lévi-Strauss. *The Raw and the Cooked*, p. 37.
23. Ibid., p. 59, 64.
24. Claude Lévi-Strauss. *From Honey to Ashes: Introduction to a Science of Mythology 2*. Londres: Jonathan Cape, 1973, p. 469. (*Do Mel às Cinzas*. Tradução de Carlos Eugênio Marcondes de Moura. São Paulo: Cosac Naify, 2005.)
25. Lévi-Strauss. *The Raw and the Cooked*, p. 335.
26. Ibid., p. 340.
27. Agora incluído in "Claude Lévi-Strauss: The View from Afar." *Unesco Courier*, nº. 5, 2005. http://unesdoc.unesco.org/images/0016/001627/162711e.pdf.
28. Ver a interessante discussão de Boris Wiseman sobre este ponto, relacionando essa ideia com sentimentos semelhantes expressos pelos poetas simbolistas Stéphane Mallarmé e Paul Valéry, in *Lévi-Strauss, Anthropology and Aesthetics*. Cambridge: Cambridge University Press, 2007, p. 202-3.
29. Merquior. *De Praga a Paris*, p. 128.
30. Também importante foi a obra de Christian Metz, que introduziu uma abordagem semiótica lacaniana aos estudos sobre o cinema.
31. Anne-Christine Taylor, entrevista com o autor, fevereiro de 2007.
32. Dosse. *History of Structuralism*, vol. 2, p. xiii.
33. Ibid., p. xiii-xiv.
34. Robert F. Murphy. "Connaissez-vous Lévi-Strauss?", in Hayes e Hayes (orgs.). *Claude Lévi-Strauss: The Anthropologist as Hero*, p. 165.
35. Eribon. *Conversations*, p. 76.
36. Bertholet. *Claude Lévi-Strauss*, p. 291;
37. Guy Sorman. "Lévi-Strauss, New Yorker." *City Journal*, outono de 2009, vol. 19, nº 4, 6 de novembro de 2009.
38. Lévi-Strauss. "Entretien par Raymond Bellour", in *Claude Lévi-Strauss: Œuvres*, p. 1662.
39. Gramont. "There Are no Superior Societies", in Hayes e Hayes (orgs.). *The Anthropology as Hero*, p. 9-10. Mais tarde, Lévi-Strauss iria questionar a qualidade dos conhecimentos de Foucault e inclusive votaria contra seu ingresso no Collège.
40. Isso segundo uma carta que ele enviou a Catherine Bacès-Clément em 30 de maio de 1970. Ver Bertholet. *Claude Lévi-Strauss*, p. 316.
41. O psicanalista Didier Anzieu expressou bem esse aspecto em relação a Lacan, o qual, a seu ver, prendia os alunos numa armadilha, criando uma "dependência interminável de um ídolo, uma lógica ou uma linguagem, ao sustentar a promessa de verdades fundamentais que serão reveladas, mas sempre mais adiante, e apenas àqueles que seguirem com ele". Richard Webster. "Lacan Goes to the Opera" (resenha de *Jacques Lacan*, de Elisabeth Roudinesco, Polity Press, 1997). *New Statesman* (1996), vol. 126, 7 de novembro de 1997, p. 44.

42. Cit. in Dosse. *History of Structuralism*, vol. 1, p. 271.
43. Sanche de Gramont. "There Are no Superior Societies", in Hayes e Hayes (orgs.). *The Anthropologist as Hero*, p. 16 (publicado originalmente na revista *New York Times*, 28 de janeiro de 1968).
44. François Furet. "Les intellectuels français et le structuralisme", in *L'Atelier de l'histoire*. Paris: Flammarion, 1982, p. 37-52 (publicado originalmente em *Preuves*, 92, fevereiro de 1967). (*A Oficina da História*. Tradução de Adriano Duarte Rodrigues. Lisboa: Gradiva, 1986.)
45. Dosse. *History of Structuralism*, vol. 1, p. 325.
46. Boris Wiseman e Judy Groves. *Introducing Lévi-Strauss and Structural Anthropology*. Londres: Icon Books, 2000, p. 132.
47. Eribon. *Conversations*, p. 133.
48. Ibid., p. viii.
49. Ver David Maybury-Lewis. "The Analysis of Dual Organizations: A Methodological Critique." *Bijdragen tot de Taal-, Land- en Volkenkunde*, vol. 116, nº 1, 1960, p. 17-44. Claude Lévi-Strauss. "On Manipulated Sociological Models", in ibid., p. 45-54. Ambos disponíveis online: http://www.kitlv-journals.nl/.
50. David Maybury-Lewis. "Science or Bricolage?", in Hayes e Hayes (orgs.). *The Anthropologist as Hero*, p. 154-5, 162.
51. Em relação a uma resenha do volume seguinte, *The Origin of Table Manners*, in *New Yorker*, 30 de julho de 1979, p. 85.
52. Maybury-Lewis. "Science or Bricolage?", in Hayes e Hayes (orgs.). *The Anthropologist as Hero*, p. 161-2.
53. Entrevista com o autor, fevereiro de 2006.
54. Needham coloca em termos mais incisivos: "O professor Lévi-Strauss declinou formalmente de examinar a tradução antes de ser impressa, e se absteve igualmente de ler as provas". *The Elementary Structures*, 1969, p. xviii.
55. Entrevista com o autor, fevereiro de 2006. O prefácio de último minuto trazia outros sinais depreciativos — Needham disse que tinha escrito a Lévi-Strauss para informá-lo de que queimara toda a correspondência entre ambos, e Lévi-Strauss respondera que não havia nenhum problema, pois de qualquer maneira não havia nada de valor naquela correspondência. Em pessoa, Needham afirmou que Lévi-Strauss lhe parecera frio e não muito simpático. Quando Lévi-Strauss foi a Oxford receber um título honorário, segundo Needham, não agradeceu a ninguém; simplesmente chegou, pegou o título e saiu — relato que não condiz com as experiências de outras pessoas (inclusive a minha) com Lévi-Strauss. Ele era reservado e às vezes taciturno, dependendo das circunstâncias, mas sempre fazia questão de ser cortês.
56. Rodney Needham. "The Birth of Meaningful." *TLS*, 13 de abril de 1984. O problema, em parte, era a extrema suscetibilidade e as excentricidades do próprio Needham, que causaram muitos atritos em sua vida profissional. Depois de uma discussão com os colegas, ele tinha retirado sua biblioteca do departamento de antropologia e nunca mais pisou lá de novo, dando aulas em All Souls e enviando recados para o departamento por meio do porteiro. Jeremy MacClancy. "Obituary: Rodney Needham, Oxford Social Anthropologist and Champion of Structuralism." *Independent*, 13 de dezembro de 2006.

57. Entrevista com o autor, fevereiro de 2007.
58. Ibid., fevereiro de 2007.
59. Lévi-Strauss. *The Raw and the Cooked*, p. 13.
60. Dosse. *History of Structuralism*, vol. 2, p. 15.
61. Dan Sperber. *On Anthropological Knowledge*. Cambridge: Cambridge University Press, 1985, p. 69.
62. Viveiros de Castro. "Entrevista: Lévi-Strauss nos 90, a antropologia de cabeça para baixo." *Mana*, 4 (2), 1998, p. 120.
63. Lévi-Strauss. *From Honey to Ashes*, p. 473.
64. Lévi-Strauss. *The Origin of Table Manners*, p. 468.
65. Lévi-Strauss. *The Naked Man*, p. 291.
66. Ibid., p. 515.
67. Lévi-Strauss. *The Origin of Table Manners*, p. 474-5.
68. Lévi-Strauss. "Le triangle culinaire." *L'Arc*, nº 26, 1965, p. 19-29. ("O Triângulo Culinário". Yvan Simonis (org.). *Introdução ao Estruturalismo: Claude Lévi-Strauss ou "a Paixão do Incesto"*. Tradução de Manuel de Castro. Lisboa: Moraes, 1979, p. 169-76.)
69. Lévi-Strauss. *The Origin of Table Manners*, p. 484.
70. Ibid., p. 15-6.
71. Ibid., p. 469.
72. Ibid., p. 131.
73. Lévi-Strauss. *The Raw and the Cooked*, p. 26.

11 Convergência

1. Cit. in Dosse. *History of Structuralism*, vol. 2, p. 144.
2. "Man's New Dialogue with Man." *Time*, 30 de junho de 1967.
3. Foucault não se encontrava em Paris durante os protestos de maio de 68 (estava trabalhando na Universidade de Túnis), mas ao retornar ele se envolveria ativamente no movimento de protesto, alinhando-se com os estudantes na universidade recém-estabelecida em Vincennes, Paris VIII, onde foi chefe do departamento de filosofia.
4. Louis-Jean Calvet. *Roland Barthes: A Biography*. Londres: Polity Press, 1994, p. 163-70. (*Roland Barthes: Uma Biografia*. Tradução de Maria Ângela Villela da Costa. São Paulo: Siciliano, 1993.)
5. "Le structuralisme, a-t-il été tué par Mai' 68?" *Le Monde*, 30 de novembro de 1968.
6. Georges Balandier, cit. in François Dosse. *History of Structuralism*, vol. 2, p. 152.
7. Lévi-Strauss, entrevista a *L'Express*, tradução de Kussell, *Diacritics*, p. 45.
8. Bertholet. *Claude Lévi-Strauss*, p. 283.
9. Exceto nas aulas do ano letivo de 1968-9, quando Lévi-Strauss examinou temas mitológicos salishes sobre fogo/água e neblina/vento, que mais tarde abordaria em *História de Lince* (1991).
10. Lévi-Strauss. *The Naked Man*, p. 35.
11. Ibid., p. 624.

12. Ibid., p. 510; "*nous comprenons pourquoi c'est lui, entre tous les mythes américains disponibles, qui s'est imposé à nous avant même que nous en sachions la raison*", *L'Homme nu*. Paris: Plon, 1971, p. 458.
13. Claude Lévi-Strauss in Eribon. *Conversations*, p. 136-7.
14. Segundo ele, a razão para utilizar *nous* era reduzir o sujeito ao "lugar ou espaço insubstancial onde o pensamento anônimo pode se desenvolver, distanciar-se de si, encontrar e realizar suas verdadeiras tendências e alcançar a organização, enquanto se reconcilia com as coerções intrínsecas à sua própria natureza". Lévi-Strauss. *The Naked Man*, p. 625.
15. Lévi-Strauss se baseava na obra do cientista americano J. E. Amoore nos anos 1950. De fato, Amoore afirmava que apenas os cinco primeiros odores se baseavam no modelo da forma molecular do receptor; os outros dois, o pútrido e o pungente, eram identificados pela carga elétrica. Desde então surgiram outros modelos da percepção olfativa, entre eles a teoria da vibração de Luca Turin, que deu base ao livro de divulgação científica de Chandler Burr. *The Emperor of Scent*. Londres: Wm Heinemann, 2003 (*O Imperador do Olfato*. Tradução de Rosaura Eichenberg. São Paulo: Companhia das Letras, 2008).
16. Lévi-Strauss. *The Naked Man*, p. 692.
17. Boutang e Chevallay. *Claude Lévi-Strauss in His Own Words*, 1:24:00.
18. Eribon. *Conversations*, p. 84.
19. Pierre Maranda. "Une fervente amitié", in Michel Izard (org.). *Claude Lévi-Strauss*. Paris: L'Herne, nº 82, 2004, p. 56.
20. "Réponse de M. Roger Caillois au discours de M. Claude Lévi-Strauss." Académie Française, 27 de junho de 1974. http://www.academie-francaise.fr/immortels/discours_reponses/caillois.html.
21. Ibid.
22. Ver Maranda. "Une fervente amitié", in *Claude Lévi-Strauss*, L'Herne, nº 82, p. 55. Bertholet. *Claude Lévi-Strauss*, p. 397-8.
23. Carta de Claude Lévi-Strauss a Denis Kambouchner, cit. in "Lévi-Strauss and the Question of Humanism", in Boris Wiseman. *The Cambridge Companion to Lévi-Strauss*. Cambridge: Cambridge University Press, 2009, p. 37.
24. Bertholet. *Claude Lévi-Strauss*, p. 369.
25. Cit. in Pace. *Claude Lévi-Strauss: The Bearer of Ashes*, p. 193.
26. Lévi-Strauss admirava muito o conde Gobineau, cujas ideias tinha utilizado em *O Pensamento Selvagem* e *O Homem Nu*. Lévi-Strauss julgava que as ideias de Gobineau tinham sido indevidamente negligenciadas, por propor concepções que, embora hoje inaceitáveis, eram muito correntes em sua época. Ver os comentários de Lévi-Strauss in Didier Eribon. *Conversations*, p. 145-63.
27. Cit. in Pace. *Claude Lévi-Strauss: The Bearer of Ashes*, p. 193-4.
28. Claude Lévi-Strauss. "Reflections on Liberty." *The View from Afar*, p. 280.
29. Lévi-Strauss. *Tristes Tropiques*, p. 106. Eribon. *Conversations*, p. 3.
30. Segundo Maranda. "Une fervente amitié", in *Claude Lévi-Strauss*, L'Herne, nº 82, p. 54.
31. Claude Lévi-Strauss in Didier Eribon. *Conversations*, p. 165.
32. "Claude Lévi-Strauss in Conversation with George Steiner." BBC Third Programme, 29 de outubro de 1965.

33. Lévi-Strauss. *The Way of the Masks*, p. 5-8.
34. Pierre Maranda, antropólogo com interesse pela abordagem estrutural, tinha encontrado Lévi-Strauss várias vezes nos anos 1960, e em 1968 acabou trabalhando, a convite de Lévi-Strauss, como diretor associado de estudos na École des Hautes Études en sciences sociales. Ver sua homenagem à longa amizade com Lévi-Strauss in Maranda. "Une fervente amitié", in *Claude Lévi-Strauss*, L'Herne, nº 82, p. 52-75.
35. Lévi-Strauss. *Saudades do Brasil*, p.17.
36. Para uma demonstração sucinta e clara, ver a discussão de Lévi-Strauss sobre uma comparação entre os mitos e máscaras shalishes e kwakiutles in Tom Shandel. *Behind the Masks*. National Film Board of Canada, 1973.
37. Maranda. "Une fervente amitié", p. 57.
38. Eribon. *Conversations*, p. 95.
39. Lévi-Strauss. *The View from Afar*, p., 235.
40. Claude Lévi-Strauss. *Myth and Meaning*. Londres: Routledge, 2006, 2001, p. 7, 9. (*Mito e Significado*. Tradução de Antônio Marques Bessa. Lisboa: Edições 70, 1985.)
41. Eribon. *Conversations*, p. 91.
42. "Bernadette Bucher with Claude Lévi-Strauss, 30 June 1982." *American Ethnologist*, vol. 12, nº 2, 1985, p. 365-6.
43. Tom Shandel. *Behind the Masks*. National Film Board of Canada, 1973.
44. Claude Lévi-Strauss. *The Jealous Potter*. Chicago, Il.: University of Chicago Press, 1996, p. 190. (*A Oleira Ciumenta*. Tradução de Beatriz Perrone-Moisés. São Paulo: Brasiliense, 1986.)
45. Ibid., p. 186.
46. Ibid., p. 206.
47. Lévi-Strauss. "Le Coucher de Soleil: entretien avec Boris Wiseman." *Les Temps modernes*, nº 628, 2004, p. 12. Numa entrevista anterior, Lévi-Strauss foi mais direto: "Sou por temperamento um pouco misantropo"; ver A. A. Akoun, F. Morin e J. Mousseau. "A Conversation with Claude Lévi-Strauss: The Father of Structural Anthropology Takes a Misanthropic View of Lawless Humanism." *Psychology Today*, vol. V, 1972, p. 82.
48. Lévi-Strauss in Marc Augé. "Ten Questions Put to Claude Lévi-Strauss." *Current Anthropology*, vol. 31, nº 1, fevereiro de 1990, p. 85.
49. Eribon. *Conversations*, p. 87, 151.
50. Ibid., p. 156-7.
51. Ibid., 151.
52. Ibid., p. 94.
53. Ver "Do Dual Organizations Exist?" *Structural Antropology*, vol. I, p. 132-163. Numa análise complexa, ele descobriu que características antes descartadas como anomalias nas chamadas sociedades dualistas faziam parte integrante de suas estruturas. Seu argumento foi que existiam realmente dois tipos diferentes de dualismo, o diametral e o concêntrico, mediados por uma estrutura ternária.
54. Rodney Needham. "The Birth of the Meaningful." *Times Literary Supplement*, 13 de abril de 1984.
55. Cit. in Stanley J. Tambiah. *Edmund Leach: an anthropological life*. Cambridge: Cambridge University Press, 2001, p. 253.

56. Lévi-Strauss in Boutang e Chevallay. *Claude Lévi-Strauss in His Own Words*, 1:15:00.
57. *Claude Lévi-Strauss: Œuvres*, p. 1572-3.
58. Merquior. *From Prague to Paris*, p. 191.
59. Cit. in Didier Eribon. *Michel Foucault*. Londres: Faber and Faber, 1991, p. 161. (*Michel Foucault: Uma Biografia*. Tradução de Hildegard Feist. São Paulo: Companhia das Letras, 1990.)
60. Lévi-Strauss. *Myth and Meaning*, p. 47.
61. Claude Lévi-Strauss. "Entretien." *Le Monde*, 22 de fevereiro de 2005.
62. Lévi-Strauss. *Saudades do Brasil*, p. 142.
63. Ibid., p. 9.
64. Clifford Geertz. *Works and Lives: The Anthropologist as Author*. Stanford, CA: Stanford University Press, 1988, p. 25-6. (*Obras e Vidas: O Antropólogo como Autor*. Tradução de Vera Ribeiro. Rio de Janeiro: Ed. UFRJ, 2005.)

Epílogo

1. Claude Lévi-Strauss. *Le Nouvel Observateur*, nº 1979, 10 de outubro de 2002.
2. James M. Markham. "Paris Journal: A French Thinker Who Declines a Guru Mantle." *New York Times*, 21 de dezembro de 1987.
3. *Claude Lévi-Strauss: Œuvres*, p. lvii.
4. Claude Lévi-Strauss in Didier Eribon. "Visite à Lévi-Strauss." *Le Nouvel Observateur*, nº 1979, 10 de outubro de 2002.
5. Lévi-Strauss in "Le Coucher du Soleil: entretien avec Boris Wiseman." *Les Temps moderns*, nº. 628, agosto-outubro de 2004, p. 17.
6. Claude Lévi-Strauss. "Entretien par Raymond Bellour", in *Claude Lévi-Strauss: Œuvres*, p. 1654-5.
7. Gilles de Catheu. "Saudades do Brasil." *O Globo*, 7 de novembro de 2009.
8. Houve algumas manifestações discordantes, entre elas um artigo na revista de esquerda *Marianne*, questionando sua posição em relação às raças e ao islamismo. Ver Philippe Cohen. "Lévi-Strauss sans formol." *Marianne*, 4 de novembro de 2009.
9. "Tous les anthropologues français sont les enfants de Claude Lévi-Strauss." *Le Monde*, 3 de novembro de 2009.
10. "Les obsèques de Claude Lévi-Strauss ont déjà eu lieu." *Le Point*, 3 de novembro de 2009.

Leitura Adicional

Pode ser um tanto desanimador encarar toda a obra de Claude Lévi-Strauss. Era um autor prolífico, escrevendo por mais de cinquenta anos, publicando várias centenas de ensaios e mais de uma dezena de livros — só sobre mitologia, sete — durante a longa carreira. Nos anos 1980, foi publicada uma bibliografia de fontes secundárias que ocupou todo um volume; desde então, já foi publicada mais uma biblioteca inteira de materiais relacionados a Lévi-Strauss, além de uma recente enxurrada de publicações para comemorar seu centenário. Às vezes, a pura quantidade acompanha a densidade das ideias e dos materiais — com efeito, algumas partes de *As Estruturas Elementares do Parentesco* e da tetralogia das *Mitológicas* não são recomendadas aos medrosos.

Mas, para alguém amiúde tido como um elitista intelectual, Lévi-Strauss tinha um apelo popular, sobretudo nas várias entrevistas, transmissões radiofônicas e documentários em que participou ao longo dos anos. Ele tinha grande facilidade de expressão, apresentando sem esforço e com clareza resumos de seus livros mais difíceis. A obra de Lévi-Strauss também tinha um veio autobiográfico, muitas vezes entrelaçando episódios de sua vida a suas reflexões, que não raro se fundiam numa espécie de essência vital. E, para os leitores que não conhecem o francês, todos os livros e a maioria dos ensaios de Lévi-Strauss foram traduzidos para o inglês.

Entre as diversas entrevistas que ele deu, a mais abrangente e minuciosa é, sem sombra de dúvida, a entrevista com Didier Eribon, que resultou no livro *De Perto e de Longe*.[1] Dividida em três partes, a entrevista abrange suas primeiras viagens, o surgimento do estruturalismo e suas ideias sobre arte, política e cultura. As entrevistas de rádio que Lévi-Strauss concedeu a Georges Charbonnier no final dos anos 1950 também foram publicadas em livro.² Nesses encontros, ele discorreu longamente sobre a arte e a música contemporâneas. Sobre o tema do mito, as Massey Lectures, posteriormente publicadas como *Mito e Significado*, são de clareza inversamente proporcional à opacidade dos originais.³ Uma boa compilação de suas entrevistas à televisão se encontra no documentário *Lévi-Strauss par lui-même* (Lévi-Strauss por ele mesmo), aliás muito agradável de se assistir, de Pierre-André Boutang e Annie Chevallay, enquanto o documentário *Behind the Mask* (Atrás da máscara), do Canadian Film Board, cobrindo sua primeira visita à Colúmbia Britânica nos anos 1970, dá uma ideia do método de Lévi-Strauss, ao apresentar uma breve palestra resumindo sua análise de mitos e máscaras.⁴

Uma das melhores sínteses das ideias de Lévi-Strauss em inglês é *Claude Lévi-Strauss*, de Edmund Leach, que conduz o leitor passo a passo, numa série de ensaios, pelas complexidades de suas teorias.⁵ Interessante também é *Claude Lévi-Strauss. O Guardião das Cinzas*, de David Pace, uma avaliação crítica do desenvolvimento de suas ideias.⁶ François Dosse, nos dois volumes de *História do Estruturalismo*, uma exposição da época em forma narrativa, contextualiza a obra e a enorme influência de Lévi-Strauss sobre seus contemporâneos.⁷ Para um resumo sucinto e espirituoso, entremeado de caricaturas de Lévi-Strauss expondo suas teorias em balõezinhos como de histórias em quadrinhos, *Introducing Lévi-Strauss and Structural Anthropology* (Apresentando Lévi-Strauss e a antropologia estrutural), de Boris Wiseman e Judy Grove, oferece uma rápida introdução, mas nada banalizada, ao pensamento de Lévi-Strauss.⁸

O texto "Claude Lévi-Strauss Today" (Claude Lévi-Strauss hoje), do antropólogo francês Dan Sperber, mesclando admiração e ceticismo em doses corretas, é uma das avaliações mais equilibradas e inteligentes de sua obra, na dimensão de um ensaio.⁹ De uma perspectiva mais literária, "O 'selvagem cerebral': sobre a obra de Lévi-Strauss", do antropólogo americano Clifford Geertz, é uma crítica ao que ele chama de "máquina cultural infernal" de Lévi-Strauss, que questiona se as teorias de Lévi-Strauss afinal são "ciência ou alquimia".¹⁰ Encontram-se também bons resumos, com as dimensões de um capítulo, em Howard Gardner, *A Nova Ciência da Men-*

te; John Sturrock, *Structuralism*; José Guilherme Merquior, *De Praga a Paris: O Surgimento, a Mudança e a Dissolução da Ideia Estruturalista*, e o verbete de Boris Wiseman na *Encyclopaedia of Modern French Thought* (Enciclopédia do pensamento francês moderno).¹¹ Publicado em 1970, *Claude Lévi-Strauss: The Anthropologist as Hero* (Claude Lévi-Strauss: o antropólogo como herói) é uma coletânea interessante de breves resenhas de Susan Sontag, David Maybury-Lewis e Sanche de Gramont, entre outros, escritas no auge da fama de Lévi-Strauss.¹²

Para os interessados em voltar às obras originais, o clássico memorialístico *Tristes Trópicos* continua a ser de longe a via de entrada mais acessível e agradável ao conjunto de sua obra.¹³ A narrativa acompanha seus primeiros anos como universitário desiludido, passando por sua descoberta da antropologia e da pesquisa de campo no Brasil. Estranhamente, ela salta o período crucial de seu exílio em Nova York, embora essa lacuna tenha sido parcialmente preenchida por um curto ensaio descrevendo suas impressões iniciais ao chegar a Manhattan, no terceiro volume das antologias de seus ensaios, *O Olhar Distanciado*.¹⁴ Como acompanhamento visual de *Tristes Trópicos*, o livro de fotos *Saudades do Brasil* ilustra o grande talento de Lévi-Strauss como fotógrafo de campo.¹⁵

Entre as obras acadêmicas de Lévi-Strauss, alguns capítulos cruciais se destacam como sínteses acessíveis de suas ideias. Ele costumava começar e terminar seus livros com grande clareza; o árduo para o leitor médio era, às vezes, o desdobramento da argumentação ao longo do livro, com centenas de exemplos. A "Abertura" e o "Final" da série das *Mitológicas*, por exemplo, sintetizam o projeto numa prosa transparente; mas as 2 mil páginas de entremeio exigem um alto grau de concentração para acompanhar todos os fios do raciocínio, sem esquecer os meandros de um volume cada vez maior de materiais míticos.¹⁶ Da mesma forma, *O Pensamento Selvagem* começa com uma apresentação das noções centrais — a importância da classificação imparcial, o *bricolage* e a ciência do concreto —, mas então passa para complexas aplicações etnográficas dessas ideias.¹⁷ O mesmo se poderia dizer de *As Estruturas Elementares*, que parte de uma discussão genérica sobre a diferença fundamental entre natureza e cultura e o poder do tabu do incesto, e então se sobrecarrega de diagramas de parentesco e minúcias etnográficas.¹⁸

Sem dúvida é mais fácil acompanhar Lévi-Strauss nas dimensões do ensaio. "O Estudo Estrutural do Mito", sua clássica demonstração inicial do método aplicado a Édipo Rei, de Sófocles, é um ponto de referência central.[19] Para uma visão simples de algumas de suas ideias mais gerais, Lévi-Strauss escreveu pequenos ensaios de divulgação para o *Unesco Courier*, abrangendo o exame da noção ilusória de "primitivo", a relação entre xamanismo e psicanálise e análises estruturais do cozimento, agora disponíveis online.[20]

Para quem lê francês, as opções são praticamente ilimitadas. Mas destacam-se alguns títulos entre os mais recentes. A biografia *Claude Lévi-Strauss*, de Denis Bertholet (2003), traz um levantamento detalhado de sua vida e de suas ideias.[21] Frédéric Keck escreveu uma série de introduções claras à obra de Lévi-Strauss, entre elas *Lévi-Strauss et la pensée sauvage*, *Claude Lévi-Strauss, une introduction* e, com Vincent Debaene, *Claude Lévi-Strauss, l'homme au regard éloigné* (Lévi-Strauss e o pensamento selvagem; Claude Lévi-Strauss, uma introdução; Claude Lévi-Strauss, o homem do olhar distante).[22] A edição da Bibliothèque de la Pléiade, publicada quando Lévi-Strauss estava com 99 anos de idade, é um coroamento adequado de sua vida e obra.[23] Além de conter a maioria de seus escritos, traz também materiais inéditos do arquivo de Lévi-Strauss na Bibliothèque nationale em Paris, aberto em data recente, inclusive excertos de seu romance abortado, os atos iniciais de uma peça que escreveu no Brasil e suas anotações de campo. Todo o material é apresentado com a usual gravidade da Bibliothèque de la Pléiade, desde o levíssimo papel-bíblia e a capa de couro macio até as guardas em rosa-claro e os dizeres "Claude Lévi-Strauss Œuvres" em letras douradas na lombada.

NOTAS DA LEITURA ADICIONAL

1. Claude Lévi-Strauss e Didier Eribon. *Conversations with Claude Lévi-Strauss.* Chicago, Il.: University of Chicago Press, 1991. (*De Perto e de Longe.* Tradução de Léa Mello e Julieta Leite. Rio de Janeiro: Nova Fronteira, 1990/ São Paulo: Cosac Naify, 2005.)
2. Georges Charbonnier. *Conversations with Claude Lévi-Strauss.* Londres: Jonathan Cape, 1969. (*Arte, Linguagem, Etnologia. Entrevistas com Lévi-Strauss.* Tradução de Nícia Adan Bonatti. Campinas: Papirus, 1989.)
3. Claude Lévi-Strauss. *Myth and Meaning.* Londres: Routledge, 2006. (*Mito e Significado.* Tradução de Antônio Marques Bessa. Lisboa: Edições 70, 1985.)
4. Pierre-André Boutang e Annie Chevallay. *Claude Lévi-Strauss in His Own Words* (*Claude Lévi-Strauss par lui-même*). Paris: Arte Éditions, 2008. Tom Shandel. *Behind the Masks.* National Film Board of Canada, 1973.
5. Edmund Leach. *Claude Lévi-Strauss.* Londres: Fontana/Collins, 1974. (*As Ideias de Lévi-Strauss.* Tradução de Álvaro Cabral. São Paulo: Cultrix, 1977.)
6. David Pace. *Claude Lévi-Strauss: The Bearer of Ashes.* Londres: Routledge and Kegan Paul, 1983. (*Claude Lévi-Strauss. O Guardião das Cinzas.* Tradução de Maria Clara Fernandes. Rio de Janeiro: Bertrand, 1992.)
7. François Dosse. *History of Structuralism*, vol. 1: *The Rising Sign, 1945-1966.* Minneapolis, MN: University of Minnesota Press, 1997. *History of Structuralism*, vol. 2: *The Sign Sets, 1967-present.* Minneapolis, MN: University of Minnesota Press, 1997. (*História do Estruturalismo*, vol. 1: *O Campo do Signo.* Tradução de Álvaro Cabral. São Paulo: Ensaio, 1993; Bauru: EDUSC, 2007. *História do Estruturalismo*, vol. 2: *O Canto do Cisne.* Tradução de Álvaro Cabral. São Paulo: Ensaio, 1994; Bauru: EDUSC, 2007.)
8. Boris Wiseman e Judy Groves. *Introducing Lévi-Strauss and Structural Anthropology.* Londres: Icon Books, 2000.
9. Dan Sperber. "Claude Lévi-Strauss Today", in *On Anthropological Knowledge.* Cambridge: Cambridge University Press, 1985.
10. Clifford Geertz. "'The Cerebral Savage": On the Work of Claude Lévi-Strauss", in *Works and Lives: The Anthropologist as Author.* Stanford, CA: Stanford University Press, 1988. (*Obras e Vidas: O Antropólogo como Autor.* Tradução de Vera Ribeiro. Rio de Janeiro: UFRJ, 2005.)
11. Howard Gardner. *The Mind's New Science: A History of the Cognitive Revolution.* Nova York: Basic, 1987 (*A Nova Ciência da Mente: Uma História da Revolução Cognitiva.* Tradução de Cláudia Malbergier Caon. São Paulo: EDUSP, 2003, 3ª ed.). José Guilherme Merquior. *From Prague to Paris: A Critique of Structuralist and Post-Structuralist Thought.* Londres: Verso, 1988. (*De Praga a Paris: O Surgimento, a Mudança e a Dissolução da Ideia Estruturalista.* Tradução de Ana Maria de Castro Gibson. Rio de Janeiro: Nova Fronteira, 1991.) Boris Wiseman. "Claude Lévi-Strauss", in Christopher John Murray (org.). *Encyclopaedia of Modern French Thought.* Londres: Fitzroy Dearborn, 2004. http://www.routledge-ny.com/ref/modfrenchthought/levistrauss.PDF.
12. E. Nelson Hayes e Tania Hayes (orgs.). *The Anthropologist as Hero.* Cambridge, MA: MIT Press, 1970.
13. Claude Lévi-Strauss. *Tristes Tropiques.* Picador, 1989.
14. Claude Lévi-Strauss. "New York in 1941", in *The View from Afar.* Oxford: Basil Blackwell, 1985.

15. Claude Lévi-Strauss. *Saudades do Brasil: A Photographic Memoir*. Seattle, WA: University of Washington Press, 1995.
16. Claude Lévi-Strauss. *The Raw and the Cooked: Introduction to a Science of Mythology 1*. Londres: Jonathan Cape, 1970. (*O Cru e o Cozido*. Tradução de Beatriz Perrone-Moisés. São Paulo: Cosac Naify, 2005.) Claude Lévi-Strauss. *The Naked Man: Introduction to a Science of Mythology 4*. Londres: Jonathan Cape, 1981. (*O Homem Nu*. Tradução de Beatriz Perrone-Moisés. São Paulo: Cosac Naify, a sair.)
17. Claude Lévi-Strauss. *The Savage Mind*. Londres: Weindelfeld and Nicolson, 1966. (*O Pensamento Selvagem*. Tradução de Maria Celeste da Costa e Souza e Almir de Oliveira Aguiar. São Paulo: Nacional/EDUSP, 1970.)
18. Claude Lévi-Strauss. *The Elementary Structures of Kinship*. Nova York: Beacon Press, 1969. (*As Estruturas Elementares do Parentesco*. Tradução de Mariano Ferreira. Petrópolis: Vozes, 1982.)
19. Claude Lévi-Strauss. "The Structural Study of Myth", in *Structural Anthropology*, vol. 1. Londres: Penguin, 1968. (*Antropologia Estrutural*. Tradução de Beatriz Perrone-Moisés. São Paulo: Cosac Naify, 2008.)
20. Claude Lévi-Strauss. "The View from Afar." *Unesco Courier*, n. 5, 2008. http://unesdoc.unesco.org/images/0016/001627/162711E.pdf.
21. Denis Bertholet. *Claude Lévi-Strauss*. Paris: Plon, 2003.
22. Frédérick Keck. *Lévi-Strauss et la pensée sauvage*. Paris: Presses universitaires de France, 2004. Frédérick Keck. *Claude Lévi-Strauss, une introduction*. Paris: Pocket, 2005. Frédérick Keck e Vincent Debaene. *Claude Lévi-Strauss: L'homme au regard éloigné*. Paris: Gallimard, 2009.
23. *Claude Lévi-Strauss: Œuvres*. Paris: Gallimard, Bibliothèque de la Pléiade, 2007.

Agradecimentos

Em primeiro lugar, gostaria de agradecer a meu irmão Hugo pela imensa contribuição em muitas conversas e trocas de e-mails, além da leitura detalhada de vários rascunhos. Quero também agradecer ao finado professor Lévi-Strauss por me receber e se corresponder comigo, além de me permitir o acesso a suas notas de campo e a um manuscrito de *Tristes Trópicos*. A família do professor Lévi-Strauss me autorizou gentilmente a utilizar imagens de campo dos anos 1930 e retratos de família. Na página 54 um verso da música "O Estrangeiro" – direitos autorais de 1989 de Caetano Veloso – foi utilizado com permissão de Terra Empresas, Inc., gravadora de música. Entre as inúmeras pessoas que partilharam suas ideias sobre a obra do professor Lévi-Strauss, quero agradecer ao finado Rodney Needham, Philippe Descola, Anne-Christine Taylor, Alban Bensa, Jean-Patrick Razon, Dan Sperber, Marcelo Fiorini, Stephen Nugent, John Sturrock, Marshall Sahlins, John Hemming e Eduardo Viveiros de Castro.

Agradeço à Society of Authors pela verba de pesquisa que financiou uma de minhas visitas à França. O Winston Churchill Trust me concedeu uma bolsa de viagens que me permitiu visitar a região onde Lévi-Strauss realizou suas pesquisas de campo. Devo um agradecimento especial a Alfeu França, por enfrentar 5 mil quilômetros de estradas esburacadas no centro-oeste brasileiro durante essa viagem. No Mato Grosso, agradeço a Ivar Busatto, Anna Maria e José Eduardo da Costa e João dal Poz.

Gostaria de agradecer também a meu agente David Godwin, que desde o início acreditou muito neste livro, e seu entusiasmo me ajudou a levar o projeto adiante. Meu editor na Bloomsbury, Bill Swainson, foi de grande estímulo, e a editora Emily Sweet, com a preparadora Mandy

Greenfield e o preparador Richard Dawes, cuidaram do manuscrito até ser impresso. Na Penguin americana, agradeço à minha editora Laura Stickney pelos comentários perspicazes. As equipes da Bibliothèque nationale em Paris, da British Library em Londres, do Museu do Índio e do Museu de Astronomia e Ciências Afins no Rio de Janeiro prestaram assistência profissional ao longo do trabalho.

Escrevi algumas partes deste livro no Brasil, onde contei com a gentil hospitalidade de Maria Alice França, Zenir de Paula, e Laura e Edyomar Vargas de Oliveira Filho. Em Londres, Leila Monterosso ajudou minha família durante uma fase complicada, mas inspiradora, de nossa vida em 2008 e continua nos apoiando até hoje. Agradeço imensamente toda a atenção e o carinho. Minha família na Austrália foi, como sempre, fonte de incentivo constante. Agradeço também a contribuição de Helen e Paul Godard em Nîmes.

Por fim, quero agradecer à minha esposa Andreia, pelo amor e pelo apoio incondicional durante todo o longo processo acidentado que é escrever um livro. Nossa filha Sophia nasceu em meio à redação do texto, e acompanhou-o até a sua conclusão.

Índice Remissivo

Abbaye de Royaumont, conferência, 321-3
aborígines australianos, 194-5, 248-9, 257, 267
Académie Française, 307-8, 309
Áden, 46
Adler, Alfred, 212, 233
Afasia, 143
África, 24, 27, 40-1, 47, 127, 139, 191, 198-9, 201, 205, 212, 214, 216-7, 233, 249, 253, 286
Agamben, Giorgio, 20
Alasca, 132
Alemanha nazista, 60, 115
Algonquim, 188
Alice Springs, 249
Alliance Française, 154
Alquié, Ferdinand, 42
Alsácia, 12, 28, 323
Alta Provença, 258
Althusser, Louis, 281
Alto Languedoc, 97
Alto Volta, 233
Alto Xingu, tribos, 88-9, 102, 160
Alvarenga, Oneyda, 99
Amado, Jorge, 61
Amaral, Tarsila do, 61
Amazonas, floresta equatorial, 83, 93, 106, 325, 331
Amazonas, rio, 16, 71, 79, 82-4, 90, 93, 108, 110
ambientalismo, 309
ameríndios, 138, 160, 165
 cultura, 60
 e método malinowskiano, 10, 90, 98, 111-2, 137
 e pressão do trabalho de campo, 101-2
 físico, 60, 113
 sociedade, 235
Amiens, 44
amor-perfeito, 253
Andes, mitos, 234
Andrade, Mário de, 61-2, 65, 69, 86, 92, 94, 99, 110, 119, 222
Andrade, Oswald de, 61
Annales, escola dos, 178, 224, 266
Annam, 41
antissemitismo, 31, 80, 118, 124, 183
Antropologia, 17-8, 23-7, 195, 251-2, 266, 280, 309, 313
Anzieu, Didier, 302
Apinagés, 291
Aquitânia, 44
Aragon, Louis, 41
Araguaia, rio, 79, 88
arandas do sul, 248
Arauaques, 9, 83
Arco-íris, 244-5, 270
Ardennes, 119, 120
Argel, 53, 152
Argélia, 27, 127, 198, 215, 232, 288
Argentina, 46, 114, 139, 195
Argonne, 244
Aristóteles, 297
Arizona, 286
Arnhem Land, 165
Aron, Raymond, 210, 239, 301, 318, 323
Arquivos de Área Humanas, 280
arte, 21, 23-5, 28-9, 33-4, 39-41, 223, 226, 240-3, 256-7, 313

indígena, 18, 151-2
   Ver também cubismo; expressionismo;
   impressionismo; surrealismo
Assam, 165
Assemblée Nationale, 311
Assunção, 87, 89
astrologia, 43
Atkinson, James Jasper, 330
Atran, Scott, 239, 312
Audiberti, Jacques, 210
Augé, Marc, 12, 171, 215
Auschwitz, 213
Austen, Jane, 333
Auzias, Jean-Marie, 282
Aveyron, 121
ayorés, 286

Babeuf, Gracchus, 37
Bacall, Lauren, 282
Bachelard, Gaston, 239
Badiou, Alain, 20, 266
Baffin, ilha, 138
Bahia, estado da, 61, 86, 115
Baker, Josephine, 26, 41
Balandier, Georges, 201, 214-5, 294, 302, 333
Balzac, Honoré de, 21, 35, 39, 238, 244, 272, 333
Barão de Melgaço, 105-6
Barnard College, 140
Barthes, Roland, 20, 224-5, 238-9, 281, 283, 286, 301-2, 318, 320
baruia, 286
Bastide, François-Régis, 59
Bastide, Paul Arbousse, 59
Bataille, Georges, 26, 40-1, 171, 195, 215
Bateson, Gregory, 312
Baudelaire, Charles, 220, 261, 333
Bauru, 66
Bayet, Albert, 164
Beduínos, 194
"beiços de pau", 89, 93
Belém, 110
Bélgica, 34, 120, 139
Bella Coola, 315
Bellour, Raymond, 271, 273, 282, 289, 326, 333
Bellow, Saul, 162

Belo Horizonte, 57
Benedict, Ruth, 101-2, 137-8
Benoît-Lévy, Jean, 156
Bensa, Alban, 114, 214
Bentham, Jeremy, 144
Benveniste, Émile, 164, 183, 192, 261, 287
Berger, Gaston, 159, 182
Bergson, Henri, 46, 162, 251, 266
Berkeley, bispo de, 117
Berlim, 142
Berlioz, Hector, 29
Bernard, Claude, 285
Bertholet, Denis, 192
Beuchot, Pierre, 270
Béziers, 121
Biblioteca Pública de Nova York, 18, 141, 154, 160, 162, 167, 172, 256
Bibliothèque Nationale de France, 10, 117, 159, 203
Billancourt, 214
Bloomington, Indiana, 189, 312
Blum, Léon, 37
Boas, Franz, 49, 59, 132, 138-9, 151, 178, 231, 235-6, 315
Bogart, Humphrey, 282
Bogatirev, Petr, 142
Boggiani, Guido, 68
Bolívia, 10, 83-4, 110, 139, 286
Bolsa de Paris, 29
Bordeaux, 121, 168
Borges, Jorge Luis, 145, 172
Bornéu, 172, 280
bororos, 10, 16, 72-8, 82, 86, 93-6, 114, 124, 319, 323, 324, 328
   chocalhos, 73, 117, 218
   e *Estruturas Elementares*, 174-5
   e *Mitológicos*, 277, 288-9, 304-5
   e *Tristes Trópicos*, 208, 217-8
   mitos, 72-3, 74, 297, 304-5
   ritos funerários, 188, 219
   sistema de metades, 74-5, 77, 122
Bosch, Hieronymus, 179
Botoques, 89, 95, 107
Bougainville, 158
Bouglé, Célestin, 38, 47-9, 124
Boulez, Pierre, 223
Bourdieu, Pierre, 265-6

Brancusi, Constantin, 25
Braque, Georges, 242
Brasil:
   expedições etnográficas, 9-11, 62-80, 85-110
   fama de Lévi-Strauss, 22, 324
   cidades pioneiras, 63
   miscigenação, 60
   visita de estado, 15, 222, 319-20
   linha telegráfica, 83-5, 89-90, 331
   política, 57, 80-1, 114-5
   e *Estruturas Elementares*, 165, 174-5
   e *Tristes Trópicos*, 202-3, 207-8, 210, 217-8
   modernização, 56-8
   povos indígenas, 56-7, 64-5, 160
Brasília, 15, 221-2, 319
Braudel, Fernand, 48, 59-60, 224-5, 285, 318
Brehm, Alfred, 269
Brésil Indien, exposição, 16
Bretanha, 29, 30
Breton, André, 17, 28, 41, 125-9, 133-6, 150, 183, 188, 196, 215, 239
bricolage, 254, 329
Brillouin, Léon, 155
Brno, 142
Broome, 248
Brown, Al, 27
Brunschvig, Léon, 162, 267
Bruxelas, 29
Bucher, Bernadette, 318
Budapeste, 232
budismo, 204, 218-9, 288
Buenos Aires, 102, 125
burca, 96
Burma, 168

Caduveus, 10, 16, 66-71, 76-8, 88, 104, 114, 154, 268, 280, 324, 328
   e *Estruturas Elementares*, 174-5
   e *Tristes Trópicos*, 184, 202-3, 208, 217, 314
   pintura facial, 11, 69-71, 75, 94, 136, 151, 167, 203, 208, 268, 328
Cahen, Léon, 36-7, 51
caiapós, 291
Caillois, Roger, 194-7, 213, 308-9
Cain, Julien, 159
caingangues, 64-5, 68, 76, 202, 205, 269, 297

Cakma, 185
Calcutá, 184
Camarões, 198
Cambodja, 278
Campinas, 79
Campos Novos, 99, 105
Camus, Albert, 20, 127, 159, 224, 239
candomblé, 88
canela, 86
canibalismo, 26, 264
Capela Sistina, 256
carajás, 79, 80, 89
Cardiff, 153
caribe, 9, 83
Carlebach, Julius, 135
Carlu, Jacques, 158
Caro-Delvaille, Aline, 124
Caro-Delvaille, Henry, 31, 124
Carolina, 102
Carroll, Lewis, 208
Cartier-Bresson, Henri, 20, 285
Cartry, Michel, 233
Casablanca, 127
Castel, Louis-Bertrand, 326-7
Castro Faria, Luiz de, 9, 10, 87-90, 92-3, 96, 98-9, 103, 107-10, 112-3, 206
cavalhada, 62
Céline, Louis-Ferdinand, 40
Centre National de la Recherche Scientifique (CNRS), 163, 285
Cervantes, Miguel de, 32, 210
Césaire, Aimé, 136
Cévennes, 29, 45, 79, 121, 123-5, 148, 153
Chabanon, Michel Paul Guy de, 326
Chade, 213
Champagne, 244
Chamson, André, 39
Charbonnier, Georges, 240, 242, 298
Chateaubriand, François-René de, 35, 210, 272
Chicago, Universidade de, 161, 285
China:
   arte, 151-2
   técnicas de respiração, 194
Chirac, Jacques, 17
Chittagong, montes, 184, 218
Chiva, Isac, 238, 286

chocalhos, 73, 117, 308
Chomsky, Noam, 282, 293-4, 312
Chopin, Frédéric, 101, 204
Cibernética, 21, 133, 191, 220, 242
circuncisão, 26
clarinetes, 77, 85, 117
Clastres, Pierre, 212, 233, 286
Clouet, François, 256
Cochabamba, 10, 110
Colbacchini, Antonio, 276
Collège de France, 14, 19, 74, 159, 188, 233, 285, 293, 300
  e Lévi-Strauss, 13, 182-3, 185-6, 201, 234-7, 243, 246, 252, 287, 303, 332
Collège de Sociologie, 195
Colômbia, 138
colonialismo, 37, 41-2, 214-5, 310, 328
Colúmbia Britânica, 17, 132-4, 250, 276, 303-4, 315, 320
Colúmbia, Universidade de, 88, 101-2, 137-8, 140, 244, 285, 312, 333
Comitê de Resgate de Emergência, 125
Compagnie des Transports Maritimes, 125, 127
Comte, Auguste, 59, 84
Condamine, Charles Marie de la, 91
congada, 62
Congo Belga, 212
Conrad, Joseph, 35, 40, 211
Conselho de Fiscalização das Expedições Artísticas e Científicas, 86
Conservatório de Paris, 28
contos de fada, 60
contos populares, análise estrutural, 238
Cormeilles-en-Parisis, 33
Corneille, Pierre, 100
Cornibert, Denis, 334-5
Corrèze, 121
Corumbá, 88, 110
Costa do Marfim, 24
Costa Noroeste do Pacífico, índios, 131-2, 134, 135, 138, 151-2, 159, 167, 178
Costa, Lúcio, 222
Courtin, René, 79-80, 121, 154, 221
craô, 102
Cresson, André, 36
cubismo, 33, 40, 240-1, 256
Cuiabá, 72, 76, 82-4, 88-93, 98-9, 107-11

curare, 97
Cuvier, Georges, 14, 236

D'Alembert, Jean le Rond, 269, 297
Daca, 184
Dacar, 53, 127
Dacar-Djibuti, expedição, 46, 91, 164, 205
dakota, 251
Dalí, Salvador, 109
Daomé, 24
Darling, rio, 250
Davy, Georges, 164
De Beauvoir, Simone, 20, 42, 50, 159-60, 170, 210, 263, 318
De Catheu, Gilles, 334
De Gaulle, Charles, 139, 149, 152, 156, 288, 301
De Gramont, Sanche (Ted Morgan), 284, 286, 288
De Heusch, Luc, 212
Déat, Marcel, 37
Debaene, Vincent, 243, 333
Debray, Régis, 215
Debussy, Claude, 33, 204
Declaração Universal dos Direitos Humanos, 311
Degas, Edgar, 127
Delay, Jean, 159
Deleuze, Gilles, 43
Deluz, Ariane, 286
Demócrito, 258
Derain, André, 24
Derrida, Jacques, 284
Descartes, René, 14, 38, 154, 236, 258
Descola, Philippe, 187-8, 225, 293
Dickens, Charles, 21, 35, 256, 333
Diderot, Denis, 196, 269, 297, 326
Dien Bien Phu, batalha de, 198
Dieppe, 153
Dinamarca, 142
Diretoria de Relações Culturais, 153-4
Documents, revista, 40-1, 136
doenças:
  afecção cutânea, 101
  gripe, 64
  malária, 84, 99, 107, 113
  oftalmia, 99

sífilis, 89, 102
Doniger, Wendy, 325
Dosse, François, 202, 214, 284, 294
Dostoiévski, Fiodor, 35, 40
Draysdale, rio, 248
Dreyfus, Pierre, 44
Drôme, 154
Duchamp, Marcel, 133-4
Dumas, Georges, 47-8, 59, 123
Dumayet, Pierre, 13, 239-40
Dumézil, Georges, 164, 172, 183, 186, 195, 226, 246, 287, 319, 322
Dunquerque, 153
Dürer, Albrecht, 256
Durkheim, Émile, 25, 38, 59-60, 162, 165, 234-6
Duthuit, George, 135

École Libre des Hautes Études de Nova York, 139, 143, 152, 154, 237
École Normale Supérieure, 14, 35-7, 47
École Pratique des Hautes Études, 25-6, 160, 177, 186, 216
Édipo, mito, 34, 228, 229, 230, 295, 370
Egito, 184
 antigo, 175
Eikhe, camarada, 232
Eliot, T. S., 330
Elkin, A.P., 248
Elysée, Palace, 308
Emídio (vaqueiro), 108-9, 132, 205
Engels, Friedrich, 34, 170, 330
Eribon, Didier, 9, 12, 14, 112, 122, 139, 154, 183, 187, 217, 236, 269, 271, 300, 311, 317-8, 322-3
Ernst, Max, 17, 125, 134-5, 183
Escarra, Jean, 164
"escrever" e "ler", 104
Espanha, 124
Ésquilo, 100
Estrasburgo, 28, 43
estruturalismo, 17, 19, 235, 242, 263-7, 280-4, 285-8, 324-5, 327-8, 330
 e ataque de Caillois, 308-9
 declínio, 317-8
 desenvolvimento, 75, 119, 180, 192-3
 e maio de 1968, 301-3

e filmes, 282-3
e formalismo, 262-3
e linguística, 19, 144-7, 156-8, 161-4, 254-5, 293-4
e modernismo, 15-6, 222, 243, 274-5
e *Mythologiques*, 272, 274-5, 306
e política, 214, 231-2
e França do pós-guerra, 288
e totemismo, 251, 255-6
e *Tristes Trópicos*, 12, 209, 213-4, 218
Estruturas Elementares do Parentesco, As, 18, 146, 158, 160, 164-76, 182, 185, 212, 226, 256, 264, 267, 333
 recepção e críticas, 170-6, 290
 tradução, 284, 291-2
Etiópia, 46
euiaque, 286
evolução:
 cultural, 194-5
 darwinista, 142
existencialismo, 20, 154-5, 163, 171, 210, 263, 327
Exposition coloniale, 41
Exposition du Sahara, 27
expressionistas, 223

Fang, 254
Faral, Edmond, 182-3
Fazenda Francesa, 67
Febvre, Lucien, 178
Fédérations des Étudiants Socialistes, 38
fenomenologia, 20, 155, 162-3, 235
Fiji, 88, 165
Filipinas, 253
filmes, 69, 249, 282, 313
 etnográficos, 328
Filósofos escolásticos, 144
Firth, Raymond, 250
Folclore, 61-2, 113, 142
Fondation Loubat, 183
Fonética, 94, 144, 145, 147
Força Expedicionária Britânica, 119
Ford, Gordon Onslow, 133
Ford, John, 282
Fortes, Meyer, 250
Fotografia, 10, 12, 20, 24, 33, 78, 115-6, 126, 201, 206, 285, 328

Foucault, Michel, 20, 163, 224-5, 233, 239, 268, 281, 283-4, 286, 287, 301, 318, 328
    e estruturalismo, 320, 327
França:
    e descolonização, 198, 213-5, 311-2
    e estruturalismo, 288
    e maio de 68, 300-3
    ensino superior, 234-5, 237
    época da guerra, 17-8, 118-25, 140, 148-52, 156
    indústria editorial, 200
    pós-guerra, 162-3, 196, 198-9, 207, 232
Francisco I, rei, 182
Frazer, rio, 315
Frazer, Sir James, 18, 42, 235-6, 247, 321, 330
Frente Popular, 81
Freud, Sigmund, 177
    A Interpretação dos Sonhos, 34, 172, 229, 277
    Totem e Tabu, 165, 248
Freyre, Gilberto, 61
Frigout, Arlette, 286
Fry, Varian, 125
Fundação Nacional do Índio, 83
Furet, François, 288
futuristas, 142

Gabão, 214, 254
Gabin, Jean, 59
Galileu, 258
Gallimard (editora), 175, 200, 233, 333
Ganges, rio, 184
Gardner, Erle Stanley, 313
gê, grupo linguístico, 75, 82-3, 85, 86, 278, 289, 297
Geertz, Clifford, 330
Gellner, Ernest, 260
Geologia, 45, 51, 146, 285
Gevrey Chambertin, 121
Gide, André, 211
Gillen, Frank, 249
globalização, 207
Gobineau, conde, 310
Godelier, Maurice, 286
Goethe, Johann Wolfgang von, 236, 256
Goiânia, 79, 221
Goiás Velho, 79
Goncourt, irmãos, 39, 210
Gorky, Ashile, 133

Gourou, Pierre, 261
Grande Depressão, 43, 57
Grandville, J. J., 257
Granet, Marcel, 18, 122, 123, 142, 167, 169, 186, 303
Grant, Cary, 282
Greimas, Algirdas Julien, 238
Griaule, Marcel, 46, 91, 164, 212
Gris, Juan, 24
Groenlândia, 46, 199
Groupe des onze, 38, 44
Groupe socialiste interkhâgnal, 37
guaiaquis, 87, 286
gualupita, 80
Guerra fria, 200, 223
Guggenheim, Peggy, 133-5
Guiana, 296
Guilaud, Georges, 192
Guillaume, Paul, 24
Guimet, Emile, 237
Guiné, 10, 214
Guitrancourt, 225
Gurvitch, Georges, 181, 234, 356
Gysin, Brion, 229

Haka Chins, 173
Hamilton, Ron, 316
Hamlet, 260
Hamsun, Knut, 144
Handbook of South American Indians, 137, 160, 173
Hanunóo, 254, 256
Hare, David, 136
Harrison Springs, 316
Harvard, Universidade de, 161, 289, 312
Hawk, Howard, 282
Head, W. R., 173
Hegel, Georg Wilhelm Friedrich, 35, 163, 170, 188, 325
Heidegger, Martin, 155
Henry, Maurice, 283
Héritier, Françoise, 14, 233, 286
Histeria, 45, 247, 248
Hitchcock, Alfred, 282, 313
Hitler, Adolf, 23, 80, 118, 142
Ho Chi Minh, 198
Hópis, 189, 240, 286
Hourcade, Pierre, 48

Hpalang, 172
Hughes, Robert, 241
Hugo, Victor, 39
humanismo, 171, 252, 310
Humboldt, Alexander von, 91
Hume, David, 43
Husserl, Edmund, 144, 155
Hyppolite, Jean, 162

Ilha do Bananal, 79
Impressionismo, 40, 240
Incesto, tabu do, 34, 123, 165-7, 170, 171, 175-6, 227, 272, 350
Índia, 56, 67, 71, 80, 184, 215-6, 237
Indiens du Matto Grosso, exposição, 76
índios pueblos, 189, 219, 229-30, 271, 275, 279
Indochina Francesa, 46, 198
Indochina, 46, 172, 198
Institut d'Ethnologie, 26, 46, 163
Institut du Monde Arabe, 14
Inuites, 194, 200
Islamismo, 204, 217-8
Israel, 322-3
Itália, 36, 115
Izard, Michel, 213, 233

jacaré, 110
Jakobson, Roman, 130, 142-7, 152, 174, 177, 190, 225, 243, 261, 296, 312
 influência sobre Lévi-Strauss, 19, 142-7, 156, 161-4, 255, 293-4
 sua morte, 318
Jakobson, Svatava, 142
Japão, 320
Jaulin, Robert, 286
Jaurès, Jean, 34
jazz, 27, 133, 188
Jivaros, 179, 297, 321
japoneses, 31, 198, 237, 256, 322
Jouvet, Louis, 59
Jung, Carl, 321
juruenas, 93, 94, 103, 105

Kachin, montes, 173
Kahnweiler, Daniel-Henry, 33
kanak, 186

Kandinski, Vassili, 242
Kant, Immanuel, 35, 154, 188, 192, 262
Keck, Frédéric, 247
Kermode, Frank, 174
Kimberley, 248
Kirchoff, Paul, 161
Kitses, Jim, 282
Klamath-Modoc, 304
Klee, Paul, 184
Koestler, Arthur, 125
Kojève, Alexandre, 163, 186
Koro (larvas), 64-5
Kosakiewicz, Olga, 263
Koyré, Alexandre, 143, 152, 164
Kris, Ernst, 144
Kristeve, Julia, 286
Kroeber, Alfred, 49, 137, 190
Kruschev, Nikita, 232
Kubrick, Stanley, 283
Kuki, 52, 184, 185
Kwakiutl, 138, 178, 229, 230, 315

L'Année sociologique, 25-6, 38
L'Etudiant socialiste, 38-9, 42
L'Homme, 17, 23, 25, 41, 66, 76, 81, 85, 91, 111, 116-7, 134, 138, 148, 158, 163-4, 170, 183, 237, 261, 266
La Jeune République, 37
La Rochelle, 153
La Tour, Maurice Quentin de, 29
Labiche, Eugène, 32
Laboratoire d'Anthropologie Sociale, 14, 237-8, 261, 280, 285, 286, 300, 309
Lacan, Jacques, 20, 183, 192, 224, 281, 302, 318
 e estruturalismo, 283, 286-7, 327-8
 e influência de Lévi-Strauss, 164, 177, 180, 225
Lago Katubu, 158
Lahore, 184
Lam, Wifredo, 126
Landes, Ruth, 88
Langue e *parole*, 147
Laon, 44
Laporte, Yves, 159
Lapouge, Gilles, 247
Laugier, Henri, 154

Lautréamont, conde de, 64
Lazareff, Pierre, 150
Le Brun, Charles, 257
Le Corbusier, 159
Leach, Edmund, 172-4, 176, 229, 290, 293, 325
Leenhardt, Maurice, 186
Lefort, Claude, 174, 181-2
Lefranc, Georges, 37
Léger, Fernand, 33
Légion d'honneur, 307
Leibniz, Gottfried, 38, 154
Leiden, 183
Leiris, Michel, 27, 41, 46, 164, 170, 195, 205, 206, 211, 271
Leone, Sergio, 282
Leroi-Gourhan, André, 163
Léry, Jean de, 49, 55, 65, 236
Les Presses Universitaires de France, 200, 246
Lévi-Strauss, Claude
  VIDA:
    aparência, 12, 193
    as "três mestras", 45, 51, 146
    ataque a Sartre, 263-7
    aulas em Nova York, 139-40, 170, 187
    aulas em Paris, 187-8, 216
    aulas no Brasil, 58-60
    autodidata, 196
    autoria de peças, 100-1, 328
    autoria de romances, 117-8, 328
    base familiar, 28-31
    cargo de adido cultural, 154-5, 159-62, 195, 237
    cargo na Unesco, 193-4, 237
    carreira docente, 44
    celebridadade, 284-7
    e Académie Française, 307-9, 311
    e Collège de France, 13, 182-3, 185-6, 201, 234-7, 243, 246, 252, 287, 303, 332
    e convergência teórica, 192-3
    e diletantismo, 194-7
    e identidade judaica, 30-1, 322-3
    e influência de Jakobson, 19, 142-7, 156, 161-4, 255, 293-4
    e Maio de 1968, 300-3
    e notas de campo, 96-7
    e política, 34-5, 37-9, 44, 49, 81, 114-5, 150, 156, 183, 213-5, 222
    e povos indígenas, 15, 312-4
    e trabalho de campo, 111-4, 210
    entrevistas com Charbonnier, 240-2, 298
    estilo de escrita, 12, 53, 201, 291
    expedições etnográficas, 9-11, 62-80, 85-110
    guerra e exílio, 118-30
    infância e educação, 31-6
    influência, 324-30
    isolamento intelectual, 225-6
    morte, 20, 334-5
    morte, 334-5
    primeiro casamento, 21, 36, 44, 62, 118-9
    segundo casamento, 21, 160, 183, 185, 193, 201
    terceiro casamento, 193, 216
    transmissões radiofônicas durante a guerra, 150-1
    unidade de pensamento, 181
    velhice e conservadorismo, 309-13
    viagem à Índia, 184-6
    vida em Nova York, 130-9
    volta à França, 162-4
  OBRAS:
    "A Eficácia dos Símbolos", 178
    Antropologia Estrutural Dois, 318
    Antropologia Estrutural, 233-4
    "Cosmética Indígena", 133-137
    "Diogène Couché", 195
    Ethnologie et Marxisme, 213
    "Existem Organizações Duais?", 289
    L'Analyse Structurale en Linguistique et en Anthropologie", 349
    L'Apothéose d'Auguste, 100, 103, 204
    "La Geste d'Asdiwal", 231, 304
    La Vie Familiale et Sociale des Indiens Nambikwara, 164-5
    Le Regard Éloigné, 318
    Les Structures Complexes de la Parenté, 175, 186
    "Matemática Humana", 281
    Myth and Meaning (Massey Lectures), 317, 328

Race et Histoire, 193-5, 264, 308, 310, 313
Regarder, Écouter, Lire, 326, 329
"Social and Psychological Aspects of Chieftainship", 202-3
"Split Representation in the Art of Asia and America", 151
"The Serpent with Fish inside his Body", 234
"The Sorcerer and his Magic", 178
"These Cooks did Not Spoil the Broth", 281
Totenismo Hoje, O, 245-53, 264, 291
"Witch-Doctors and Psychoanalysis", 281
Ver também verbetes individuais para *La Pensée Sauvage*; *Les structures élémentaires de la parenté*; *Tetralogia Mythologiques*; *Petites mythologiques*; *Tristes Trópicos*
Lévi-Strauss, Dina (*née* Dreyfus):
 afecção nos olhos, 99
 casamento, 21, 36, 44, 62, 118-9
 e Brasil, 9, 52, 60-2, 65-8, 70, 73, 77-8, 86, 90, 92-3, 96, 109
 e guerra, 124
 e pesquisa de campo, 113
 e *Tristes Trópicos*, 202, 206
 e Universidade de São Paulo, 62, 113
Lévi-Strauss, Emma (*née* Lévy), 29-31, 303
Lévi-Strauss, Laurent, 21, 160, 239, 334
Lévi-Strauss, Matthieu, 21, 217, 316, 334
Lévi-Strauss, Monique (*née* Roman), 21, 193, 216, 286, 316, 334
Lévi-Strauss, Raymond, 29, 32, 33, 34, 144, 177, 178, 201
Lévi-Strauss, Rose-Marie (*née* Ullmo), 21, 160, 183, 193
Levy, rabino, 29, 30
Levy-Bruhl, Lucien, 253
Lewisohn, Ludwig, 40
Lewitzky, Anatole, 149
Líbano, 213
Líbia, 41
Ligeti, György, 283
Lignerolles, 309, 334
linguística, 130, 181, 188-92, 224, 227, 235, 241, 266

desenvolvimento, 293-5, 324-5
e estruturalismo, 19, 144-7, 156-8, 161-4, 154-5, 293-4
empírica, 145-6, 157
estrutural, 142-7, 151, 156, 163-4, 166, 168, 227, 293-4, 296, 324
Linton, Ralph, 137, 138, 244, 245
Lipkind, William, 88
Lisboa, 124
Locke, John, 258
Loewenstein, Rudolph, 144
Lomax, John, 61
London School of Economics, 160
Londres, 150, 153
Lorient, 153
Lourau, René, 232
Louvre, museu, 18, 32
Lowie, Robert, 18, 47, 49, 59, 60, 77, 86, 124, 137, 138, 176, 190
Lucinda (macaquinha), 106, 109
Luís Filipe, rei, 35
Luxemburgo, 119, 142
Lycée Condorcet, 35, 37
Lycée Henri-IV, 14, 116, 121
Lycée Janson de Sailly, 32
Lycée Louis-le-Grand, 37
Lycée Victor-Duruy, 44, 185
Lyon, 163

Mac Orlan, Pierre, 198, 211, 212
Machado, rio, 106
Maciço Central, 120, 125, 285
Madagáscar, 45, 198, 216
Madeira, rio, 10, 82, 110
Maginot, Linha, 119, 130, 190, 253
Maheu, René, 310
Malaios, estados, 46
Malaurie, Jean, 199, 200, 201
Malévitch, Casimir, 223
Malinowski, Bronislaw, 10, 90, 98, 112, 137, 236, 249, 251
Mallarmé, Stéphane, 93, 220
Malraux, André, 183
Manifeste des, 121, 215
Maoris, 151, 167, 194, 297
Marajó, Ilha do, 16, 71
Maranda, Pierre, 315, 316, 317, 320

Maranhão, estado, 102
Margueritte, Victor, 39
Marico, 334
Maritain, Jacques, 150, 153
Marne, rio, 120
Marrocos, 26, 41, 53, 198
Marselha, 52, 124, 125, 130, 148, 162, 168
Martinica, 125, 127, 128, 129
Marx, Karl, 34, 35, 38, 45, 51, 141, 146, 170-1, 172, 174, 232, 236, 281, 288
marxismo, 45, 146, 204, 213, 232, 263
máscaras, 132, 135, 316-7
Massey Lectures, 317, 328
Masson, André, 125, 134
matemática, 191-2, 230-1, 330
Matisse, Henri, 135, 159
Mato Grosso, estado, 4, 23, 65, 66, 75-6, 88, 99, 113, 130, 136, 143, 184, 204, 275, 319, 351
Matta, Roberto, 133, 135
Maugüé, Jean, 48, 79, 80, 81
Mauritânia, 214
Mauss, Marcel, 27, 41, 149, 164, 186, 195
   Ensaio sobre a dádiva, 25, 166, 181, 315
   influência em Lévi-Strauss, 25-6, 78, 111, 166-7, 181-2, 186, 189-90, 234, 236
   e pesquisa de campo, 18, 26, 46-7
Maybury-Lewis, David, 289, 290, 291
McCarthy, senador Joseph, 196
McLuhan, Marshall, 172
Mead, Margaret, 20, 138, 190-1, 201, 239
Meillassoux, Claude, 287
mel, 258, 290
Melanésia, 135, 250, 264
Méliès, Georges, 256
Merleau-Ponty, Maurice, 42, 154, 155, 163, 174, 183, 200, 235, 236, 253, 263, 271
Merquior, José Guilherme, 281
Mesquita, Júlio, 55
Messiaen, Olivier, 223
Métraux, Alfred, 14, 41, 46, 102, 113-4, 124, 137, 161, 184, 193, 194, 196, 271
Metropolitan Opera, 139
Metz, Christian, 286
Meuse, rio, 120
México, 27, 46, 138, 154, 178, 253-4, 269, 275
México, cidade do, 125

Meyerhof, Otto, 125
Micheau, Jeanine, 154
Milhaud, Darius, 328
Milliet, Sérgio, 86
Mindoro, ilha, 254
Miranda, 66
mito, 19, 120, 158, 177, 180, 187, 195, 214, 226-31, 245, 325-6
   e contos de fada, 60
   e máscaras, 316-7
   e *Mythologiques*, 269-79, 288-91, 295-9, 303-6
   e *Petites mythologiques*, 320-4, 325
Mitterrand, François, 15, 222, 319
Mizoguchi, 313
Moçambique, danças, 63
Modernismo, 15, 35, 50, 222, 224, 226, 228, 230, 232, 234, 236, 238, 240-3, 174-5
Mog, 185
Monbeig, Pierre, 59
Mondrian, Piet, 223
Monnet, Georges, 237
Monod, Jacques, 312
Mont Valérien, 149
Montaigne, Michel de, 161, 196, 253, 332
Mont-de-Marsan, 43, 44, 185
Montesquieu, barão de, 196, 210, 236
Montherlant, Henry de, 307
Montpellier, 79, 121, 162
Morgan, Lewis Henry, 165, 284, 330
Moscou, 142
Motherwell, Robert, 133
Mounier, Emmanuel, 232
Müller, Max, 321
Mundés, 11, 52, 107, 109, 114, 328, 334
Murphy, Robert, 103
Musée de Cluny, 29
Musée de l'Ethnographie, 23, 25, 41
Musée de l'Homme, 17, 23, 25, 41, 66, 76, 81, 85, 111, 116-7, 134, 138, 148, 158, 163, 164, 170, 183, 237
Musée du Quai Branly, 17, 28, 283, 333
Musée Guimet, 237, 280, 285
Museu Americano de História Natural, 315
Museu Britânico, 141
Museum of the American Indian, 135
música, 19, 21, 50, 240, 274-5, 313, 328

brasileira, 61, 87, 94, 96
de vanguara, 223, 226, 275, 298
folclórica, 61
minimalista, 283
tupi-cauaíbe, 109-10
Ver também partituras de orquestra
Musqueam, 315
Mussolini, Benito, 115
Mythologiques, tetralogia:
 Du miel aux cendres, 230, 271, 289-90, 295
 e seus críticos, 288-95
 L'Homme nu, 270-2, 303-6, 314-5
 L'Origine des manières de table, 271-2, 281, 291
 O cru e o cozido, 33, 259, 262, 271, 272-9, 289-90, 297-8, 305

Nakile, 67
Napoleão Bonaparte, 203
Napoleão III, imperador, 28
Narrativas de viagem, 204-5, 210-1, 216
Nathan, Marcel, 34
Natureza/cultura, divisão, 165, 166, 175, 178, 182
Nazca, 135, 234
Needham, Rodney, 172, 174, 259, 291-4, 324
New School for Social Research, 124, 130, 139
Newman, Barnett, 223
Newton, Isaac, 141, 258
nhambiquaras, 9, 13, 91-9, 103-7, 110-2, 114, 123, 140, 160, 324
 e coleta de mel, 258
 e fotografia, 328-9
 e *Les Structures Élémentaires*, 170, 174
 e linha telegráfica Rondon, 88, 90
 e música, 11, 95, 97
 e tese de Lévi-Strauss, 111, 143, 146, 164-5, 200-2
 e *Tristes Trópicos*, 307-8, 213, 217, 220, 314
 exposições de objetos, 16, 117, 149
Niemeyer, Oscar, 57, 222
Níger, rio, 46
Nimuendaju, Curt (Curt Unckel), 77, 86, 107
Nizan, Paul, 46, 47, 59, 211
Nômades penan, 9, 82, 86, 95, 101, 172, 201, 214, 196
Nórdica, mitologia, 271

Normandia, 29-30
 invasão dos aliados, 152-3
Noruega, 143
Nouveau roman, 223, 225
Nova Caledônia, 186, 214
Nova Déli, 184
Nova York:
 e exilados franceses, 149-50, 217
 e surrealistas, 132-5
 Greenwich Village, 132-3, 148, 152
 lembranças de Lévi-Strauss, 217
 simpósio de antropologia, 189-92
Novo México, 253-4, 275
Nudez, 13, 40, 96, 203
Nuers, 249
Nunberg, Herman, 144
Nuu-chah-nulth, 316

Oddon, Yvonne, 149
Odoevski, Vladimir, 145
Offenbach, Jacques, 29
Office of Strategic Services (OSS), 155
Office of War Information, 150
Omaha, 188
Ópera de Paris, 28
Orá, 127
Oregon, 132, 303
Osage, 255
Oxford, Universidade de, 172, 249, 259, 285, 291-2, 294, 308

Pacasmayo, 234
Países Baixos, 120
Palestinos, 323
Panamá, 178
Pantanal, 66-9
Papua Nova Guiné, 158, 286
Paraguai, 66-8, 87, 208, 286
Paraguai, rio, 66, 72, 82, 88
Parain, Brice, 233
Paraná, estado, 56, 63, 71, 184, 202
Paranaíba, rio, 79, 91
Pareci, 93
parentesco, 10, 60, 119, 133, 151, 181, 193, 216, 323
 "átomo de parentesco", 157
 chinesas, 122

e *Estruturas Elementares*, 165-76
e linguística, 130, 142-7, 156-8
e mito, 245, 270-1, 280
e relações avunculares, 157, 230
e sistema de metades dos bororos, 74-5, 77, 122
e totemismo, 245, 251
Paresi, 85, 89
Paris:
    Bateau-Lavoir, 24
    Centro Pompidou, 191
    École des Beaux-Arts, 29
    Palais de Chaillot, 23, 158
    Théâtre du Châtelet, 32
    Galeria Wildenstein, 76
    e maio de 1968, 300-3
    Palais du Trocadéro, 23-4, 27, 41
    Bois de Boulogne, 23, 28
Parti Communiste Français, 37, 213, 232
Partido Operário Belga, 34, 37
Partituras de orquestra, como metáfora, 228-9, 280
Patagônia, 185
Peckinpah, Sam, 282
Penn, Irving, 12
Pensamento religioso, 19, 25, 158, 186, 189
Pensamento Selvagem, O, 246-7, 252-68, 272, 273, 333
    e ataque a Sartre, 20, 263-6, 288
    tradução e recepção, 259-62, 284
Perpignan, 122
Perrault, Charles, 60
Pérsia aquemênida, 175
Peru, 139, 165
Peshawar, 184
Pétain, Philippe, 149
Petites mythologiques, 272, 324, 333
    Histoire de lynx, 272, 314, 323
    La Potière jalouse, 34, 179, 272, 295, 314, 320-4, 325
    La Voie des masques, 132, 272, 314-7
Petrullo, Vincenzo, 88
Piaget, Jean, 165, 282, 312
Picardia, 44
Picasso, Pablo, 12, 24, 33, 40, 159, 241-2
Piéron, Henri, 182-3
Pimenta Bueno, 106-8

Pinto, Estevão, 88
Pinto, Roquette, 85, 113
Pitágoras, 141, 235
Pitoko, rio, 68
Platão, 258
Playboy, revista, 20, 272
Plínio, 269
Plon (editora), 200, 233, 240, 246, 314, 317
plumas de nariz, 9, 16, 23, 72, 95, 97, 117
Plutarco, 269
Poe, Edgar Allan, 144
Polinésios, 194
Pollock, Jackson, 133
Porto Esperança, 66
Porto Rico, 129
Porto Velho, 109, 110
Portugal, 114, 124
Pós-estruturalismo, 284-5, 302
Positivismo lógico, 266
Positivismo, 84, 266
Potlatch, cerimônias, 315
Pouillon, Jean, 213, 237, 264, 286
Poussin, Nicolas, 28, 31, 32, 36
Praga, Escola linguística, 142, 163
Primatologia, 175
Primeira Guerra Mundial, 26-7, 30, 32, 37, 119, 124, 244, 266
Prix Gouncourt, 210
Propp, Vladimir, 238
Prostitutas, 26, 114
Proudhon, Pierre-Joseph, 34
Proust, Marcel, 12, 48, 211, 220, 272, 326, 333
Provença, 152, 258
psicanálise, 34, 45, 137, 146, 164, 177, 178-80, 189, 192, 203, 234-5, 281, 283, 321
psicologia, 38, 43-4, 134, 136, 282, 294, 330

Quain, Buell, 88-90, 97, 101-3

Rabelais, François, 196
Racismo, 194, 310
Radcliffe-Brown, Alfred, 157-8, 169, 236, 250-1
Radio Tour Eiffel, 38
Reciprocidade, 74-5, 165-8, 176, 208, 236, 324

CLAUDE LÉVI-STRAUSS

Redfield, Robert, 161, 190
Reich, Steve, 283
Renan, Ernest, 285
Resistência francesa, 121, 124, 127, 128, 149
Revault d'Allonnes, Olivier, 171
Revel, Jean-François, 234
Revolução Francesa, 35, 37
Revolução Húngara, 232
Revolução Russa, 135
Ricoeur, Paul, 262
Riley, Terry, 283
Rimbaud, Arthur, 333
Rio de Janeiro, 10, 49, 54, 57, 80, 84, 88, 102, 110, 131, 236
  Museu Nacional, 66, 86, 87, 88, 102, 115
Rivers, William, 169
Rivet, Paul, 27, 41, 81, 85, 90, 117, 138-9, 149, 163, 216
Rivière, Georges-Henri, 27
Robbe-Grillet, Alain, 224
Rockefeller Foundation, 124, 159, 160, 216
Rodinson, Maxime, 213, 214, 234
Roma, 57, 114, 139, 180
Romains, Jules, 33
Roman-feuilleton, 298
Rondon, Cândido, 83-6, 95, 107, 109, 113, 331
Rondon, comissão, 85, 107
Rondônia, estado, 84, 331, 334
Rondonópolis, 319
Roosevelt, Franklin D., 48
Roosevelt, Theodore, 85, 150
Rosário Oeste, 92
Rothko, Mark, 223
Rouch, Jean, 120
Rougemont, Denis de, 116, 150
Roupnel, Gaston, 120
Rousseau, Jean-Jacques, 35, 105, 161, 196, 253
Roy, Claude, 252
Royan, 153

Sabanés, 105
Sahlins, Marshall, 285
Saint Phalle, Niki de, 191
Saint-Exupéry, Antoine de, 149
Saint-Nazaire, 153
Saint-Simon, conde de, 38
Salazar, António de Oliveira, 114
Salesianos, missionários, 72, 74, 75, 226
Salishes, 276, 304, 315, 323
Salomão, Ilhas, 245
Salvador, 88, 115
Santos, 31, 55, 114
São Francisco, 139
São Jerônimo, reserva, 64
São Lourenço, rio, 72-3
São Paulo, estado, 21, 48, 55-6, 60, 80, 87, 99, 113, 222, 319
Sapir, Edward, 138
Sarawak, 172
Sarkozy, Nicolas, 333-4
Sarney, José, 319
Sarthe, 120, 121
Sartre, Jean-Paul, 159, 170, 210, 213, 215, 232, 256, 263, 307, 318
  e crítica de Lévi-Strauss, 20, 256, 263-7, 288
  e maio de 1968, 301-2
  e *Tristes Trópicos*, 209-10
Saudades de São Paulo, 58
Saudades do Brasil, 109, 329
Saussue, Raymond de, 144, 177-8
Saussure, Ferdinand de, 19, 146, 147, 163, 164, 227, 236, 271, 282, 304
Schaeffner, André, 41
Schoenberg, Arnold, 275
Seattle, 315
Sebag, Lucien, 233, 264, 271, 286
Seção Francesa da Internacional Operária (SFIO), 37-9, 44
Sedan, 120
Segalen, Victor, 201
Seghers, Anna, 126
Seligmann, Kurt, 134-5
Sena, rio, 23, 28, 45, 162
Senegal, 214
Serge, Victor, 125-6
Serra da Bodoquena, 67
Serra do Norte, 83, 85, 87, 90, 106, 208
Serra do Trombador, 92
Serviço de Proteção aos Índios (SPI), 63
Seyrig, Henri, 152, 154
Shannon, Claude, 133, 191

Silz, René, 66, 86
Simbolismo, 21, 33, 35, 58
Siorapaluk, 199
Síria, 213
Siuai, 158
Smadja, Henri, 127, 129
Smithsonian Institute, 137
sociedades "quentes" e "frias", 242, 329
Société de Géographie, 37-8
Société des Américanistes, 49, 165
Sófocles, 100, 228
　Ver também Édipo, mito
Sontag, Susan, 211, 238
Sorbonne, 36-8, 42-3, 48-9, 164, 193, 199, 300-1, 327
Sorman, Guy, 286
Sousa Dantas, Luís de, 49
Soustelle, Jacques, 46, 150, 164
Speer, Albert, 23, 116-7
Spencer, Baldwin, 249
Spencer, Herbert, 236
Sperber, Dan, 294-5
Spinoza, Baruch, 43
Staden, Hans, 49
Stálin, Josef, 232
Steinen, Karl von den, 130
Steiner, George, 274, 313
Steward, Julian, 190
Stierlein, Henri, 279
Stockhausen, Karlheinz, 221, 223
Stout, Rex, 313
Strauss, Isaac, 28-9
Strauss, Léa, 30
Stravinsky, Igor, 33
Suécia, 143, 224
Sundarbans, 184
superpopulação, 314
surrealismo, 19, 21, 25, 61, 127, 292-3
　e ataque de Caillois, 194-7
surrealistas, 17, 25, 27-8, 41, 49, 61, 76, 125, 127, 129, 132-6, 142, 177, 195-6, 223, 226
Swift, Jonathan, 196

tabaco, 53, 74, 109, 290
Taiti, 201
Talayesva, Don, 201, 240
Tangas, 72, 80, 97, 185, 283

Tanguy, Yves, 41, 93, 132-5
tapirapés, 88
tarundés, 105
taulipangue, 296
Taylor, Anne-Christine, 283
Tchecoslováquia, 142
televisão, 190, 239, 280, 284, 333
Teotihuacán, 135
terapia de grupo e xamanismo, 179-180
terenas, 66, 68, 76
Terray, Emmanuel, 171-2, 215
Tewa, 254
Thackeray, William Makepeace, 333
Thévet, André, 49, 236
Thompson, D'Arcy Wentworth, 141-2, 256, 273
Tibagi, 63, 68, 202
Tikopia, 245
Tocantins, estado, 102
Todorov, Tzvetan, 286
Tonga, 158
Torres, Heloísa Alberto, 87, 102
Totemismo, 25, 34, 60, 120, 132, 245-53, 257
Três Buritis, 105
Tristes Trópicos, 11, 16, 22, 30, 40, 46, 52, 70, 124, 128, 193-4, 232, 264, 268, 333
　e etnografia reflexiva, 206
　e política, 213-6
　estilo e técnica, 15, 53, 77, 90, 97, 105, 329
　pessimismo, 15, 207-8, 213, 242, 313-4, 332
　redação e recepção, 201-20, 226, 231, 233-4
Trobriand, ilhas, 10, 158, 168
Trollope, Anthony, 333
Trótski, Leon, 40
Trubetskói, Nikolai, 144
Trumaí, 101-2
Tsimshian, 131, 231
Tsonokwa, 316
Tule, 199, 201
tupinambás, 49, 55, 65
tupis, 9, 49, 81, 83, 107, 236
tupis-cauaíbes, 107-9, 114, 160, 328
tupis-guaranis, 82
Tyler, Edward, 18

Uberlândia, 79
Unesco, 184, 193-4, 212, 215, 237, 310
Universidade de São Paulo, 47, 62, 86, 96, 115, 123, 224
Univesity of Chicago Press, 293
Updike, John, 291
Upsala, 143
Urucum, corantes, 73, 86, 96, 100, 108
Urupá, 107, 110
Utamaro, gravuras, 136
Utiariti, 91-4, 99, 103, 106, 110

Van Gennep, Arnold, 60, 248
Vancouver, 132, 178, 315
Vancouver, ilha, 303, 316, 320
Vanetti, Dolorès, 150, 263
Vargas, presidente Getúlio, 57, 81, 114
Vauxcelles, Louis, 33
Vellard, dr. Jean, 9-10, 86-7, 89-90, 97-9, 107, 110, 113, 115, 206
Veloso, Caetano, 54
Verger, Pierre, 196
Verlaine, Paul, 333
Vermelho, rio, 72, 78
Vernant, Jean-Pierre, 301
Vernet, Joseph, 21, 242
Versalhes, 30-1, 33
Vichy, 20, 28-9, 124
Vieira da Cunha, Mário Wagner, 62
Viena, Escola linguística de, 163
Vietnã, Guerra do, 311
Vilhena, 83, 89, 105
Villa-Lobos, Heitor, 61
Villegagnon, almirante Nicolas Durand de, 49
Virgílio, 272
Vitória, 115

Viveiros de Castro, Eduardo, 295
Vlaminck, Maurice de, 24
Voltaire, 196
Voz da América, 150
VVV, revista, 136

Wagley, Charles, 88, 102
Wagner, Richard, 21, 32, 274-5, 282
Waldberg, Isabelle, 140
Waldberg, Patrick, 134, 140, 150
Washington, D. C., 161
Washington, estado, 303
Wauters, Arthur, 34
Weaver, Warren, 191
Weil, André, 169
Weil, Simone, 43, 169
Wenner-Gren Foundation, 190
Westermarck, Edvard, 60
Wiener, Norbert, 191
Winnebago, 188
Wiseman, Boris, 268
Wolfram, Sybil, 259-60
Word, 156, 158, 166, 175, 226

Xamanismo, 179, 187, 234
xavantes, 289, 291
Xenakis, Iannis, 223
Xerentes, 86, 289, 291

Yale, Universidade de, 239-40, 285
Yourcenar, Marguerite, 311

Žižek, Slavoj, 20
Zola, Émile, 39
Zuni, 135, 189
Zurique, 180

Conheça mais sobre nossos livros e autores no site
www.objetiva.com.br
Disque-Objetiva: (21) 2233-1388

Impressão e Acabamento:

Geográfica
editora